Joel Kaczmarek

die Paten des internets

Zalando, Jamba, Groupon — wie die Samwer-Brüder
das größte Internet-Imperium der Welt aufbauen

FBV

Für Mareike

Bibliografische Information der Deutschen Nationalbibliothek
Die Deutsche Nationalbibliothek verzeichnet diese Publikation in der Deutschen Nationalbibliografie;
detaillierte bibliografische Daten sind im Internet über **http://d-nb.de** abrufbar.

Für Fragen und Anregungen:
kaczmarek@finanzbuchverlag.de

2. Auflage 2014

© 2014 by FinanzBuch Verlag
ein Imprint der Münchner Verlagsgruppe GmbH
Nymphenburger Straße 86
D-80636 München
Tel.: 089 651285-0
Fax: 089 652096

Redaktion: Werner Wahls
Korrektorat: Desirée Šimeg
Umschlaggestaltung: Pamela Machleidt
Umschlagsfoto: Dieter Mayr Photography
Satz: Daniel Förster, Belgern
Druck: CPI books GmbH, Leck
Printed in Germany

ISBN Print 978-3-89879-880-8
ISBN E-Book (PDF) 978-3-86248-352-5
ISBN E-Book (EPUB, Mobi) 978-3-86248-353-2

Weitere Informationen zum Verlag finden Sie unter

www.finanzbuchverlag.de
Beachten Sie auch unsere weiteren Verlage unter
www.muenchner-verlagsgruppe.de

Inhalt

EINLEITUNG

Die Geschichte der Samwers ist in vielerlei Hinsicht eine Geschichte der Superlative: In ihren rund 15 Jahren als Gründer und Investoren zahlreicher Internetfirmen haben die drei Brüder Alexander, Marc und Oliver Samwer mehr als 100 Unternehmen ins Leben gerufen, mit denen sie in über 50 Ländern aktiv wurden und gut 25.000 Angestellten eine berufliche Heimat gaben. Erfolgreich waren sie mit dem deutschen Ebay-Klon Alando, dem leicht nervigen Klingeltonanbieter Jamba, der Gutscheinplattform Groupon, der Datingbörse Edarling oder dem E-Commerce-Riesen Zalando. So gelang es den Samwers auch, für ihre Belange von den namhaftesten Geldgebern der Welt Investitionsgelder von rund drei Milliarden Dollar einzuwerben.

Ihre Firmenschmiede Rocket Internet steht 2014 unterdessen kurz vor einem Börsengang und vermochte es, immer wieder hochkarätige Investoren mit hohen Beteiligungen zu gewinnen. Neben dem philippinischen Telefonprovider PLDT und dem Internet-Konzern United Internet (1&1, Web.de, GMX), die entgegen aller bürokratischen Hürden jeweils 333 sowie 435 Millionen Euro beisteuerten, erwarb auch die Holtzbrinck-Gruppe Anteile an Rocket Internet und trieb den Wert der Gründungsfabrik damit auf gigantische fünf Milliarden Euro (Zum Vergleich; Axel Springer verfügt über eine Marktkapitalisierung von rund 4,6 Mrd., Stand: 30. Juni 2014). Ein exorbitanter Wert angesichts noch oft roter Zahlen in den einzelnen Unternehmen der Samwers. Aber auch ein Beleg, wie stark das Vertrauen in die Samwers bei vielen erfahrenen Geldgebern ist und dass es das Brüdertrio schon immer vermochte, sich teuer zu verkaufen. Dafür sorgten nicht zuletzt ihre zahlreichen Gründungserfolge. Aber auch als Investoren in fremde Geschäftsideen überzeugte das Trio weitgehend. Seit dem Beginn ihres Schaffens partizipierten sie als Geldgeber an Dutzenden Firmenverkäufen wie etwa StudiVZ, Trivago oder LinkedIn.

Und diese Erfolge sind in vielerlei Hinsicht hart erarbeitet. Bis heute sind die Samwers in einzigartiger Weise in der Lage, Unternehmen rasant schnell zu Umsatzmaschinen auszubauen und mit unterschiedlichen Erfolgsunternehmen Wirtschaftsgeschichte zu schreiben. Ihr akribisch-systematisches und strikt datengesteuertes Vorgehen machte das Gründen eines international agierenden Internetunternehmens zu einem Akt weniger Tage und etablierte ein globales Geflecht aus Wachstumsunternehmen, das weltweit die Internetbranche aufrüttelte – bis hin in entlegene Regionen wie Südostasien, Südamerika oder Afrika.

Dann ist da aber auch die andere Seite der Samwers, jener gefühlskalte und berechnende Umgang, durch den die Samwers in der Lage sind, jede Transaktion zu ihrem persönlichen Vorteil auszunutzen, indem sie andere gekonnt manipulieren und ihnen das Gefühl geben, ihnen ihre Wünsche erfüllen zu können. Glaubt man den Ausführungen zahlreicher ehemaliger Weggefährten, sind Menschen für sie oft nur ein Kalkulationsgut in ihren Berechnungen zu unternehmerischem Erfolg. Vor allem Oliver Samwer genießt den Ruf, Angestellte und Partner durch seine aggressive Art an ihre emotionalen und gesundheitlichen Grenzen zu führen, um sie für seine Zwecke auszupressen. Immer wieder heißt es, dass Mitstreiter schnell fallen gelassen würden, sobald sie den Samwers keinen Nutzen mehr bringen. Alles und jeder – auch die drei Brüder selbst – werden in der Samwer-Maschine gänzlich dem unternehmerischen Erfolg untergeordnet. Und wenn dieser ausbleibt, sind cholerische Wutanfälle, während derer Gegenstände nach anderen geworfen oder selbst gestandene Manager dazu gebracht werden, weinend aus einem Meeting zu flüchten, vermeintlich keine Seltenheit. So erzählt man es sich zumindest insbesondere von Oliver Samwer, der so etwas wie den Anführer des Dreigespanns markiert, und dessen Gespür für soziale Konventionen praktisch vollständig zu fehlen scheint. Ihm eilt der Ruf voraus, sich nicht an gemeingültige Regeln zu halten, des Öfteren seine Versprechen zu brechen und ein hohes Maß an Rücksichtslosigkeit und Skrupellosigkeit aufzuweisen.

Wie viel von diesem Negativruf berechtigt ist und ob diese zwei Mentalitäten der Samwers vielleicht sogar ihren Erfolg begründen, bleibt an vielen Stellen Spekulation. Dennoch gelang es ihnen, einer ganzen Branche ihren Stempel aufzudrücken und es so nicht nur zu großem Reichtum und weltweiter Bekanntheit in ihrem Metier zu bringen, sondern dem Unternehmensbegriff im digitalen Zeitalter auch eine völlig neue Ausprägung zu verleihen. Die Samwers haben es verstanden, die Technologie der Gegenwart mit zahlreichen Unternehmertugenden zu einer explosiven Mischung aus Tempo, Aggressivität und Wachstum zu verbinden. Kurzum: Die Samwers, allen voran Oliver, dürfen wohl als einige der größten deutschen Gründerpersönlichkeiten der letzten 100 Jahre gelten. Sie bilden in vielerlei Hinsicht aber auch eine kompakte Manifestation vieles Schlechten in der Geschäftswelt. Ein Sinnbild dessen, was bei Unternehmern so oft falsch zu laufen scheint und Menschen in einen Strudel der Destruktivität zieht. Wahre Geldhaie, die immer gerade noch im Rahmen der Legalität arbeiten und oftmals andere die Verantwortung für ihre Taten übernehmen lassen.

Wer sich für die Samwers interessiert, wird mit dieser kontrovers betrachteten Ambivalenz, die die Samwers begleitet, zwangsläufig konfrontiert werden. Dennoch sind sie es, die mit dieser explosiven Kombination das Internet-Business wie kaum jemand anderes aufgerüttelt haben und deren Geschichte gleichermaßen mit unglaublichen Erfolgen wie aberwitzigen Machenschaften gepflastert ist. Wer sich aus wirtschaftlicher Sicht mit dem Internet auseinandersetzt, kommt an den drei Samwer-Brüdern nicht vorbei. Oliver Samwer und seine Brüder haben die deutsche Gründerszene geprägt und dürfen mit zahlreichen Gründungserfolgen ohne Frage als die erfolgreichsten Web-Unternehmer Deutschlands – wahrscheinlich sogar Europas, wenn nicht der Welt – gelten. Sie sind damit unumwunden so etwas wie die Paten des Internets.

Dieses Buch nimmt Sie deshalb mit auf eine Reise, bei der Sie diese drei Gründerpersönlichkeiten mit ihren so unterschiedlichen Gesichtern kennenlernen. Sie werden erfahren, was diese Gründergenies auszeichnet und warum die dunkle Seite des Geldhais einfach dazugehört. Sie werden im Folgenden sehen, dass die Entwicklung der Samwers kein Zufall war, sondern eine Geschichte der Superlative mit System. Es ist eine Geschichte, die von der (zugegebenermaßen späten) Teilhabe an Jahrhundertgründungen wie Facebook oder LinkedIn und der Schaffung von Wachstumsunternehmen wie Zalando oder Groupon geprägt ist – eine Zeit, während derer die Samwers eine ganz eigene Erfolgsmethode entwickelten, die sie zu Milliardären und einflussreichen Akteuren im Internetkosmos machte. Was diese Erfolgsmethode auszeichnet und wie sich Oliver Samwer und seine Brüder zu den erfolgreichsten Internetgründern der Gegenwart entwickelten, ist Teil jener Reise, auf die ich Sie mit diesem Buch mitnehmen möchte.

Für mich selbst begann dieses Kapitel im März 2009, als ich auf Umwegen zum Chefredakteur von *Gründerszene* wurde, einem kleinen Blog des Internetunternehmers Lukasz Gadowski, den dieser über drei Jahre mit viel Liebe gepflegt und immer weiter ausgebaut hatte und den ich dank eines ambitionierten Teams in den nächsten vier Jahren zu einem der relevantesten Magazine zum Thema Internetwirtschaft in Deutschland auszubauen half. Ich brauche Ihnen wohl nicht zu sagen, dass dem Schaffen der Samwers in diesen vier Jahren stets ein Großteil meiner Aufmerksamkeit gewidmet war, zumal sie mit ihren Gründungen die Szene prägten und durch ihr kontrovers beurteiltes Vorgehen gleichzeitig viel Stoff für Kritik boten.

Wie dieses Buch entstand

Ich war in einer Zeit zu *Gründerszene* gestoßen, als das Internetgeschäft in Deutschland nach wie vor die Folgen der geplatzten Internet-Spekulationsblase zu spüren bekam. Der Szene wurde mit Skepsis begegnet, und eine Handvoll Unternehmer hatten die weitgehend am Boden liegende, nahezu familiäre Branche zu großen Teilen unter sich aufgeteilt. Da die Samwers zu jenen wenigen Akteuren zählten, die diesem Trend antizyklisch begegneten, indem sie fleißig in deutsche Start-ups investierten, war ihnen eine wichtige Rolle in dieser Übergangsphase sicher. Mit der Zeit hatten sich insbesondere an Deutschlands wohl bedeutendstem Internetstandort Berlin unterschiedliche Lager herausgebildet, die sich einerseits aus gewachsenen Personen-Netzwerken speisten, sich andererseits aber auch an der Frage entzweiten, ob es verwerflich sei, wenn sogenannte »Copycats«, Kopien erfolgreicher Internetfirmen, ihren Machern viel Geld bescherten.

Nachdem ihre ersten Gründungsvorhaben noch sehr idealistisch und von einer tiefen Zuneigung zum Silicon Valley geprägt waren, hatte der wirtschaftliche Erfolg die Samwers ins Lager der Copycat-Anhänger gedrängt. Wie Sie später noch sehen werden, ist den drei Samwer-Brüdern ein ausgemachter Hang zu Systematik und Geschwindigkeit zu eigen, weshalb das Ausrollen von Internetgeschäftsmodellen nach Blaupause für sie zum primären Betätigungsfeld wurde. Sie waren es, die das systematische Erzeugen von Firmenklonen für Deutschland quasi erfanden. Und es überrascht wohl nicht, dass der Ruf der Samwers daher äußerst umstritten ist. Zwar lassen sich ihre unternehmerischen Erfolge nicht von der Hand weisen, doch durch ihre dreisten Kopiermethoden und ihr oft rücksichtsloses Vorgehen haben sie sich viele Kritiker geschaffen. Immer wieder haben die Samwers durch das direkte Kopieren von Geschäftsideen auf sich aufmerksam gemacht und ihre Mitarbeiter ohne mit der Wimper zu zucken wieder vor die Tür gesetzt, wenn eine dieser Kopien nicht wirklich zünden wollte.

Jene Faszination und der Wunsch, ein gründliches Bild der deutschen Internetbranche insgesamt vorzulegen, haben mich zu diesem Buch motiviert. Das liegt auch daran, dass sich das Bild, das *Gründerszene* von den Samwers hatte, zusehends wandelte. Zum einen hatten sich durch die kritische, aber sachliche Berichterstattung des Magazins mit der Zeit solide Beziehungen zu zahlreichen hochrangigen Samwer-Mitarbeitern entwickelt, die durch ihren regen Austausch halfen, ein vollständigeres Bild von den Aktivitäten der Samwers zu zeichnen. Zum anderen wandelte sich das Vorgehen des Trios selbst. Waren sie zunächst vom banalen Kopisten zu ausgemachten Klonhelden aufgestiegen, folgte schon bald ein weltweiter Kreuzzug in exotische Entwicklungsnationen. Mir liegt deshalb am Herzen, die Entwicklung der deutschen Internetbranche einer breiteren Leserschaft nahezubringen und die Geschichte der Samwers in diesem Kontext zu erzählen. Ich möchte ihre Leistungen in einer Weise aufzeigen, die Verständnis für ihr Vorgehen vermittelt und gleichermaßen Raum lässt für all die skurrilen Anekdoten über die Brüder, die einen entweder schmunzeln oder den Kopf schütteln lassen.

Material dafür gibt es genug: Vier Jahre lang gehörte die Arbeit dieser drei Internetverrückten zu meinem Alltag. Ich berichtete über Eskapaden gleichermaßen wie über Geniestreiche und war Zeuge ihres schier grenzenlosen Erfolgshungers. Über ein Jahr lang führte ich anschließend intensive Hintergrundgespräche mit Dutzenden ehemaliger und aktiver Samwer-Funktionäre, wälzte Tausende Seiten in Börsendokumenten und Firmenunterlagen, bereitete die Befunde aus meiner journalistischen Tätigkeit auf und rezipierte auch sonst jeden Beitrag, jedes Interview und jeden Artikel, den ich zu den Samwers finden konnte. Ich trat in Dialog mit den Samwers und versuche nun jenes Bild zu zeichnen, mit dem sich das große Ganze nachvollziehen lässt und das auch anderen eine Anleitung für die Verwirklichung ihrer unternehmerischen Träume sein kann. Denn von den Samwers lässt sich so einiges lernen: wie sich wirtschaftlicher Erfolg einstellen kann und um welchen Preis dieser Erfolg durchgesetzt wird.

Was die Samwers so interessant macht

Bereits seit einigen Jahrzehnten blickt Deutschland auf eine Historie aus vielen erfolgreichen Einzelhandelsunternehmen wie Aldi, Lidl, Tengelmann, Rewe, Otto, dm oder Rossmann zurück – Firmendynastien, hinter denen erfolgreiche Unternehmer stecken, die das Antlitz der deutschen Wirtschaft prägten, den Aufschwung der Bundesrepublik begleiteten, sich aber trotzdem mit dem digitalen Geschäft nach wie vor schwertun. Wie kommt es, dass drei Brüder aus Köln all diesen Superreichen, diesen Urgesteinen des Handels, vormachen, wie das Verkaufen zur Zeit des Internets funktioniert? Denn die Samwers mauserten sich als Macher hinter Deutschlands erfolgreichstem E-Commerce-Unternehmen Zalando zu waschechten Händlern und passen inzwischen in diese Reihe prominenter Einzelhändler. Sie sind es, die mittlerweile die Zukunft des Handels gestalten und damit zu einer Art »Aldi-Brüder der Gegenwart« avancieren. Mit Zalando erbrachten sie den Beweis, dass sie zu den ersten deutschen Unternehmern zählen, die auch mit den veränderten Marktmechanismen des Internets in der Lage sind, einen relevanten Einzelhandel zu etablieren. Alexander, Marc und Oliver Samwer sind nichts Geringeres als die ersten relevanten Gründerpersönlichkeiten seit der Entstehung von SAP. Sie gehören in eine Reihe erfolgreicher Unternehmerdynastien, zu denen Konzerne wie die Otto-Gruppe, der Springer-Verlag, das Familienunternehmen Tengelmann, das Albrecht-Imperium, der Siemens-Konzern oder eben SAP und einige andere zählen.

Und dabei haben sie nicht nur im Technologiesegment Erfolg, sie treten gleichzeitig das Erbe erfolgreicher Händlerdynastien an. Der Themenkomplex Samwer ist durch deren unternehmerische Vision und die damit verbundene inhaltliche Brisanz nicht nur spannend und kontrovers, sondern auch mysteriös. Gleichzeitig sind die Samwers der breiten Bevölkerung bisher kaum bekannt, obwohl ein Großteil der Bundesbürger bereits Kontakt mit ihren Produkten hatte.

Immer wieder ist in den Medien zu hören, dass die Deutschen, sonst das Volk der Dichter und Denker, im Internet- und Technologiebereich keine Rolle spielten. Dabei haben die Samwers mit ihrem Großprojekt Rocket Internet längst einen Weltmarktführer etabliert, der wirtschaftliche Erfolge feiert und weltweit das Gründungsgeschehen systematisch dominiert. Gleichzeitig drängen sich unterschiedliche Fragen auf: Was genau ist das Erfolgsgeheimnis der Samwers und ist es replizierbar? Bedarf es bestimmter negativer Charakterzüge, um derart erfolgreich zu sein? Wie sähe ihre Schaffenskraft aus, wenn sie ohne diese destruktiven Komponenten agierten?

Um es vorwegzunehmen: Das System Samwer funktioniert nach bestimmten Gesetzen, die einander bedingen und deren Funktionieren nicht mehr gewährleistet wäre, würde ein Element fehlen. Auch andere Erfolgsgründer der letzten 100 Jahre waren sicherlich keine Engel. Aber im Gegensatz zu vielen von ihnen scheren sich die Samwers herzlich wenig um ihr Bild in der Öffentlichkeit, was ihnen ein wenig den typisch deutschen Unternehmerschliff verleiht. Es ist daher auch so schwer, sie für ein Interview zu gewinnen, geschweige denn ein Buchprojekt zu ihnen zu starten. Trotzdem möchte ich diese Gesetze, nach denen das Samwer'sche Unternehmen funktioniert, mit Ihnen betrachten und anhand der unterschiedlichen Schaffensperioden der Samwers nachzeichnen. Nachdem Sie dieses Buch gelesen haben, werden Sie deshalb nicht nur in der Lage sein, das Erfolgsgeheimnis der Samwers nachzuvollziehen, sondern auch einen wesentlichen Teil der deutschen Internetgeschichte kennengelernt haben. Sie werden Ihre ganz eigenen Lehren aus dem Schaffen der Samwers ableiten können und auf Basis ausführlicher Analysen der unterschiedlichen Geschäftsmodelle ein Verständnis davon gewinnen, wie sich heutzutage im Internet Geld verdienen lässt. Dieses Buch ist deshalb sowohl als Biografie der Samwer-Brüder als auch als Dokumentation gedacht und soll Ihnen helfen, das abstrakte Feld der Internetwirtschaft besser zu verstehen. Sie können mir glauben: Vieles davon liest sich eher wie ein Krimi denn ein Sachbuch.

Oliver Samwer ist es, dem in diesem Konstrukt die Anführerrolle über zwei nicht minder hochbegabte Brüder zukommt. Er ist jener grandiose Umsetzer, der es vermag, tiefgehende Analysen mit gekonnter und messbarer Marketing-Power zu verbinden, dessen Intelligenz und operatives Geschick weit über den Durchschnitt hinausgehen und der nicht nur schnell im Kopf, sondern auch schnell in der Umsetzung ist. Ein Mann, der sich körperlich bis an die Grenzen der Belastbarkeit tastet und einen gewissen Masochismus zeigt, wenn es darum geht, (über andere) zu triumphieren. Dem es gleichzeitig aber auch an einem moralischen Kompass oder einer für Unternehmer üblichen Wirtschaftsethik fehlt. Der unbedingte Wille zu gewinnen ist es, der ihn antreibt und ihn oftmals zu einer gewissen Kurzfristigkeit drängt.

Stellen Sie sich Oliver Samwer und seine Brüder auf einem dreidimensionalen Kontinuum aus Umsetzungsstärke, strategisch-analytischer Intelligenz und überbordendem Verkaufstalent vor. Während Alexander Samwer den höchsten Grad an Intelligenz und Strategiegespür aufweist und Marc Samwer insbesondere durch sein Verkaufsgeschick zu überzeugen weiß, füllt Oliver Samwer alle drei Dimensionen aus und arbeitet wie eine menschgewordene Umsetzungsmaschine. Fragt man Mitstreiter des Clans, ist er es, dem die meisten eine ähnlich erfolgreiche Karriere zutrauten, auch ohne seine Brüder. Die Kehrseite von Oliver Samwers operativer Exzellenz liegt allerdings darin, dass sein unbedingter Siegeswille bei ihm jene Kurzfristigkeit des Handelns hervorruft, die dem eher besonnenen Alexander Samwer dagegen weitestgehend fremd ist. So erklärt sich auch, warum dem unglaublichen Erfolg auf wirtschaftlicher Ebene nicht selten ein moralischer Verfall auf gesellschaftlicher Ebene gegenübersteht.

Als Brüder sind sich die Samwers dennoch weitgehend ähnlich. Sie alle sind bestens ausgebildete Gewinnertypen, die es durch ihr einnehmendes Wesen und eine gute Erziehung vermögen, jeden Menschen für sich zu gewinnen. Die Samwers sind so etwas wie die Paten einer Branche, und der Wille zu gewinnen zählt zu ihren wesentlichen Antriebsmotoren. Sie alle verbindet ihre hohe Intelligenz, ein charismatisches Wesen und ein trotz ihrer analytischen Fähigkeiten ausgeprägter Opportunismus sowie ein nicht zu verachtender Hang zum Pragmatismus. Jeder Samwer bringt seine eigene Vorgehensweise mit, zusammen aber bilden sie eine kompakte, fein abgestimmte Einheit, die jede Angelegenheit mit sich selbst ausmacht und niemanden zwischen sich lässt.

Alle diese Eigenschaften – besonders jener unbedingte Siegeswille – sind es, die Sie bei der Lektüre dieses Buches im Hinterkopf behalten sollten, denn sie werden Ihnen das Verständnis zum Vorgehen der Samwers eröffnen.

Am Ende dieses Buches finden Sie in Anhang 2 ein Glossar, das die wesentlichen Fachbegriffe der Internetbranche erklärt. Da die Szene der Samwers ihre ganz eigene Sprache spricht, lege ich Ihnen ans Herz, sich vor der Lektüre mit einigen zentralen Begriffen wie »Venture Capital«, »Geschäftsmodell« oder »Skalierung« vertraut zu machen. Das wird Ihnen das Verständnis der Materie erleichtern und gleichzeitig die Tür zum Denken der Samwers öffnen. Denn das ist vor allem durch die Faktoren Geschwindigkeit und Skalierung angetrieben.

Joel Kaczmarek im August 2014

1. ALLES DREHT SICH UM DIE FAMILIE

Glaubt man Oliver Samwer, begleitete der Traum vom Unternehmertum ihn und seine Brüder bereits seit der frühen Kindheit. Im Alter von acht Jahren bereits begann der 1973 geborene Kölner seinen Vater jeden Samstag in dessen Anwaltskanzlei zu begleiten, um ihn beim Öffnen der Geschäftspost zu unterstützen. Hautnah sollten der heranwachsende Junge, sein drei Jahre älterer Bruder Marc und der zwei Jahre jüngere Alexander so erfahren, was es bedeutete, selbstständig zu sein. Im Kleinformat vermittelte der freiberufliche Vater den Brüdern die Hochs und Tiefs des Unternehmertums, ließ sie gute und schlechte Zeiten mitbekommen. Regelmäßig sollte Vater Samwer das *Handelsblatt* mit nach Hause bringen und in seinen Söhnen eher das Interesse für Börsenkurse und die Liste der 100 größten Unternehmen der Welt wecken, denn für Mickey Maus oder Kindergeschichten.[1]

Darauf angesprochen, beschreibt Oliver Samwer seinen Vater als »einen sehr schlauen Mann mit vielen deutschen Tugenden, der stets viel in seinem Leben gearbeitet hat und Herr einer kleinen Anwaltsfirma« sei. In Wirklichkeit handelt es sich bei Vater Sigmar-Jürgen Samwer um niemand Geringeren als einen der bekanntesten Rechtsanwälte Kölns. Ein Presse- und Wettbewerbsrechtler, der Ansehen erlangte, nachdem er Literaturnobelpreisträger Heinrich Böll vor dem Bundesverfassungsgericht vertrat oder den späteren Bundespräsidenten Karl Carstens gegen Anschuldigungen im Guillaume-Untersuchungsausschuss verteidigte.[2] Beruflich zählt Sigmar-Jürgen Samwer damit zu den wohl erfolgreichsten Vertretern seines Fachs. Der strebsame Familienvater mit bissigem Humor und hoher Intelligenz erzog den eigenen Nachwuchs mit strenger Hand und ausgemachtem Elitedenken konservativer Färbung. Er war es daher wohl auch, der seinen Söhnen jenen Drang nach Wettbewerb, den unbedingten Wunsch zu gewinnen, mit auf den Weg gab – eine Eigenheit, die insbesondere Oliver Samwer in einzigartiger Weise ausmacht. Glaubt man einem Freund der Familie, könnte das Streben nach der

Liebe des eigenen Vaters, zumindest den Mittleren der Samwer-Brüder zu seinem unbedingten Siegeswillen angestachelt haben, soll Oliver Samwer demnach in der Jugend wohl oft Ablehnung erfahren haben, während zu Hause das strenge Leistungsregime des eigenen Vaters auf ihn wartete.

Vollständig erklären mag aber selbst die strenge Erziehung von Vater Sigmar-Jürgen den Erfolgshunger der drei Samwer-Brüder nicht, zumal der jüngste Bruder Alexander im Vergleich zu seinem überzogen bissigen Geschwisterkind Oliver ohnehin eher in sich ruhend und gelassen wirkt. Vor allem ist da ja noch Sabine Samwer, eine überfürsorgliche Mutter, die wie Vater Sigmar-Jürgen ebenfalls dem Anwaltsberuf nachging und ihre Söhne umsorgte, wie man es sich von einer Mutter eben vorstellt: Mit ihrer herzlichen und sehr bodenständigen Art sollte sie ihren Söhnen morgens regelmäßig Brote schmieren und ihnen Äpfel zu essen geben. Selbst im Erwachsenenalter soll sie ihren Sohn Oliver noch gemahnt haben, während der gemeinsam verbrachten Urlaube nicht von einem kleinen Felsen ins Wasser zu springen. Die Mitgründer des ersten Unternehmens der Samwers bat sie bei einem Besuch einmal darum, doch bitte darauf zu achten, dass ihre Söhne auch stets genug Joghurt äßen, ihnen von ihrer Bitte aber nach Möglichkeit nichts zu erzählen. Ein behütetes Familienidyll also, das sich schwer ausmalen lässt, hat man den oft gefühllosen, gern einmal cholerischen Oliver Samwer vor Augen, der sich selbst einmal als »aggressivster Mensch im Internetbereich« bezeichnet hat.

Dennoch sollte auch Mutter Sabine Samwer ihren Kindern jenes starke Elitedenken vermitteln, auf das ihr Mann Sigmar-Jürgen so viel Wert legte. Das Elternpaar hielt sich für etwas Besonderes und wiederum war es der mittlere Bruder Oliver, der diese Einstellung in besonderer Weise übernahm. Stets war er auf besten Umgang bedacht. So ging er zu Studienzeiten erst eine Liaison mit einer Französin ein, deren Vater im Führungsstab von Frankreichs Staatspräsident Jacques Chirac arbeitete und kam dann mit Valeria Loewe zusammen, deren Familie das traditionsreiche spanische Modeunternehmen Loewe S. A. betrieb. Es sollte Oliver Samwer stets antreiben, zu den »oberen Zehntausend« zu gehören, wobei ihm eben wichtig war, nicht nur der Beste zu sein und das Beste zu haben, sondern auch mit den Besten zu verkehren. In der Öffentlichkeit und gegenüber den Weggefährten der Samwers gab sich der mittlere Bruder gerne cool, locker und jungdynamisch, als Unternehmerpersönlichkeit, die sparsam lebte und auf teure Dinge nichts gab. Immerhin vertrug sich diese Attitüde besser mit dem Leistungsdiktat, das er vielen jungen Menschen vorlebte und die er gerne auch schon mal dazu animierte, wie Braveheart »im Dreck zu leben«.[3] In Wirklichkeit war an seinem Lebensstil aber nichts mehr bescheiden, nachdem er sich erst einmal einen gewissen Wohlstand erarbeitet hatte.

Oliver Samwer selbst beschreibt seine Eltern als weder zu konservativ noch zu laisser-faire in ihrer Einstellung. Konservativ trifft es jedoch. Denn tatsächlich wachsen er und seine Brüder im Kölner Villenviertel Marienburg auf. In der Lindenallee, Kölns bester Straße, steht das Haus, vor das die Familie einen Fahnenmast gebaut hat und an dem sich der Elitedünkel der Samwers wohl am anschaulichsten ablesen lässt. In den 1970ern hatte die Nachbarschaft Polizeischutz aus Angst vor RAF-Entführungen – immerhin waren die unmittelbar angrenzenden Häuser mit Familie Gerling und Freiherr von Oppenheim ja auch potent bestückt. Zum gesetzten Umfeld der Familie gehörte auch, dass die Samwer-Brüder zu Kirchgängern erzogen wurden, weil es wohl zu einer konservativen Erziehung gehörte, weniger aus Überzeugung. Gerade einem Oliver Samwer waren solche Dinge wie Kirche und außerfamiliäre Gemeinschaft egal.

Als Kinder aus gutem Hause dürften er und seine Brüder es ohnehin oft genug schwer gehabt haben, sagen Nahestehende dem Unternehmer doch nach, dass er in seiner Jugend anscheinend keine guten Erfahrungen mit anderen Menschen gemacht hat. Zum Schulaustausch etwa besuchte Oliver Samwer eine Privatschule in England, die ihren Schülern das Tragen eines Strohhutes auftrug. Trug Oliver Samwer im kleinen Dorf seinen Hut nicht, gab es Ärger mit den Lehrern, trug er ihn doch, gab es Prügel von der Dorfjugend. Ein wenig mochte das Elitedenken aber bereits dem Familienstammbaum der Samwers entspringen. Karl Friedrich Lucian Samwer, der Urgroßvater der Brüder Alexander, Marc und Oliver, war als Ehrenbürger von Gotha ausgezeichnet worden, nachdem er neben seinem Engagement als Armenpfleger die Gothaer Versicherungsbank durch die Kriegswirren geführt und die Gothaer Versicherung gegründet hatte.[4] Auch Karl Samwers sieben Kinder bekleideten Gelehrtenämter, waren Bankiers oder hohe Mitglieder der preußischen Militärhierarchie, doch seinen elitären Ursprung nahm die Geschichte der Samwers noch früher. Durch einen Zufall sollte sich die adlige Abstammung der Samwers herausstellen, als Karl Samwers Vater Carl August 1813 die älteste Tochter des Adeligen Simon Carl von Wasmer heiraten wollte.

Denn Wasmer offenbarte ihm, dass er im Begriff war, seine Halbschwester zu ehelichen, war Carl August Samwer doch sein außerehelicher Sohn. Um die Verwandtschaft zu verschleiern, war anscheinend der Nachname des Adeligen aus Schleswig-Holstein von »Wasmer« zu »Samwer« umgestellt geworden und Carl August Samwer war damit der erste Samwer, von dem alle Samwers – vielleicht insgesamt ein paar Hundert – abstammen.[5]

In den Genen der Samwer-Brüder war also ein gewisses Erfolgs- und Gründer-Gen bereits vorhanden. Während andere Kinder Lokomotivführer oder Pilot werden wollten, war ihr Berufswunsch der des Unternehmers. Und wären sie nicht Internetunternehmer geworden, hätte es ein anderes Betätigungsfeld sein können. Sie träumten davon, Lastwagenflotten und Schiffe mit ihrem Familiennamen zu versehen, vom Unternehmertum im großen Stil.[6] Zuwider war ihnen hingegen die Vorstellung, zehn Jahre demselben Beruf nachzugehen, um schließlich zum Chef aufzusteigen – ein Berufsweg, den sie als »Lernkurve mit dem grauen Haar« bezeichneten. Es sollte Jahre später das Internet sein, das ihnen den Quereinstieg und die erwünschte steile Lernkurve bot, mit Unternehmern wie den Netscape-Gründern Marc Andreesen und Jim Clarke als Inspiration. Der Anfang des Samwer-Imperium lag jedoch viel früher: Obwohl alle drei Brüder ganz eigene Lebenswege beschreiten sollten, schlossen sie während eines Segeltörns am Vierwaldstätter See an Bord des elterlichen Schiffes einen Pakt: Sie wollten gemeinsam ein Unternehmen gründen – da waren die Samwers gerade 12, 14 und 16 Jahre alt.[7]

Am notwendigen Fleiß und einer ausgeprägten Intelligenz fehlte es den Dreien dazu jedenfalls nicht. In der Schule galten sie als Überflieger, sie traten trotz ihrer herausragenden Leistungen bescheiden auf, und ausgerechnet Oliver Samwer, der später als Kopierer fremder Geschäftsideen in die Kritik geriet, fiel nicht nur durch seinen Wissensdurst, sondern vor allem durch seine Abneigung gegen Abschreiber auf, die er nicht an »seinen brillanten Gedanken teilhaben lassen« wollte.[8] Gemeinsam besuchte das Trio das renommierte Friedrich-Wilhelm-Gymnasium in Köln und verbrachte die gemeinsame Freizeit im Marienburger Sportclub, wo den eng verbundenen Brüdern die Bedeutung von sportlicher Rivalität, Wettbewerb und ein ausgeprägter Siegeswille nahegebracht wurde. Hockey und Tennis gehörten angeblich zu den favorisierten Sportarten der drei. Auch im Winterurlaub in Zermatt oder Lech am Arlberg lieferten sie sich nach Schließung der Lifte auf den leeren Pisten regelmäßig Duelle im Schussfahren, bei denen der jüngere Oliver Samwer meist nur eine Chance hatte, wenn er die Risikofaktoren erhöhte und aufs Ganze ging.[9] »I am the most aggressive guy on internet on the planet. I will die to win«[10], fasste er es später einmal zusammen und übertrug seine sportliche Maxime intensiv auf sein berufliches und schulisches Schaffen.

Mit einem Notendurchschnitt von 0,8 gelang ihm das beste Abitur seines Jahrgangs[11], doch einer seiner Brüder sollte ihn noch übertreffen: Alexander Samwer schrieb 1994 das beste Abitur in Nordrhein-Westfalen und brachte es zwei Jahre nach seinem Bruder auf einen Schnitt von 0,66.[12] Wirklich trauen sollte sich aber auch kein Lehrer, dem zweiten oder dritten Samwer-Bruder eine schlechte Note zu geben und ihm damit den Notenschnitt zu verderben. Ihr ehemaliger Direktor Hans-Dieter Becker beschreibt die Brüder schließlich als »schlicht phänomenal« und spricht von »geballter Intelligenz«, wenn er Alexander Samwer charakterisiert, mit dem er nach den Philosophiestunden in seinem Büro Mozart-Opern lauschte und deren Ästhetik diskutierte.[13] Stets sollte man die drei Brüder zusammen sehen, sei es in der Schule oder bei ihren sportlichen Aktivitäten. Bei Oliver Samwer sollte dieses Verhalten später sogar zu einer Angst vor dem Alleinsein führen. Regelmäßig würde er dann während Städtebesuchen bei Mitarbeitern übernachten, um Kosten zu sparen und nicht allein sein zu müssen.

Von der Lust auf Neues ließ sich aber auch Oliver Samwer nicht abhalten. Schon früh hatten Sigmar-Jürgen und Sabine Samwer bei ihren Kindern den Grundstein für ein ausgeprägtes Interesse an anderen Kulturen gelegt. Während seiner Schulzeit zog es Oliver Samwer außer auf jene Privatschule in England zu einer französischen Austauschfamilie, mitten in die Banlieue der Hauptstadt, und auch sonst sollten er und seine Brüder die Lehren anderer Kulturen und Standorte suchen. Ihnen war von Haus aus eine schier unaufhaltsame Neugierde mitgegeben worden. Sie hielten Augen und Ohren stets offen, stellten unzählige Fragen und erweiterten ihre Schulbildung regelmäßig um Erfahrungen aus Praktika. Dass der erfolgreiche Internetmilliardär Oliver Samwer einst ein Praktikum in einem Sanitärbetrieb absolvierte und Toiletten und Waschbecken reparierte, scheint heute nahezu unvorstellbar.

So neugierig und erfolgshungrig die Samwers aber auch waren, sollte eines stets der Kern allen Schaffens bleiben: die Familie. Nur wenige Menschen scheinen so eng an ihre Ursprungfamilie gebunden wie das Gebrüdergespann aus Köln: Die Familie geht über alles. Wer in die wohlhabende Familie einheiratete, konnte sich auf lange gemeinsame Urlaube gefasst machen. Besonders Larissa van Look, Tochter eines berühmten Künstlers und Ehefrau von Marc Samwer, soll sich laut einem Vertrauten mit dem ganz engen Familienkontakt mitunter stets schwergetan haben. Der älteste Samwer-Bruder und die Wirtschaftsprüferin hatten sich bereits im Studium kennengelernt und gemeinsam zwei Kinder. Schließlich sollte Marc Samwer auch nicht der Einzige aus dem Gespann bleiben, der sich mit der Zeit an eine Familiengründung machte. Alexander Samwer heiratete die Buchautorin Julia Stein, deren Bekanntschaft er bei seiner zweiten Gründung, Jamba, gemacht hatte. Julia Stein war dort als Mitarbeiterin tätig. Er kam mit ihr zusammen, obwohl er zum damaligen Zeitpunkt bereits vergeben war. Sie bekam mit dem jüngsten Bruder ebenfalls drei Kinder.

Oliver Samwer brachte es derweil auf gleich zwei Ehen. Im Jahr 2002 heiratete er eine schwedische Nokia-Managerin, eine Karrierefrau, die bereits ein Zeitschriftencover als eine der mächtigsten Frauen unter 30 in Schweden geziert hatte. Oliver Samwer war ihr während seiner Zeit mit dem Klingeltonanbieter Jamba beim Skifahren mit einigen Nokia-Managern begegnet. Nach zwei Jahren Beziehung heirateten beide in Stockholm, ließen sich aber relativ schnell wieder scheiden. Oliver Samwers erste Frau wünschte die Trennung. Für den von seinem Umfeld privat eher als »Kuschelbär« charakterisierten Unternehmer dagegen soll es schwierig gewesen sein, dass seine Partnerin immer nur Karriere machen wollte. Seine zweite Chance sollte einige Jahre später kommen, als ihm beim Moserwirt in Sankt Anton Susanne Hübner über den Weg lief, eine Internistentochter aus Hilden bei Düsseldorf. Bei ihr würde selbst der sonst so aggressive Oliver Samwer seine weiche Seite offenbaren und sie am Telefon stets als »Schneeprinzessin« bezeichnen.

Im Sommer 2006 heiratete das Paar in kleinem Kreis auf Mallorca, nachdem die einstige Ausgehbekanntschaft mit einer gemeinsamen Tochter schwanger wurde. Es folgten noch zwei Kinder. Als Bewohner der historischen Villa des Biene-Maja-Autors Waldemar Bonsels am Starnberger See durfte Oliver Samwer wohl bereits als guter Fang gelten, doch auch seine Frau, die seit Längerem als Investmentbankerin arbeitete, hatte sich selbstfinanziert einen sehr luxuriösen Lebensstil aufgebaut. Und wer zur Samwer-Familie gehörte, konnte sich durchaus gewisser Privilegien erfreuen. Schon für sein erstes Kind vertraute Oliver Samwer auf zwei bis drei Vollzeit-Nannys, und für seine Familienurlaube sollte er es sich nicht nehmen lassen, seine Familie schon mal im Privatjet vorausfliegen zu lassen, um anschließend erster Klasse hinterherzureisen.

Freunde, Kollegen und Bekannte nehmen bei den Samwers eher die Rolle von Bauern auf einem Schachbrett ein. Sie sind Mittel zum Zweck, denen nur ein gewisses Maß an Loyalität und Freundschaft entgegengebracht wird und die im Zweifelsfall gegenüber der Familie zurückstehen müssen. Besonders Oliver Samwer gilt in seinem Umfeld als jemand, der aufgrund seines massiven Mangels an Vertrauen keine Freunde hat. Auf den Geburtstagsfeiern des Unternehmens trifft man daher vor allem berufliche Mitstreiter, wichtige Kontakte und Menschen, die (zumindest temporär) einen Nutzen für ihn und seine Brüder bereithalten. Denn wirklich lange mochten es beruflich nur wenige mit den Samwers aushalten. Früher oder später optimierten die Samwers ihre Geschicke immer auf ihren eigenen Vorteil und verprellten Weggefährten. Nie ließen sie jemanden in ihren engen Kreis, zu dem bis heute nur die Familie Zugang hat – Blut ist eben dicker als Wasser, gerade wenn es um Geldfragen geht.

>>*Marc ist nach außen immer der Charmante, der Außenpolitiker. Oliver Samwer treibt dann das Geschehen voran. Er hat einfach IT im Blut und geht wahrscheinlich mit dem Laptop ins Bett. Man merkt, das ist deren Welt, was ihr Schaffen durchaus fantastisch und beeindruckend macht. Alexander Samwer war immer eher ruhig, im Hintergrund, den bemerkte man gar nicht.*<<

Ein ehemaliger Geschäftspartner über das Schaffen der Samwers

Neben der Erziehung der Eltern Sigmar-Jürgen und Sabine zeichnet vor allem die Geburtenfolge der Samwers ein anschauliches Bild ihrer unterschiedlichen Charaktereigenschaften und vermittelt gleichzeitig die Grundlage für ihr späteres unternehmerisches Zusammenspiel. Auch wenn die Geschwisterposition letztlich nichts aussagen kann, gibt sie im Falle der Samwers doch einen Teil der Antwort, was drei gut situierte Brüder aus Köln zu den erfolgreichsten Internetunternehmern Europas gemacht hat. Als Erstgeborenem war dem 1970 zur Welt gekommenen Marc Samwer zunächst ein Großteil der elterlichen Aufmerksamkeit zugekommen, ehe drei Jahre später die Geburt des mittleren Bruders Oliver möglicherweise so etwas wie eine psychologische »Entthronung« mit sich brachte. Die oft beobachtete Reaktion, dass Erstgeborene in der Folge diesen Statusverlust durch ein besonderes Maß an Tüchtigkeit und Vernunft sowie die Übernahme von Verantwortung wieder wettmachen wollen, scheint bei Marc Samwer nicht unplausibel. Im wirtschaftlichen Schaffen der Samwers fiel dem ältesten Bruder oft die Rolle des verkaufsorientierten Charismatikers zu, der als Jurist jene Verbindung aus Vernunft und Verantwortungsbewusstsein verkörpert.

Dem Zweitgeborenen kommt in diesem Konstrukt so etwas wie die Rolle als »Herausforderer« zu, der mit dem Erstgeborenen in Konkurrenz tritt. Auch Oliver Samwer dürfte als Mittelkind einen schweren Stand gehabt haben, besaß er doch weder die Überlegenheit und Privilegien des Erstgeborenen Marc noch die besondere Aufmerksamkeit, die dem zwei Jahre jüngeren Nesthäkchen Alexander geschenkt wurde. Möglicherweise könnte der Kampf um die Beachtung der Eltern durch forderndes und aggressives Verhalten[14] Oliver Samwers Verhalten erklären, das er ja selbst mit »I will die to win« zusammengefasst hat. Der unbedingte Wille zu gewinnen, der vor allem ihn antreibt und das Verhältnis zu seinen beiden Brüdern wesentlich mitgestaltet, begründet sich aus der Geschwisterposition, sagt man doch insbesondere gleichgeschlechtlichen Kindern mit geringem Altersunterschied einen besonders großen Konkurrenzkampf nach.[15]

Mit zwei charismatisch-kontaktfreudigen älteren Geschwistern vor sich, suchte sich Alexander Samwer, der jüngste Bruder, womöglich seine eigene Lücke und agiert seither als eine Art Stratege des Trios. Während viele Drittgeborene durch aufmerksamkeitsheischendes Verhalten versuchen, aus dem übermächtigen Schatten der älteren Geschwister zu treten, fällt Alexander Samwer eher durch ein ungemein hohes Maß an Ruhe, Intelligenz und Sachverstand auf. Das wird sich später durch gleich mehrere Abschlüsse an internationalen Eliteuniversitäten manifestieren. Im Kontrast zu seinem rebellisch-dominanten Bruder Oliver komplettiert der eher vernünftige und zurückhaltende Alexander Samwer die Geburtenfolge auf seine ganz eigene Weise. Als Einheit betrachtet, verfügen die Samwers daher über einen Aggressor in der Mitte (Oliver), einen Diplomaten an der Spitze (Marc) und einen hochbegabten Intellektuellen als strategisches Gehirn (Alexander). Diese einzigartigen Fähigkeiten jedes Einzelnen verbinden sie durch gegenseitiges Vertrauen und Nähe untereinander. In Kombination mit dem familiären Vertrauensband und dem unbedingten Siegeswillen eine starke Kombination, mit der die Samwers es bis ganz an die Spitze schafften.

Marc Samwer – der charmante Erstgeborene

Die Eigenheiten von Marc Samwer sind schnell erzählt: Er ist ein Charismatiker, ein jovialer Mann von hohem Wuchs, der bereits durch seine Körpergröße beeindruckt und es auch darüber hinaus versteht, andere für sich einzunehmen. Wenn man so will, äußerlich ein echter Gewinnertyp, dem es quasi zufällt, dass andere ihn mögen und der sein Gegenüber beinahe genauso geschickt umgarnen kann wie sein jüngerer Bruder Oliver. Im Gegensatz zu Oliver, der in der Internetbranche durch unterschiedliche sprachliche Marotten aufzufallen weiß – etwa durch seine von Kriegsmetaphern durchzogene Rhetorik, seine nasale Sprechweise oder das Beenden nahezu jedes englischsprachigen Satzes mit der Silbe »ja?« –, bietet das Auftreten von Marc Samwer deutlich weniger Angriffsfläche. Er ist ein guter Redner, der es vermag, Sachverhalte leicht verständlich herunterzubrechen. Er kann sachlich argumentieren, ohne dabei allzu viel von sich preiszugeben.

Auch fehlt öffentlichen Auftritten von Marc Samwer die subtil selbstverliebte Note seines jüngeren Bruders. Als Ältester des Unternehmertrios vermittelt er vielmehr die Vernunft eines Erstgeborenen, der seine schützende Hand über seine jüngeren Brüder hält. Durch sein sachliches und ruhiges Auftreten scheint er selbst kritische Themen zu handhaben. Ihm und seinen Brüdern ist gemein, dass sie sich nicht sonderlich für ihre Wahrnehmung in der Öffentlichkeit interessieren. Wenn es um die Hintergründe ihres Unternehmens geht, sind sie zurückhaltend. Dies war jedoch nicht immer so. Zu Beginn ihrer Karriere suchten auch die Samwers das Rampenlicht der Medien und konnten ihren frühen Gründungen dadurch zu nationaler Aufmerksamkeit verhelfen. Marc Samwer präsentierte zu dieser Zeit gemeinsam mit seinem Bruder Oliver das Gesicht der Firma in der Öffentlichkeit, verstand er es doch durch sein eindrucksvolles Auftreten, die Medien für sich und seine Brüder einzunehmen. Nachdem die Medienwelt mit der Zeit aber immer mehr offenbarte, dass sie sich nicht von den Samwers instrumentalisieren lassen wollte, zogen sich die Samwers aus der Öffentlichkeit zurück. Zu viel Angriffsfläche für Kritik bot ihr unternehmerisches Vorgehen.

Doch das Gesicht, das die Öffentlichkeit von Marc Samwer sieht, hat nicht zwangsläufig etwas mit dem Auftreten zu tun, das er in seinen Unternehmen zeigt. Intern haftet dem Samwer-Ältesten der Ruf eines geschickten Manipulators an, der durch sein beeindruckendes Verkäufertalent zu überzeugen weiß, aber gerne auch mal mit gespaltener Zunge spricht. Ehemalige Mitarbeiter sagen dem Samwer-Ältesten eine gewisse berechnende Unaufrichtigkeit nach und beschreiben ihn als jemanden, der häufig hinter dem Rücken seines Gesprächspartners anders als im direkten Kontakt spricht. Wie so oft lässt sich dieser schlechte Ruf nicht belegen, solche Zuschreibungen ziehen sich jedoch wie ein roter Faden durch die Erzählungen über Marc Samwers. Als studierter Jurist lag Marc Samwers inhaltlicher Schwerpunkt zunächst auf der rechtlichen Betreuung der unterschiedlichen Samwer-Unternehmen – ein Bereich, in dem er durch sehr gute Arbeit zu überzeugen wusste. Über die Zeit wurde dieses Aufgabenfeld sehr groß, entstand doch ein umfangreiches Geflecht an Samwer-Gründungen. Es sollte vor allem eine Taktik des »Outspendings« werden, derer sich die Samwers bedienten, um ihre externen wie internen Gegner auszuschalten: Stets würde ein Samwer andere durch pure Masse überflügeln, sei es durch haufenweise gestreute Werbung, deutlich höhere Gehälter zur Mitarbeiterabwerbung oder undurchdringliche Rechtsdokumente. Denn schnell wurde unter der Anleitung von Marc Samwer auch das Samwer-Vertragswerk derart komplex, dass es für die Mitstreiter des Trios viele Stunden bei einem teuren Anwalt gebraucht hätte, um die zahlreichen ineinander verschachtelten Klauseln und Verträge verstehen und aushandeln zu können – Marc Samwer, ein Menschenfänger mit Juristenverstand.

Trotzdem war der an der Universität Köln in Rechtswissenschaften ausgebildete Mann stets weit davon entfernt, ein juristischer Schreibtischarbeiter zu sein, sondern er agierte unternehmerisch getrieben. Marc Samwer hatte einen merklichen Erfahrungsvorsprung, als er sich mit seinen Brüdern zusammentat und binnen gut eines Jahrzehnts ein eigenes kleines Internetimperium aufbaute. Mit der Zeit wurde seine unternehmerische Teilhabe daher zusehends größer. Mit seinen Brüdern verband ihn nicht nur ein scharfer Geist, die Passion zum Geschäftemachen und eine hohe Auffassungsgabe, sondern ebenso Entscheidungsfreude. Er gilt daher neben seinem Bruder Oliver als der talentierteste Samwer, wenn es um die Umsetzung überambitionierter Wachstumspläne geht. Sein gutes Gespür für Menschen und seine gewinnende Art bescherten dem studierten Juristen eine große Überzeugungskraft und so vermochte er es immer wieder, Organisationen zu Höchstleistungen zu peitschen.

Dennoch gilt Marc Samwer als der am wenigsten talentierte Unternehmer des Brüdergespanns. Zwar überragen seine Intelligenz und Umsetzungsstärke deutlich den Durchschnitt, doch seien ihm sowohl Alexander als auch Oliver in diesen Disziplinen merklich voraus. Externe Kenner der Samwers sind sich deshalb einig: Ohne seine Brüder wäre Marc wohl weniger erfolgreich, hätte kein solches Imperium errichten können, wie es ihm mit der Unterstützung des Strategen Alexander und des Umsetzers Oliver gelungen ist. Das es letztlich doch keinen so großen Unterschied der Talente der Brüder gibt, bewies Marc beim Coupon-Anbieter Groupon, für den er mit seinen Brüdern das internationale Geschäft verantwortete. Dabei überflügelte er den für Deutschland zuständigen Oliver merklich. Wenngleich Oliver Samwer durch das aggressivere Vorgehen bei der Umsetzung der Geschäfte und Alexander Samwer durch eine ausgeprägte Intelligenz auffallen mögen, zeigt also auch Marc Samwer eine Vielfalt an Fähigkeiten, die ihn zu Spitzenleistungen befähigen. Den Leitwolf sollte der älteste Bruder der Kölner Familie trotzdem nicht mimen. Diese Rolle fiel seinem nächstjüngeren Bruder Oliver zu: Er ist der dominante Part des Gespanns.

Oliver Samwer – das Sandwich-Kind mit dem Siegeswillen

Im Kern dreht sich die Schaffenskraft von Oliver Samwer um die drei organisatorischen Elemente Geschwindigkeit, Fokussierung und Effizienz, die bei ihm eng miteinander verwoben sind. Wer den mittleren Samwer-Bruder trifft, merkt schnell, dass Oliver Samwer pure Geschwindigkeit ist. Während andere Unternehmer in Tagen oder Wochen funktionieren, arbeitet er in Stunden und Minuten, setzt mehrere Aspekte parallel um und springt regelmäßig zwischen unterschiedlichen Themenaspekten. Bei all seinen Unternehmungen geht es für ihn deshalb nur um eines: schneller zu sein als die Konkurrenz – koste es, was es wolle. Er scheint dafür einen ganz speziellen Riecher zu haben, der ihm mit Zuverlässigkeit signalisiert, ob und wann es eine Möglichkeit gibt, Vollgas zu geben. Zuerst testet er unterschiedliche Vorgehensweisen an, ehe er die identifizierte erfolgreichste Methode in rasender Geschwindigkeit umsetzt. Wer sich noch an die Werbeoffensive des Klingeltonanbieters Jamba erinnert, kann erahnen, in welche Dimensionen der mittlere Samwer vorstößt.

Oliver Samwer ist derjenige, der schneller umschaltet als alle anderen. Sobald er eine Sachlage erfasst hat, lässt er das, was er entschieden hat, umsetzen, geht so lange in Details und macht Druck, bis auch die letzte Möglichkeit ausgeschöpft ist. Es scheint, als wenn er sein Handeln nur noch über kurze Impulse steuert. Denn in der Fähigkeit, Entscheidungen so schnell wie kaum ein anderer Unternehmer treffen zu können und diese in all ihrer Konsequenz bis an die Grenzen der Zumutbarkeit durchzuexerzieren, liegt schließlich eines der Erfolgsgeheimnisse von Oliver Samwer. Er ist in der Lage, in rasantem Tempo stets die rational beste Entscheidung zu treffen und diese anschließend eisern, mit völliger Emotionslosigkeit umzusetzen. Auch der Umfang der Entscheidung spielt für ihn keine Rolle. Ob er ein mittleres Marketingbudget umdisponiert, jungen Gründern das Geld für die gemeinsame Gründung entzieht oder einen Unternehmensstandort mit 400 Angestellten schließt (wie dies beim Türkei-Standort seines Inkubators der Fall war), macht für ihn in der Sache keinen Unterschied. Wenn es um sein Geld geht, favorisiert er lieber ein Ende mit Schrecken als den Schrecken ohne Ende. Wo andere Unternehmer noch versuchen, eine potenzielle Pleite durch das Drehen von Stellschrauben abzuwenden, ist ein Oliver Samwer längst zur nächsten Gelegenheit weitergelaufen und hat seine Geschicke erneut optimiert.

Das tempofixierte Alphatier verfolgt stets die Devise, die beste Entscheidung zu fällen, auch wenn diese mit entsprechenden Kosten verbunden ist. Und selbst wenn sich eine seiner Entscheidungen im Nachhinein als falsch herausstellt – und dies kommt auch bei den Samwers nicht selten vor –, sichert ihm seine hohe Geschwindigkeit, dass er eine Fehlentscheidung deutlich vor allen anderen bemerkt und revidieren kann. Ob die Laufrichtung einer Unternehmung die richtige ist, scheint in der Samwer'schen Denke folglich nicht die wichtigste Rolle zu spielen. Zentral ist vielmehr, dass Oliver Samwer und seine Wegbegleiter als Erste ans Ziel gelangen, um notfalls als Erste wieder in eine andere Richtung laufen zu können. Hauptsache entscheiden, Hauptsache schnell.

Schnelligkeit und seine Auffassungsgabe heben Oliver Samwer deutlich hervor, doch es gibt eine Eigenschaft, die ihn wirklich von allen anderen absetzt – das ist diese ganz eigene Art, wie er mit Menschen umgeht und sie steuert. Er verfügt über die Fähigkeit, in seinem Gegenüber Wünsche und Begehren auszumachen, und ist dann in der Lage, diese in Aussicht zu stellen, um das Verhalten zu erzielen, das er sehen möchte. Ist es in seinem Interesse, verströmt er eine inspirierende, anregende Aura, der selbst Größen der internationalen Finanzwelt mit Leichtigkeit verfallen. Glaubt man dem Flurfunk seiner aktuellen und ehemaligen Mitarbeiter, reicht sein emotional-psychologisches Repertoire von cholerischen Schreianfällen, während derer er Monitore vom Tisch wischt, bis hin zu sanft und säuselnd vorgetragenen Komplimenten. Mal signiert er E-Mails mit einem nahezu liebevollen »Dein Oli«, mal ruft er sieben Mal hintereinander nachts um drei an und schreit herum. Ähnlich wie häufig auch Diktatoren in dem Ruf stehen, in gewissen Kreisen ungemein charmant gewesen zu sein, versteht es auch Oliver Samwer, zum richtigen Zeitpunkt reizend im Umgang zu sein.

Wie schafft es Oliver Samwer, alle anderen um den Finger zu wickeln? In der Regel durch psychologischen Druck. Menschen, die von ihm abhängig sind, redet er ein, dass sie schlecht seien, grobe Fehler gemacht oder sein Vertrauen missbraucht hätten. Schnell macht sich dann Panik breit, besteht doch meist ein wirtschaftliches Abhängigkeitsverhältnis zu den Samwers. Oliver Samwer achtet in diesen Beziehungen darauf, immer ein Druckmittel in der Hinterhand zu haben. Und selbst wenn es daran fehlt, droht er einfach damit, seinem Mitarbeiter jede Tür in der Internetbranche zu verschließen, und verfehlt damit nicht seine Wirkung. In der Beziehung zu Fremden baut er auf Emotionalität, um ein Gefühl der Verbundenheit zu suggerieren. Dabei legt er praktisch keinen Wert auf gemeinsame Beziehungen, nutzt sie aber sehr wohl, um andere moralisch auf diese Beziehungen zu verpflichten. Selbst Menschen, die er kaum kennt, fährt er empört an, wie sie ihn derart enttäuschen konnten und setzt sie einem Wechselspiel aus Aggressionen, Liebenswürdigkeit und Enttäuschung aus.

In seinem Kern ist Oliver Samwer durch diese Grundhaltung ebenso ein Verkaufsgenie, eine Art Machiavellist mit stark manipulativem Auftreten, der sich für nichts zu schade ist, wenn er etwas erreichen will. Sein Vorgehen hat damit das, was gerne auch der chinesischen Unternehmerkultur zugeschrieben wird: Er versteht das Geschäftemachen als Kriegsführung und setzt Menschen stets strategisch und berechnend ein. So vermutet ein Vertrauter der Familie, dass Oliver Samwer bereits in der Jugend schlechte Erfahrungen mit Menschen gemacht haben könnte und deshalb nur zu seiner Familie ein enges Verhältnis aufweist und Menschen sonst eher als Mittel zum Zweck betrachtet. Wer Oliver Samwer ein marktfaires Verhalten abringen oder mit ihm eine anhaltende Geschäftsbeziehung etablieren will, muss in der Regel etwas besitzen, dessen Verlust ihm wehtun würde. Wer sich mit dem geschickten Geschäftemacher einlässt, muss sich aber genauso darüber im Klaren sein, dass Oliver Samwer stets versucht, für sich die besten Konditionen herauszuhandeln, und in der Lage ist, die entscheidenden Faktoren jeder Vereinbarung zu seinen Gunsten zu beeinflussen, ohne dass das Gegenüber es wirklich bemerkt. Oliver Samwer kennt die Stellschrauben zum Erfolg deutlich besser als viele andere, schöpft den Rahmen einer Transaktion bis an die Grenzen der Legalität aus und betrachtet weniger moralische denn wirtschaftliche Ergebnisse.

>>*Es sind oft dieselben zwei Gründe, weshalb sich Leute negativ über ihn äußern: Man hat seine eigentlich sehr direkte und klare Art nicht verstanden und fühlt sich unfair behandelt. Viele denken aufgrund seiner gewinnenden Art aber auch, dass sie mit Oliver Samwer eng befreundet sind. Ein solches Freundschaftsgefühl führt dann dazu, dass Erwartungen an sein Verhalten aufgebaut werden, die der Realität nicht entsprechen. Wer das, was Oliver Samwer sagt, für bare Münze nimmt und nicht angepasst in seine eigene Sprache übersetzt, macht aber ohnehin etwas falsch. Ein Oliver Samwer muss bei all seinen Pflichten Dinge auch überspitzen und überhöhen, schließlich hat er wenig Zeit, weshalb er sich kurz fasst. Man muss diesen Pragmatismus auch verstehen. Wer also immer eine professionelle Distanz wahrt und in der Lage ist, Diskussionen offen, direkt und ergebnisorientiert zu führen, wird mit Oliver Samwer keine Probleme haben.*<<

Jambas langjähriger Pressechef Tilo Bonow
über die Arbeit mit Oliver Samwer

Oliver Samwer genießt einen Ruf als cholerischer Perfektionist. Dutzende Geschichten grassieren über ihn. Er werfe Büromaterialien nach Angestellten und selbst gestandene Manager verließen weinend Meetings. Doch oft scheint es sich dabei auch um Kalkül zu handeln. Im einen Moment brüllt er einen Meetingraum mit einem halben Dutzend hochrangiger Angestellter zusammen, im nächsten umgarnt er einen wichtigen Kontakt am Telefon, um nach dem Auflegen wieder eine Wutrede zu halten. Gespielte Aggressivität und Freundlichkeit zählen zu den Werkzeugen dieses Sozial-Chamäleons auf dem Weg zum alles überragenden Ziel: dem unternehmerischen Gewinn. Diese Fähigkeiten machen Oliver Samwer letztlich zum geborenen Anführer, der sich und seinen Mitarbeitern Unmenschliches abverlangt. Durch die

Aussicht auf großen Reichtum, gigantische Lerneffekte und geschickte psychologische Manipulation schafft er es, andere Menschen Dinge realisieren zu lassen, die sie selbst nicht für möglich gehalten hätten. Zu seiner Taktik zählt es, Ziele derart hoch zu stecken, dass von vornherein klar ist, dass sich diese nicht erreichen lassen. Eine Kultur des Lobens fehlt und selbst wenn es gelänge, die maßlos übertriebenen Ziele zu erreichen, würde Oliver Samwer noch bessere Ergebnisse fordern. In dem Versuch, die gesetzten waghalsigen Ziele dennoch zu realisieren, gehen seine Angestellten über das, was üblich und gesund ist, deutlich hinaus.

Kein Wunder: In jede seiner Unternehmungen bringt Oliver Samwer diese wahnsinnige Energie, die in Verbindung mit seinem Fokus auf das Wesentliche eben jenen Kraftakt ermöglicht.

Dieser auf Leistung getrimmte Führungsstil funktioniert aber nur, weil er ihn selbst lebt. Auch der dreifache Familienvater selbst ordnet alles seinem Erfolg unter. Zur Not kommt seine Familie eben ohne ihn aus, treibt ihn doch dieser unbändige Wille an, zu gewinnen. Alles ist für ihn wie ein Sport, und Gewinnen ist das eine hehre Ziel, dem er alles andere unterordnet – auch sich selbst und seine Gesundheit. Geschichten von einem Oliver Samwer, der im Büro schläft, bereits im Taxi vom Flughafen Interviews gibt und Telefonate erledigt, selbst aus dem Kreißsaal noch Umsatzzahlen erfragt oder nach Reisen um den gesamten Erdball noch mehrstündige Ansprachen vor der Belegschaft hält, gibt es genug. »Execution-Sau« oder »Ausführer vor dem Herrn« sind die Titel, die er von seinen Mitarbeitern verliehen bekommt. Die Energie dieses Mannes scheint keine Grenzen zu kennen.

»Oliver Samwer hat Benzin statt Blut in den Adern. Er arbeitet härter als jeder, den ich kenne, und als Manager hat man genau deshalb großen Respekt vor ihm. Er hat ja auch nie Zeit, was einem das Gefühl vermittelt, dass seine Aufmerksamkeit ein sehr wertvolles Gut ist. Wenn er einen mit einem starren Blick anguckt, will man ihm gefallen, weil es eine kleine Ehrung ist, wenn er lacht oder einem sonst eine positive Reaktion schenkt, die diesen Stresszustand auflöst. Der Vergleich ist sicherlich sehr krass, aber ein wenig ist das wie bei einer Frau, die von ihrem Mann geschlagen wird: Es löst Glücksgefühle aus, wenn du keine Schläge abbekommst. Man muss Oliver Samwer aber auch Paroli bieten, dann kann man gut zusammenarbeiten.

Oliver Samwer ist in seinem Verhalten sehr konsistent und berechenbar. Er behandelt alle Leute gleich und sagt einem sehr genau, was er erwartet. Er hat auch kein Ego, sondern lässt immer das beste Argument gewinnen – eine Eigenschaft, die Respekt verdient. Am Ende des Tages geht er in seiner Arbeit einfach derart auf, dass er es eben super persönlich nimmt, wenn etwas, was er zum gegebenen Zeitpunkt für wichtig hält, nicht geliefert wird. Dann schreit er herum und macht Druck.«

Eine ehemalige Führungskraft über Oliver Samwer

Oliver Samwers Arbeitsweise ist eben auf das Mantra der Geschwindigkeit ausgelegt. Stets schreibt der Kölner lediglich kurze Stakkato-Mails aus einzelnen Sätzen oder Worten, um aus der Ferne unterschiedliche Angestellte zu steuern. Eine öffentlich gewordene umfangreiche E-Mail von 2011, in der Samwer einen Blitzkrieg gegenüber der Konkurrenz ausruft, spiegelt zwar seine Vorstellung vom temporeichen Wettstreit in der Unternehmenswelt wider, fällt gegenüber seinem sonst eher kurzen Telegrammstil aber aus der Reihe. Er fasst sich in der Regel lieber kurz und kann jedem seiner Mitarbeiter, egal in welchem Kontext, rasant schnell antworten – sei es per E-Mail oder Kurzanruf. Wer Teil von Oliver Samwers Führungsstil des »Management by Telephone« ist, kann sich darauf einstellen, dass es kein »Hallo« und kein »Auf Wiedersehen« gibt, sondern dass es immer sofort zur Sache geht und dass der Unternehmer mit Knopf im Ohr sein Gegenüber gerne auch mal mitten im Satz wieder wegdrückt.

Sozial ist Oliver Samwer eher ein Exzentriker, ein Mann, dem sein Umfeld lange Probleme bereitet hat und der sich die Welt so hinbiegt, wie sie ihm passt. Er fährt mit seinem Porsche Cabrio durch München, geht aber in Sandalen und kurzen Hosen ins Büro. Würde man sein Verhalten an einer Soziopathen-Checkliste überprüfen, er würde wohl viele Punkte erfüllen. Doch wenngleich dieses Verhalten unberechenbar erscheint, folgt es für gewöhnlich einem Konzept. Wie kein Zweiter verfügt Oliver Samwer über ein ausgemachtes »Überzeuger-Gen«. Er spielt die komplette Klaviatur der Beeinflussung, sofern er denn ein inhaltliches Interesse an seinem Gegenüber hegt. Denn auch jegliche Form der Hierarchie ist ihm herzlich egal. Ob er einen Mitarbeiter oder Geschäftsführer anschreit, macht für ihn keinen Unterschied. Selbst vor seinen Brüdern macht er nicht Halt. Dass er bei Gruppentelefonaten mit Dutzenden Länderverantwortlichen etwa regelmäßig auch einen seiner Brüder mit Worten wie »Jeder hat's gerafft, nur du nicht« runterputzt, ist bei Oliver Samwer keine Seltenheit.

»Oliver Samwer hat eine völlige Abneigung gegenüber Smalltalk. Wenn er eine Person für unbedeutend hält oder sich nicht für ihre Belange interessiert, verbringt er auch praktisch keine Zeit mit ihr, sondern lässt sie einfach stehen. Er sagt nicht Hallo, er sagt nicht Auf Wiedersehen, sondern lässt Leute völlig im Regen stehen. Auch bei Telefonaten fängt er einfach an loszureden und legt auf, sobald er gesagt hat, was er sagen wollte. Er praktiziert diese soziale Kälte mit einer derart frappierenden Skrupellosigkeit, dass man sich unmittelbar eingeschüchtert fühlt und in der Regel irritiert zurückbleibt.«

Ein ehemaliger Manager über Oliver Samwers Sozialverhalten

Wie in seinem unternehmerischen Schaffen allgemein, konzentriert sich Oliver Samer auf ausgewählte Fokusthemen und versucht nach Möglichkeit, jedes Problem unmittelbar zu lösen, auch wenn es einige Stunden Telefonkonferenz mit mehreren Verantwortlichen erfordert. Schließlich ist das Fehlen umfangreicher Hierarchieebenen und langer Entscheidungswege ein weiteres zentrales Merkmal, mit dem Oliver Samwer eine hohe Effizienz seiner Organisationen sicherstellt. Er ist der Alleinherrscher in seinem Unternehmensreich, und zu lange Diskussionen und komplexe Entscheidungswege gibt es nicht. Vielmehr betrachtet er es persönlich als eines seiner Erfolgsgeheimnisse, dass er seinen Mitarbeitern sehr schnell viel Vertrauen und Verantwortung gibt, sodass diese auf Grundlage gemeinsamer Ziele autarke Entscheidungen treffen können.

Alphatier, Maximierer, Verkaufsgenie, Machiavellist, Perfektionist, Execution-Sau oder Exzentriker – mit vielen Zuschreibungen wird versucht, Oliver Samwer zu charakterisieren. Doch dem Unternehmer aus Köln ist überraschenderweise auch eine ausgeprägte Risikoaversion zu eigen. Stets suchte er sich wohlhabende Geldgeber, die seine ungemein hoch bewerteten Unternehmungen finanzierten und ihm die Munition für seine »Blitzkriege« lieferten. Nach seinen ersten – für seinen Geschmack verfrühten – Unternehmensverkäufen resümierte er später selbst, dass es vor allem der konservative Hintergrund seiner familiären Herkunft war, der ihn und seine Brüder so vorsichtig machte und eine ausgeprägte Risikoaversion mit auf den Weg gab. Belege für diese Risikoscheu gibt es genug: Bis im Jahr 2014 ein Börsengang seines Firmenimperiums Rocket Internet anstand, hatte der sonst so aggressive Executer keinen Positionstitel inne, sondern ließ andere das formelle Risiko tragen. Glaubt man einem Vertrauten der Familie, verbindet ihn und seine Brüder bis heute eine ausgeprägte Angst vor dem Tod und vor Krankheiten und auch beruflich bestand deshalb stets ein gewisses Sicherheitsnetz für die Samwers.

»Die Brüder achten schon sehr stark auf ihre Gesundheit. Sie trinken kaum Alkohol, rauchen nicht und haben praktisch immer Boxen mit rohem Gemüse bei sich. Sie sind wirklich sehr darauf bedacht, keinen Mist zu essen, und einmal, als ich krank war, hat einer von ihnen einen Koffer voll mit homöopathischen Medikamenten herausgeholt und mir eine ganze Batterie aus kleinen Kügelchen in die Hand gestreut, die ich doch nehmen solle. Da sind sie sehr diszipliniert.«

Eine ehemalige Rocket-Führungsperson über den Lebensstil der Samwers

Während es die Samwers zusammen auf ein kolportiertes Privatvermögen von über einer Milliarde Euro gebracht haben dürften, sind im Dunstkreis von Oliver Samwer nur sehr wenige reich geworden. Schließlich gilt es im Umgang mit dem Firmenpatriarchen inhaltlich ein gutes Näschen, formal eine genaue Kenntnis der Materie und operativ Nähe zum Hochgeschwindigkeitsbetrieb der Samwers mitzubringen, will man gegenüber dem Internetunternehmer dauerhaft bestehen. Andernfalls steigt die Gefahr, durch Oliver Samwers Verhandlungsgeschick und operative Dynamik abgehängt zu werden. Selbst seine Brüder verblassen gemessen an seiner Schaffenskraft zu Ausführenden seiner Ideen. Doch Oliver verbindet mit Marc und Alexander ein starkes Band des Vertrauens. Marc und Alexander Samwer sind für das Mastermind so etwas wie Unterstützungssysteme im Hintergrund, die ihm helfen, alle Ressourcen in eine Richtung zu lenken.

Alle anderen bleiben für ihn lediglich Angestellte. Die Leiter seiner Gründungen bleiben reine Projektmanager und Umsetzungsgehilfen seiner Anweisungen, während er und seine Brüder als kompetente Gründer auftreten. Insofern haftet Oliver Samwer auch ein gewisser Narzissmus an, attribuiert er Erfolg doch gerne auf sich. Zahlreiche seiner ehemaligen Weggefährten sagen dennoch, dass es eine Ehre sei, einmal mit Oliver Samwer zusammengearbeitet zu haben. Schließlich sei es ein Ereignis, ihn und seine einzigartige Arbeitsweise zu erleben.

Die Schattenseite dieses Erfolgsstrebens liegt darin, dass er seine Mitarbeiter nicht nur die Grenzen ihrer Kräfte, sondern auch die ihrer Moral vergessen lässt. Von den »Samwer-Schergen«, jenen willigen Befehlsempfängern der Samwers, denen der Kampf mit harten Bandagen, das Abzocken und das Fertigmachen von Menschen vorgelebt wurde, wird noch öfter zu reden sein. Denn Mitarbeiter aus dem direkten Umfeld von Oliver Samwer machen sein Verhalten oft zu ihrem und stellen ihren Ziehvater als Rechtfertigung für ihr Tun hin. Da es dem Gefolge jedoch meist an dessen Know-how oder Intellekt fehlt, geraten diese Nachahmungen zumeist zu einem billigen Abklatsch. Jene zweite Führungsebene beschert nicht selten ein schlechtes Arbeitsklima und bildet den Ursprung vieler Abzocker- und Sklaventreibergeschichten über den Samwer-Clan.

Wer auf der Zielgeraden des Samwer-Erfolgs auf der Strecke bleibt, ist ohnehin ein beliebtes Thema in der Branche. Den Samwers haftet nicht nur der Ruf an, in ihren Betrieben mit Druck, cholerischen Anfällen und hohen Ansprüchen zu arbeiten. Man sagt ihnen auch Skrupellosigkeit und Rücksichtslosigkeit gegenüber Partnern und Mitarbeitern nach. Ob dies zutrifft, ist die Frage, da das Image der Kölner Brüder durch Neid und üble Nachrede geprägt ist. Es wird vor allem von denen erzählt, die dem Verhandlungsgeschick von Oliver Samwer erlagen oder sich von der Konsequenz bei der Umsetzung von Entscheidungen überrumpelt fühlten. In dieser Hinsicht gilt für Oliver Samwers Verhalten dasselbe wie für das Organisationsgeflecht des Brüdergespanns insgesamt: Entscheidungen scheinen aus dem Bauch heraus gefällt zu sein, die Grundlage des Vorgehens bildet jedoch eine streng datengestützte Analyse der Sachverhalte. Haben die Brüder ihre Ressourcen platziert, prüfen sie die Effektivität jeder Maßnahme genau und schalten kategorisch alle Nicht-Performer aus. Auch deshalb hat sich in der Szene herumgesprochen, dass es sich nicht empfiehlt zu kaufen, wenn ein Samwer verkauft. Allzu oft tunen Oliver Samwer und seine Brüder ihre Gründungen mit teurem Marketinggeld. Wenn sie sich und ihre Umsetzungsstärke abziehen, gehen die Umsätze zurück.

»Zu viele Menschen glauben ihren eigenen Pressemitteilungen. Messt Erfolg nicht an Berichterstattung, sondern ökonomischem Einfluss. [...] Betreibt ein Start-up wie eine Bäckerei: Backt am Morgen, verkauft über den Tag und zählt die Einnahmen in der Nacht! [...] Fürchtet euch nicht davor, im Dreck zu leben. [...] Braveheart sah so aus, wie er lebte: im Schmutz. Schaut euch den Film ruhig an, er ist die meiste Zeit schmutzig. Die schöne Frau lebt in einem großen Zelt. Und der Verlierer lebt auch in einem großen Zelt. Da seht ihr es [...]: große Büros tendieren dazu, zu Verlierern zu werden. McKinsey hat sehr große Büros. Wenn du ein Unternehmer bist, bist du schmutzig. [...] Geht zu McKinsey, wenn ihr gescheitert seid. Warum vorher? Jetzt seid ihr jung. Ihr solltet glücklich sein. Gott hat euch das Internet gegeben!«

Oliver Samwer zu unterschiedlichen Gelegenheiten
über seine Arbeitsmaximen[16]

Oliver Samwer bringt jene typischen Unternehmereigenschaften mit, die ihn vom typischen Angestellten abheben. Er ist ein eher egoistischer Detailfanatiker, von dessen gutem Willen viel in seinem Umfeld abhängt. Was er will, wird umgesetzt. Einige Disziplinen wie das Verhandeln, das Treffen von schnellen Entscheidungen oder die kurzfristige Optimierung beherrscht er unfassbar gut, in anderen Belangen wie Zuhören, Geduld oder Tiefenanalyse zeigt er kaum Ambitionen. Diese Charaktereigenschaften bringen es mit sich, dass seine Unternehmungen häufig explosionsartig anwachsen, nach einer wirtschaftlichen Klimax aber genauso schnell wieder in sich zusammenschrumpfen können. Oliver Samwer ist ein Antreiber, dessen Schaffen nicht selten einen Impuls erzeugt. Wenn er selbst jedoch ausscheidet oder wenn er langfristige und nachhaltige Erfolgskonstrukte errichten soll, stößt das Konzept Oliver Samwer an seine Grenzen.

Alexander Samwer – Nesthäkchen mit intellektueller Genialität

Alexander Samwer ist nicht der ungeduldig auf Wachstum ausgerichtete Unternehmertypus, er ist ein hochbegabter Intellektueller, der seine Brüder in Sachen Intelligenz deutlich überragt. Seine Position im Trio der drei Internetpaten speist sich aus der ruhigen und freundlichen Art eines strategischen

Feingeistes, der anderen und ihrer Arbeit aufrichtiges Interesse entgegenbringt. Er beeindruckt durch seine Weitsicht. Alexander Samwer gilt als der Umgänglichste des Trios, als menschlich, höflich und zurückhaltend. Alexander Samwer genießt den Ruf, Beziehungen weniger berechnend aufzubauen, sich rücksichtsvoll und mit Respekt zu verhalten. Ursächlich dafür mag seine studentische Heimat an internationalen Eliteuniversitäten wie Oxford oder Harvard sein, wo der jüngste der Samwer-Brüder nicht nur hervorragende Abschlüsse ablegte, sondern sich auch seinen Sinn für das Intellektuelle und die Gemeinschaft aneignete.

Alexander Samwer scheint vielmehr eine Denkmaschine, die ein Thema in einem Tempo und einer Vielfalt erfasst, wie es nur wenige Menschen auf diesem Planeten vermögen. Er verfügt über die Fähigkeit, rasant herauszufinden, an welcher Stelle die Wachstumshebel einer Unternehmung liegen, in welcher Reihenfolge diese zu bedienen sind und welche Erfordernisse, Probleme und Hürden auf dem Weg mit welcher Wahrscheinlichkeit auftreten werden. Seine Analytik befähigt ihn dazu, den Finger in die Wunde zu legen, wenn einer Gründung auch nur ein Teil dieser Ablaufschritte fehlt und sie damit droht, ein weniger großer Erfolg zu werden. Es überrascht daher nicht, dass Weggefährten ihn durch die Bank als intelligent, analytisch, ruhig und freundlich charakterisieren. Als einen Mann, der im Gegensatz zu seinen Brüdern in der Lage ist, auch einmal länger als zehn Minuten einem Gespräch zu folgen oder konzentriert die wichtigen Parameter einer Gründung zu analysieren. Der auch mal einen Schritt zurücktritt, um das große Ganze zu betrachten und länger darüber nachzudenken.

Sein Antrieb scheint jedoch auch dieses gewisse Maß an Paranoia zu sein, von der auch seine Brüder befallen sind. Doch anders als seine Brüder, die sich vor dem drohenden Wettbewerber zu Tempo und Wachstum anstacheln lassen, konzentriert sich Alexander Samwer auf Details. Auch er scheint mit dem Heute nicht zufrieden, weil er angesichts seiner strategischen Weitsicht das Gefühl hat, dass er und seine Brüder von hinten bereits gejagt werden. Doch er begegnet diesem Umstand mit einem Maximum an Planung und Berechnung der Eventualitäten.

Konsequenterweise ist er es, der mit der Zeit die herausfordernden strategischen Gründungen der Samwers betreute. Dazu gehören etwa der E-Commerce-Schlachtkreuzer Zalando, den er zu einem der erfolgreichsten Onlineshops Europas auszubauen half, oder das komplexe Vorhaben, das sich mit dem logistisch aufwendigen Geschäft des Möbelshops Home24 verbindet. Während die Gründungen, bei denen Oliver oder Marc Samwer federführend tätig waren, oftmals auf kurzfristigen Erfolg angelegt waren, konzentrierte sich Alexander Samwer auf die anspruchsvollen Aufgaben und betreute diese mit strategischer Weitsicht. Zu seinem Können zählte es, Firmen von einer Stufe auf die nächste zu bringen. Hätte es ihn nicht in die Selbstständigkeit als Internetunternehmer verschlagen, könnte er heute genauso als Vorstandsvorsitzender eines DAX-Unternehmens tätig sein.

Elitestudenten und die zentrale Rolle der WHU

Die unternehmerischen Anfänge der Samwers liegen in den Hörsälen unterschiedlicher Universitäten, wobei jedem der drei Brüder ein ganz eigener Weg beschieden war. Als Ältester des Trios studierte Marc Samwer an der Universität Köln Jura mit Schwerpunkt Wirtschafts- und Steuerrecht und schloss seinen Masterstudiengang nach gerade einmal acht Semestern als einer der Besten des Jahrgangs 1996 ab.[17] Während seine Brüder noch studieren, folgen beim ältesten Samwer-Spross Jobstationen beim Gerling-Versicherungskonzern in Brüssel, dem börsennotierten Industriekonzern Saint Gobain in Paris, einer internationalen Anwaltskanzlei in Madrid sowie bei Visto, einem Pionier für internetbasierte Kommunikationsdienste im Silicon Valley.[18] Ehe Marc Samwer sich mit seinen Brüdern an eine eigene Gründung machte, sammelte er also bereits umfangreiche Berufserfahrungen auf internationalem Level.

Ähnlich international und noch einmal deutlich namhafter gestaltete sich die Ausbildung von Alexander Samwer. Nach seinem Abitur begann der hochintelligente Letztgeborene zunächst ein Wirtschafts-, Politik- und Philosophiestudium in Oxford, das er mit Auszeichnung abschloss, ehe er Jahre später einen MBA in Betriebswirtschaftslehre an der Harvard Business School nachlegte. Der Werdegang von Alexander Samwer geht ebenfalls über zahlreiche Auslandsaufenthalte: In Buenos Aires war er für das Verlagshaus Angel Estrada & Cie. tätig, als Assistent eines französischen Senators engagierte er sich politisch, mit McKinsey konzipierte er eine deutsche Internetcommunity und in Hongkong bereitete er den Start eines Internet-Service-Providers vor, ehe er wie sein ältester Bruder im Silicon Valley für ein Netzwerktechnologie-Unternehmen tätig wurde.[19]

Oliver Samwer schlug einen anderen Weg ein. Inspiriert durch seinen ehemaligen Mitschüler und Freund Arnt Jeschke, der später zur treuen rechten Hand des Unternehmers werden sollte, begann er nach seinem Abitur zunächst eine Banklehre beim Kölner Bankhaus Sal. Oppenheim – ein denkbar untypisches und wohl auch etwas uncooles Szenario für einen angehenden Unternehmer. Mit seiner Wissbegier handelte er sich kurz nach seinem Beginn eine Beschwerde wegen zu vielen Fragens ein. Dennoch legte er am Ende der Ausbildung die beste Abschlussprüfung des Bundeslandes ab.[20] Um seinen Zivil- und Wehrdienst hatte sich Oliver Samwer drücken können. Er erschien zur Musterung mit einem Fahrradhelm und mimte einen Schizophrenen, der sich aus Angst, auf den Kopf zu fallen, weigerte, diesen abzunehmen. Er hatte Erfolg: Er wurde tatsächlich ausgemustert, und Alexander Samwer, dem sonst als drittem Bruder ein Militärengagement erspart geblieben wäre, musste stattdessen seinen Zivildienst ableisten.

Nach seiner Ausbildung nahm Oliver Samwer 1994 sein Studium der Betriebswirtschaftslehre an der Wissenschaftlichen Hochschule für Unternehmensführung (WHU) auf, einer privaten Universität in Vallendar bei Koblenz. Der junge Abiturient wollte endlich eine Ausbildung durchlaufen, die seiner Lust am Unternehmertum gerecht wurde und ihn nicht nur inhaltlich ausbildete, sondern ebenso mit Gleichgesinnten zusammenbringen würde. Trotzdem sollte Oliver Samwer an der WHU in gewisser Weise ein Exot bleiben. Unter all den gedrillten Karrieretigern, die sonst die WHU bevölkerten und für ihre Noten alles andere links liegen ließen, fiel der junge Kölner auf. Er wollte nicht bloß in einem System funktionieren, sondern er interessierte sich ebenso sehr für Reisen, einzigartige Erlebnisse und erfolgreiche Unternehmen. Der Macher Oliver Samwer scheint zu seinen Studienzeiten ein romantischer, fast zarter Feingeist gewesen zu sein, der sich vielleicht sogar etwas einsam an der WHU fühlte.

»Das Tollste waren die Gastvorträge von Unternehmern, die im Zeitraffer erzählten, wie sie aus dem Nichts eine Firma mit ein paar Hundert oder sogar 20.000 Leuten schufen, wie sie auch mal am Abgrund standen, bis dann gerade noch rechtzeitig der entscheidende Auftrag kam.«

Oliver Samwer über die Vorzüge seines Studiums an der WHU[21]

Oliver Samwer galt als Streber, wie er im Buche steht. Insbesondere während seines Grundstudiums paukte er intensiv und versuchte sich bei seinen Professoren lieb Kind zu machen, indem er am Ende eines Seminars die vorgetragenen Inhalte noch einmal paraphrasierte. Mit der Zeit fiel er seinen Kommilitonen derart auf den Geist, dass es zu einem Arrangement kam. Die drei Studenten in der Reihe hinter ihm sollten wild anfangen mit den Fingern zu schnipsen, wann immer Oliver Samwer sich meldete, um ihn bei seinen Professoren als Nervensäge in Verruf zu bringen. Das Leben an der Universität war für den erfolgshungrigen Oliver Samwer also nicht immer leicht.

>»Während seines Studiums wohnte Oliver Samwer in einer kleinen Wohnung über einem Bäckergeschäft, und sein Freund Thorsten Bohg hat ihm aus Spaß heimlich das warme Wasser im Keller abgedreht. Drei Semester lang hat Oliver Samwer dort gewohnt und kalt geduscht. Später einmal hat er dann in Erinnerungen geschwelgt und erzählt, dass die Wohnung eigentlich ganz schön gewesen sei, bis auf das fehlende warme Wasser, woraufhin Thorsten sich kaputtgelacht und ihm von dem Scherz erzählt hat. Das Gesicht von Oliver Samwer hätte man fotografieren sollen, er wusste nicht ob er lachen oder sauer sein soll.«*

Ein ehemaliger WHU-Kommilitone von Oliver Samwer

Wirklich ändern sollte sich daran erst etwas nach seinen ersten Erfahrungen im Ausland. Oliver Samwer studierte Business Administration an der Kellogg School of Management in Illinois und verbrachte ein Semester in Chile, wo er seine ersten Gehversuche in Sachen Unternehmertum machte.

Im Jahr 1996, zu diesem Zeitpunkt war er gerade 24 Jahre alt, rief Oliver Samwer – noch ohne seine Brüder – mit einigen Kommilitonen die EGO International Trading ins Leben. Seine erste Firma war geboren, mit der er und seine Mitgründer indianische Fellpantoffeln in Bolivien produzieren ließen, um sie in Südamerika zu vertreiben.[22] Doch obwohl sich die Geschäfte des Import-Export-Geschäfts seiner in Chile tätigen Handelsfirma gut entwickelten und es die EGO International Trading schließlich auf einen Umschlag von jährlich 18.000 Pantoffeln brachte[23], blieb die erste Gründung eine bloße Trockenübung. Zu wenig skalierbar war die gemeinsame Idee, weshalb das Gespann nach drei Jahren das gemeinsame Experiment beendete. Zwar gab der mittlere Samwer-Bruder später an, »in den Straßen von Valparaiso das Verkaufen gelernt« zu haben, doch trotz exponentiell steigender Umsatzzahlen zog es ihn und seine Mitstreiter danach, »etwas Größeres zu machen«.[24]

Bis es so weit war, sollte aber noch etwas Zeit vergehen. Zurück in Deutschland hatte sich schließlich eine feste Clique aus guten Freunden um Oliver Samwer gebildet. Dazu zählte sein bester Freund Max Finger, ein charismatischer Playboy, den alle nur den »coolen Max« oder »Max, den Eisblock« nannten. Er hatte es sich zur Aufgabe gemacht, Oliver Samwer auf der Jagd nach Upperclass-Frauen modisch an die Hand zu nehmen. Dazu zählten auch Thorsten »Tobo« Bohg, Gerrit Heine und Karel Dörner. Oliver Samwer hatte in ihnen Freunde gefunden, die ihn später auch beruflich begleiteten. Eine der wohl zentralen Personen, die Oliver Samwer ebenfalls während seiner Zeit an der WHU kennenlernte, war ein junger Student mit Namen Florian Heinemann. Heinemann hatte sein Studium ein Jahr nach Oliver Samwer aufgenommen und wurde ebenso wie der erfolgreiche Unternehmer als Stipendiat durch die Studienstiftung des deutschen Volkes gefördert. Einmal im Monat lud Horst Albach, eine Koryphäe der deutschen BWL-Lehre, Betreuer der Stipendiaten und Professor von Oliver Samwer, alle geförderten Studenten zu einem Treffen ein. Hier lernten sich Oliver Samwer und Florian Heinemann besser kennen. Neben dem Studienbetrieb lockten viele Partys, und als Initiator der Entrepreneurship-Gruppe der WHU hatte Oliver Samwer sich als begeisterter Unternehmerfreund hervorgetan. Er hatte es vermocht, zusehends Gründerpersönlichkeiten an die WHU zu locken, und die enge Bekanntschaft zwischen Florian Heinemann und Oliver Samwer sollte einige Jahre später in einer Geschäftspartnerschaft münden.

Die WHU prägte das Leben Oliver Samwers und seiner Brüder also gleich in unterschiedlicher Weise. Durch seine strebsame Haltung brachte es Oliver Samwer schließlich auf den vierten Platz des jährlichen Rankings. Er hatte sich wiederholt dadurch hervorgetan, stets bereichsübergreifende Kurse zu belegen, um seine große Neugierde zu befriedigen. In einer Riege von Eliteabsolventen war er es, der die sonst auf Beraterposten konzentrierte Studentenschaft mit einer Entrepreneurship-Initiative bereicherte und vielen jungen Menschen Unternehmerwerte nahegebracht hatte. Doch die WHU wurde ebenfalls zu einem Knotenpunkt personeller Kontakte, über den die Samwers mit der Zeit zahlreiche ihrer unternehmerischen Mitstreiter rekrutierten. Die Mehrheit der Absolventen aus Vallendar erfüllte das Persönlichkeitsbild eines »Insecure Overachievers«, das waren persönlich unsichere, aber ungemein leistungsfähige Umsetzer. Sie passten später genau in das Schema der Samwers, war doch speziell Oliver Samwer auf der Suche nach intelligenten Erfüllungsgehilfen, die strammstehen würden, sobald er es wollte.

Oliver Samwer war sich bewusst, dass er in einem Konzern nie Karriere machen würde. Es lag ihm nicht, andere von seinen Ideen zu überzeugen. Er benötigte ein Umfeld, in dem nicht unter Gleichen diskutiert wird. Zwar suchte er stets frei von Ego-Attitüden die beste Lösung für ein Problem, doch darüber hinaus etablierte er sich ein Umfeld, in dem zuerst einzelne Geldgeber und Deal-Partner überzeugt wurden und anschließend die absolute Macht in seinen Händen lag. Auch seine Abneigung, andere an seinen Unternehmen zu beteiligen, speist sich wohl aus dieser Überlegung. Schnell schien Oliver Samwer sich bewusst geworden zu sein, dass er die größte Wertschöpfung beisteuerte, und so sicherte er sich über harsche Klauseln und geringe Beteiligungen die Abhängigkeit seiner Mitstreiter. Wie sich später noch zeigen wird, dürfte es Diskussionen unter echten Anteilseignern mit gegenseitigen Rechten, Pflichten und Abhängigkeiten nicht gegeben haben. Denn Oliver Samwers Fazit war simpel: Sei nie von jemandem abhängig (der nicht mit dir verwandt ist), sondern halte immer alle Fäden in der Hand und nutze dies zu deinem eigenen Vorteil.

Mit den Abgängern der WHU war die Chance auf einen Unternehmenserfolg ungleich höher, weil Oliver Samwer auf diese Weise seine oft als »angestellte Geschäftsführer« verschrienen Gründer in gewisser Weise lenken konnte. Vor allem war es für den Absolventen von 1998 ein denkbar günstiges und aufwandsarmes Unterfangen, an seiner Alma Mater auf Mitarbeiterfang zu gehen. Regelmäßig sollte er über die Jahre die WHU-Veranstaltung »Idea-Lab!« als Sprecher besuchen. Durch seine Vorbildrolle als erfolgreicher Gründer brachte er zahlreiche WHU-Studenten von einer Karriere als Unternehmensberater ab und lockte sie stattdessen in die Selbstständigkeit.

Oliver Samwers eigene Gründerlaufbahn begann ebenfalls an der WHU. Es war seine Diplomarbeit, die ihn an jenes große Projekt heranführen sollte, das ihm den Durchbruch als Internetunternehmer bescherte. Was er für seine Diplomarbeit »America's most successful Startups« entdeckte, sollte so anregend sein, dass er damit seine beiden Brüder gewinnen konnte. Sie setzten jenen am Vierwaldstätter See geschlossenen Pakt endlich in die Tat um. Das erste gemeinsame Unternehmen der Samwers winkte.

»America's most successful Startups«

In seiner Abschlussarbeit machte Oliver Samwer seine Passion zum Gegenstand der Wissenschaft und verfasste gemeinsam mit seinem Studienfreund Max Finger eine Abhandlung über das Start-up-Leben in den USA. Dazu interviewte das Studentenduo insgesamt 75 Unternehmer, elf Geldgeber, zwei Banken und zwei Anwaltsfirmen aus dem Silicon Valley und Massachusetts. Es entstand eine 167 Seiten starke Feldrecherche, die das amerikanische Verständnis von Technologieunternehmen porträtierte und dafür thesenartig unterschiedliche Leitlinien zum Gründen eines Start-ups formulierte. Ihre Thesen leiteten Max Finger und Oliver Samwer basierend auf den Informationen der befragten Gründer ab, die sie in eine Art Best-Practice-Guide für Start-up-Unternehmer mit Tipps, Anregungen und Fehlerwarnungen überführten. Die beiden Studienfreunde verfassten so ein Kompendium mit Gründungstipps für Einsteiger, eine Dokumentation voll der Faszination für das Silicon Valley und seine Eigenheiten.

> »Das ideale Start-up ist eine Kombination aus Gelegenheit, Team und Timing. Das ideale Start-up adressiert einen riesigen Marktplatz, der offen für eine Veränderung ist oder gerade durch einen Paradigmenwechsel kreiert wird, hat ein Team, das empfindlich genug für die Anforderungen des Marktes ist, und im richtigen Moment auf den Markt kommt, nicht zu früh und nicht zu spät. Jede einzelne dieser Eigenschaften, wenn sie schlimm genug ist, tötet das Unternehmen.«

Oliver Samwer und Max Finger
über ein »ideales Start-up«[25]

Das in englischer Sprache verfasste Werk, für das Oliver Samwer sein Diplom erhielt, ist deshalb eher wie ein passionierter Ratgeber, denn eine wissenschaftliche Arbeit verfasst. Während es an einer Forschungshypothese gänzlich fehlte, vermochten es Max Finger und Oliver Samwer, über die gesamte

Arbeit hinweg nicht eine einzige wissenschaftliche Arbeit zu zitieren oder belastbare Daten und Analysemodelle anzuführen. Inhaltliche Merkmale wie Schwächen im sprachlichen Ausdruck, zahlreiche Rechtschreibfehler und uneinheitliche Formalien machen schon auf den ersten Blick deutlich, dass mit »America's most successful Startups« zwei jungen Studenten die Möglichkeit gegeben wurde, dem amerikanischen Gründungsgeschehen hautnah beizuwohnen. Die auf diese Weise gemachten Erfahrungen schrieben beide schnell zu einer Diplomarbeit herunter. Ohne die Anerkennung von Professor Horst Albach für Oliver Samwer und seinen sonst makellosen Studienverlauf, hätte eine solche Arbeit nicht angenommen, geschweige denn mit einer Eins bewertet werden können. So geben er und Max Finger etwa in kurzen Absätzen profane Ratschläge wie »Brenn keine Brücken ab, stiehl keine Ideen, nutze nicht die Ressourcen eines anderen Unternehmens und kündige deinen Job, bevor du an der neuen Sache arbeitest«.[26] Aber anzunehmen, dass Oliver Samwer sich bei seinem späteren Schaffen an diese von ihm aufgestellten Thesen gehalten hat, wäre ein Fehler. Mit seinem Internetimperium erschuf er später die weltweit größte Kopiermaschine für Ideen und setzte dabei Firmenressourcen ein, wie es ihm beliebte. Weitere gute Ratschläge wie etwa, dass jeder Gründer eines Unternehmens gleich viele Anteile halten[27] oder jeder Mitarbeiter mit Prozenten beteiligt werden sollte[28], würde heute wohl ein Schmunzeln auf die Lippen vieler Samwer-Gefährten zaubern. Und dennoch: Zum Zeitpunkt seines Abschlusses meinte es der gründungswillige Heißsporn sicher ernst.

> *»Der Gründer sollte nie ein limitierender Faktor für das Wachstum des Unternehmens werden. Stattdessen sollte er bereit sein, seine eigene Egobefriedigung für das übergeordnete Gut, das Unternehmen erfolgreich zu machen, zu opfern. [...] Sie müssen die Haltung haben, dass Sie das Unternehmen gestartet haben, aber dass das Unternehmen etwas ist, das sein eigenes Recht zu leben und zu wachsen hat, und Sie müssen andere es übernehmen lassen, die es mehr wachsen lassen können. Sie müssen ein egoloser Unternehmer sein.«*

Auszug über die Charakteristika eines »egofreien Unternehmers«[29]

Mit seiner Abschlussarbeit hatte er zwar keine Blaupause für ein Samwer-Start-up abgegeben, der florierenden Start-up-Landschaft des Silicon Valley aber eine Hommage gewidmet und einen Einblick in sein Verständnis von Unternehmertum geliefert. Stilistisch arm, aber emotional mitreißend, schwört er den Leser auf eine Art Sektenverhalten im Stile amerikanischer Teampropaganda ein, bei der das Individuum in den Hintergrund tritt und zum funktionalen Baustein der gemeinsamen Unternehmung wird. Im Jahr 1998 gab Oliver Samwer seine ganz eigene Dokumentation amerikanischer Verhältnisse, die den puren Arbeitswillen anhand von 90-Stunden-Wochen euphorisch pries und die sich aufopfernde Gründerpersönlichkeit heroisierte. Das war eine aus heutiger Sicht für ihn ungewöhnlich romantische Aufbereitung. Immer wieder ist die Rede von der Relevanz einer ausgeprägten Wertekultur bei der Firmengründung und davon, dass ein Start-up-Gründer »egofrei« und auf die Belange des Unternehmens fokussiert sein sollte.

Die gemeinsame Abschlussarbeit bescherte Oliver Samwer nicht nur eine sehr gute Abschlussnote, sondern auch Zugang zur amerikanischen Unternehmerszene. Auf diese Weise wurden er und seine Brüder auf das aufmerksam, was sich später als das wohl beste Geschäftsmodell ihrer Karriere herausstellen sollte.

2. Alando – das attraktivste Geschäftsmodell der Welt

Ebay darf als eine der Traumgeschichten des Silicon Valley schlechthin gelten und verkörpert mit seiner Geschichte jenen Unternehmergeist, der Max Finger und Oliver Samwer beim Verfassen ihrer Diplomarbeit in seinen Bann gezogen hatte. Der französisch-iranische Informatiker Pierre Omidyar war es, der im September 1995 etwas nichtsahnend mit seiner Auktionswebseite eine Revolution des Onlinehandels lostrat, die ein halbes Jahrzehnt später auch die Samwers fesseln sollte. Dabei fing alles so unscheinbar an: Omidyar, der nach seinem Informatikstudium an der Ostküste gleich bei mehreren Unternehmen im Silicon Valley gearbeitet hatte, begann Ebay mit der Vorstellung, einen »vollkommenen« Markt zu schaffen. Er störte sich daran, dass bei Börsengängen einzelne Personen durch einen Wissensvorsprung bevorteilt wurden.[30] Gut zwei Jahre nach der Gründung von Ebay forcierte das Unternehmen die pressetauglichere Fantasiegeschichte, die Auktionsplattform sei vor allem aus dem Bestreben entstanden, Omidyars Verlobter Pam Wesley den Handel mit PEZ-Spendern zu erleichtern – doch in Wirklichkeit war es ökonomischer Idealismus, der Ebay begründete.[31]

An einem Wochenende im September 1995 hatte Pierre Omidyar seinen Dienst programmiert und taufte ihn zunächst auf den Namen »AuctionWeb«. Seine Tätigkeit als freiberuflicher Entwickler hatte er unter der »Echo Bay Technology Group« zusammengefasst, und auf Ebay.com sollte sein revolutionäres Konzept fortan erreichbar sein.[32] Schon vor Ebay hatte es in textbasierten Internetforen Online-Auktionen gegeben, die allerdings einige strukturelle Nachteile aufwiesen:[33] Verkäufer platzierten ihre Angebote per Texteintrag und erhielten Gebote per E-Mail, die sie dann aufwendig auswerten und ihre Auktion daraufhin aktualisieren mussten. Ebay beendete diesen arbeitsintensiven Vorgang und erst nachdem Omidyars Netzprovider Best ihm für das steigende Besucheraufkommen einen Geschäftstarif von 250 Dollar berechnen wollte, begann dieser aus purer Notwendigkeit, den bis dahin kostenlosen Dienst mit Gebühren zu versehen.[34] Spätestens als es ihm gelang, als ersten Artikel einen kaputten Laser-Pointer für 14,83 Dollar zu verkaufen, hielt der damals 28-jährige Informatiker den Beleg für das Funktionieren seines Geschäftsmodells in den Händen.[35]

Der Rest ist Geschichte: Omidyar hatte eines der wenigen Unternehmen geschaffen, das von Beginn an schwarze Zahlen schrieb und dank Mundpropaganda ein derart rapides Wachstum hinlegte, dass Ebay am 24. September 1998 schließlich an die Börse ging und auf einen Wert von 1,8 Milliarden Dollar blickte.[36] Bis 2013 sollte sich der Börsenwert des Unternehmens auf beinahe 70 Milliarden steigern und Omidyar und seine Mitstreiter zu Milliardären machen.

Ebays Erfolg war auch den Samwers nicht verborgen geblieben, die die Zeit zwischen ihren Studiengängen nutzen wollten, um Internetgeschäftsmodelle auszukundschaften. Schließlich erlaubte das Internet selbst unerfahrenen Absolventen einen schnellen Einstieg und potenziell hohe Wertsteigerungen.[37]

Obwohl den Samwers – allen voran Oliver – aufgrund der operativen Komplexität und hohen Kosten lange eine massive Abneigung gegenüber E-Commerce-Themen zu eigen war, offenbarte sich ihnen bald, dass sich hinter dem beliebten Online-Auktionshaus eines der besten Geschäftsmodelle verbarg. Der Trick: Ebay etablierte ein attraktives Handelsgeschäft im Internet, ohne selbst ein Händler zu sein. Das Unternehmen aus Campbell in Kalifornien hatte die Vernetzungsmöglichkeiten des Internets genutzt, um ein bestehendes Offlinegeschäft neu umzusetzen, und trat dabei als reiner Vermittler auf – wenn man so will, die digitale Variante eines Flohmarktveranstalters. Als Marktplatz im Internet musste Ebay lediglich Angebot und Nachfrage zusammenbringen und sich nicht die sonst bei E-Commerce-Anbietern bedeutsamen Kosten für Lagerhaltung, Logistik und Co. ans Bein binden. Sein Geld verdiente der junge Dienst durch die Vermittlung von Kunden und Verkäufern, wodurch lediglich virtueller Aufwand anfiel. Ebay genoss die Vorteile des Händlers, ohne dessen Nachteile und Risiken tragen zu müssen. Ein Umstand, der sich auch an den margenträchtigen Umsätzen des Unternehmens bemerkbar machte. Ebay war eine Gelddruckmaschine mit Einnahmen von Tag eins an.

Selbst fast 20 Jahre nach der Entstehung gibt es mit Ausnahmen wie Google praktisch keine besseren digitalen Geschäftsmodelle als jenes von Ebay. Auch weil sich mit der bekannten Auktionsplattform ein starker Netzwerkeffekt verbindet: Ist einmal eine kritische Masse von Nutzern erreicht, stellt sich ein Monopol ein, das praktisch nicht mehr aufzubrechen ist, und durch die zahlreichen Bewertungen herrscht eine hohe Nutzerbindung. Die Wahl der Samwers war also aus guten Gründen auf Ebay gefallen und Jahre später sollte Oliver Samwer einem seiner Gründer selbst erzählen, dass seine Geschäftsmodelle seit seiner Kopie von Ebay eigentlich »immer beschissener« wurden. Zwar sollte Ebay sein unvergleichlich gutes Geschäftsmodell mit der Zeit durch eine Offensive zahlreicher Nebendienste herunterwirtschaften, für das Jahr 1999 war hingegen klar, dass die Samwers das beste Geschäftsmodell des Silicon Valley nach Deutschland bringen würden. Dazu mussten sie in eine schnell wachsende Spirale aus Angebot und Nachfrage gelangen, um selbst ein Monopol in Deutschland etablieren zu können

Die erste Samwer-Gründung nimmt ihren Betrieb auf

Im Gegensatz zu späteren Gründungen waren die Samwers bei ihrer Unternehmerpremiere noch von einem hohen Maß an Idealismus getrieben, der sich insbesondere aus Oliver Samwers Aufenthalt im Silicon Valley speiste. Mit Max Finger als engem Freund stand ein weiterer Gründer fest. Oliver Samwer hatte ihn schon zu Studienzeiten für seinen Schlag bei Frauen bewundert und soll ihn mit den Worten: »Max, ich brauche einen Koffer voller Geld« angesprochen haben.[38] Der gutaussehende Lebemensch und Charismatiker aus reichem Hause kannte sich bestens in der deutschen Belle Etage aus und brachte im Gegensatz zum auf seinen Erfolg fokussierten Oliver Samwer den Drive eines Playboys und damit die Aussicht auf einen Kapitalzufluss und gute Kontakte mit. Auch Karel Dörner, ein typischer Finanzler, der die finanziellen Geschicke übernahm, ließ sich von der Idee begeistern, sodass fast die gesamte WHU-Freundesclique von Oliver Samwer bei dessen erster Gründung versammelt war.

Bei diesem fünfköpfigen Gründerteam sollte es nicht bleiben. Während seines Studiums hatte Oliver Samwer ein Praxissemester bei der Kölner Onlineagentur Denkwerk absolviert, die 1998 von Jörg Rheinboldt sowie dessen Freunden Bernd Kohn, Axel Schmiegelow und Felix Hildebrandt gegründet worden war. Sie verdiente ihr Geld damit, Webseiten für große Unternehmen zu bauen. Immer hatten er und Jörg Rheinboldt schon darüber geredet, was sich mit der Internettechnologie noch anstellen ließe und warum das Agenturgeschäft nicht das war, was sie für immer machen wollten. Als Oliver Samwer im Januar 1999 aus den USA zurückkehrte, erreichte Jörg Rheinboldt schließlich eine E-Mail, ob beide nicht ein Geschäftsmodell finden könnten, bei dem nicht große Beträge von wenigen, sondern kleine Beträge von vielen eingefordert werden. Mit der Frage, wie Jörg Rheinboldt Marktplätze fände, war eine gemeinsame Gründung geboren und ein weiterer Mitgründer für den Technikbereich gefunden.

Mit gleich mehreren Personen hatte Oliver Samwer zur Entstehung über ein Engagement bei seinem jungen Start-up gesprochen, darunter auch dem ablehnenden Denkwerk-Mitgründer Axel Schmiegelow und einem intellektuellen Internetvordenker mit Namen Niko Waesche. Waesche war beim Bankhaus Sal. Oppenheim für die Intranet-Strategie zuständig und einer der wenigen, die weder mit abstrusen Ideen aufwarteten noch reine Phrasen droschen. Er dachte ernsthaft darüber nach, was ein Bankhaus im Internet umzusetzen hatte, und lernte Jörg Rheinboldt und Oliver Samwer in einem Projektpitch mit Denkwerk kennen. Doch als Oliver Samwer ihn einige Zeit später zur Teilnahme bewegen wollte, musste Waesche ablehnen. Der junge Querdenker war in London gerade Vater geworden und konnte den Gang in ein Start-up nicht gewährleisten. Inspiriert durch die Idee des Teams bot er aber seine Unterstützung an und wurde als Business Angel beteiligt. Eine Geschäftsbeziehung, die sich für beide Seiten noch auszahlen sollte.

Auf der Suche nach einer Finanzierung

Nachdem auf diese Weise der Aufbau definiert war, machte sich das sechsköpfige Gespann aus Alexander, Marc und Oliver Samwer sowie Max Finger, Jörg Rheinboldt und Karel Dörner daran, schnell und aufwandsarm einen Businessplan zusammenzuschreiben. Gemeinsam traf sich das junge Team mit Investoren und Business Angels, um Feedback für seine Idee zu erhalten und eine geringe Finanzierung anzufragen. Dabei startete man nicht mit leeren Händen: Zusätzlich zu Niko Waesche hatten sich mit Peter Kimpel, Stephan Schambach und Horst Aalbach gleich drei weitere Privatpersonen beteiligt, die rund 600.000 D-Mark beisteuerten und von denen jeder eine gezielte strategische Rolle einnahm. Als Mitgründer des bekannten E-Commerce-Unternehmens Intershop, das es im aufkommenden deutschen Internethype zu einer Milliardenbewertung brachte, war Stephan Schambach ein Geldgeber mit umfangreicher Erfahrung im Onlinehandel. Der Unternehmer zählte zu den Vorbildern der Samwers. Er konnte insbesondere Erfahrungen zu der Frage beisteuern, ob möglicherweise große Handelsunternehmen der Gründung das Wasser abgraben könnten.[39] Peter Kimpel hatte derweil 1992 eine Tätigkeit bei der Investmentbank Goldman Sachs begonnen und zählte in der aufkommenden deutschen Internethypephase zu den ersten aktiven Business Angels. Auch er sollte sich für die Samwers bezahlt machen, stellte er doch angeblich den Kontakt zum späteren Käufer Ebay her.

Mit Horst Albach hatte sich Oliver Samwer darüber hinaus seinen WHU-Professor und Studienstiftungsbetreuer mit an Bord geholt, der ihm »ziemlich viel Geld« an die Hand gab[40] – angeblich rund 50.000 D-Mark, für die er später das Zehnfache zurückerhalten haben soll. Der Schüler von Erich Gutenberg, dem Begründer der modernen deutschen BWL, hatte sich mit seiner Forschung zur dynamischen Theorie der Unternehmung einen Namen gemacht[41] und brachte als Gründungsmitglied der WHU jene Glaubwürdigkeit mit, die den Samwers und ihrem Gefolge wichtige Türen öffnen würde. Oliver Samwer und seinen Universitätsmentor verband nicht nur eine gewisse Vertrautheit, sondern der hochdekorierte Albach half mit seiner Expertise und seinem Ansehen, etwa als er einen der späteren Investoren seines Vertrauens in die junge Gründung versicherte und damit von einer Beteiligung überzeugte.[42] Denn dem ersten Investment sollte ein weiteres folgen. Zu Beginn des ungewissen Unterfangens war der Plan gefasst worden, zunächst wieder nur eine kleine Finanzierung einzusammeln, und binnen einer Woche trafen die Samwers dazu zehn unterschiedliche Geldgeber.

Über Christian Mangstl, der zu diesem Zeitpunkt als Geschäftsführer von AutoScout24 tätig war, erhielt das junge Team den Kontakt zu Wellington Finanz, einem Geldgeber mit Sitz in München, der sich bereits an der Scout-Gruppe beteiligt hatte und heute als Wellington Partners firmiert. Die Münchner waren interessiert, und auch der Medienkonzern Hubert Burda stand als Geldgeber zur Verfügung. Unter der Führung von Christoph Braun und dem späteren Burda-Vorstand Paul Bernhard Kallen sagte Burda seine Unterstützung zu und während Wellington als renommierter Investor von Risikokapital galt, brachte Burda die Perspektive auf mediale Reichweite mit.

In einer Zeit, in der Online-Werbeformate noch in den Kinderschuhen steckten, bildete eine solche Medienpartnerschaft einen wichtigen Wettbewerbsvorteil im Kampf um Kunden und Aufmerksamkeit.

Der Finanzierungsbedarf für das erste Unternehmen der Samwers war gedeckt und wie sie verfügten genauso Max Finger, Karel Dörner und Jörg Rheinboldt über je ein Sechstel der Gründeranteile. Eine Anteilsverteilung, die es in dieser gleichberechtigten Form bei den Samwers nie wieder geben sollte. Keiner der noch jungen Gründer konnte ahnen, dass es binnen weniger Monate zu einem Verkauf kommen sollte. In einer von viel Idealismus getriebenen Gründung realisierte Oliver Samwer wohl, dass er den Großteil der gemeinsamen Wertschöpfung beisteuerte. Nachdem er den Wert seines persönlichen Beitrags begriffen hatte, sollten alle späteren Gründungen deutlich mehr Anteile für ihn und seine Brüder bescheren.

Gemeinsam statteten Wellington und Burda den jungen Ebay-Klon mit einem Investment von 3 Millionen D-Mark aus, sodass die Samwers ihre erste Gründung mit insgesamt 3,6 Millionen D-Mark finanziert hatten. Eine stolze Summe, war der deutsche Markt für Internetgründungen bis dahin doch weitgehend rückständig und hatte kaum Investoren hervorgebracht, die sich für Webthemen erwärmten. Auch die nationale Förderbank Kreditanstalt für Wiederaufbau (KfW) räumte die Möglichkeit ein, diese Summe unter bestimmten Bedingungen zu verdoppeln. Bis zu ihrem Verkauf sollten die Samwers dieses Angebot jedoch nicht in Anspruch nehmen müssen. Zu beschäftigt waren sie mit der Entwicklung ihres Produkts, sodass ihr erstes Kapital bis zum Verkauf kaum 100 Tage später ausreichen sollte. Für den Moment war aus der zunächst idealistisch geprägten Idee ein reales Unternehmen geworden.

Alando startet in Berlin

War die initiale Finanzierung erst einmal eingefahren, ging alles ganz schnell: Am 19. Februar 1999 kam es zur Gründung des geschichtsträchtigen Unternehmens, ehe zwei Monate später, am 1. April, die erste Version an den Start ging. An einem Montag des Jahres 1999 zogen alle sechs Gründer nach Berlin um – drei von ihnen fuhren in das gemeinsame Büro der Gründung, die anderen suchten Wohnungen für die einzelnen Team-Mitglieder. Obwohl bis dato Köln den Lebensmittelpunkt der Unternehmer gebildet und eigentlich keiner einen Bezug zur Hauptstadt hatte, entschieden sie sich für eine Stadt, in der sie niemanden kannten. So konnten sie jeden Tag vom Aufwachen bis zum Zubettgehen arbeiten. Das Sextett trat in eine Hochleistungszeit ein, die zur Lebensphase jedes Einzelnen passte.

Sein erstes Büro eröffnete das sechsköpfige Team im Blauen Haus, einem Shared-Office-Space in der Lehrter Straße in Berlin-Mitte, wo sich Firmen gemeinsam in einen großen Raum einmieten konnten. Zum damaligen Zeitpunkt war das mittlerweile als Co-Working bezeichnete Konzept alles andere als angesagt. Es sollte jedoch nicht lange dauern, bis die junge Gründung seinen Sitz nach Kreuzberg in die Pfuelstraße verlegte. Dort logierte sie – ganz klassisch für ein Internetunternehmen – in einem Berliner Hinterhof mit großer Bürofläche, die völlig rudimentär eingerichtet war, mit einem Besprechungstisch aus einer Holzplatte auf vier Monitorkartons und einer Tischtennisplatte. Dass ein neuer Mitarbeiter sich zunächst aus einer Tür und zwei Tischböcken einen Tisch bauen musste, gehörte zu jenen Start-up-Klassikern, die sich das Start-up aus dem Silicon Valley abgeschaut hatte. Und stolperte ein Mitarbeiter über ein Stromkabel, konnte es vorkommen, dass zwölf anderen der Computer ausging. Einrichtungs- und Designfaktoren wie die Wahl eines Logos oder das Drucken von Visitenkarten waren in der auf das Produkt konzentrierten Firma praktisch unbedeutend. Entsprechend entstand mehr oder minder aus einem Zufall heraus schließlich die Bezeichnung »Alando« als Name für den Ebay-Klon.

Ein Mitglied des Gründerteams hatte das 1998 von der holländischen Sängerin Loona gecoverte Lied »Bailando« gehört und falsch nachgesungen. Anstatt »Bailando« sang es »Alando«. Als das junge Unternehmen für einen Artikel in der Zeitung interviewt werden sollte, suchten die Samwers und ihre Mitstreiter zunächst einen Platzhalternamen, der noch kurzfristig geändert werden sollte. Zwar war sich das gesamte Gründerteam einig, dass es den temporär gewählten Namen nicht ansprechend fand, doch den Samwers war daran gelegen, einen Namen in petto zu haben, der international anwendbar war, sich freundlich anhörte, nichts bedeutete und möglichst mit einem A begann, um in alphabetischen Listen stets weit vorn aufzutauchen. Nachdem Alando alle diese Ansprüche erfüllte, wurde er als Platzhaltername gewählt, anschließend jedoch nicht mehr abgewandelt. Ohne es zu ahnen, traten die Samwers damit einen kleinen Namenshype in Deutschland los, bei dem junge Internet-Start-ups häufig klangvolle Fantasiebegriffe mit O am Ende nutzten.

Ein Auktionssystem musste her

Am Anfang der Geschichte von Alando stand nun ein simpler, aber dringender Bedarf: Das Team rund um die drei Samwer-Brüder benötigte für seinen Start dringend eine Auktionstechnologie, um seinen Nutzern über das Internet die Verkaufsabwicklung zu ermöglichen. Die Geschichte von Ebay hatte gezeigt, dass dieses Unterfangen durchaus zu einer Herausforderung werden konnte, verbanden sich mit rasantem Online-Wachstum zur damaligen Zeit doch recht umfangreiche Aufwände. Zur Entstehung waren die Dienste der US-Firma oft im Tagestakt offline gewesen, und es dauerte mitunter bis zu 24 Stunden, ehe eine neue Auktion auf der Webseite erschien, während die Suchmaschine der Seite monatelang überhaupt nicht funktionierte.[43]

Gelang es Alando nicht, eine Technologie zu finden, die einen schnellen Start ermöglichte und gleichzeitig ein schnelles Wachstum des Dienstes abfedern konnte, brauchte das Unternehmen gar nicht erst zu starten. Bei dieser zentralen Fragestellung kam der Business Angel Niko Waesche ins Spiel. Während das gesamte Alando-Team davon ausging, eine entsprechende technologische Lösung in den USA zu finden und entsprechende Recherchen angestellt hatte, lenkte Niko Waesche die Aufmerksamkeit der Gründer nach Villingen-Schwenningen, einen kleinen Ort im Südwesten Baden-Württembergs. Dort saß mit Living Systems ein Dienstleister, der das dringlichste Problem des jungen Unternehmens lösen konnte. Das von Kurt Kammerer, Heinz Bäurer und Christian Dannegger 1996 gegründete Unternehmen verfügte über Software-Module, die sich relativ schnell zu einer geeigneten Lösung umbauen ließen. Was zu diesem Zeitpunkt kaum jemand ahnte: Die junge Software-Schmiede aus dem Schwarzwald sollte selbst zu einem spektakulären Aufsteiger der New Economy werden, um später mit dem Platzen der Internetblase einen ähnlich steilen Absturz zu erleben.

Niko Waesche, der lange auf der Technologieseite tätig gewesen war, hatte seit 1995 Internetdesigns umgesetzt und kannte daher die Komplexität der Problemstellung. Ihm war bewusst, dass nur Kurt Kammerer mit Living Systems helfen konnte. Dessen Team hatte eher als Fingerübung ein System entwickelt, das eben jene Anforderungen erfüllte, und es war nun an Niko Waesche, eine Kontaktanbahnung vorzunehmen und eine Zusammenarbeit anzuregen. So machte sich das gesamte Alando-Team zu einer Reise auf, die zum witzigsten Businesstrip der jungen Gründer werden sollte und in gewisser Weise symptomatisch für die Geschicke des jungen Start-ups war: Aufgrund eines Schneesturms war es nicht möglich, die Reise mit dem Auto anzutreten, weshalb das sechsköpfige Team mit dem Zug fuhr. Während der mehrstündigen Fahrt blieb der Zug jedoch mehrfach im Schnee stecken, und der Lokführer musste in regelmäßigen Abständen mit der Kettensäge Bäume von der Strecke räumen.

Doch die Odyssee sollte sich lohnen. Wie sich zeigte, hatte Alando genau den richtigen Partner gefunden. Living Systems verfügte über eben jene Auktionstechnologie, die das junge Unternehmen benötigte, und konnte im Gegensatz zu anderen Anbietern seine Module schnell zu einer integrierten Lösung zusammenführen. Das von Niko Waesche entdeckte Software-Unternehmen arbeitete sehr professionell und wusste genau, dass seine Lösung vom Start bis zu einem gewissen Wachstumsgrad funktionieren würde, an dem es dann zu überlegen galt, wie Alando weiterwachsen könnte. Eine Zusammenarbeit war damit besiegelt und während der Verhandlungen zögerte Kammerers Team nur, als klar wurde, dass Alando zum 1. April 1999 starten wollte. Bis dahin waren es noch genau sechs Wochen und die Deadline für Living Systems damit »sehr sportlich« gezogen.[44] Doch das ambitionierte Unterfangen gelang und erneut war es Niko Waesche, der mit der von ihm gegründeten Designagentur Surface bei der Oberfläche der Auktionsplattform half. Surface stellte kostenlos das Design der Webseite bereit, ehe Oliver Samwer eines Morgens entschied, alle Entwürfe zu entsorgen und stattdessen das Design von Ebay zu kopieren. Nicht etwa, weil dieser es darauf anlegte, seinem Vorbild damit eine Übernahme zu erleichtern, sondern weil er davon ausging, dass es einen guten Grund geben musste, dass Ebay mit dieser Art Aufbau so lange erfolgreich war. Der Kopist Oliver Samwer war geboren.

Ein starkes Team mit gezielter Arbeitsteilung

Bei der Suche nach einer Finanzierung hatte es den Samwers geholfen, dass sie ein Team aus sehr guten Mitgründern um sich scharten, deren Lebensläufe sie sämtlich für eine Beraterkarriere oder vergleichbar hoch dotierte Stellen empfohlen hätten. Wollte das sechsköpfige Gründerteam im deutschen On-line-Auktionsmarkt eine Chance haben, durfte aber dennoch kein Kompetenz-gerangel entstehen. Oliver Samwer konzentrierte sich als Anführer des Unter-nehmens auf Alandos Produktkategorien und stellte sicher, dass die für das Unternehmen so wichtige Spirale aus Angebot und Nachfrage in Gang kam. Während der jüngste Bruder Alexander die Nachfrageseite (und damit das Mar-keting bei den Kunden) steuerte, konzentrierte Oliver sich auf die Angebotssei-te. Im Gegensatz zum umgänglichen Alexander Samwer agierte Oliver Sam-wer den einen Tick aggressiver, der Alando voranbringen sollte. Er interessierte sich mehr für den sofortigen Effekt seiner Handlungen und war stets darauf bedacht, Lösungen umzusetzen, die mit der größten Einfachheit aufwarteten.

Marc Samwer war Ansprechpartner für den Vertrieb und die Rechtsfragen des Unternehmens. Der groß gewachsene Mann agierte als echter Verkäufer, der die Realität auch gerne mal größer verkaufte, als sie eigentlich war. Im Vergleich zu Oliver Samwer kam den anderen Gründern aber oft eher eine Sachbearbeiterrolle zu, auch wenn sich die unterschiedlichen funktionalen Aufgaben auf mehrere Schultern verteilten. Jörg Rheinboldt, der bereits bei Denkwerk die technische Leitung innehatte, kümmerte sich um das Produkt und verantwortete insbesondere die technische Seite von Alando. Ihm oblag es, die Techniker und Designer der jungen Plattform zu koordinieren. Ka-rel Dörner, der nach seiner Zeit bei Alando bei der Unternehmensberatung McKinsey Karriere machen sollte, kontrollierte die Finanzen von Alando und hatte sicherzustellen, dass die ambitionierten Pläne des Unternehmens die nötige finanzielle Deckung vorsahen. Max Finger fiel derweil der Kommu-nikationsbereich zu, wo es galt, neben einer geschickten PR-Platzierung des Unternehmens insbesondere durch exotische Auktionen auf sich aufmerk-sam zu machen.

»Wir wussten sehr genau, was unsere Technik kann und dass sie wahr-scheinlich gut laufen wird. Am Anfang gab es trotzdem immer wieder kleine Auszeiten. Ich habe mir einen Spaß daraus gemacht, die Fehlermeldungen so zu formulieren, dass sie wenigstens etwas Vergnügen bereiten. Da stand dann: ›Lieber Alando-Nutzer, Alando wird zurzeit von einem anderen Mit-glied benutzt – bitte versuchen Sie es später noch einmal.‹ Oder: ›Sie versu-chen, uns außerhalb unserer Kernöffnungszeiten zu erreichen.‹«

Jörg Rheinboldt über Alandos technologische Ausstattung[45]

Doch nicht nur beim Management hatten es die Samwers verstanden, kompetente Angestellte für ihre Zwecke zu gewinnen. Mitarbeiter wie Max Moldenhauer, Christian Vollmann oder Ole Brandenburg und Veit Spiegelberg hatten Alando als Praktikanten kennengelernt und sollten mit der Zeit selbst zu relevanten Gründern der deutschen Internetszene werden. Nachdem sie das Unternehmen mit ihrer Unterstützung vorangebracht hatten, waren ihnen unterschiedliche Unternehmerkarrieren beschieden.

Geschäftswachstum in einem umkämpften Segment

Alando war erfolgreich in ein aufstrebendes Segment gestartet, sah sich dabei allerdings unterschiedlichen Herausforderungen ausgesetzt. Selbst im eher rückständigen Onlinemarkt Deutschland hatte es bereits an Fahrt aufgenommen und zu einer Zeit, da Internetunternehmer oft von der Börse träumten, wollten die Samwers eine Duftmarke setzen und sich durch eine überdurchschnittliche Arbeitsmoral von ihrem Wettbewerb abheben.

Arbeitsmoral Marke Samwer

Mit der zunehmenden Verbreitung des Internets und den technologischen Innovationen in der Geschäftswelt, die sich damit verbanden, erlebte Deutschland zum Ende der 1990er-Jahre eine rege Aufbruchstimmung. Sie mündete in einem Hype, der gerne als Dotcom-Blase bezeichnet wird. Das Internet versprach derart radikale gesellschaftliche Umwälzungen, dass Geschäftsmodellen mit einer Online-Komponente umfangreiches Vertrauen entgegengebracht wurde. Die Gründung von Alando fiel somit in eine Zeit, in der für Internet-Start-ups das Geld auf der Straße lag. Bereits 1997 war mit dem Neuen Markt ein eigenes Marktsegment an der Deutschen Börse entstanden, das Technologieunternehmen listete und dem weltweiten Internetbörsenboom einen realen Ausdruck verlieh. Viele Anleger hegten die Hoffnung, an der rapiden Wertschöpfung zu partizipieren, und waren bereit, überhöhte Unternehmensbewertungen zu bezahlen.

Zur Entstehung von Alando hatte es in Deutschland daher zumeist zwei Typen von Internetgründern gegeben: die Gründer mit Technologiehintergrund und der idealistischen Vorstellung, dass sie die Welt veränderten, und die Zocker-Persönlichkeiten, die ihre Vorhaben im Lichte eines Technologieunternehmens erscheinen ließen, vor allem aber am Neuen Markt das schnelle Geld machen wollten. Die Euphorie rund um den Neuen Markt hatte viele Gründungen mit sehr geringer Qualität hervorgebracht und einen Unternehmertypus geschaffen, der derart »nieder« entwickelt war, dass viele Börsengänge an Wirtschaftskriminalität grenzten. Im Angesicht aussichtsreicher Gewinne war der Gang an die Börse zum Traum zahlreicher Neu-Unternehmer geworden und vielerorts blieb die Vernunft auf der Strecke.

Doch die Samwers hegten für diesen Hype praktisch kein Interesse. Der Begriff »Neuer Markt« war aus ihrem Mund nicht zu hören. Zu sehr bewunderten sie das Silicon Valley, und die Vorstellung, vom eigenen Vorbild Ebay gekauft zu werden, bewegte die jungen Unternehmer. Die erfolgsorientierte Geldgier späterer Tage wurde damals noch von einem ausgemachten Idealismus überdeckt. Auch wenn die Samwers sich der Möglichkeit eines Börsenganges bewusst waren, verkörperten sie doch einen dritten Gründertyp: Ihnen war daran gelegen, ein Technologieunternehmen mit echtem Geschäftsmodell aufzubauen. Auch die Samwers waren idealistisch, vor allem in Bezug auf ihr Geschäftsmodell. Wenngleich ihr Unternehmen im Nachhinein oft als simples Kopiervorhaben bezeichnet wird, steckte die eigentliche Stärke von Alando in der Verbindung aus Geschwindigkeit und der antreibenden Begeisterung der Gründer.

Täglich – auch am Wochenende – begann das Alando-Team um 9.00 Uhr seine Arbeit und arbeitete bis spät in die Nacht. Angesichts der guten Stimmung störte diese Workaholic-Mentalität niemanden. Die Samwers verstanden es durch ihre anfeuernde Art, jeden Einzelnen zu motivieren, und ließen gleichzeitig viel Freilauf, da sie sich bewusst waren, kompetente Mitarbeiter rekrutiert zu haben. Zur gegenseitigen Abstimmung diente ein jeden Abend stattfindendes »All-Hands-Meeting«, bei dem die gesamte Belegschaft um 21.00 Uhr zusammentraf und vergangene wie aktuelle Entwicklungen besprach. Eine ganze Weile hielt diese Praxis, bis schließlich ein Mitarbeiter anregte, ob sich das Meeting nicht eine Stunde früher abhalten ließe, damit er seine Frau auch mal zu Gesicht bekäme.

»Es herrschte eine gute und tolle Stimmung bei Alando und obwohl am Tag 12 bis 13 Stunden gearbeitet wurde und man auch am Wochenende im Büro war, spürte jeder diese Aufbruchstimmung. Wir haben auch viel gelacht,

zum Beispiel weil Max Moldenhauer teilweise durch den Kakao gezogen wurde, zumal er eine Kategorie erwischt hatte, die überhaupt nicht funktionierte und bei der eine Glocke geläutet wurde, wann immer er eine einzelne Auktion hinzubekam. Letztlich war die Erwartungshaltung einfach eine andere als heute. Die Samwers hatten noch keinen großen Namen, Presseaufmerksamkeit gab es kaum, das Internet war noch nicht so gehypt, und es steckten keine 100 Millionen in Alando. Alles war viel entspannter und es herrschte eben echte Goldgräberstimmung.«

Samwer-Wegbegleiter Ole Brandenburg
über die Stimmung bei Alando

Schon bei Alando ging es Oliver Samwer um pure Geschwindigkeit. Er traf Entscheidungen deutlich schneller als andere Unternehmer und setzte diese dann in einer Konsequenz um, die ebenfalls seinesgleichen suchte. Er begann seinen Tag mit Entscheidungen. Diese Haltung übertrug er auf das junge Start-up und prägte gegenüber Wettbewerbern den Ausspruch: »Eure Woche ist unser Tag!« Oliver Samwer hatte eine solche Präsenz, dass Marc und Alexander Samwer nicht selten völlig in den Hintergrund rückten. Schon zu Alando-Zeiten waren sie – ähnlich wie die anderen drei Gründer – eher ausführende Kräfte der Ideen Oliver Samwers.

Niemals ließ sich beobachten, dass offen diskutiert wurde – immer war es Oliver Samwer, der die Entscheidungen traf, zumal ihm auch ein ausgeprägter Sinn für Dringlichkeit zu eigen war. Er wusste auch, welche die Fragestellungen mit der höchsten Priorität waren. Sein Antrieb und der unbedingte Glaube an die Idee von Alando waren ansteckend, beeindruckend waren aber vor allem auch die Hingabe und der Fleiß, mit denen Oliver Samwer für Alando tätig war. Stets kam er früher als alle anderen und ging später. Arbeitszeiten von 7.30 Uhr am Morgen bis 24.00 Uhr in der Nacht waren die Regel des erfolgshungrigen Unternehmers. Doch genau dadurch, dass er seinen hohen Anspruch und seine direkte Art ebenso auf sich selbst anwendete, wurde er ernst genommen und motivierte die anderen. Hätte er nicht dasselbe von sich verlangt, wäre Alandos Teamstimmung wohl anders gewesen. Seine Besessenheit reichte so weit, dass er einen Eintrag im Register der Schufa[46] erhielt, weil er vor lauter Arbeitseifer vier Monate lang seine Post nicht geöffnet hatte und so übersah, dass ein Studentenkonto für seinen Auslandsaufenthalt einen geringen Fehlbetrag aufwies. Nach dem Verkauf von Alando dürfte Oliver Samwer damit einer der wenigen Millionäre ohne EC- und Kreditkarte gewesen sein, der sich von seinem Bruder die Partnerkarte leihen musste.

Bei Alando war die Rolle von Oliver Samwer damit klar definiert. Er war der Antreiber, der Einpeitscher auf einem Schiff. Es mochte von außen wie eine Sklavengaleere wirken, innen beherbergte es aber eine hoch motivierte Mannschaft.

In ähnlicher Weise, wie er sich selbst viel abverlangte, setzte Oliver Samwer auch andere unter massiven Druck – allen voran Jörg Rheinboldt, der als Technikverantwortlicher bei jeder Gelegenheit, zu der die Alando-Seite offline war, mit Wutausbrüchen von Oliver Samwer rechnen musste. Auch der technische Dienstleister des Unternehmens wurde nicht verschont, schlug allein die Datenlizenz doch mit Kosten von 500.000 D-Mark zu Buche. Einmal beschimpfte er den Technikdienstleister Alandos derart, dass dieser den Vertrag kündigen wollte. Alexander Samwer musste schließlich in die Rolle des Beschwichtigers schlüpfen. Ausraster dieser Art sollten mit der Zeit zur Regel werden. Als Alandos Webseite während eines TV-Auftritts des Teams abstürzte, regte Oliver Samwer sich derart auf, dass seine Mitgründer sich auf ihn werfen mussten, weil sie fürchteten, er könnte sich in der Wut, mit der er um sich schlug, selbst verletzen oder einen Herzinfarkt erleiden.

Ricardo und der harte Wettbewerb

Wenn im Nachhinein über die Entstehung von Alando berichtet wird, bleiben nicht selten eine Reihe von Faktoren unberücksichtigt, die die Geschicke des jungen Unternehmens intensiv prägten. In dieser Zeit waren zahlreiche Unternehmer mit Abzockermentalität darauf aus, möglichst schnell mit einer möglichst hohen Bewertung öffentlich gelistet zu werden. Den Samwers fehlte es an einer solchen Mentalität – was in dieser Phase einer echten Besonderheit glich. Dieser Umstand ist auch deshalb relevant, weil er dazu beitrug, dass es zahlreiche Wettbewerber für Alando gab. Schon zur Entstehung von Ebay hatte es Online-Auktionen in textbasierten Foren (Newsgroups) gegeben, und auch Alando fand sich in einem fragmentierten Markt mit gut einem Dutzend anderer Auktionsplattformen wieder. Zum wesentlichen Konkurrenten sollte das Hamburger Unternehmen »Ricardo« werden, das den deutschen Online-Markt für Auktionen deutlich vor Alando erschloss und das primäre Feindbild der Samwers bilden würde.

Gegründet am 21. Juli 1998, nahm Ricardo schon am 25. August 1998 seinen Betrieb auf und markierte damit den Höhepunkt einer Reihe von Gründungsversuchen des dreiköpfigen Gründerteams bestehend aus Stefan Glänzer, Christoph Linkwitz und Stefan Wiskemann. Bereits 1991 hatten sich die drei Freunde aus der Universität heraus mit einem gemeinsamen Freund, der regelmäßig Oldtimerauktionen durchführte, selbstständig gemacht. Jene ersten Online-Gehversuche mündeten schließlich in der Geschäftsidee zur Auktionsseite Ricardo. Seinen Namen leitete der Hamburger Wettbewerber vom britischen Wirtschaftsökonomen Sir David Ricardo ab, der im 18. Jahrhundert Überlegungen zu komparativen Kostenvorteilen und flexiblen Preisen angestellt hatte.[47] Mit der Namenswahl und einem Logo, das die einst von Adam Smith vorgestellte unsichtbare Hand zur Regelung des Marktes symbolisierte, deuteten die Gründer auf ihre Ursprungsüberlegung hin: Was würde wohl passieren, wenn ein Diamant für eine Mark im Netz zum Verkauf stehen würde?[48]

Denn im Gegensatz zu Alando, das von Beginn an voll darauf setzte, den Austausch der Konsumenten untereinander anzuregen, hatte sich Ricardo vor allem auf Neuwaren spezialisiert, die durch Firmenkunden vertrieben wurden. Ein struktureller Unterschied, der schon bald zu einem relevanten Faktor werden sollte, verbarg sich hinter dem Vorgehen der Samwers doch das deutlich wachstumsstärkere Prinzip. Dabei waren Glänzer und sein Team durchaus kreativ geworden: Zur Umsetzung ihres Geschäftskunden-Ansatzes hatten sie einen Dienst aus Live-Auktionen gestartet, der auf Unterhaltung ausgerichtet war und das Vorgehen echter Auktionen widerspiegelte. Nutzer, die sich für einen Gegenstand interessierten, fanden ein Chatvideo mit einem Moderator, der in Fünf-Minuten-Abständen je ein Produkt anbot, auf das dann durch das Anklicken von Geldscheinen geboten werden konnte. Ricardo hatte als Innovator eine Art Entertaining-E-Commerce erfunden.

»Die Samwers traten von Anfang an ungemein aggressiv auf. Ihre Strategie basierte zumeist auf einem gezielten Outspending. Sie haben schlichtweg versucht, ihre Wettbewerber auszuschalten, indem sie alle Kanäle dichtgemacht haben und mehr Geld ausgaben. Das war ihr Versuch, alles andere im Keim zu ersticken. Ich erinnere mich noch gut an einen Pitch, in dem

es darum ging, wer die Auktionsplattform von T-Online werden würde. Wir waren davon ausgegangen, dass wir nur gegen einen einzigen Wettbewerber antreten würden und rangen mit diesem um eine Viertelmillion D-Mark, die der Telekom als Einnahmengarantie zugesagt werden sollte. Plötzlich kamen die Samwers mit einem Angebot über zwei Millionen und haben kurzerhand den Zuschlag erhalten.«

Stefan Glänzer über das Vorgehen der Samwers mit Alando

Die Entstehung von Ricardos Unterhaltungsformaten erfolgte durchaus mit System. Schon zu Beginn ihrer Gründung war Stefan Glänzer, Christoph Linkwitz und Stefan Wiskemann klar, dass sie ihr Unternehmen im Gegensatz zu den Samwers an die Börse bringen wollten. Um als Internetunternehmen öffentlich gelistet zu werden, war jedoch vor allem eines erforderlich: Umsatz. Der unterhaltungsorientierte Vertrieb firmengebundener Waren versprach jenes schnelle Umsatzwachstum, das Ricardo benötigte, wollte es das Frankfurter Parkett betreten. Gleichzeitig verband sich mit der Umsetzung der Live-Auktionen jedoch ein massiver Aufwand für Ricardo. Mit einigem Abstand sollte sich zeigen, dass Ricardo deutlich zu viel Zeit und Fokus aufwendete und schließlich den deutschen Markt verlor. Da half es auch nicht, dass mit der Zeit zwei weitere Verkaufskanäle etabliert worden waren: ein Bereich mit zeitlich nicht begrenzten Auktionen sowie ein Privatkanal für Angebote unter Endkunden.

Zur Zeit seiner Entstehung musste Alando seinen Wettbewerber aus Hamburg jedoch sehr ernst nehmen. Nach einer Förderung über 200.000 D-Mark durch die Freie Hansestadt Hamburg und die Münchner UCA war Ricardo mit einem Investment von über drei Millionen durch Techno Nord bedacht worden, einem Fonds, der rund um den IT-Spezialisten Gottfried Neuhaus entstanden war und als einer der erfolgreichsten Geldgeber Europas galt. Und nicht nur finanziell war Ricardo potent aufgestellt. Mit dem Verlagshaus Gruner+Jahr hatte es eine Kooperation für eine umfangreiche Medienberichterstattung geschlossen, der bald auch eine entsprechende Einigung mit der ProSiebenSat.1-Gruppe folgen sollte. Ja, selbst die Stimmung war nicht viel schlechter als beim hippen Alando: Praktisch niemanden ließ das Unternehmen ohne Arbeitsvertrag aus seinem Büro. Zwischenzeitlich wuchs Ricardo mit rund einem Prozent pro Tag und erreichte seinen Stimmungshöhepunkt, als der täglich wiederkehrende Pizzabote eines Tages nach Unternehmensanteilen fragte.

Die Samwers hatten also schon früh einen ernstzunehmenden Wettbewerber, der zum zentralen Feindbild wurde. Auch Glänzer & Co. nahmen ihrerseits das von ihnen gern »Alabama« genannte Unternehmen ernst, hatten die Samwers doch signifikant Kapital erhalten und traten am Markt sehr aggressiv auf. Es herrschte ein aggressiver Wettbewerb, der sich immer dann, wenn es unsportlich zu werden drohte, in Abmahnungen und einstweiligen Verfügungen manifestierte, etwa als Ricardo angeblich begann, Alandos Verkäufer anzurufen, um sie auf seine Plattform abzuwerben. Welche Kapriolen der gegenseitige Wettstreit hervorbringen würde, wurde etwa im Mai 2000 ersichtlich, als ein Serverausfall zutage brachte, dass ein Ricardo-Mitarbeiter auf seiner eigenen Plattform mit einem Bietbot namens »Quotenossi« automatisierte Angebote abgegeben hatte und so Preise treiben oder Produkte nachts günstig kaufen konnte.[49]

»Der geschäftliche Umgang mit den Samwers war eigentlich akzeptabel. Unser erstes Kennenlernen bestand zwar darin, dass wir eine Abmahnung erhalten haben, dass wir uns nicht als größte Auktionsplattform Deutschlands bezeichnen dürften. Doch nach einem Telefonat mit Mark Samwer, bei dem ich angeregt habe, dass wir doch nicht die Anwälte reich machen sollten, hat sich das eigentlich gelegt. Insgesamt war es sehr gut, dass es Alando gab, weil auf diese Weise zwei ernstzunehmende Start-ups um den Markt kämpften, was letztlich half, dass sich der deutsche Markt zu einem der weltweit stärksten in diesem Segment entwickelte. Trotzdem bin ich mir bis heute sicher, dass Alando seine Startseite und die Anzahl seiner Verkaufsobjekte mit einem Faktor künstlich nach oben getrieben hat. Solche Spielereien gehörten damals einfach dazu.«

Stefan Glänzer über die Konkurrenz zu Alando

Doch obwohl Ricardo einen wesentlichen Teil des Feindbilds der Samwers ausmachte, blieb im Tagesgeschäft kaum Zeit, um sich inhaltlich allzu stark mit dem Wettbewerber aus Hamburg zu beschäftigen. Wollten sie ein Monopol erringen, musste Alando schneller als der Wettbewerb wachsen und möglichst viele Auktionen auf seiner Plattform versammeln. Schließlich bildete Ricardo ja auch nicht den einzigen direkten Wettbewerber der Samwers. Mit Feininger war bereits 1997 das erste deutsche Internetauktionshaus entstanden, das es im Dezember 2001 auf angeblich über sieben Millionen Nutzer brachte.[50] Dazu bemühte sich eine ganze Reihe kleinerer Wettbewerber wie Auxion, Besteauktion.de, das Regensburger Offerto, Hood.de oder die Münchener Itrade AG darum, Online-Auktionen in Deutschland populär zu machen. Auch das spanische Unternehmen Echtwahr versuchte sich auf dem deutschen Markt und erstand dazu 2001 acht deutsche Internetauktionshäuser.[51] Selbst im Mobilfunkbereich griff der Auktionen-Hype um sich, etwa durch 12Snap, das im September 1999 von einem Team ehemaliger Unternehmensberater gegründet worden war und Auktionen auf das Mobiltelefon portieren wollte.

Zu den ernsteren Konkurrenten von Alando und Ricardo zählten derweil aber eher andere. So etwa das britische QXL, das im September 1997 von dem *Financial-Times*-Kolumnisten Tim Jackson gegründet worden war und ab Oktober 1998 auch Deutschland zu bearbeiten begann. Neben der Versteigerung von Markenprodukten auf eigene Rechnung hatte sich der Londoner Internetauktionator auf Auktionen zwischen Privatpersonen spezialisiert und bot seine Services mit der Zeit europaweit an. Eine ähnliche Relevanz fiel dem Kölner Primus Online zu. Die Gemeinschaftsgründung des Metro-Konzerns und der Daimler-Chrysler-Tochter Debis setzte ähnlich wie Ricardo auf die Vermittlung von Neuware, bot mit Auktionen.de aber ebenfalls Auktionen zwischen Privatmenschen an.[52] Auch Atrada, eine Ausgründung der Universität Erlangen-Nürnberg, zählte zu dieser Riege ernster Wettbewerber, zumal die Telekom-Tochter T-Online schnell eine Übernahme ankündigte und damit einen Exit bescherte, der trotz deutlich weniger Kunden schließlich größer ausfallen sollte als der viel zitierte Verkauf der Samwers.

Zur Entstehung von Alando gab es also bereits eine ganze Reihe von Wettbewerbern, die zum Teil von prominenten Größen der deutschen und internationalen Wirtschaft unterstützt wurden. Und auch nach der Gründung von Alando sollten weitere Klone des Ebay-Modells den deutschen Markt bevölkern, darunter etwa Andsold, eine Webseite, die durch den Bertelsmann-Konzern unterstützt wurde, oder Ehammer, eine detailgetreue Nachbildung von Ebay, die bis zum Mai 2000 als drittgrößtes deutsches Internetauktionshaus galt.[53] So oder so war Alando mit deutlichem Abstand ein »Second Mover« für Internetauktionen, weshalb dessen Aufstieg beileibe kein Selbstläufer werden sollte. Es war vielmehr die gnadenlose Konzentration auf das nötige Angebotswachstum, das Alando dank Oliver Samwer abhob. Eine Auktionsplattform unter seiner Ägide war dazu verdammt, sich einzig auf den Vertrieb bei Händlern und Nutzern zu fokussieren – und dies aus gutem Grund.

Das Henne-Ei-Problem: Inventar und Reichweite

Nicht nur der ausgeprägte Wettbewerb sollte zu einer Herausforderung für Alando werden. Zum Ende des Jahrtausends fehlte es weitgehend an gut messbaren Online-Marketing-Methoden, wie sie heute Standard sind. Wollte ein Start-up Kunden locken, konnte es nicht einfach Anzeigen bei Google, Facebook oder YouTube schalten, und auch der Einkauf von breit gestreuten Bannerkampagnen gestaltete sich noch deutlich unstrukturierter. Es fehlte an entsprechenden Werbenetzwerken und Analyseverfahren zur Auswertung, während gleichzeitig die Technikkosten des Betriebs deutlich höher ausfielen. Um an Kunden zu gelangen, erfragten die Samwers deshalb Verlinkungen auf unterschiedlichen Linktauschringen und schlossen teure Kooperationen mit Portalen wie Ciao.de, AOL oder Web.de. Nachdem sie mit Living Systems eine Einigung über die Verwendung des angedachten Auktionssystems erzielt hatten, starteten sie ihren Dienst und kauften sich zunächst einen Banner auf der Startseite des bekannten US-Portals Yahoo!, um Aufmerksamkeit zu generieren und Kunden zu gewinnen.

Auch auf der Startseite der Telekom-Tochter T-Online verfügte Alando über einen eigenen Bereich, in dem das Unternehmen die Auktion des Tages präsentieren durfte und T-Online dafür eine Mindestumsatzrate garantieren musste. In jeder seiner Kategorien brauchte Alando deshalb ein vielversprechendes Angebot, und es war unmöglich, den immer-kritischen Oliver Samwer zufriedenzustellen. Alandos Mitarbeiter hatten stets zu versuchen, noch bessere Verkäufer auf die eigene Plattform zu locken, und verkauften zum Teil sogar ihre eigene Habe. Der mittlere Samwer-Bruder hatte sie gelehrt, nicht zu kompliziert zu denken, und auch wenn zunächst viele Produkte wegen der fehlenden Nachfrage deutlich zu billig den Besitzer wechselten, sprach sich die Möglichkeit, ein Schnäppchen zu machen, schnell herum. Auch die Samwers selbst verkauften laut einem Mitstreiter damals über Alando ihr halbes Kinderzimmer.

Doch dieses Vorgehen folgte durchaus einer gezielten Strategie: Wie jeder Online-Marktplatz sah sich Alando mit der Henne-Ei-Problematik zwischen Angebot und Nachfrage konfrontiert. Es musste gelingen, gleichzeitig Käufer und Verkäufer auf die Plattform aufmerksam zu machen, denn ein interessierter Käufer würde ohne ausreichendes Angebot ebenso wenig Käufe tätigen, wie ein Händler ohne Nachfrage seine Waren anbieten würde. Vor allem hatte Ebay mit seinem Bewertungssystem und einer ausgefeilten Forenstruktur aufgezeigt, dass der Gemeinschaftsgedanke der Plattform ebenfalls einen wichtigen Wertschöpfungsfaktor darstellte und für eine gewisse Selbstregulierung des Betriebs sorgen konnte. Einfach sollte dieses Vorhaben jedoch nicht werden, herrschte in Deutschland doch eine ausgeprägte Skepsis vor, obwohl Alando kaum mit Betrugsfällen zu tun hatte.

Den Samwers war unmittelbar klar, dass sich mit ihrem Marktplatzmodell eine ausgeprägte »Winner-takes-it-all-Eigenschaft« verband: Derjenige, der am schnellsten ein breites Angebot an Auktionen aufbieten konnte, würde in eine Wachstumsspirale geraten, die sich durch den Wettbewerb nicht mehr einholen ließe. Geschwindigkeit wurde deshalb zum zentralen Mantra der Samwers. Egal, in welche Richtung gelaufen wurde, Hauptsache das Team war als Erster dort und konnte profitieren oder aus seinen Fehlern lernen. Zum Beginn von Alando starteten sie ihren Dienst deshalb mit einer Anmeldeseite zur Registrierung von Nutzern sowie einem Verkaufsformular für das Einstellen von Waren. Ihre Auktionen sortierten sie in Kategorien wie »Computer« oder »Sammeln & Seltenes«, nachdem sich auch Ebay zunächst auf Computerbastler konzentriert hatte, mit der Zeit jedoch seinen Fokus auf Sammler umschwenkte. Für Sammler bedeutete die Entstehung von Ebay die Möglichkeit zur Vernetzung, war es ihnen doch zuvor aufgrund ihrer geografischen Isolation vielfach nicht möglich, direkt zu kommunizieren.[54]

Sammler wurden dadurch zu einer Art Magnet für Wachstum, denn jene Nutzer, die ihre Objekte in einer Auktion platzierten, hatten ein reges Interesse daran, weitere Sammler anzulocken. Ihre Objekte boten jenen emotionalen Charakter, der ihren Wert schwer bestimmbar und damit geeignet für eine Auktion machte – je berechenbarer der Preis, desto unattraktiver war das Produkt für eine Auktion.[55] Den endgültigen Durchbruch bescherten Ebay die »Beanie Babies«, Plüschtiere, die nicht zu wertvoll und gleichzeitig klein genug waren, um sie preiswert und unkompliziert zu verschicken.[56] Allein im Mai 1997 versteigerte Ebay Beanie Babys im Wert von 500.000

Dollar und bestritt damit rund 6,6 Prozent seines gesamten Umsatzes.[57] Die gleichen Eigenschaften trafen auch auf Sammelobjekte wie Münzen, Briefmarken, Sammelkarten oder Actionfiguren zu und bescherten das, was später als »große Ebay-Flut« bezeichnet werden sollte: pures (Umsatz-) Wachstum.[58]

> *»Als wir unser Büro noch in Kreuzberg in einer Fabriketage hatten, klingelte es mehrmals die Woche – und draußen stand ein Käufer und wollte irgendetwas angucken. Einmal habe ich die Tür aufgemacht und da stand gleich eine ganze Familie – Papa, Mama, drei Kinder. Sie fragten: ›Wo sind denn die Beanie Babies?‹ Das sind kleine Kuscheltiere, die damals bei Sammlern sehr beliebt waren. Als ich erklären musste, dass wir die gar nicht selbst haben, waren sie wirklich traurig. Dann haben wir Kaffee und Kakao getrunken und uns die Kuscheltiere im Internet angesehen.«*

Jörg Rheinboldt über das Kundenverständnis von Alando[59]

Auch Alandos Team ging deshalb gezielt Sammler an und animierte alle seine Freunde und Bekannten, persönliche Gegenstände zum Verkauf einzustellen. Die Samwers wollten nicht mit leeren Händen starten, sondern zu Beginn rund 6.000 Produkte aufweisen. Ein schwieriges Unterfangen, zumal kaum ein Nutzer so recht wusste, wie eine Online-Versteigerung genau funktionierte und ein Großteil der potenziellen Kunden nicht über einen Internetanschluss verfügte. Dennoch gelang das ambitionierte Unterfangen. Es sprach sich herum, dass es eine Internet-Neuheit gab, die es einmal auszuprobieren lohnte. Bei dieser Mundpropaganda half auch eine ungewöhnliche Auktion. Max Finger war es gelungen, einen Freund zu überzeugen, seinen Ferrari mit einem Startpreis von einer D-Mark anzubieten. Alando nutzte den Verkaufskracher und informierte auf all seinen Bannern, dass es einen Ferrari für eine Mark verkaufte, und freute sich prompt über regen Zustrom. Doch bis kurz vor Ende dümpelten die höchsten Angebote bei rund 40.000 D-Mark. Sorgen machten sich beim Alando-Team breit, das schon überlegte, den italienischen Sportwagen mit Geldern des Unternehmens zu kaufen. Schließlich passierte aber das, was bis heute die Magie von Ebay ausmacht: Kurz vor Ablauf der Auktion stieg der Preis für den Ferrari noch einmal und erzielte schließlich 75.000 D-Mark. Das öffentlichkeitswirksame Experiment war geglückt und es sollten weitere exotische Auktionen wie eine

Jacke von Michael Jackson, ein Cartier-BH von Madonna oder ein Brief von Friedrich Schiller folgen.[60]

Die erste Hürde war genommen, und um Alando auch darüber hinaus möglichst schnell auf die Erfolgsspur zu bringen, setzten die Samwers massiv auf die gezielte Gewinnung von Kunden, die ihre Produkte bei Alando einstellen und damit wieder weitere Nutzer anziehen würden. Dazu schufen sie den Bereich des »Kategorie-Managements«, der sich damit beschäftigte, in welche Kategorien Alando sein Angebot untergliedern würde und wie diese zu befüllen seien. Als Kategorie-Manager war je ein Mitarbeiter für eine Kategorie hauptverantwortlich und musste täglich neue Anbieter gewinnen und Feedback einholen. Bei jedem Telefonat erkundigte sich das junge Team bei seinen Nutzern, ob die Angebote der Plattform relevant genug seien und Alandos Kategoriestrukturen denn eigentlich die Wirklichkeit gut abbildeten. Regelmäßig wurde das Team auch auf Flohmärkten und Sammlerbörsen wie der damals populären ComBär vorstellig. Für viele Mitstreiter der damaligen Zeit bestand ein wesentlicher Teil der Alando-Magie eben darin, dicht am Geschehen und dem Kunden zu sein.

Immer wieder galt es, Neukunden zu einem Versuch zu animieren. Den zahlreichen Zweiflern erklärten Alandos Mitarbeiter das Konzept und beruhigten sie, dass der niedrige Startpreis nur durch mehr Gebote den Preis treiben sollte. Wann immer ein Mitarbeiter einen spannenden Kontakt machte, erfragte er weitere Adressen, und es dauerte nicht lange, bis praktisch jeder von Alandos Mitarbeitern sich um die Kategorien des Unternehmens kümmerte. Alle Angestellten eines Bereichs saßen in Gruppen zusammen und riefen Sammler, Händler und jeden an, der als Verkäufer infrage kam. Täglich sollte praktisch das gesamte Unternehmen zum Telefon greifen, denn die Samwers hatten eine einfache Regel definiert: Tagsüber sollte nicht gearbeitet, sondern nur telefoniert werden. Bis 18.00 Uhr gehörte alle Aufmerksamkeit dem Kategorie-Management, um die Zeit, in der sich potenzielle Anbieter erreichen ließen, gezielt zu nutzen. Frei nach Oliver Samwers Motto: »Betreibe ein Start-up wie eine Bäckerei: Backe am Morgen, verkaufe über den Tag und zähle in der Nacht die Einnahmen!«[61]

Jeder Alando-Mitarbeiter klebte sich zu Beginn des Tages einen Zettel mit der Anzahl der in seiner Kategorie eingestellten Artikel an seinen Monitor, den er nach getaner Arbeit um einen Zettel mit der entsprechenden Endzahl ergänzte. Auf diese Weise versuchten die Samwers, ein präzises Bild ihrer Aktivitäten zu erhalten und jeden ihrer Mitarbeiter zu Höchstleistungen anzustacheln. Wöchentlich gab es Kategorie-Meetings, in denen jeder Bereich seinen Fortschritt präsentierte. Das Brüdergespann verfügte über ein sehr gutes Verständnis von Alandos Geschäftsmodell und wusste, wie lange sie sich darauf konzentrieren mussten, ihr Angebot an Händlern auszuweiten, und wann es galt, die Nachfrage zu bedienen, indem sie mit Werbebannern bei AOL und Co. Kunden für sich warben.

Nach Ebay wuchs dank dieser Maßnahmen auch Alando stetig – und das nicht nur im Angebot, sondern ebenso bei seiner Mitarbeiterzahl. Mit Renate Maifarth als erster Mitarbeiterin nach dem Gründerteam stieß schnell eine treue Unterstützerin hinzu, die noch auf Jahre hinaus den Kundenservice des Unternehmens betreuen würde. In Ole Brandenburg und Veit Spiegelberg fanden die Samwers derweil gleich zwei Praktikanten, die sich um die Kategorien Computerspiele und Telekommunikation kümmerten und die Samwers sogar bei ihrer zweiten Gründung begleiteten.

Und noch eine weitere relevante Persönlichkeit des Samwer-Universums sollte über Alandos Kategorie-Management ihren Weg zu den Brüdern aus Köln finden und über Jahre nicht mehr von ihrer Seite weichen: Christian Vollmann hatte 1998 begonnen, an der WHU zu studieren und war nach seinem ersten Studienjahr denkbar spät dran, sich einen Praktikumsplatz zu suchen. Er sollte bei Oliver Samwer fündig werden. Der Praktikumsbeginn des jungen Studenten lag an einem Montag im April 1999, doch vier Tage vor seinem eigentlichen Start erreichte Vollmann eine E-Mail, ob er nicht bereits am Freitag um 9.00 Uhr morgens eintreffen könne. Doch was würde dieser eine Arbeitstag für einen Unterschied machen? Eine Antwort sollte Vollmann schnell erhalten: Alando erwartete einen wichtigen Besucher und wollte ein volles Büro vorweisen.

»Für mich war die Zeit bei Alando ein echter Eye Opener. Man spürte den Drive und dieses Gefühl, unbedingt gewinnen zu wollen. Alle waren jung und hoch motiviert, zumal Alando in einer Zeit entstanden war, in der wir alle das Gefühl hatten, die Welt zu verändern. Ich war einer der ersten Praktikanten und durfte – wie jeder von uns – relativ schnell relativ verantwortungsvolle Aufgaben übernehmen. Ein Praktikant bei den Samwers kochte keinen Kaffee, sondern war Teil einer Kultur, in der das Joblevel kei-

*ne Rolle spielte. Aufgaben wurden verteilt und wer sich eine Aufgabe neh-
men wollte, bekam stets auch die Gelegenheit. Alando blickte auf viele sehr
gute Mitarbeiter und hatte dadurch eine Organisation geschaffen, die sehr
gut funktionierte und in der ein sportlicher Leistungswettbewerb herrschte.
Nicht umsonst gründeten viele von Alandos Praktikanten später auch eigene Unternehmen.«*

Christian Vollmann über seine Praktikantenzeit bei Alando

Christian Vollmann wurde als Kategorie-Manager Musik bestimmt und sollte
der hohe Besuch fragen, was er tue, solle er einfach sagen, dass er für Angebot und Nachfrage in seiner Kategorie sorge. Denn der wichtige Besucher, ein
Mann mit Pferdeschwanz und dem klangvollen Namen Pierre Omidyar, kannte sich mit der Materie durchaus aus, war er schließlich niemand Geringeres
als der Gründer von Ebay, der sich erstmals das Berliner Online-Auktionshaus
anschaute und Gespräche mit dessen Gründern aufnahm. Ein erinnerungs-
würdiger Besucher, den Vollmann einige Male mit seinem alten Golf 2 vom
Flughafen abholen durfte. Die Sorge, wie der mehrfache Milliardär angesichts
des in die Jahre gekommenen Gefährts reagieren würde, zerstreute sich aber
schnell, fuhr der sparsame Omidyar doch selbst ein altes Käfer-Cabrio und war
so von Alando und seiner pragmatischen Mentalität begeistert.

Exit & Nachgang

Was Christian Vollmann damals noch nicht ahnen sollte: Er hatte mit seinem Praktikum nicht nur den Grundstein einer jahrelangen Zusammenarbeit mit den Samwers gelegt, sondern mit Pierre Omidyar darüber hinaus
auch den späteren Käufer der ersten Samwer-Gründung chauffiert. Für die
Ankunft des bekannten Silicon-Valley-Gründers hatten die Samwers sogar
Freunde ihrer Mitarbeiter in ihr Büro geholt, um Alando geschäftiger wirken
zu lassen. Schließlich galt es, den erfolgreichen Unternehmer zu beeindru-
cken und von der Qualität der jungen Gründung zu überzeugen. Zu welchem Ergebnis dieses Kennenlernen führen sollte, war zwar zunächst noch
nicht klar. Doch Pierre Omidyar war nach seinem Erfolg mit Ebay ein Vorbild
der Alando-Gründer und allemal ein interessanter Gesprächspartner für das
eigene Geschäft.

Ebay übernimmt seinen deutschen Nachahmer

Ursprünglich zustande gekommen war der Kontakt zu Ebay über Goldman Sachs. Die US-Investmentbank hatte den Börsengang des Unternehmens umgesetzt und mit Peter Kimpel verfügte Alando über einen Investor, der seit 1992 für Goldman Sachs tätig war. Denn nicht nur für Alando sollte eine Übernahme attraktiv sein: Ebay hatte schon von Beginn an ein internationales Publikum angezogen, dieses durch seine rein amerikanische Anmutung aber stets befremdet. Dabei sollte einer schnellen Expansion nach Übersee eine zentrale Rolle zukommen, zumal es wichtig sein sollte, in den wichtigsten globalen Märkten präsent zu sein, ehe potente Wettbewerber oder lokale Anbieter Ebay zuvorkamen. Als Zielmärkte hatte die US-Plattform aus Campbell die Länder mit der größten Internetbevölkerung ausgemacht. Nach den USA waren dies damals Japan, Großbritannien, Kanada und Deutschland, wobei eine deutsche Expansion am schnellsten realisierbar schien und Alando exakt in Ebays Beuteschema fiel.[62]

Es lag auf der Hand, dass Ebay sich in Deutschland zwischen den beiden Platzhirschen Alando und Ricardo würde entscheiden müssen, weshalb Pierre Omidyar seine Berlin-Reise nutzte, um die Möglichkeiten einer Kooperation auszuloten. Zu einem Gespräch mit Ricardo kam es derweil nie, hielt das Unternehmen doch intensiv an seinem Live-Kanal fest. Alando, das damals aus 15 Angestellten sowie einigen Praktikanten bestand und es nach nur zwei Monaten auf 50.000 registrierte Nutzer und 250.000 abgewickelte Auktionen gebracht hatte, war Ebay in seinem Aufbau und seiner Denkweise derweil deutlich ähnlicher. Selbst die Büroräume von Alando hatten erstaunliche Ähnlichkeit mit jenen von Ebay, wo es ebenfalls an der Tagesordnung war, dass neue Mitarbeiter sich ihren Schreibtisch selbst zusammenbauen mussten.[63] Zunächst war ein Gespräch über zwei Stunden angesetzt, die gemeinsame Besprechung an Alandos Tischtennisplatte dauerte jedoch den ganzen Tag. Gemeinsam mit Omidyar tauschten sich Jörg Rheinboldt, Max Finger, Karel Dörner und die Samwers darüber aus, wie ein perfekter Online-Marktplatz funktionieren würde und welche Rolle der Community dabei zukäme. Omidyar führte mit dem sechsköpfigen Team ein freundliches Gespräch und zeigte sich von der Umsetzung der Samwers beeindruckt.

Erst spätabends gingen alle Beteiligten auseinander und wollten sich bis zum nächsten Tag überlegen, ob es eine Zusammenarbeit geben könne und falls ja, wie diese aussehen solle. In einem gemeinsamen Telefonat am Tag darauf machte Alandos Führungsriege deutlich, dass es sich eine Übereinkunft vorstellen könne, aber nur einer Ganz-oder-gar-nicht-Lösung zustimmen würde. Auch Pierre Omidyar hatte die Zeit zum Nachdenken genutzt und antwortete, dass er es »ganz« probieren wolle. Beide Seiten waren sich darüber einig geworden, dass Alando zu einem Teil von Ebay werden würde, nun ging es ans Verhandeln der Details. Hart sollten diese Verhandlungen allerdings nicht werden, sondern vielmehr offen und fair. Alle Mitglieder des Gründerteams wurden in den Austausch einbezogen und auch Burda und Wellington, die beiden Geldgeber Alandos, berücksichtigt. Mehrfach reisten Marc und Oliver Samwer ins Silicon Valley, um ein Bild von Ebays Internationalisierungsvorhaben zu bekommen. Eigentlich hatte Alandos Team einen Verkauf überhaupt nicht angestrebt, doch angesichts des ausgeprägten Wettbewerbs, der Unsicherheiten beim Geschäftsmodell und dem Risikofaktor Technik bestanden gute Gründe, diesen dennoch in Betracht zu ziehen.

Lange hatte sich Alandos Team allenfalls ein paar Tausend Mark ausgezahlt, und nun stand ein Team von Zwanzigjährigen vor der Versuchung eines zweistelligen Millionenbetrags, der jeden von ihnen unabhängig machen würde. Dabei gab es nur ein Problem: Alandos Investoren waren gegen einen Verkauf und insbesondere Wellington drängte das junge Gespann, sich diese Entscheidung noch einmal zu überlegen, winkte durch einen möglichen Börsengang schließlich eine deutlich höhere Summe. Beide Geldgeber waren nur leider nicht in der Lage, dem ambitionierten Team einige Millionen zu überweisen und es so zum Weitermachen zu animieren. Ebay konnte das gewünschte Geld auf den Tisch legen und nachdem die Transaktion angesichts der kurzen Bestehenszeit von Alando durchaus einen Erfolg darstellte, wirtschaftlich nicht zu verachten war und das Gründerteam unbedingt verkaufen wollte, stimmten Burda und Wellington der Transaktion schließlich zu. Allein für Wellington bedeutete der Verkauf an Ebay eine Verzehnfachung seines ursprünglichen Investments und Burda sollte bei Ebays Bekanntheitsaufbau zum Zuge kommen.

Am 15. Juni 1999 übernahm Ebay also Alando im Austausch gegen 316.000 Ebay-Aktien und schuf damit den Mythos einer Gründung, die 100 Tage nach ihrem Start verkauft wurde (auch wenn dieser Zeitabstand mit einem Alando-Beginn am 19. Februar wohl nicht ganz hinkam). Und bei Geld allein sollte es nicht bleiben. Zum Abschluss der gemeinsamen Transaktion brachte Pierre Omidyar den Samwers eine unbeantwortet gebliebene E-Mail mit, in der sie zur Gründung ihres Unternehmens Ebay sogar gefragt hatten, ob sie nicht das Deutschlandgeschäft aufbauen sollten. Omidyar fasste trocken zusammen: »Wenn wir aufmerksamer unseren Job gemacht hätten, hätten wir euch drei auch billiger haben können.«[64] Nach dem damaligen Wert der Ebay-Aktien von 170 Dollar pro Stück[65] hatte Alando einen Verkaufserlös von 61,2 Millionen Dollar erzielt, was rund 90 Millionen D-Mark entsprach und jedem von Alandos Gründern angeblich 9 Millionen Euro bescherte. Die Samwers nutzten ihr Kapital unter anderem, um ihrem Vater einen lange gewünschten Oldtimer zu kaufen.

>»Es war ein entspanntes Gefühl. Aber wir haben gar nicht so darüber nachgedacht, wie viel Geld wir verdienen. Klar hat man das zur Kenntnis genommen. Und hat gesagt: Super! Ist ein Schritt mehr zur Unabhängigkeit. Aber wir haben gesagt: Jeder kann eine Quatschsache machen – der Rest wird konservativ angelegt.
>Meine Quatschsache war ein Porsche, weil ich mir schon immer einen gewünscht hatte. Max' Quatschsache war auch ein Porsche. Ich glaube, Oli hat eine Insel gekauft, irgendwo vor Stockholm. Ich weiß gar nicht, ob er die noch hat. Alex und Marc haben einen großen Urlaub gemacht und Karel meinte: Ich kaufe mir einen neuen Opel Vectra.«

Jörg Rheinboldt über den plötzlichen
Wohlstand der Alando-Gründer[66]

Für das US-Unternehmen sollte der deutsche Zukauf nur den Anfang seiner weiteren Internationalisierung bilden: Unmittelbar nach dem Kauf von Alando nahm Ebay seinen Dienst auch in Großbritannien auf, ging ein Joint Venture in Australien ein und expandierte nach Japan und Kanada.[67] Der erfolgreichste Ableger des US-Riesen blieb aber Alando, das sich zur unangefochtenen Nummer eins in der Bundesrepublik entwickelte und das Geschäft auf Jahre hin dominierte. Die später bei Samwer-Gründungen häufig gestellte Frage, ob die hohe Umsetzungsgeschwindigkeit der oft aufgeblähten Unternehmen zu Abstrichen bei der Nachhaltigkeit führte, lässt sich an Alando daher aufgrund der kurzen Betriebsdauer nicht ablesen.

Kaum jemand war in der Lage, ein Unternehmen wie Alando derart schnell aus dem Boden zu stampfen wie Oliver Samwer. Immer wieder wurde spekuliert, ob er es darauf angelegt hatte, von seinem Vorbild aufgekauft zu werden. Doch auch er, der sich eng an Ebay orientiert hatte, hatte diese Entwicklung nicht ahnen können. Oliver Samwers Verrücktheit trug die ambitionierte Gründung und mit dem Kapital von Ebay war der Auktionsplattform auf dem deutschen Markt nicht mehr beizukommen. Hatten die Samwers womöglich zu früh verkauft?

Vor dem Exit ist nach dem Exit

Wirklich etwas ändern sollte sich nach der Übernahme durch den potenten US-Wettbewerber jedoch nicht. Während Alando in Deutschland über seinen Verkauf informierte, hatte Ebay selbst Probleme mit einem massiven Ausfall seiner Dienste. Für das börsengelistete Unternehmen kam es einer Katastrophe gleich, als am 10. Juni 1999 für 22 Stunden die gesamte Webseite nicht mehr erreichbar war und es zwischenzeitlich schien, als könnten die aktuellen Daten für Registrierungen, Bewertungen und Auktionen gänzlich verloren gehen.[68] Schon des Öfteren waren Ebays Dienste für längere Zeit ausgefallen, und das hatte dazu geführt, dass die eigene Seite nicht erreichbar war. Mit einer Listung an der Börse im Rücken gestaltete sich diese Situation jedoch ganz anders und brachte es mit sich, dass CEO Meg Whitman Ebays Büro für mehrere Tage in eine Kriegszentrale verwandelte.[69] Für Alando bedeutete dieses Desaster dennoch in gewisser Weise einen Vorteil. Bereits am Tag der Presseverkündung erhielt das Management einen Anruf von Whitman, die das Team informierte, dass es in den nächsten sechs Monaten nicht mit der Unterstützung durch Ebay rechnen könne. Alando war auf sich allein gestellt und konnte sich zunächst weiter voll auf seine eigenen Belange konzentrieren.

Bei der Angabe der Nutzerzahlen war es bei Alando üblich, dass der Realität schon mal etwas auf die Sprünge geholfen wurde. Niemand konnte jedoch ahnen, dass Ebay auf der technischen Seite nicht hielt, was es versprach, und die kleine Berliner Gründung wesentlich stabiler aufgestellt war, als der große US-Konkurrent, der in einem ausgemachten Chaos unterging. Ebay ließ Alando vorerst auf seinem System von Living Systems weiterlaufen und schaute sich insbesondere Alandos erfolgreiche Strategien zur Befütterung seiner Kategorien ab, ehe es im Sommer 2000 die aufwendige Umstellung auf seine Dienste vornahm. Es sollten weiterhin Arbeitstage von 16 Stunden oder länger den Alltag von Alando bestimmen, das nun näher an Ebay heranrückte. Dennoch wurde das Geschäft formeller, etwa als Ebay ein Ticketing-System installierte, mit dem sich technische Anfragen formell wie Zugtickets einbuchen ließen und auch Alando auf amerikanische »Train Seats« aufspringen musste, wenn es eine Änderung wünschte.

> *»Ebay ist zwar ein US-Unternehmen, aber sehr international. Ich erinnere mich an meine erste Telefonkonferenz. Ich war etwas aufgeregt. Ich konnte natürlich aus der Schule und der Uni Englisch, aber ich war mir nicht sicher, wie das ist, mit zwölf Leuten gleichzeitig zu telefonieren. Dann ging es los – und es war ein einziger englischer Muttersprachler dabei, die anderen kamen von überallher. Das war sehr erfrischend.*
> *Die Kulturen sind manchmal schon aufeinandergeprallt. Einmal rief mich nachts um vier Uhr die Ebay-Personalchefin an. Sie sagte: ›Wir haben hier ein Problem. Zwei kalifornische Mitarbeiterinnen haben sich beschwert über sexuelle Belästigung durch deutsche Mitarbeiter, die gerade in Amerika sind.‹ Darauf erwiderte ich: ›Was? Das kann nicht sein!‹ Dann stellte sich heraus, dass zwei meiner Kollegen eine Bemerkung gemacht hatten über Kleidung, die sie cool finden. Und dann zu oft die Tür aufgehalten haben. Und zwar nur den Frauen und nicht den Männern. Das kam nicht gut an. Das waren Kleinigkeiten, aber es ist schon witzig, wie das gehen kann, wenn man mit jemandem zusammenarbeitet, der eine andere Mentalität hat.«*

Jörg Rheinboldt über die Kulturunterschiede beider Nationen[70]

Die Samwers sollte es allerdings nicht lange bei Ebay halten. Wie alle Gründer verfügten auch sie über einen sogenannten »Earn-out-Deal«, der ihnen zusätzliche Ebay-Aktien sicherte, je länger sie dem Unternehmen erhalten blieben. Bis auf Jörg Rheinboldt, der Ebay für fünf weitere Jahre als Geschäftsführer die Treue hielt, sollte von diesem Konstrukt jedoch keiner der Gründer Gebrauch machen.

Im Abstand von sechs Monaten unterhielt sich das Team über seine weiteren Pläne und während die Samwers zum Beginn des Jahres 2000 gemeinsam mit Max Finger ein neues Unternehmen gründen wollten, zog es Karel Dörner nach München, um dort nach einer weiteren Gründung bei der Unternehmensberatung McKinsey einzusteigen. Sonst hatte kein Mitarbeiter Alando nach dessen Verkauf verlassen, waren doch alle Angestellten als Dank für ihren Mut und ihr Vertrauen mit einem Optionenprogramm ausgestattet worden, das ihnen Anteile an Ebay bescherte. Schnell wurde dennoch in der Öffentlichkeit über mögliche Konflikte spekuliert, die der Grund für den Weggang der Samwers seien.

> »Ich habe den Ebay-Gründer Pierre Omidyar kürzlich noch an ein anderes Berliner Start-up weitervermittelt, wo er als Startfinanzier auftritt. Das mit den Konflikten ist eine ganz klare Erfindung der Presse. Natürlich haben sich die Anforderungen bei Ebay.de verändert, und für uns war damit eine Zeit gekommen, wo wir den Gründergeist wieder stärker spürten. Pierre Omidyar hat das ja auch gemacht, er hat das Management nach kurzer Zeit an Meg Whitman weitergegeben. Bei uns war es der Wunsch etwas Neues zu machen, gekoppelt mit unserem Selbstverständnis als Gründer. Wir sind eigentlich Manager nur bis zu einer gewissen Stufe.«

Oliver Samwer über den Ausstieg der Samwers bei Alando[71]

Die weitere Professionalisierung von Alandos Diensten oblag deshalb in der Folge Philipp Justus, einem ehemaligen Unternehmensberater, den Oliver Samwer für eben jenen Schritt empfahl. Unter ihm wuchs Ebay Deutschland zu einem Mitarbeiterstamm von 1.000 Personen. Justus strukturierte das Unternehmen in sechs Einheiten und machte sich daran, das ehemalige Start-up mit professionellen Mitarbeitern zu bestücken.[72] Gleichzeitig sollte Jörg Rheinboldt aufgrund seines ganzheitlichen Verständnisses des Produkts zu einer wichtigen Figur für Ebays weiteres Schaffen werden und auch Oliver Samwer prägte die Mentalität des Unternehmens noch deutlich länger, als er dort engagiert war. Letztendlich war es aber vor allem Philipp Justus, der das junge Unternehmen zu einer großen Organisation ausbaute. Ihm stand auf technischer Seite Frerk-Malte Feller zur Seite, der Oliver Samwer über einen Freund an der WHU kennengelernt hatte. Er war im November 1999 zu Alando gestoßen, als Oliver Samwer und seine Brüder sich bereits nach einer neuen Führungsmannschaft umsahen.

Entgegen ihrem späteren Ruf, Gründungen oft aufzublasen und dann nach ihrem Ausscheiden in sich zusammenfallen zu lassen, stellten die Samwers Ebay also mit persönlichem Aufwand ein kompetentes Team an die Seite. Und spätestens als Ebay es auch in Deutschland vermochte, mit Gebühren für das bloße Einstellen von Produkten Geld zu verdienen, und einen natürlichen Filter gegenüber minderwertigen Auktionen erzeugte, war Ebays Erfolg gesichert. Deutschland wurde zum weltweit zweitgrößten Ebay-Markt und übertraf bei einer Pro-Kopf-Betrachtung sogar das Mutterschiff in den USA. Das von den Samwers geschaffene Start-up hatte den größten Marktanteil im E-Commerce aller Ebay-Ableger und warf damit die Frage auf, ob der Verkauf der Samwers nicht in der Tat verfrüht erfolgt war.

Die Popstars der New Economy und ihr größter Fehler

Denn nach ihrem frühzeitigen Ausscheiden sollten die Samwers an dieser Entwicklung nicht mehr wirtschaftlich partizipieren. Bereits einige Jahre nach seinem Exit resümierte das Brüdertrio deshalb, dass es ein Fehler gewesen sei, Alando so früh verkauft zu haben. Alando hatte den deutschen Markt bereits größtenteils zu seinen Gunsten entschieden und Oliver Samwer machte seinen risikoaversen Hintergrund als Anwaltskind für diesen strategischen Fehler verantwortlich. In der absoluten Boomphase des deutschen Internets hatten er und seine Brüder einen Marktführer etabliert, an den Erstbesten verkauft und dabei eine ganze Menge Geld liegen lassen. Vor allem mussten sie ihren Firmenverkauf aufgrund der damals gerne als »Spekulationssteuer« bezeichneten Rechtslage umfangreich versteuern. Das junge Team hatte auf sein Herz gehört, nicht auf seine Brieftasche.

> *»Wir haben Alando überhaupt nicht zum richtigen Zeitpunkt verkauft. Wir waren doch Idioten, dass wir ausgestiegen sind. Wir waren die größte deutsche Auktionsseite. Heute macht Ebay in Deutschland 120 Millionen Euro Gewinn im Jahr, folglich war es nicht klug, Alando für 50 Millionen Dollar zu verkaufen. Im Nachhinein sehe ich und meine Brüder das als unseren vielleicht größten Fehler an.«*

Oliver Samwer über seinen verfrühten Firmenverkauf[73]

Dass Alandos Geschichte auch einen anderen Ausgang hätte nehmen können, bewies Ricardo, der von Stefan Glänzer, Christoph Linkwitz und Stefan Wiskemann gegründete Hamburger Wettbewerber. Exakt 365 Tage nach seiner Gründung am 21. Juli 1998 strebte das Unternehmen an die Börse und legte damit einen Börsengang in Rekordzeit hin. Auch Ricardo hatte Übernahmegespräche mit Yahoo! und Amazon geführt und ein Amazon-Angebot über 50 Millionen Dollar dankend abgelehnt. An der Börse war das Unternehmen, das 115.000 Kunden hatte, täglich knapp 1.000 Versteigerungen durchführte und einen Jahresumsatz von rund 5 Millionen D-Mark einfuhr[74], mit über 500 Millionen D-Mark mehr als fünf Mal so viel wert wie Alando bei seinem Verkauf.

> *»Ich habe nie verstanden, warum Alando sich an Ebay verkauft hat, mein erster Gedanke nach dem Exit war: Sind die bescheuert? Warum haben die das denn gemacht? Heute sehen sie das glaube ich ähnlich, damals war es wohl aber so, dass sie sich durch den Besuch von Pierre Omidyar, der extra nach Berlin gereist kam und sich mit dem Team an einen Tisch gesetzt hat, geschmeichelt fühlten. Wäre Jeff Bezos gekommen und hätte uns Amazons Angebot ebenfalls persönlich unterbreitet, hätte Ricardo vielleicht auch verkauft.«*

Stefan Glänzer über Alandos schnellen Firmenverkauf an Ebay

Dafür blieb den Samwers und ihrem Gefolge eine regelrechte Achterbahnfahrt erspart. Mit seiner Börsennotierung hatte Ricardo die Geldmittel, um ein starkes europäisches Gegengewicht zu Ebay aufzubauen. Zunächst war dieser Plan aufgegangen, und Ricardo blickte zu seiner Hochphase auf einen Wert von stolzen 1,8 Milliarden Euro, ehe sich der Internethype als Spekulationsblase herausstellte und Ricardo mit in die Tiefe riss. Das Hamburger Unternehmen war gezwungen, mit seinem gleichermaßen strauchelnden britischen Wettbewerber QXL zu fusionieren. Doch auch das zusammengeführte Unternehmen verlor bis zum Ende des Jahres 2000 satte 99 Prozent seines Wertes.[75] Der Verbund aus Ricardo, das es im Frühjahr noch auf einen Wert von 1,8 Milliarden Euro gebracht hatte und QXL, das zur Hochzeit der Internetblase mit bis zu 2,5 Milliarden Pfund bewertet wurde, war auf einen Firmenwert von 62 Millionen Pfund eingedampft.[76]

Dennoch sollte es den beiden einstigen Dotcom-Stars dank ihres Erfolgs in Internet-Entwicklungsmärkten wie Polen oder der Schweiz gelingen, sich zu erholen. Ziemlich genau sieben Jahre nach ihrem erdrutschartigen Kursverlust unterbreitete das südafrikanische Medienhaus Naspers ein Übernahmeangebot, das den inzwischen zu »Tradus« umbenannten Verbund mit umgerechnet rund 1,3 Milliarden Euro bewertete.[77] Auch Alando hätte es aufgrund seiner guten Entwicklung wahrscheinlich zu einem deutlich höheren Unternehmenswert gebracht, hätten die Samwers ihre Gründung nicht so früh an Ebay verkauft, sondern weiter betrieben und ihr Auktionshaus an die Börse gebracht. Womöglich wäre Alando in diesem Fall aber ebenfalls von den Sturmwehen der geplatzten Internetblase erfasst worden und hätte ähnliche Abenteuer durchlebt wie sein Hamburger Wettbewerber, der letztlich nur durch seinen Erfolg in Entwicklungsmärkten vor einer Pleite bewahrt blieb.

»Eine wirklich schlimme Niederlage haben wir nicht erlitten. Aber wir sind oft durch den Dreck gerobbt. Die Erfolge, die sich hinterher in der Zeitung so mühelos lesen, haben in Wahrheit wahnsinnig viel Kraft gekostet. Und es gab immer kleine Niederlagen – und oft großes Bangen. Bertelsmann hat bei Alando mal intensiv alle unsere Nutzer angespamt und versucht, sie uns auszuspannen. Das hat uns einige schlaflose Nächte gekostet. Bis wir gesehen haben: Die Leute bleiben bei uns.«

Oliver Samwer 2007 über die Herausforderungen ihrer Alando-Zeit[78]

Für den Moment sollte diese Resignation allerdings keine Rolle spielen. Die Samwers hatten Internetgeschichte geschrieben und damit viele Menschen zu einer eigenen Gründung angeregt und in Deutschland eine wahre Internetrevolution losgetreten. Der Verkauf der jungen Gründung hatte sich wie ein Lauffeuer verbreitet und damit nicht nur einen Meilenstein des ersten Gründerbooms ausgelöst, sondern die Samwers über Nacht zu »Popstars der New Economy«[79] gemacht. *Die Zeit* ernannte das Brüdergespann und ihre Mitgründer »zur erfolgreichsten Boy-Group Deutschlands«[80] und zahlreiche Medienvertreter gaben sich die Klinke in die Hand.[81] Insbesondere für die Absolventen von Oliver Samwers Alma Mater reifte das Trio zum Vorbild: Suchte lange nur eine Handvoll Absolventen der WHU sein berufliches Glück im Internet, zeigte sich nun ein sprunghafter Anstieg an Internetgründern. Die gewonnene PR war ein günstiges Marketingmittel. Die Samwers, die später eine ausgeprägte Verschwiegenheit entwickelten, traten nun offen und gesprächig auf, etwa indem Oliver Samwer mit dem Internetunternehmer Alexander Artopé einen ersten überregionalen Zusammenschluss von Start-ups namens »Silicon City« organisierte. Diese offene Haltung wandelte sich erst, nachdem die kritischen Stimmen bei ihrer zweiten Gründung zunahmen ...

3. JAMBA – VOM HANDYPORTAL ZUR KLINGELTONSCHLEUDER

Nach dem rasanten und öffentlichkeitswirksamen Verkauf von Alando, hielt es die Samwers nicht lange in der Passivität. Schnell zeigte sich, dass sie sich nach ihrem Glücksgriff und der damit verbundenen finanziellen Unabhängigkeit nicht wie andere Erfolgsgründer auf Mallorca niederlassen würden. Bereits kurz nach dem Verkauf hegten sie den Wunsch nach einer weiteren Gründung und recherchierten weltweit unterschiedliche Geschäftsmodelle die mit hoher Wahrscheinlichkeit in Deutschland relevant werden würden, um auch dieses Mal wieder die Ersten mit einer neuen Geschäftsidee auf dem deutschen Markt zu sein. Bei Alando war dieser Plan geglückt und bescherte den Kölner Brüdern einen schnellen Firmenverkauf. Es hatte sich ausgezahlt, im weiter entwickelten US-Markt ein Konzept auszukundschaften und auf den hiesigen Markt zu übertragen. Die gelungene Umsetzung dieses Vorgehens manifestierte sich nicht nur in einem – zumindest für junge Gründer – prall gefüllten Bankkonto, sondern brachte ihnen darüber hinaus Kultstatus ein. Bei ihrer zweiten Gründung war die Wirtschaftslage jedoch eine ganz andere. Hatten sich die Investoren in der New Economy noch überschlagen, um jungen Firmen Geld zur Verfügung zu stellen, mussten neue Konzepte für Investoren nun ein klares wirtschaftliches Potenzial aufweisen.

Auf der Suche nach einem Geschäftsmodell

Die Samwers sollten bei diesem Unterfangen nicht alleine sein: Arnt Jeschke hatte ein Jahr vor Oliver Samwer dieselbe Schule in Köln besucht und bot dem mittleren Samwer-Bruder eine gewisse Orientierung. In der Schule hatte Oliver Samwer bereits ein enges Verhältnis zu Jeschke und als dieser anschließend eine Banklehre absolvierte, tat er es ihm kurz darauf gleich. Für die zweite Gründung der Samwers änderte sich diese Rollenverteilung. Arnt Jeschke folgte seinem einstigen Schulkameraden und übernahm die administrativen Aufgaben des Unternehmens. Er wurde ein williger und loyaler Vollstrecker, der zumeist als rechte Hand von Oliver Samwer agierte und diese Rolle für mehr als ein Jahrzehnt einnahm. An der Seite der Samwers fand sich erneut auch Max Finger, der ebenso zu den Mitgründern des neuen Unternehmens zählte wie Ole Brandenburg, dem später auch Alando-Kollege Veit Spiegelberg folgte. Mit ihren Mitgründern überlegten die Brüder, welches Projekt dem sehr erfolgreichen Verkauf von Alando folgen könnte. Die Messlatte lag hoch und die gefeierten Internet-Brüder wollten weitere Erfolge einfahren.

Eine Gründung nach dem Platzen der Dotcom-Blase

In der deutschen Presse waren Alexander, Marc und Oliver Samwer zum deutschen Sinnbild des »Vom-Tellerwäscher-zum-Millionär-Phänomens« geworden und hatten einen kleinen Gründungshype in der Bundesrepublik ausgelöst. So war eine weitere Gründung im Internetbereich ein logischer nächster Schritt. Doch gab es im Jahr 2000 ein Problem: Der Internetmarkt lag am Boden. Der Dotcom-Boom zum Ende der 1990er Jahre hatte sich als Spekulationsblase erwiesen, die sich in einem Zusammenbruch von Internetgeschäftsmodellen entlud. Den hohen Erwartungen der Investoren war nicht die notwendige Wertschöpfung gefolgt. Die Verbreitung überhöhter Unternehmensbewertungen und umfangreicher Betriebsausgaben bewirkte angesichts des Fehlens wirklicher materieller Gegenwerte allmählich ein Klima der Unsicherheit. Als sich mit den ersten Pleiten einiger bis dahin vielversprechender Firmen abzeichnete, dass sich die hohen Gewinnerwartungen nicht einstellen würden, führten die Panikverkäufe zahlreicher Anleger im einstigen Hypesegment zu einem Kurssturz an der Börse. Was im März 2000 mit sinkenden Kursen begonnen hatte, entwickelte sich zu einem wirtschaftlichen Desaster – die Dotcom-Blase platzte.

Zahlreiche Kleinanleger verloren nicht nur einen Großteil ihres Kapitals, sondern auf Jahre hin auch das Vertrauen in Technologie- und Internetunternehmen. Weit über ein Jahrzehnt sollte sich dieser Vertrauensbruch in einer ausgeprägten Skepsis gegenüber der Branche manifestieren. Für den Moment lag der Finanzierungsmarkt von Internetunternehmen am Boden und hatte zahlreiche Entlassungen und Firmenpleiten zur Folge. Nicht nur die direkt betroffenen Unternehmen gerieten in eine bedrohliche Schieflage. Auch die zahlreichen im Kielwasser des Hypes gewachsenen Dienstleister – allen voran die Werbebranche – litten im Nachgang der Spekulationblase unter Auftragseinbrüchen. Das Internet hatte in vielen die Hoffnung wirtschaftlicher Segnungen geweckt und fand sich nun in einem Abwärtsstrudel aus ökonomischer Selbstbereinigung und Image-Schelte wieder. In einer Phase, die bereits von aufkommender Skepsis gezeichnet war und eine Finanzierung von Internetideen praktisch unmöglich machte, beschlossen auch die Samwers, dem Internet vorerst den Rücken zu kehren. »Wir dachten, mit dem Online-buchhandel Amazon und dem Auktionshaus Ebay waren die großen Ideen weg«, resümierte Alexander Samwer beinahe ein Jahrzehnt später.[82] In der Zeit zwischen dem Verkauf von Alando und der letztendlichen Gründung von Jamba hatte Oliver Samwer überlegt, einen Sportshop mit Boris Becker zu eröffnen. Nach intensiver Recherche wandte er seine Aufmerksamkeit aber einer Branche zu, die dem Internetmarkt in vielen Belangen ähnlich war und sich anschickte, den nächsten Wachstumshype auszubilden: dem Mobilfunksektor.

»Wir haben uns damals mit dem ›Wireless‹-Markt beschäftigt, nach Japan geschaut und uns die europäischen Märkte angesehen. Wir stellten fest, dass nicht News, Verkehrsnachrichten oder Börsenkurse das Geschäft mit Mobilfunkdiensten ausmachten, sondern Entertainmentinhalte. Wir sahen den Boom, den die Playstation auch im Bereich mobiler Angebote ausgelöst hatte, dass Spiele fürs Handy in Japan bereits ein Renner waren und stellten uns vor, dass dies zusammen mit Musik und Bildern auch in Europa funktionieren könnte. Hier zeichnete sich ein Markt ab, in dem wir eine Führungsrolle übernehmen konnten.«

Oliver Samwer im Jahre 2003 über die Entstehung von Jamba[83]

Als Inspiration für die zweite Internetgründung der drei Brüder diente vor allem die japanische Unterhaltungsplattform I-Mode, welche dem börsennotierten Unternehmen NTT DoCoMo bereits einigen Erfolg beschert hatte. Die Firma mit Sitz in Tokio hatte sich auf Dienstleistungen im Bereich des Mobilfunksektors spezialisiert und war auch mit einer entsprechenden Unterhaltungssparte aktiv. In der Annahme, Europas Märkte würden sich in gleicher

Weise entwickeln, adaptierten die Samwers die erfolgreiche Unternehmung aus dem Land des Lächelns. Am 18. August 2000 gründeten sie ihr zweites gemeinsames Unternehmen und wollten damit die Mobilfunkbranche in Deutschland revolutionieren. Unter welchem Namen diese Revolution erfolgen sollte, war dabei allerdings zunächst nicht klar. Aus Mangel eines geeigneten Namens hatten die Samwers zunächst die »Mobile Media AG« gegründet. Auf der Suche nach einer griffigeren Bezeichnung für das ambitionierte Projekt ging Oliver Samwer aus Mangel an Ideen mit einem Hut durch das Büro und sammelte von jedem seiner frühen Mitarbeiter einen Namensvorschlag ein. Das Rennen machte schließlich ein Name, der von jener Saftkette inspiriert wurde, in deren Filialen die Samwers während ihres Trips im Silicon Valley regelmäßig anzutreffen waren: In Anlehnung an »Jamba Juice« entstand mit »Jamba« eine Gründung, die zu einer der bekanntesten Unterhaltungsmarken Europas werden sollte.

Jamba 1.0: Ein Yahoo! für das mobile Internet

Mit Jamba positionierten die Samwers ihre zweite gemeinsame Gründung zunächst als einen Service-Provider im Unterhaltungssegment, der sich anschickte, den Aufbau einer zunächst deutschen, dann internationalen Unterhaltungsmarke im Mobilfunkbereich zu forcieren. Exakt zum Gründungsdatum von Jamba endete die erste Lizenz-Versteigerung für das mobile Highspeed-Übertragungsformat UMTS (Universal Mobile Telecommunications System) und hatte dem deutschen Staat insgesamt etwa 50,8 Milliarden Euro in die Kassen gespült. Noch gestaltete sich das mobile Internet durch die Abrechnung einer Verbindung im Minutentakt denkbar unattraktiv, doch die Prophezeiung von Highspeed-Lösungen wie UMTS versetzte die Branche in Aufruhr. Ein Goldrausch zeichnete sich ab, der den Pionieren des Mobilfunk-Internets ein großes Stück vom Kuchen der anstehenden Wertschöpfung versprach.

Deutschland war im Begriff in eine neue Phase der Mobilfunk-Kommunikation einzutreten und bei Jamba war man überzeugt, dass sich eben jene Effekte einstellen würden, die auch in Japan zu beobachten gewesen waren: Der Anbieter, dem auf dem Mobiltelefon die Startseite gehörte, würde auch den Kunden besitzen und den wesentlichen Teil der Wertschöpfung dieses aufkommenden Marktes einstreichen. In den USA hatte Yahoo! bereits Internet-Geschichte geschrieben und eine Art Navigationsplan für das Internet gestartet. Jamba wollte Yahoo! nacheifern und seinerseits das mobile Internet als »First Mover« mit einem Portalansatz navigierbar machen. Und so fand sich auch das berühmte Ausrufungszeichen des Vorbilds in Jambas Logo wieder.

Ehe Smartphones flexible Browser-Ansätze etablierten, sollte sich der Kunde über die Startseite seines Mobiltelefons durch das Netz navigieren lassen, ohne dass der Wunsch geweckt würde diese zu ändern. Angesichts einer langsamen Internetverbindung war das Potenzial einer solchen Positionierung also riesig.

>»Geld verdienen wir zunächst über Werbung, über Mobile Advertisement. Auf unserer Website gibt es so genannte Interstitials, kurze Unterbrechungen, wo man ein Produkt sieht. Mittelfristig setzen wir auf Einnahmen über Sponsoring, also darüber, ob wir Amazon.de, BOL.de oder etwa Booxtra ganz oben auf dem Portal haben. Der zweite Bereich ist Mobile Entertainment. Der wird bedeutsam, wenn mit den neuen Mobilfunktechniken nicht mehr zeitabhängig abgerechnet wird, sondern beispielsweise pro Spiel. Einmal Snake kostet dann eben 10 Pfennig und wird über die Telefonrechnung abgerechnet. Drittens setzen wir auf Mobile Commerce. Das fängt dann an, wenn ich mir übers Handy nicht nur die Filmkritik anschaue und das Kinoticket reserviere, sondern es auch gleich kaufen kann. Da erhalten wir eine Provision. Dasselbe gilt im Brokerage-Sektor, wenn wir beispielsweise an Consors einen Kunden weiterleiten und dann auch bei jeder Transaktion eine Umsatzbeteiligung einbehalten. Das letzte ist Mobile Payment, wo wir verschiedene Kooperationen mit Zahlungsanbietern und Banken haben und dabei helfen, dass man auch von Handy zu Handy Geld überweisen oder bei jedem Einkauf per Handy bezahlen kann.«*

Oliver Samwer über die ursprünglichen Vorstellungen
von Jambas Geschäftsmodell[84]

Im Gegensatz zum Internet am PC verfügten Mobilfunktelefone bereits über eine hohe Verbreitung und brachten einen charmanten Vorteil mit sich: Mit ihnen war das Internet nicht nur jederzeit verfügbar, es ließ sich über die Mobilfunkrechnung auch ohne aufwändige Authentifizierung Geld verdienen. In seiner ersten Prägung wurde Jamba deshalb von den Samwers zu einem Mobil-Portal gestaltet, das zunächst Klingeltöne und Startbildschirme für Handys sowie SMS- und WAP-Nachrichtendienste anbot. Obwohl Jamba im Nachgang gerne als weitere Copycat-Unternehmung der Samwers abgetan wurde, handelte es sich bei der jungen Gründung vielmehr um einen Innovator in einem noch unausgegorenen Wirtschaftsfeld, das ein echtes Big-Boys-Game zu werden drohte – ein Geschäftsfeld, in dem vor allem große Netzbetreiber das Sagen haben würden. Das junge Unternehmen war mit 300 Klingeltönen und 300 Logos gestartet und erweiterte seine Produktpalette früh mit Inhalten wie MMS-Diensten, Online-Multiplayer-Gaming oder einem Instant Messenger.[85] Mit Erfolg: Rund sechs Monate nach seinem Start brachte es der Unterhaltungsdienst bereits auf über 60 Mitarbeiter, die sich um die täglich über 10.000 Downloads der 300.000 Nutzer kümmerten.[86]

»Mehr als 4.000 neue Mitglieder registrieren sich pro Tag. Der SMS-Bereich boomt am stärksten, weil 98 Prozent aller Handys heute SMS unterstützen. WAP-Anwendungen verzeichnen noch eine geringere Marktpräsenz, das wird sich jedoch ändern. Seit Oktober zählen wir 20 Millionen Page Impressions, ein Drittel davon stammt von WAP-Handys. Immerhin 75 Prozent aller Vertragshandys verfügen bereits über WAP.«

Alexander Samwer im Februar 2001 über die Entwicklung von Jamba[87]

Doch da nicht nur Jamba die in Deutschland bisher unerschlossene Wertschöpfung im mobilen Entertainmentgeschäft gewittert hatte, wollten die Samwers ihre neue Gründung nicht ohne die Unterstützung einiger potenter Geldgeber umsetzen. In dem Bewusstsein, dass sich der mobile Handel zu einem Positionierungswettkampf mit den etablierten Telekommunikationsanbietern entwickeln würde, visierten sie von Beginn an neben dem reinen Internetvertrieb auch verschiedene Ansätze im stationären Handel an. Zum Start von Jamba hatte Oliver Samwer deshalb gleich mit mehreren strategischen Partnern Verhandlungen über eine Finanzierung geführt.

Eine umfangreiche Finanzierung für Jamba

Bei der Vision, zur Startseite deutscher Handys zu werden, gab es nur ein Problem: Die Handy-Startseite gehörte den Netzbetreibern, allen voran T-Mobile und Mannesmann D2 (heute Vodafone). Wenn es den Samwers gelingen wollte, gegen diese Schwergewichte anzukommen, musste eine geschickte strategische Partnerschaft her. Nachdem bereits Alando von Geldgebern mit Branchenkenntnissen unterstützt worden war, holten sich die Samwers deshalb auch für Jamba eine Reihe strategischer Investoren. Der Plan von Oliver Samwer sah vor, große Vertriebspartner zu gewinnen, die nicht nur das notwendige Startkapital beisteuerten, sondern auch bei der Verbreitung von Jamba helfen würden. Bei der Auswahl seiner Gesellschafter setzte er deshalb auf strategische Geldgeber mit tiefen Taschen und Zugang zu den mobilen Startseiten der Deutschen. In einer Zeit, in der es an Online-Marketing-Maßnahmen weitestgehend fehlte, fiel der Markenbildung durch Werbung und dem direkten Kontakt zum Kunden eine zentrale Rolle zu.

So kam es, dass Oliver Samwer mit mehreren Schwergewichten des Einzelhandels gleichzeitig in Beteiligungsverhandlungen ging, an deren Ende sich eine stramm besetzte Gesellschafterrunde bei der Jamba AG wiederfand: Im Austausch gegen eine Finanzierung über 54 Millionen D-Mark beteiligten die Samwers im August 2000 Debitel und MediaMarkt-Saturn mit je 15 Prozent sowie EP:ElectronicPartner mit 10 Prozent.[88] Debitel verfügte als virtueller Netzbetreiber zwar nicht über ein eigenes Netz, kontrollierte zu diesem Zeitpunkt aber über die beiden Einzelhändler MediaMarkt-Saturn und EP:ElectronicPartner die Bespielung von rund 20 Prozent aller deutschen Handys. Um ein Haar hätte zu diesen Geldgebern angeblich auch Boris Becker gehört, der kurz vor einer Vertragsunterzeichnung gestanden haben soll. Wäre der Deal zustande gekommen, hätte Jamba vielleicht den Namen Becker.de getragen.

> »Unsere Partner sind maßgeblich beteiligt an der Firma, sie sollen letztlich über Dreiviertel dieser Company halten. Sie erhöhen für sich vor allem den Wert einer Kundenbeziehung. Heute bekommt zum Beispiel ein Media-Markt von mir aus 75 Mark von der Telekom, wenn er einen PC mit T-Online an Bord verkauft. Doch den Kunden damit quasi an der Tür abzugeben, ist nicht das Richtige. Deswegen wollen unsere Elektronikpartner von der Wertsteigerung unserer gemeinsamen Firma profitieren. Ähnlich ist es bei Debitel, das eben nicht mehr nur übers Telefon verdienen will, sondern auch am mobilen Content.«

Oliver Samwer über die Wahl seiner Investoren[89]

Die Samwers stellten das Heilsversprechen für jene großen Unternehmen dar, die zwar über das Kapital, nicht aber über die Geschwindigkeit und das Verständnis für die neuen Märkte verfügten – ein in Deutschland bis heute zu beobachtendes Muster. Es winkte die Beteiligung an einem innovativen und großen Markt, in dem sich die Samwers bereits ihre Sporen verdient hatten. Die drei Brüder hatten schon einmal bewiesen, dass sie die Mechaniken des Segments verstanden und in der Lage waren, in sehr kurzer Zeit eine große Wertschöpfung zu erschaffen. Der Aufsichtsrat des jungen Unternehmens dokumentierte, wie viel Wirtschaftsprominenz die neueste Gründung der Samwers dadurch angezogen hatte: Neben dem damaligen Generaldirektor der Metro-Holding Hans-Dieter Cleven fanden sich auch der Geschäftsführer der MediaMarkt-Saturn Holding Stefan Stremme, Debitel-Chef Peter Wagner, der ehemalige Debitel-Vorstandschef und damalige Präsident des Telekommunikations-Branchenverbands VATM Joachim Dreyer sowie der Leiter der EP:ElectronicPartner-Gruppe Hartmut Haubrich im Führungsgremium von Jamba wieder.[90] Mit ihrem prominent besetzten Aufsichtsrat wollten die Samwers sicherstellen, dass die Zusammenarbeit aller Beteiligten auf der Führungsebene und damit auch effizient in der Umsetzung erfolgte.

Mit der Unterstützung der Ladenketten verband sich ein direkter Zugang zum Point of Sale – jenem Punkt, an dem der Kunde durch seinen Produktkauf die erste Berührung mit dem mobilen Internet hat. Jamba wurde dazu auf allen mobilen Endgeräten, die über die Distributionskanäle seiner drei Gesellschafter liefen, als Portal voreingestellt. Bevor ein Mobiltelefon bei einer der beteiligten Ladenketten in den Verkauf gelangte, durchlief es eine von unterschiedlichen Großhändlern durchgeführte Konfiguration. Diese versahen die Produkte mit Jamba-Aufklebern und -Broschüren und stellten das Samwer-Portal per Hand auf jedem Telefon als Startseite ein. Loggte sich ein Nutzer anschließend mit einem Handy, das er in einem der entsprechenden Läden gekauft hatte, ins Internet ein, wurde zunächst die Jamba-Webseite aufgerufen. Darüber hinaus bewarben Debitel, MediaMarkt-Saturn und EP:ElectronicPartner die neueste Samwer-Gründung auf ihren Flyern und Webseiten und schufen eine umfangreiche Werbewirkung. Noch weit über die Gründungsphase hinaus sollte der Vertrieb über Jambas Offlinepartner deshalb den Hauptfokus und einen der wertvollsten Wettbewerbsvorteile des Unternehmens bilden. Dies ging sogar soweit, dass Hardware-Produzenten eine Lizenzierung der Samwer-Marke erfragten und mit dem »Jamba! Mystic U100« (ein Diktiergerät mit MP3-Player-Funktion) und dem »Jamba XDVD 1000 DVD Player« eigene Jamba-Hardware in den Ladengeschäften verkauften – selbst ein eigenes Jamba-Handy war zwischenzeitig angedacht.[91]

Die Samwers drücken auf die Tube

Für die Abrechnung ihrer Jamba-Dienste griffen die Samwers auf eine denkbar einfache und damit umsatzfreundliche Methode zurück: Das Abbuchen über die Mobilfunkrechnung. Auch wenn es heute Standard ist, dass »Mehrwertdienste« per Telefonrechnung abgerechnet werden, betraten die Samwers damals völliges Neuland und öffneten einen neuen Markt. Als erstes mobiles Portal in Deutschland etablierte das Berliner Unternehmen mit »Handypay« zum Ende des Jahres 2001 einen Bezahldienst zum Herunterladen digitaler Inhalte.[92] Eine echte Innovation, die durch ihre Einfachheit Reibungsverluste beim Kauf minimierte und eine hohe Konvertierungsrate von Nutzern in Kunden erzielte. Ein Traumszenario für jeden Händler: Mit einem Klick konnte ein Nutzer im mobilen Internet (WAP) einen Kauf abschließen, ohne dass er an irgendeinem Punkt seine Telefonnummer eingeben musste. Entsprechend niedrig war der Sicherheitsstandard des als »WAP-Billing« bezeichneten Verfahrens, dessen Qualität mit der Vertrauenswürdigkeit des Händlers steht und fällt. Eine doppelte Bestätigung wie sie heute im Netz üblich ist, fehlte in diesem Konstrukt zunächst. Für den Nutzer sahen normale HTML-Internetseiten und WAP-Inhalte nahezu gleich aus, weshalb stets das Risiko einer ungewollten Inanspruchnahme kostenpflichtiger Dienstleistungen bestand. Zwar konnte der Vorgang des »mobilen Bezahlens« abgeschaltet oder über einen WLAN-Zugang gesurft werden – viele Nutzer machten sich über Bezahlvorgänge im WAP aber schlicht keine Gedanken.

Mit ihrer neuen Abrechnungsmethode etablierten die Samwers einen für Jamba zentral wichtigen Abwicklungskanal, zumal das junge Unternehmen lange von seiner prominenten Platzierung bei MediaMarkt-Saturn und EP:ElectronicPartner zehrte. Beinahe für ein Jahrzehnt bildete das mobile WAP-Portal einen wichtigen Unternehmenskern. Die Abbuchung über die Mobilfunkrechnung wurde zu Jambas Mantra, einer Art operativem Alleinstellungsmerkmal, das die Expansion des Unternehmens massiv beeinflusste und die Strategie der Samwers prägte. Deshalb folgte nach der

Anwendung im mobilen Internet schon bald eine Ausweitung des Verfahrens. Egal ob ein Nutzer im Internet, auf seinem Handy oder in einer Werbeanzeige auf Jamba aufmerksam wurde: seine gekauften Inhalte konnte er aufwandsarm über seine Telefonrechnung abbuchen lassen. Und diese Einfachheit war auch notwendig: Wollten die Samwers im harten Wettbewerb gegen Handyhersteller und Netzbetreiber bestehen, mussten Fleiß, Aufopferungsbereitschaft und Experimentierfreude zu den Tugenden ihres Unternehmens zählen.

»Die Atmosphäre bei Jamba war in der Anfangszeit oft wie in einem Bienenstock. Kam man zwei Minuten zu spät, gab es sofort einen Anschiss, egal ob man am Tag zuvor bis spät in den Abend im Büro saß oder das Wochenende durchgearbeitet hatte. Auch Raucherpausen wurden stets moniert, besonders wenn ein Mitarbeiter Verantwortung trug und deshalb ein Vorbild sein sollte. Wenn die Presse kam, hieß es aber immer, dass alle ihre T-Shirts anziehen sollten. Für eine Pressekonferenz wurden dann gerne auch schon mal zwei Paletten Nokia-Handys bereitgestellt, an denen sich jeder Redakteur bedienen konnte, das kam natürlich gut an.«

Ein ehemaliger Mitarbeiter über die Atmosphäre bei Jamba

Bereits im frühen Stadium stand fest, wie man die gemeinsame Arbeit im Unternehmen aufteilen würde: Mit Dirk Hoffmann stand den Samwers seit 2001 ein Geschäftsführer an der Seite, der sich um die Finanzen des Unternehmens kümmerte, auch wenn er eher nur Geschäftsführer auf dem Papier war. Währenddessen widmeten sich die Samwers anderen Kerndisziplinen. Neben Marc Samwer, der sich um die rechtlichen Belange des Unternehmens und die Beziehungen zu den Netzbetreibern kümmerte, war Alexander Samwer für das Marketing verantwortlich. Oliver Samwer verantwortete derweil die Themen Strategie- und Produkt-Entwicklung und übernahm zusehends auch die Marketingaufgaben des jüngsten Bruders Alexander. Erneut war er der eindeutige Primus inter Pares, der Leitwolf des Rudels. Ein Oliver Samwer hätte ohnehin nicht anders funktioniert – immer deutlicher übernahm er die Führungsrolle und wurde dabei für seine Cholerik, Impulsivität und Launenhaftigkeit von vielen Mitarbeitern gefürchtet. Häufig sollte man den Leitwolf der Gruppe schreien hören und nicht selten sprach er in der Hitze des Gefechts wutentbrannt Kündigungen aus, wenn Dinge nicht zu seiner Zufriedenheit gelaufen waren. Umgesetzt wurden diese Kündigungen allerdings nicht immer. Einige von Jambas Mitarbeitern wurden bei Wutausbrüchen dieser Art gleich mehrfach gefeuert. Die Folge: Mit Max Finger, Ole Brandenburg und Veit Spiegelberg verließen gleich drei Mitgründer 2001 das Unternehmen.

> »Während meiner ersten Tage im Unternehmen war keiner der Samwers vor Ort, weshalb wir uns per Telefon abstimmten. Ich wollte mir zunächst ein Bild vom Unternehmen machen und ging durch das Büro, um alle Bereiche kennen zu lernen. Schnell merkte ich, dass die Mitarbeiter durchweg kurz angebunden waren und als dies auch nach drei Tagen noch anhielt, fragte ich nach. Mir wurde erzählt, dass Jamba einen so hohen Durchlauf hatte, dass ein neuer Mitarbeiter schon eine Weile da sein musste, damit sich jemand die Zeit nahm, um ihn über alles aufzuklären.«

Ein ehemaliger Mitarbeiter über Jambas Anfangsphase

Stets war Oliver Samwer für jene Geschichten gut, die selbst Jahre danach noch für Kopfschütteln sorgten, weil das Vorgehen des jungen Gründers aus der Ferne so schier unglaublich erscheint, dass es erst glaubhaft wird, wenn man es einmal selbst erlebt hat. Dazu zählten etwa Maßnahmen sich vor Jambas Bürotür zu setzen und Mitarbeiter zu notieren die zu früh nach Hause oder zu oft zum Rauchen gingen. Schliefen Mitarbeiter zu später Stunde auf ihrer Tastatur ein, rüttelte Oliver Samwer sie einfach wieder wach. Noch Jahre später war es ein altes Samwer-Relikt, dass Mitarbeiter um neun Uhr da sein mussten und nicht vor 18.30 Uhr das Büro verlassen sollten. Und auch wenn einmal das Internet im Büro ausfiel, würde Oliver Samwer wutentbrannt die Runde machen, um Jambas Angestellte anzustacheln, dass sie trotz Offlinestatus noch Meetings und Anrufe durchführen könnten. Schlechte Stimmung gab es bei Jamba dennoch nicht. Viele Mitarbeiter ließ der Spaß am innovativen Produkt den Druck vergessen. Die allgemeine Euphorie mischte sich mit einer Begeisterung für Jambas Produkte und Oliver Samwer verstand es durch Engagement und Charisma, sein junges Team mitzureißen. Jene überdurchschnittliche Arbeitslast, die er von seinen Mitarbeitern verlangte, setzte er auch selbst um. Denn er und seine Brüder verfolgten ein ambitioniertes Ziel: Sie wollten zu den führenden Content-Anbietern im mobilen Internet zählen.

Jamba und die Sparabos

Durch die geschickte Verknüpfung mit potenten Partnern im Vertrieb hatten die Samwers einen massiven Startvorteil erhalten, der sich durch umfangreiches Reichweitenwachstum bezahlt machte. Schnell wurde Jamba zu einem der relevanten Unterhaltungsanbieter im WAP und baute sich ein umfangreiches Inhalte-Portfolio auf. In den ersten Jahren nach seiner Gründung rückten Klingeltöne und Spiele in den Vordergrund, die das junge Unternehmen über sein WAP-Portal vertrieb. Doch Jambas Geschäft gestaltete sich angesichts der überschaubaren Umsatzgrößen, der komplexen Lizenzstruktur und dem aufkommenden Einfluss der Netzbetreiber kompliziert. Wie sollte das Unternehmen auf diese Marktumstände reagieren? Wollte es auf Dauer eine Rolle im mobilen Internet spielen, bedurfte es weiterer Überlegungen zum Geschäftsmodell.

Ein neues Geschäftsmodell musste her: Warum Abos unausweichlich waren

Die komplexe Lizenzierung von Musikstücken stellte sich als zentrales Problem und damit teures Unterfangen heraus. Neben seiner Eigenproduktion, in der Jamba Musik-CDs in Klingeltöne überführte, kaufte das Berliner Unternehmen zahlreiche Inhalte von externen Anbietern ein. Hier wurde juristisch zwischen den Künstlerrechten, die den Namen des Stücks und die Stimme des Künstlers betrafen, und den Rechten an der Melodie, die zumeist bei den Labels lagen, unterschieden. Rund 800 unterschiedliche Lizenzierungspartner fanden sich in Jambas Datenbank und nicht selten bedurfte es bis zu zehn Vertragspartnern, um einen einzelnen Klingelton zu lizenzieren. Hatte ein Musikstück mehrere Autoren, die von unterschiedlichen Verlagen vertreten wurden, gestaltete sich der Prozess noch aufwändiger. Für jeden herunter geladenen Klingelton hatte Jamba Gebühren zu entrichten – sei es an Verlage, Musiklabels oder die Gema – und nach Abzug der anfallenden Produktionskosten blieben Jamba so meist nur einige Cents vom Umsatz eines einzelnen Verkaufs. Deshalb wurde das eigene Geschäft mitunter zu einem Eiertanz, bei dem es nicht selten darum ging, Melodien wiedererkennbar zu machen, ohne dafür zu viele Gebühren leisten zu müssen.

Perspektivisch mussten sich die Samwers nach einer Möglichkeit umsehen, ihr Spektrum zu erweitern und Inhalte in größeren Paketen zu vertreiben. Im November 2001 hatte Jamba deshalb begonnen, zusätzlich Handyspiele über das mobile Internet zu vertreiben, weil diese dank höherer Preise mehr Einnahmen bedeuteten und sich bei der Lizenzierung einfacher abwickeln ließen. Die Samwers schickten sich an, mit Handyspielen wiederum ein im Entstehen befindliches Geschäftsfeld anzugehen. Der Mobilfunkmarkt kannte bis dato nur vorinstallierte Spiele oder WAP-Spiele (die das Aufrechterhalten einer teuren Internetverbindung erforderten).[93] Hauptverantwortlich für den Produktbereich wurde Jens Begemann. Der großgewachsene Wirtschaftsinformatiker leitete die Konzeption von Jambas Portal sowie die dazugehörigen Verkaufsinhalte. Eine Zeit lang gehörte dazu auch ein eigenes Spiele-Entwicklungsstudio mit dem Namen »Ojom«, das eigenständig Handyspiele zu Filmen wie *Men in Black* oder Serien wie *Magnum* entwickeln ließ. Von Erfolg war Jambas Spieleschmiede angesichts zu schlechter Spiele allerdings nicht gekrönt, weshalb sie geschlossen wurde und Jamba nur noch die Lizenzen für fremde Spiele erwarb. Eine womöglich nützliche Erfahrung, hingegen für Jens Begemann, der mit »Wooga« später doch eines der weltweit erfolgreichsten Unternehmen für Smartphone-Spiele gründete.

Die Ausweitung des Betätigungsfeldes schien für die Samwers der richtige Weg. Vor allem lag es nahe, dass Jamba neben der Überführung von Musik-CDs in Klingeltöne auch selbst Inhalte entwickelte. Auch wenn sich dies für die Herstellung von Handyspielen nicht bezahlt machte, rechtfertigte die komplizierte Rechtslage in der Musiksparte dieses Vorgehen. Mit bekannten Eigenentwicklungen wie dem singenden Küken »Sweetie« konnte Jamba wesentlich höhere Umsatzanteile für sich behalten und seine Marke aktiver steuern. Und Jambas Eigenentwicklungen entstanden mit System: Jeden Morgen berief Oliver Samwer ein Content-Meeting ein, bei dem die rund 10 bis 15 Anwesenden des Produktionsbereichs jeweils 5 Ideen beizusteuern hatten. Unter seinem strengen Blick recherchierte das Team intensiv nach inhaltlichen Anregungen und potenziellen Lizenzprodukten. Das Meisterstück gelang Jamba so mit dem »Crazy Frog«, einer 3D-Animation, die das Unternehmen vom Schweden Erik Wernquist auf Basis von dessen Computeranimation The Annoying Thing lizenzierte. Medienberichten zu Folge bescherte alleine der Crazy Frog Jamba geschätzte 15 Millionen Euro Umsatz – eine Summe, die noch deutlich zu niedrig gegriffen sein dürfte.

Und die Lizenzkomplexität sollte nicht die einzige Herausforderung für Jamba bleiben. Auch wenn sie sich mit ihren Vertriebspartnerschaften eine viel versprechende Marktposition gesichert hatten, war den Samwers eines bewusst: Jamba sah sich beständig der realen Gefahr gegenüber, seine Vormachtstellung als eines von Deutschlands größten WAP-Portalen an die Mobilfunkprovider zu verlieren. Deutschlands Netzbetreiber entwickelten sich zusehends zu Content-Anbietern, die davon profitierten, dass für sie eigene Mobiltelefone produziert wurden, die keine Anpassungen auf andere Dienste mehr erlaubten. Da half es Oliver Samwer auch nicht, dass er exzellente Beziehungen zu den unterschiedlichen Handyherstellern hatte und seiner Freundin Nokias erstes Symbian-Handy schon sechs Monate vor dem offiziellen Verkaufsstart schenken konnte. Es war davon auszugehen, dass im europäischen Mobilfunksegment – ähnlich wie in Japan – nicht die Handyhersteller, sondern die Netzbetreiber den Markt definieren würden. Wer den Endkunden bediente, machte die Spielregeln.

>»In diesem Markt gibt es ja noch kaum Start-ups, eher sind T-Mobile oder Mannesmann unsere Konkurrenten, die auch eigene Portale aufbauen. Mit den über sechs Millionen Debitel-Kunden sind wir da von vornherein die drittgrößte Startseite, wenn wir alle Handys zählen, auf denen Jamba vorinstalliert wird. Wir wollen daher die Konvergenz im gesamten Sektor Wireless vorantreiben und ein Thema bekannt machen, bei dem Europa eine Führungsrolle einnehmen kann.«*

Oliver Samwer über Jambas Wettbewerb mit den Netzbetreibern[94]

Auch in Europa und den USA entwickelte sich der Mobilfunkmarkt zusehends in Richtung eines Kräftemonopols bei den Providern. Einzig das iPhone und die mit ihm verbundenen Vorgaben von Steve Jobs vermochten es im Jahre 2007, diesen in der westlichen Welt einsetzenden Trend zu begrenzen. Die umfangreiche Nachfrage nach Apples Smartphone und der damit verknüpften Unterhaltungswelt schuf eine Verhandlungsbasis, mit der sich die Vormachtstellung der Netzbetreiber aufbrechen ließ. Die Samwers wollten sich auf eine solche Entwicklung allerdings nicht verlassen. Der 2000 zur Gründung von Jamba favorisierte WAP-Kanal galt bei den Samwers aus Umsatzsicht als endlich. Insbesondere Alexander Samwer teilte die feste Einschätzung, dass Jamba seine Startseiten-Herrschaft im Mobilfunkmarkt an die Netzprovider verlieren würde. Es galt daher die Vorgabe, die eigenen WAP-Dienste so lange wie möglich als wesentliche Umsatzkanäle aufrecht zu erhalten und parallel nach neuen Geschäftsmodellen Ausschau zu halten.

Doch als wäre es nicht schon schlimm genug, dass Lizenzen das Geschäft teuer machten, Handyspiele für Jamba nicht richtig funktionierten und die Provider der jungen Gründung das Wasser abzugraben drohten, gab es noch ein viel dringlicheres Problem: Die Branche wartete im mobilen Internet auf einen Goldrausch, der schlichtweg ausblieb. Die WAP-Technologie hatte sich als nutzerunfreundlich und langsam erwiesen und war vielen Kunden aufgrund ihrer Gebührentaktung schlichtweg zu teuer. Gleichzeitig ließ die viel gepriesene Highspeed-Verbindung UMTS auf sich warten. Der Mobilfunkstandard der dritten Generation sollte sich um einige Jahre verspäten und erst mit dem Aufkommen des iPhones (sieben Jahre nach der Gründung von Jamba) jene Fahrt aufnehmen, die zu Beginn des Jahrtausends prognostiziert wurde. Die Verbreitung des Mobilfunkstandards der zweiten Generation – der General Packet Radio Service (GPRS) – ermöglichte immerhin die Etablierung der MMS zum Versenden von Inhalten, doch auch diese brachte nicht die anvisierten Umwälzungen mit sich. Zwischen dem Versenden animierter Bilder und dem Durchbruch des mobilen Internets klaffte eine breite Lücke. Auch wenn Jamba mit seinem größtenteils textbasierten WAP-Portal in der Lage war, selbst mit langsamer Internetverbindung ein Geschäft aufzubauen, bedurfte es in einer Zeit, zu der es eine Minute dauerte ein Handyspiel von 50 Kilobyte herunterzuladen, neuer Ideen.

Die Samwers hatten mit Jamba auf Hypethemen wie mobiles Highspeed-Internet oder Location-based Services gesetzt, die seit längerem durch die Mobilfunkszene geisterten, bisher aber keine Realität wurden. Praktisch alle ihre zu Beginn gemachten Annahmen sollten nicht in der angedachten Geschwindigkeit realisiert werden können, hatte die technische Entwicklung doch schlichtweg nicht die antizipierten Entwicklungsschritte gemacht. Auch die Offline-Verkäufe über die beteiligten Vertriebspartner liefen zunächst nur schleppend an, weil die geschaffenen Anreize nicht ausreichten, um das kleinteilige Single-Download-Geschäft für die beteiligten Handelsketten attraktiv zu machen. Es bedurfte keiner komplexen Mathematik um festzustellen: Ohne eine entsprechende Skalierung rechnete sich das Geschäftsmodell der Samwers schlichtweg nicht. Von den rund 1,99 Euro für einen Klingelton strichen die Mobilfunkprovider knapp ein Drittel ein und entsprechende Lizenzabführungen wollten ebenso bedient werden wie die aufwändigen Kosten zur individuellen Anpassung der Inhalte für unterschiedliche Handy-Typen.

»Bei Jamba herrschte eine ganz andere Stimmung als zu Alando-Zeiten – auch weil die Voraussetzungen gänzlich andere waren. Die Samwers standen nun im Rampenlicht, die Investoren waren sehr namhaft, der Hype und die Erwartungshaltung viel größer und schnell befanden sich 50 Mitarbeiter vor Ort, die sehr viel straffer mit konkreteren Zielen geführt wurden. Man merkte, dass die Samwers unter sehr großem Druck standen, denn der Ton wurde rauer. Es kam nun auch mal vor, dass Mitarbeiter vor anderen mit üblen Schimpfwörtern zusammengeschrien wurden, weshalb am Schluss eher eine Druck- und Angststimmung herrschte. Für Kreativität blieb kein Raum, die Arbeitsmoral war schlecht und die Kündigungsquote hoch. Nach meinem Geschmack war auch die Kundenbehandlung nicht ganz koscher. Es wurde viel verkauft, dass das mobile Internet riesige Chancen bieten würde und Jamba ganz vorne mit dabei sei. Bis zum Exit wurden de facto aber nur Logos und Klingeltöne verkauft. Das Ganze war ein Hypethema und Jamba war viel zu früh mit seinen Bestrebungen. Trotzdem ziehe ich meinen Hut vor dem Schaffen der Samwers und wünsche ihnen weiterhin Erfolg. Es war nur schade zu sehen, dass leider viel von der Anfangsmagie verloren gegangen war.«

Mitgründer Ole Brandenburg über die Atmosphäre bei Jamba

Schnell war klar, dass Jamba den Ansprüchen der Samwers nicht ansatzweise gerecht werden würde, setzte man weiter auf den Vertrieb einzelner Downloads. Die Samwers verstanden es zwar geschickt, ihre Umsätze in die Höhe zu schrauben, indem sie mit der Euro-Umstellung einen Inhalt nun statt 1 D-Mark 2 Euro kosten ließen und damit vier Mal so viel verdienten. Dennoch war Jamba bis dato keine Erfolgsgeschichte. Das Unternehmen hatte seit seiner Gründung viel Geld verbrannt, aber nur wenig erreicht. Nach ihrem Alando-Erfolg, der die drei Brüder binnen sechs Monaten zu Millionären und Stars der Szene gemacht hatte, wollten die Samwers keinen Flop folgen lassen, der die erste Gründung als schieres Glück hätte aussehen lassen. Dabei waren die Nutzerzahlen von Jamba vielversprechend:[95] Drei Jahre nach seiner Gründung brachte es das Unternehmen auf 3,5 Millionen aktive Nutzer und wuchs täglich um rund 1.000 weitere. Doch mit seinen 75 Mitarbeitern hatte die Plattform 2002 gerade einmal zwei Millionen Euro Umsatz eingefahren – 85 Prozent davon durch Spiele.

Das Abo-Modell bringt Jamba den Durchbruch

Unter dem Strich konnte nur ein Ergebnis stehen: Jambas ursprüngliches Geschäftsmodell funktionierte nicht. Die hinter den Erwartungen zurückbleibende technische Entwicklung und der damit verbundene Mangel an Skalierung waren hauptverantwortlich für zu geringe Umsätze. Die Samwers suchten deshalb fieberhaft nach einem »Pivot«, einer Wendung ihres Geschäftsmodells. Bisher erweckte Jambas Geschäft nicht den Eindruck, einmal sonderlich groß zu werden, obwohl der Mobilfunkbereich im Begriff war, eine ähnliche Entwicklung wie der stationäre Computer zu nehmen. Der Kunde würde sein Mobiltelefon durch Software-Zukäufe individualisieren und Jamba blickte mit seinem umfassenden Portfolio aus Wallpapern, Animationen, Mono- und Polyphon-Klingeltönen, Real-Music-Stücken, Handyspielen, MMS-Botschaften, Witzgeräuschen, Handysoftware, Videoklingeltönen oder Bildschirmschonern auf ein geeignetes Arsenal, um diesen Trend zu bedienen. Nachdem der WAP-Technologie jedoch kein durchschlagender Erfolg beschieden war, fehlte es vor allem an einem massentauglichen Verbreitungskanal. Dennoch hatten die Samwers mit Jamba einen Bedarf erkannt, obgleich der notwendige Kniff auf der Vertriebsseite noch fehlte. Wollte Jamba im Mobilfunkmarkt dauerhaft eine Rolle spielen, mussten größere Volumen bewegt werden. Der unbändige Ehrgeiz der Samwers würde es ohnehin nicht erlauben, im Status Quo zu verharren.

>*Die Samwers, allen voran Oliver, waren fast schon krankhaft ehrgeizig. Einmal haben wir mit Jamba einen Betriebsausflug auf eine Gokartbahn gemacht, die das Unternehmen für zwei Stunden gebucht hatte. Wir mussten das Gelände aber schon nach anderthalb Stunden verlassen, weil sich die Samwers auf der Strecke derart bekriegt haben, dass die Bahnbesitzer Angst hatten, die Karts könnten zu Bruch gehen. Bei unserem wöchentlichen Fußballspiel in Marzahn sah das nicht anders aus, da haben sich die Samwers auch immer ordentlich reingehangen.«*

Ein ehemaliger Mitarbeiter über den Ehrgeiz der Samwers

Zum Ende des Jahres 2002, gut zwei Jahre nach der Gründung von Jamba, war der gewünschte Pivot gefunden. Es gelang den Samwers, ein Geschäftsmodell auszumachen, das eine Skalierung von Jambas Umsätzen und Reichweite ermöglichte: Abonnements. Die Verkäufe über die Gründungspartner MediaMarkt-Saturn und EP:ElectronicPartner begannen gerade anzuziehen, als sich das dreiköpfige Gespann dazu entschied, Jambas Inhalte fortan gebündelt zu vertreiben. Im März 2002 begannen sie damit, den Nutzern des WAP-Portals monatlich sieben Klingeltöne für 2,99 Euro anzubieten, während Kunden im stationären Handel eine Tarifergänzung für 1 Euro pro Monat buchen konnten. Hatte ein Kunde ein Abo abgeschlossen, zahlte er ähnlich einer Mitgliedschaft in einem Fitnessstudio regelmäßig für die zusätzlichen Inhalte, bekam diese aber nicht automatisch zugesandt, sondern musste aktiv Anfragen stellen. Aus Sicht der Lizenzierung ein genialer Schachzug: Mit ihren Lizenzpartnern hatten die Samwers Verträge über das Herunterladen von Klingeltönen abgeschlossen, nicht aber über das Verrechnen von Abo-Verträgen. Solange ein Kunde einen Klingelton per Abo bezahlte aber nicht herunterlud, musste Jamba keine Gebühren ausschütten und konnten die Abo-Einnahmen gänzlich für sich behalten. Und aus Unwissenheit und Vorsicht vieler Kunden kam es vielfach zu keinen Download.

Für den Anfang konzentrierte sich Jamba deshalb gänzlich auf den Vertrieb seiner Abos über seine Internetseite, sein WAP-Portal und seine Offline-Partner. Dennoch war der Begriff »Abo« innerhalb der Firmenräume verboten. Zu negativ belegt war das neue Geschäft, weshalb die Abos intern gerne als »Sparpaket« oder »Mitgliedschaft« bezeichnet wurden. Auch bei seinen Kunden sprach Jamba nur vom »Jamba Sparpaket«. Vielen sollte so verborgen bleiben, dass sich hinter dem Angebotspaket in Wahrheit ein monatliches Abo versteckte. Oliver Samwer und seine Brüder wollten die Themenvielfalt ihres neu gefundenen Modells möglichst ausweiten, denn schnell zeigte sich, dass sie ein funktionierendes Geschäftsmodell gefunden hatten.

Mit dem Vertrieb von Abos gelang es endlich, das angepeilte Umsatzwachstum zu erzielen und eine gewisse Planbarkeit in das eigene Geschäft zu bringen. Den Anfang machte ein Klingeltonabo, doch nachdem sich alsbald zeigte, dass ein einziges Abo schnell an seine Verkaufsgrenzen stieß und Jambas Kunden nicht genug Umsatz entlockten, folgten schnell weitere. Jamba entwickelte Hiphop-Abos, Rap-Abos, Game-Abos oder machte es Nutzern möglich, ihr Handy in eine Taschenlampe, einen »Nacktscanner» und vieles mehr zu verwandeln – praktisch alles war erlaubt, solange es beständig Geld brachte. Doch auch mit einem neuen Geschäftsmodell und anziehenden Umsätzen ging es den Samwers oft nicht schnell genug.

»Es war praktisch an der Tagesordnung, dass Oliver Samwer cholerische Tobsuchtsanfälle bekam, während derer er durchaus auch handgreiflich wurde. Oft griff er Mitarbeiter von hinten an die Schulter und rüttelte sie durch, wenn er auf ihrem Bildschirm etwas gesehen hatte, das ihm missfiel. Meist gerieten diese Wutanfälle aber zu einem grotesken Schauspiel, etwa als der eher schmächtige Oliver Samwer mit Jens Begemann einen Mann von 1,96 Metern Körpergröße und rund 130 Kilogramm Gewicht durchzuschütteln versuchte. Begemann stupste Oliver Samwer von sich weg und entledigte sich seiner damit recht eindrucksvoll. Insgesamt hatten Oliver Samwers Übergriffe Kalkül, es lag ihm daran, andere psychologisch einzuschüchtern und damit gefügig zu machen.«

Ein ehemaliger Mitarbeiter
über Oliver Samwers kalkulierte Übergriffe

Im Wissen um die Endlichkeit des eigenen WAP-Portals widmeten die Samwers dem Verkauf über das Internet besondere Aufmerksamkeit. Wenn das mobile Internet an die Provider verloren ging, wollte Oliver Samwer seine Kunden wenigstens im stationären Internet gesichert wissen. Gab es zunächst nur einen Abohinweis auf der Startseite, begann Jamba, neben einem Preisangebot über 1,99 Euro pro Klingelton ein weiteres Preisfeld über 43 Cents einzubinden, bei dem der Kunde für 2,99 Euro ein Monats-Abo abschließen musste. In einem weiteren Entwicklungsschritt versteckte Jamba die Möglichkeit zu Einzelkäufen in einem separaten Optionen-Feld, das erst bei genauer Prüfung auffiel. Stück für Stück positionierte Jamba somit seine Abo-Angebote prominent und vermochte es damit auch ohne Fernsehwerbung, die Umsätze massiv in die Höhe zu treiben. Zwar war es den Samwers gelungen, ein Geschäftsmodell zu finden, das wiederkehrend hohe Beträge einspielte, anstelle einer langfristigen Strategie zum verantwortungsvollen Vertrieb von Abo-Dienstleistungen, begann Jamba damit sein Geschäft auf kurzfristige Umsatzsteigerungen zu optimieren. Inhaltlicher Anspruch und eine gewisse Nachhaltigkeit im Vertrieb blieben dabei nicht selten auf der Strecke.

Schutzbrief, iLove & Co. –
Jamba musste sein Geschäft erweitern

Doch dies war erst der Anfang. Jambas neues Geschäftsmodell suchte nach weiteren Anwendungsgebieten. Gelänge ein Ausbau der eigenen Geschäftsfelder würden neue Einnahmekanäle und damit weiteres Umsatzwachstum winken. Früh war Oliver Samwer bewusst, dass sich hohe Umsätze nur erwirtschaften ließen, wenn Jamba die inhaltliche Reichweite seines Geschäftsmodells erweiterte. Elektronik-Versicherungen, die in anderen Ländern gut funktionierten, wurde eine dieser Erweiterungen. Beispielsweise der Jamba Schutzbrief, mit dem Kunden für monatlich 1,99 eine Zusatzversicherung für ihr Mobiltelefon abschließen konnten, die ihnen im Schadensfall eine Reparatur oder den kompletten Ersatz des Geräts zusicherte. Auch an dieser Front machte sich für Jamba die Partnerschaft mit seinen Gründungspartnern bezahlt. Kaufte ein Kunde bei MediaMarkt-Saturn oder EP:ElectronicPartner ein Mobiltelefon, verstanden es die Einzelhändler, gleich auch eine Zusatzversicherung zu vertreiben. Der Vertrieb der Zusatzversicherungen gestaltete sich so vielversprechend, dass Jamba nach seinen Handy-Versicherungen bald auch Versicherungen für weiße (Haushaltsgeräte) und braune Ware (Unterhaltungselektronik) vertrieb.

Die Samwers hatten Blut geleckt und brauchten nun auch kompetente Manager, mit denen sie ihre ambitionierten Ausweitungen umsetzen konnten. So begannen 2003 mit Martin Ott und Christian Vollmann von der WHU und Oliver Thiel gleich drei neue Mitarbeiter ihren Dienst bei Jamba. Zunächst sah Jambas Geschäftsmodell unter der Leitung von Martin Ott eine Ausweitung der Struktur für Geldabbuchungen vor. Jamba war bereits weltweit führend, Abbuchungen über die Telefonrechnung vorzunehmen und hatten damit einen klaren Wettbewerbsvorteil. Dank Oliver Samwers gekonnter Vertriebsleistung verfügten die Berliner über den direkten Zugang zur Infrastruktur gleich mehrerer Netzbetreiber und überlegten nun, Jamba zu einer Art PayPal für mobile Bezahlungen zu entwickeln. Realisiert wurde diese Überlegung nicht. Stattdessen wurde Martin Ott mit Oliver Thiel auf Jambas Marketingaktivitäten angesetzt, und verantwortete nun die umfangreichen Werbeschaltungen.

An der Notwendigkeit zum Umdenken änderte sich dennoch nichts. Die Samwers sahen sich mit einem grundlegenden Problem konfrontiert: Rund 30 Prozent der Einnahmen hatte Jamba an die Netzbetreiber zu entrichten und durfte keinerlei physische Gegenstände vertreiben, da das eine Banklizenz erfordert und sich nicht gerechnet hätte. Für Oliver und Alexander Samwer stellte sich also die Frage, welche Erweiterungen bei Jamba plausibel waren. Schnell hatten sie ihre Möglichkeiten auf drei denkbare Betätigungsfelder eingegrenzt: Dating, Erotik und Klingeltöne. Nachdem Jamba bereits mit Klingeltönen aktiv war und Erotikinhalte von den Providern nicht zugelassen waren, verblieb Dating als zusätzliche Erweiterungsoption. Schon seit längerem zählte Dating zu den von Oliver Samwer favorisierten Geschäftsmodellen, weil sich die Vermittlung von Liebschaften ebenfalls über Abonnements umsetzen ließ – eine Art der Geschäftsbeziehung, die durch die lange Bindung des Nutzers viel planerische Sicherheit und gleichzeitig einen konstanten Geldfluss garantierte. Im Falle des Datingansatzes waren Abos umso attraktiver, als dass die wirtschaftlichen Abläufe wie für Jamba geschaffen waren.

Doch die Datingavancen der Samwers unter dem Dach von Jamba fielen in eine Zeit, in der das Dating-Segment zwar noch nicht abschließend besetzt aber längst heiß umkämpft war. FriendScout24 hatte sich bereits 2000 potent positioniert, zwei Jahre später folgte Neu.de als weiterer Platzhirsch. Zahlreiche weitere Anbieter sollten über die Jahre diesem Vorbild folgen und die Datingsparte zu einer der umkämpftesten im Netz machen. Unter der Marke »iLove« wollten die Samwers deshalb ebenfalls ein neues Geschäftsmodell erschließen, bei dem sich Jambas Abo-Modell anwenden ließ. Ein nicht völlig risikofreies Unterfangen, hätte das neue Produkt doch leicht die eigenen Bemühungen defokussieren und bei einem Scheitern viel Geld kosten können. Doch die Geschäftsmodellerweiterung des Klingeltonanbieters gelang. Im Juli 2003 ging iLove als eigene Plattform an den Start und ähnlich den bestehenden Anbietern bot auch iLove seinen Nutzern die Möglichkeit, eigene Profile zu pflegen und über eine Suche andere Mitglieder zu finden. Nutzer mit Premiumfeatures zahlten wöchentlich 4,99 Euro oder konnten ein Monatspaket ab 7,99 Euro buchen. Im Gegensatz zu anderen Datingportalen nahm iLove auf Wochen- und Monatsbasis Abbuchungen von der Mobilfunkrechnung vor – ein wirtschaftlich charmantes Bezahlverfahren, weil es mehr Kontrolle erlaubte und Zahlungsausfälle begrenzte.

Im Hintergrund verfügte iLove über dasselbe Abrechnungssystem, mit dem auch Jamba die Abbuchungen seiner Klingelton-Abos vornahm. Die dafür notwendigen Handynummern sicherte sich der Ableger, indem er jedem Nutzer einen kostenlosen Klingelton zur Anmeldung schenkte. Wie nahezu alle

Datinganbieter dieser Zeit, arbeitete auch iLove zunächst mit künstlich erstellten Fake-Profilen, um Nutzer für die eigene Plattform zu interessieren, entfernte dieser vor Einführung seines Bezahlsystems aber wieder und berechnete den damit »infizierten« Nutzern keine Gebühren. Im Kampf um Umsätze waren eben auch schon mal Tricks erlaubt. Allerdings hatte der Datingdienst ähnlich seinem Mutterkonzern Jamba 30 Prozent der Einnahmen an die Mobilfunkprovider abzuführen. Jambas Bezahlmethode rechnete sich dennoch in vollen Zügen: Zu Hochzeiten brachte es iLove auf einen Jahresumsatz von 20 Millionen Euro – für eine Datingplattform zu Beginn der 2000er Jahre ein hoher Wert. Die Samwers hatten es geschafft, ein reines Nebenprodukt ihrer eigentlichen Geschäftsidee zum Marktführer einer ganzen Branche auszubauen, denn ab dem Jahr 2004 bildete iLove die wohl reichweitenstärkste Datingplattform Deutschlands.

Doch diesen Erfolg konnten sich die Samwers nicht allein auf die Fahnen schreiben. Für die Umsetzung von iLove hatte Oliver Samwer einen alten Bekannten rekrutiert. Während seines gut dreimonatigen Praktikums bei Alando war Oliver Samwer mit den Diensten von Christian Vollmann sehr zufrieden gewesen, denn der junge WHU-Absolvent kam mit der teils cholerischen Art des Kölners deutlich besser zurecht als andere und hatte sich neben seiner gewissenhaften Arbeit als fleißig, intelligent und wissbegierig gezeigt. Oliver Samwer hatte Kontakt mit Vollmann gehalten und wurde zum Mentor des angehenden Unternehmers. Zwischen beiden hatte sich eine Freundschaft entwickelt – wenn auch eine Freundschaft, die nicht auf Augenhöhe stattfand. Nach seinem Praktikum war Christian Vollmann an die WHU zurückgekehrt, um dort sein Diplom in Betriebswirtschaftslehre abzuschließen. Seine Überlegungen über einen Studienabbruch waren von Oliver Samwer immer wieder kritisiert worden und so machte Vollmann schließlich 2001 seinen Abschluss und fand sich in einem Markt wieder, der sich nach dem Platzen der Dotcom-Blase nicht mehr an die Euphorie des Alando-Verkaufs erinnerte. Der Markt für Jobs im Internetsektor lag am Boden und niemand finanzierte Internet-Unternehmen – die Branche war praktisch tot. Vollmann hatte jedoch alle seine Berufserfahrungen bei Internet-Start-ups gesammelt und war entsprechend angetan, als sich eine Einstiegsmöglichkeit in Oliver Samwers Gründung ergab.

Einen Geschäftsführertitel oder eine Beteiligung hatte Vollmann weder bei Jamba noch bei iLove, dennoch lenkte er die Geschicke der Datingplattform eigenverantwortlich. Im Krisenjahr 2002 konnte er froh sein, überhaupt eine Anstellung in einem Internet-Start-up gefunden zu haben. Jambas Datingableger wurde für ihn zu einer wichtigen Trockenübung, bei der er Erfahrungen sammelte und zu einem der engsten Weggefährten der Samwers wurde. Neben Christian Vollmann standen mit Tabi Bude und Martin Ott zwei weitere Gründer für iLove parat, doch während Martin Ott kurze Zeit später die Fernsehvermarktung übernahm, kehrte Tabi Bude iLove schon bald den Rücken, denn die Beziehung zwischen Bude und Oliver Samwer funktionierte nicht.

> *»Als Jamba noch in seinem alten Büro saß, gab es einen Glaskasten, in dem die Samwers saßen und ein Großraumbüro, in dem zirka 60 bis 70 Leute arbeiteten. Tabi Bude war ein neuer Mitarbeiter, der rund eine Woche zuvor eingestellt worden war und die Datingseite iLove mit entwickeln sollte. Oliver Samwer gab ihm eine Aufgabe, an der er einige Stunden arbeitete, doch schließlich überlegte Oli es sich anders und wollte doch etwas anderes von Tabi, der ihm daraufhin etwas genervt zurückschrieb, ob er sich das denn nicht vorher hätte überlegen können. Tabi hatte die Mail gerade abgeschickt und war auf Klo gegangen, als Oliver Samwer die Nachricht las und in das Großbüro platzte und schrie, wo Tabi sei. Als er erfuhr, dass er zur Toilette war, stürmte er durch den Raum, hämmerte gegen die Klotür und schrie, dass Tabi rauskommen solle. Dieser leistete der mit einigen Dezibel vorgetragenen Bitte auch Folge und wurde vor Dutzenden Mitarbeitern beschimpft und rausgeschmissen. Irgendwann beruhigte Oliver Samwer sich dann doch wieder und wie so viele, die er in einem Wutanfall entlassen hatte, durfte auch Tabi Bude weiter arbeiten. Tabi war noch sechs Wochen für Jamba tätig, ehe er schließlich doch kündigte.«*

> Ein ehemaliger Mitarbeiter
> über Oliver Samwers berühmt-berüchtigte Wutanfälle

Die technische Leitung übernahm Thorsten Lubinski, der einige Jahre später mit den Samwers unter dem Dach von Plinga Spiele für Social Networks produzierte. Überhaupt knüpfte man bei Jamba zahlreiche Bande, die noch lange halten sollten, im Falle von iLove etwa mit den WHU-Praktikanten Arne Bleckwenn und Hinrich Dreiling, die geraume Zeit später die Privatzimmervermittlung Wimdu mit den Samwers gründeten. Und noch ein weiterer alter Bekannter unterstützte Christian Vollmann beim Aufbau von iLove: Florian

Heinemann, den Oliver Samwer von der WHU kannte, kehrte 2003 von einer Auslandsgründung nach Berlin zurück, wo er promovierte und sich immer öfter mit dem mittleren Samwer-Spross zum Austausch traf.

Denn mit der Einrichtung von iLove entstand nicht nur ein weiteres Unternehmen unter dem Dach von Jamba, sondern die neuerliche Gründung etablierte auch dessen Online-Marketing-Bereich, der iLove zu einer der führenden Datingbörsen Deutschlands aufsteigen ließ und für das Schaffen der Samwers über Jahre hinweg zentral wurde. Schon zur Entstehung von Alando hatte sich das Brüdergespann intensiv für Marketingmaßnahmen über das Internet interessiert, aber schlichtweg unterentwickelte Möglichkeiten vorgefunden. Mit dem Aufkommen von Social Networks, Bannerschaltungen und Google-Anzeigen kamen neue Kanäle auf, in denen die Samwers Expertise aufbauten. Das streng datengetriebene Analysieren und Aussteuern von Marketing-Kampagnen im Internet sollte über die Jahre zur Königsdisziplin ihrer Unternehmen werden und nicht selten den Unterschied zwischen Sieg und Niederlage bedeuten. Für Jambas Online-Marketing-Belange, die ihren Beginn mit der Schaffung von iLove fanden, sollte aber vor allem Florian Heinemann zur zentralen Figur werden.

Nach dem Abschluss seines BWL-Studiums an der WHU hatte Heinemann 1999 den Buch-Marktplatz JustBooks mitgegründet und zwei Jahre später im Austausch gegen eine Beteiligung an den kanadischen Anbieter Abebooks verkauft, bevor 2008 wiederum Amazon für 110 Millionen US-Dollar übernahm. Bis 2002 war Heinemann als Geschäftsführer für die europäischen Aktivitäten von Abebooks mitverantwortlich und spezialisierte sich insbesondere auf Online-Marketing. Schon zur Gründung von Alando hatte Oliver Samwer den vier Jahre jüngeren Heinemann zum Mitmachen bewegen wollen und witterte er nun seine zweite Chance. Was er damals allenfalls erahnen konnte: Florian Heinemann sollte zu einem der zentralen Wissensträger und ein enger Vertrauter des umtriebigen Unternehmers werden. Parallel zu seiner Doktorarbeit wollte Heinemann in Teilzeit für die Samwers tätig sein und trachtete nach etwas Neuartigem, bei dem er sein Know-how einzubringen vermochte. Oliver Samwer hatte die Idee zu iLove angestoßen und Heinemann von Beginn an als zentralen Marketing-Unterstützer vorgesehen – eine Rolle, die dieser für beinahe ein Jahrzehnt in zahlreichen Samwer-Gründungen ausfüllen sollte. Im März 2003 stieß er deshalb zu iLove, wo er an drei Tagen in der Woche Christian Vollmann coachte und in die Geheimnisse des

Online-Marketings einweihte. Gemeinsam verfassten beide die Spezifikationen für iLoves erste Version, schrieben Marketingpläne und erkundeten Neuland für Jamba.

Christian Vollmann avancierte so mit der Gründung von iLove zu Jambas primärem Wissensträger in Sachen Online-Marketing. Gerade einmal sechs Monate nach seinem Beginn bei iLove, etablierte der junge Absolvent Jambas Dating-Ableger in Deutschland, Österreich, der Schweiz, Polen und Russland und steuerte ein 40-köpfiges Online-Marketing-Team. Noch einmal zwölf Monate später waren es schon 80 Angestellte, die an Vollmann berichteten. Und bei den Möglichkeiten wurde nicht gegeizt. Unter Vollmann avancierte Jamba zum zweitgrößten Google-Kunden für das Buchen von Anzeigen neben Suchergebnissen (SEM). Beim Affiliate-Netzwerk Zanox, über das Jamba seinen Kunden das Bewerben des Dienstes gegen eine Provision ermöglichte, war man mit Abstand der größte Kunde und verhalf Zanox zu einem rasanten Wachstum. Vor allem zählte iLove zu den ersten Anbietern, die es vermochten, Bannerwerbung gewinnbringend einzusetzen. Die bisherigen Platzhirsche FriendScout24 und Neu.de hatten sich auf ihren Erfolgen ausgeruht und wurden nun durch den neuen Wettbewerber unsanft wachgerüttelt.

»Nicht nur die Samwers selbst haben es durch ihre Gründungen zu großem Wohlstand gebracht. In ihrem Kielwasser sind auch zahlreiche Dienstleister groß geworden, ohne dass das Trio davon direkt einen persönlichen Nutzen gehabt hätte. Neben meiner eigenen gut verkauften Agentur Iven & Hillmann (Publicis Groupe), die unter anderem Jamba betreute, kann man dazu etwa auch die Presseagentur Piabo oder das Affiliate-Netzwerk Zanox zählen. Ich weiß auch noch, wie Oliver Samwer auf dem 30. Geburtstag von Christian Vollmann scherzhaft zu mir meinte, ob ich immer noch den Porsche fahren würde, den ich mit ihm verdient hatte. Trotzdem: Die Samwers hatten immer diplomatischen Respekt gegenüber ihren Dienstleistern und zählten nicht zu den Selbstdarstellern, die über alle denkbaren Events tingelten, um sich zu preisen. Sie haben sich lieber auf Leistung konzentriert. Agentur-Pitches gab es nicht. Dafür war wohl nie Zeit. Ihr Talent ist es, unprätentiöse Macher mit Performance zu erkennen. Externe wurden eng geführt und profitierten vom Stil und einer Umsetzung, die dann wiederum im Markt gut ankam bei anderen Kunden.«

Ron Hillmann, Gründer und Online-Marketing-Experte

Und damit nicht genug: Fast zeitgleich mit der Entstehung von iLove verlangte Oliver Samwer mit »Myfriends« Christian Vollmann noch ein weiteres Jamba-Produkt ab. Das US-Unternehmen Friendster war zur Entstehungszeit von Jamba das größte Social-Network und seit seiner Gründung 2002 in den USA bereits auf eine große Mitgliederanzahl gewachsen. Wie auch bei iLove sollte die Entwicklung der Friendster-Kopie Myfriends das Geschäftsmodell von Jamba erweitern. Doch so wie Friendster kurze Zeit später den Großteil seiner Mitglieder aufgrund massiver Skalierungsproblemen an MySpace verlor, konnten auch Jamba mit Myfriends keinen Erfolg verzeichnen. Zwar tüftelten Jambas Techniker ebenfalls an der komplexen Skalierung des Projekts, scheitern sollte das Projekt aber, weil es an einem eigenen Team fehlte. Vollmann verhalf die Gründung von Myfriends und das damit verbundene Produkt- und Marketingwissen dafür zu einer Beteiligung am deutschen Social-Network StudiVZ, für das ihn später der Business Angel Lukasz Gadowski als Wissens- und Kapitalgeber ansprach.

Werbeoffensive à la Samwer: Der Jamba-Höhenflug setzt ein

Nachdem Jamba mit dem Vertrieb von Abomodellen ein funktionierendes Geschäftsmodell gefunden und durch iLove bereits entsprechend erweitert hatte, stand nun die Überprüfung neuer Vertriebskanäle auf dem Plan. Es galt, sich Gedanken über eine Ausweitung der Werbekanäle zu machen, die Jamba von seinem Handyportal zusehends emanzipieren würden. Eine der naheliegenden Lösungen war das Schalten von Fernsehspots, der Werbemarkt lag nach dem Platzen der Dotcom-Blase am Boden und bot entsprechend günstige Konditionen. Gleichzeitig ließen sich über Print und TV zahlreiche Endkunden direkt erreichen und dies mit dem positiven Nebeneffekt, dass Klingeltonabos ohne aufwändige Verifikation direkt über Jambas eingeblendete Nummer bestellt werden konnten. Im August 2003 folgte daher Jambas erstes Experiment mit Fernsehwerbung. Da es zu diesem Zeitpunkt noch an einer Marketingabteilung fehlte, wurde Jambas Presseverantwortlicher Tilo Bonow mit der Entwicklung eines Werbespots beauftragt. In Ermangelung professioneller Unterstützung griff Bonow auf eine simple Lösung zurück und produzierte einen kurzen Spot, der aus einer abgefilmten PowerPoint-Präsentation bestand und verschiedene Klingeltöne anbot. Schickten die Zuschauer des Spots eine SMS, erhielten sie Klassiker wie »Axel F« oder die Titelmelodie von »Das Boot« als Klingelton zugesandt und schlossen gleichzeitig ein Jamba Sparabo ab. Anstelle von Charthits oder bekannten Künstlernamen hatte Tilo Bonow auf Klassiker gesetzt und dies mit Erfolg: Jambas Testspot lief so erfolgreich, dass Klingelton-Werbung in der Folge zu Jambas wesentlichem Vertriebskanal werden sollte.

»Bei den Samwers durfte ich als Jambas PR-Chef weitaus mehr umsetzen als sonst üblich und am Anfang zählte dazu auch das gesamte Marketing. Weil das Schalten von Fernsehspots zunächst über meinen Tisch lief, musste ich mich um den Beginn der Fernsehwerbung kümmern und synchronisierte sogar einen der ersten Kükenspots. MTV konnte kaum glauben das ich das ernst meinte, als ich mit einem Budget von 5.000 Euro aufschlug und Werbespots buchen wollte. Es hieß, dass sich mit so wenig Geld nicht wirklich etwas bewegen ließe. Doch das war die Philosophie der Samwers. Von Anzeigen in der Bravo über Werbung im Videotext bis hin zu TV-Spots probierten wir alles zunächst einmal auf kleiner Flamme aus und gaben dann größere Budgets hinein, sobald ein Kanal gut funktionierte. Es ging allein um Performance.

So auch beim Fernsehen. Die ersten Spots waren eingebucht und ich stieg am frühen Vormittag gerade aus dem Flieger in Rom, als ich ein SMS-Gewitter von Oliver Samwer erhielt. Ich rief ihn sofort an und er schwadronierte, ich möge alles buchen, was ich bekommen konnte. Offensichtlich hatten wir einen funktionierenden Kanal gefunden. Die TV-Spots wurden legendär und krempelten die Medienwelt um. Die Popularität der Spots ging so weit, dass es uns gelang Jambas animierte Tiere sogar als Starposter in die Bravo zu bringen. Die Samwers hat es natürlich gefreut, dass ihre Produkte nun sogar kostenlos in den Zimmern zahlreicher Kinder hingen.«

Presse-Chef Tilo Bonow über Jambas berühmt-berüchtigte Werbung

Hatte er einen funktionierenden Ansatz ausgemacht, reizte Oliver Samwer ihn bis zum absoluten Maximum aus – soweit, dass es auf Außenstehende nahezu manisch und obsessiv erschien. Bei der Bekanntmachung von Jambas Diensten war dies nicht anders. Für den Vertrieb ihres neuen Geschäftsmodells setzten die Samwers massiv auf Werbung in Print und TV. Neben Anzeigen in Zeitschriften wie der *Bravo* flimmerten Fernsehspots über Fernsehsender mit der entsprechenden jungen Zielgruppe. In einer Zeit in der die

Börse praktisch implodiert und der Werbemarkt zusammengebrochen war, buchte Jamba alle Kapazitäten, die es bekommen konnte. Die Musiksender Viva und MTV galten bei Jugendlichen als beliebt und boten den Samwers die Möglichkeit: »Direct-Response-TV« oder kurz DRTV. Im Gegensatz zur üblichen Fernsehwerbung, die darauf abzielte, Produkte mit einer positiven Markenbotschaft auszustatten, verbarg sich hinter Direct-Response-TV eine Form der Werbung, die eine unmittelbare Reaktion beim Nutzer auslösen sollte, etwa das Tätigen eines Anrufs oder das Versenden einer SMS. Weil die vermittelte Werbebotschaft derart simpel gestaltet war, kosteten entsprechende Werbekontingente deutlich weniger. Bis dahin hatten allenfalls Telefonsex-Hotlines vom Direct-Response-Ansatz Gebrauch gemacht. Mit Jamba schickte sich nun ein neuer Anbieter an, das Nachmittagsfernsehen mit dieser Strategie zu erobern.

Mit der leicht einzuprägenden Nummer 33333 verfügte Jamba über ein wichtiges Werkzeug gegenüber der aufkommenden Konkurrenz, zu der ZED, eine Ausgründung des finnisch-schwedischen Unternehmens TeliaSonera, sowie das 1999 gegründete italienische Medienunternehmen Buongiorno mit seiner deutschen Marke Blinkogold zählten. Durch die einfache Mobilfunknummer gelang es Jamba, seine Werbezielgruppe in Kunden zu verwandeln und so Boden gegenüber diesen Konkurrenten gut zu machen. Dies verbanden die Samwers mit emotional aufbereiteten Werbebotschaften und einer Marken-Dauerbeschallung – ein Dauerfeuer ganz im Stile eines Oliver Samwer. Denn nachdem sich erste Versuche als gewinnbringend erwiesen hatten, begann Jamba in zahlreichen Ländern Sende-Kapazitäten einzukaufen, sodass zeitweilig täglich mehr als drei Stunden Werbung auf den einzelnen Musikkanälen geschaltet wurde.

In Werbeblöcken reihte sich nahtlos ein Jamba-Spot an den nächsten. Die Fernsehspots mit Sweetie, einem singenden Küken, ließ der Klingeltonanbieter zu Hochzeiten an einem normalen Tag 150 mal ausstrahlen und in Großbritannien stellten die Samwers unter der Marke Jamster mit dem »Crazy Frog« den Protagonisten des meist gezeigten Werbespots aller Zeiten. Obwohl der schrille Spot nur über einen Zeitraum von drei bis vier Monaten lief, überflügelte er Werbevideos, die schon seit Jahren über britische Geräte flimmerten. Für die unterschiedlichen Single-Auskopplungen, die aus dem Werbespot entstanden, wurden gleich mehrere Platinschallplatten ausgelobt, von der eine ihren Weg an die Schlafzimmerwand von Jambas damaligem

TV-Verantwortlichen Martin Ott fand. Ott, der 2001 seinen Abschluss in Corporate Finance und Marketing an der WHU gemacht hatte, war als Mitglied der Geschäftsführung von Jamba dafür zugeteilt, die Koordination von Werbeschaltungen zu überwachen. Mit Unterstützung des Medieninformatikers Oliver Thiel und dem PR-Verantwortlichen Tilo Bonow brachte es Jamba 2005 durch extrem hohe Werbeschaltungen dank ihnen auf einen Jahresumsatz von unglaublichen 500 Millionen Euro. Entsprechend dauerte es nicht lange, bis sich in Deutschland und Großbritannien Verbraucherschützer und Medienanstalten einschalteten, um gegen die umfangreiche Klingeltonwerbezeit der Berliner vorzugehen. Neben der schieren Penetranz von Jambas Angebot störten sie sich insbesondere daran, dass speziell Jugendliche häufig unwissend in die Abo-Verpflichtungen des Unternehmens gerieten. Mit der aggressiven Ausweitung von Jambas Geschäft und der verbundenen Intransparenz beim Geschäftsabschluss hatten die Samwers einen Weg eingeschlagen, der kurzfristig zwar hohe Umsätze, langfristig aber keine tragfähige Geschäftsbeziehung zu seinen Kunden bieten sollte.

Mit Heuschrecken-Taktik zum Image-Desaster

Den wohl kritischsten Aspekt in der Wende von Jambas Geschäftsmodell markierten die Samwers indem sie ihre Dienste vor allem auf Jugendliche ausrichteten. Aufgrund des direkten Bezugs zu Musikinhalten boten sich Werbeschaltungen für Klingeltöne auf Musiksendern wie MTV und Viva grundsätzlich an, doch ihnen ging es insbesondere um das Zielpublikum dieser Sender. Oliver Samwer und seine Brüder hatten sich für eine junge Altersgruppe als Adressaten der eigenen Dienste entschieden, weil diese eine ausgeprägte Affinität zu den produzierten Inhalten aufwies und wohl bereitwilliger Käufe tätigen würde. Die deutschen Musiksender vereinten zu jener Zeit also verschiedene Eigenschaften, die Jamba beim Vertrieb in die Hände spielten: Die Direct-Response-Schaltungen waren kostengünstig und adressierten eine junge Zielgruppe, die lange vor dem Fernseher verharrte und leicht gleich mehrere Abos bestellte. Und der Plan ging auf: Jambas Umsatz schnellte in die Höhe und mit der Vermittlung kostenpflichtiger Abos war eine langfristige Bindung sichergestellt. Bei seiner Fernsehwerbung setzte das Unternehmen umfangreiche Textpassagen ein, die in dieser kurzen Dauer auf Fernsehbildschirmen nur schwer lesbar waren, aber dennoch darüber Aufschluss gaben, dass sich mit der Bestellung eines Klingeltons gleichzeitig ein Abo verband.

3 mono Töne € 2,99/Monat bzw. 5 poly Töne bzw. 4 Reals je € 4,99/Monat +
3 bzw. 5 bzw. 4 Logos zzgl. Musiknews + WAP-Inhalte als Guthaben im Jam-
ba! Gold Sparabo (+Transport). Abo-Kündigung per SMS mit »Stopgoldton«
(mono Gold Ton) bzw. »Stopgoldpoly« (poly Gold Ton) bzw. »Stopgoldreal«
(Gold Reals) an 33333 (€0,20/SMS). Tel: 0180-5554890 (€0,12/Min).

»Kleingedrucktes« im Werbespot für »Sweety, das Küken«

Vor harscher Kritik bewahrte die Samwers aber auch das »Kleingedruckte«
ihrer Spots nicht. Es schieden sich die Geister daran, ob Jambas Zielgruppe immer wusste, dass sie ein Abo bestellt. Immer wieder beschwerten sich
Kunden, dass sie die regelmäßigen Abbuchungen des Unternehmens erst bemerkten, nachdem schon einige Wochenbeiträge auf das Konto von Jamba
gewandert waren. Mit fortschreitender Dauer sollte Jamba praktisch täglich
Anrufe von erbosten Eltern und verunsicherten Jugendlichen bekommen,
welche die abgeschlossenen Abonnements als Missverständnis und gezielte
Abofalle monierten. Doch war die Kritik berechtigt? Im Gegensatz zu anderen Dauerschuldverhältnissen war die Bestellung eines Jamba Sparabos sehr
einfach, dessen Kündigung aber ebenso. Wollte ein Kunde, sein Abonnement
kündigen, konnte er eine E-Mail abschicken, eine kostenpflichtige Hotline
anrufen, einzelne Abbestell-Codes an die 33333 senden oder mit »STOP AL-
LE» gleich alle bestehenden Verträge kündigen. Jamba bot seinen Kunden
umfangreiche Informationen, darunter etwa auch eine monatliche SMS.

»[...S]eit über einem Jahr gibt es bei uns einen elektronischen Handschlag.
Wenn der Kunde ein Klingelton-Paket kauft, bekommt er eine SMS und
muss das Geschäft nochmals per SMS bestätigen. In der Nachricht steht
der Preis pro Monat und das Stopword. Bei uns kann man außerdem auch
problemlos über die Webseite kündigen. Der Kunde soll genauso schnell rein-
kommen wie raus.«

Oliver Samwer im März 2005 über Jambas Abo-Ansätze[96]

Dank geschickter Optimierung änderte dies aber nichts an der langfristigen
Bindung der Kundschaft. Kaum ein Kunde las sich auf den kleinen Handy-
bildschirmen die AGB des Unternehmens durch und insbesondere jugendli-

che Käufer gerieten so längerfristig in Jambas Mühlen. In der Regel bescherte Jamba ein Kauf Einnahmen für fünf bis zehn Monate. Und ganz nebenbei harsche öffentliche Kritik, störten sich doch zahlreiche Kunden und Beobachter daran, dass Jamba sich vor allem auf junge Käufer konzentrierte. Vielen Kunden waren Jambas Abo-Hinweise dennoch zu versteckt, weshalb eine Welle der Empörung über das Unternehmen hereinbrach. Heute würde man diesen Imageschaden der Samwers wohl schlicht als »Shitstorm« bezeichnen. Den »Jamba-Brüdern« wurde vorgeworfen, gezielt Kindern ihr Taschengeld abzuwerben, indem sie ihnen versteckte Abos verkauften. Noch lange nach ihrem Engagement bei Jamba begleitete sie der Schatten dieser Vorwürfe, weshalb sie ihre bisher offene Einstellung zur Presse wandelten und immer verschwiegener wurden. Die Popstars der New Economy waren angesichts skrupellos erscheinender Geschäftsgebaren zum Prügelsack der Nation geworden.

»Natürlich gab es Kritik, als Jambas Abos eingeführt wurden. Es gab aber nie etwas Illegales an diesem Vorgehen. Deshalb ist es vielleicht noch lange nicht gut, aber die Zielgruppe wusste ganz genau, was sie tat. Die Leute waren heiß und wollten Jambas Inhalte haben, doch wenn Eltern dann ihre Kinder gefragt haben, verhielt es sich ein wenig wie mit dem Konsum von pornographischen Inhalten: kein Kind gab gerne zu, ein Abo bestellt zu haben. Da aber immer zwei SMS verschickt wurden, die alles erklärt haben, wusste jeder Kunde ganz genau, was er kaufte. Man sollte die Kirche also im Dorf lassen, immerhin kriegt man im Kiosk doch auch nicht nur den Sportteil ohne den Politikteil, sondern kauft die ganze Zeitung. Jamba hat viel mehr einen Markt geöffnet und das als Abzocke abzutun, ist dann wirklich einfach. Diejenigen, die am lautesten geschrien haben, schauten sich das Ganze ohnehin nie von innen an.«

Ein ehemaliger Jamba-Verantwortlicher über den Abzocke-Vorwurf

Dabei waren es auch die fehlende Regulierung und die Intransparenz der vorherrschenden Geschäftspraktiken, die den Samwers bei ihrem Kreuzzug nach höheren Umsätzen in die Karten spielten. Hatte ein Nutzer ein Jamba Sparabo abgeschlossen, wurde dies auf seiner Mobilfunk-Rechnung meist unter »sonstige Dienstleistungen« ausgewiesen, weshalb vielen Kunden, die den Abschluss eines Abonnements nicht bemerkt hatten, der regelmäßige

Posten zuerst nicht weiter auffiel. Nicht selten bemerkten Kunden, die eigentlich nur einen einzelnen Klingelton kaufen wollten, erst nach Monaten oder Jahren, dass sie regelmäßig für ein Abonnement bezahlten. Mit eiserner Härte nutzten die Samwers die zahlreichen Lücken in der deutschen Gesetzgebung für sich aus und verstanden es, den Mangel an Transparenz für ihre Zwecke einzusetzen und kurzfristig ihre Umsätze massiv aufzublasen. Ein Missstand, der den Regulierungsbehören nicht verborgen blieb und sich mit neu verabschiedeten Regeln wandelte. Je transparenter Jambas Dienstleistungen auf den Mobilfunk-Rechnungen seiner Kunden ausgewiesen werden mussten, desto schneller bemerkten diese den Abokauf und desto weniger verdiente der Klingeltonanbieter. Der Zuwachs an Regulierung wirkte sich entsprechend auf das Geschäft aus: In England fiel Jambas Umsatz binnen eines Jahres auf desaströse zehn Prozent seines ursprünglichen Wertes, nachdem eine Novellierung fortan eine SMS vorsah, die Kunden darauf hinwies, dass ihr Abo solange weiterlaufen würde, bis sie es durch eine SMS stoppten.

Bei Prepaidkarten, die gar keine Mobilfunkrechnungen kannten, florierte dieser Ansatz ebenfalls. Bis dato hatten Prepaidkarten eine simple Kostenkontrolle geboten: War das Guthaben aufgebraucht, kam es auch zu keinen weiteren Belastungen. Doch bei Jambas Diensten barg dies den Nachteil, dass Prepaidkarten-Besitzer erst auf Ursachensuche für die wöchentliche Abbuchung gehen mussten, schließlich hatten die Samwers die Geschicke ihres Unternehmens auch mit akribischer Brutalität automatisiert. Mit Frank Biedka und Jens Begemann beschäftigten sie zwei kompetente Manager damit, eine Abrechnungssoftware zu entwickeln, die automatisiert Abbuchungen vornahm. Begemann, der nach seiner Jamba-Zeit das weltweit erfolgreiche Spiele-Unternehmen Wooga gründete, und Biedka, dessen weitere Karriere gleich mehrere Geschäftsführerposten bei Samwer-Unternehmen wie Zalando pflasterten, schufen ein System, das immer neue Einnahmemethoden für Prepaid-Kunden hervorbrachte. War es bei einer leer telefonierten Prepaidkarte einmal nicht möglich, die für ein Abo geforderten 4,99 Euro abzubuchen, erfragte das System solange geringere Beträge, bis eine kleinere Abbuchung gelang. Die ausstehenden Kosten wurden bis zum nächsten Monat gespeichert, um dann erneut eine Abbuchung vorzunehmen. Regelmäßig wurden so die Abokosten des aktuellen Monats gemeinsam mit den Außenständen des vorherigen abgebucht. Bei Nutzern, die ungeahnt gleich mehrere Abos abgeschlossen hatten, kamen auf diese Weise umfangreiche Kosten zustande, die das Prepaid-Guthaben rasant schmelzen ließen.

»Unsere Firmenkultur ist geprägt durch klare und ehrgeizige Zielsetzungen, kooperatives Miteinander, den Willen zum Erfolg und die absolute Orientierung an den Wünschen der Kunden. Jeder Mitarbeiter muss sich immer wieder in die Lage des Kunden versetzen und täglich die Frage beantworten: ›Was kann ich für den Kunden tun?‹. Die Kundenzufriedenheit und die damit einhergehenden steigenden Kundenzahlen sind der wichtigste Motivator für alle, die bei Jamba arbeiten.«

Oliver Samwer 2003 –
einige Zeit nach der Einführung des Abo-Modells[97]

Schnell sollten jedoch auch Prepaid-Nutzer ihr fehlendes Guthaben bemerken und Jambas Diensten frustriert entsagen. Anstelle einer langfristigen Geschäftsbeziehung erlaubte Oliver Samwer Strategie der kurzfristigen Optimierung oft nur ein heuschreckenartiges Abgrasen von Jambas Zielgruppe, ehe neue Wege in das Portemonnaie der Kunden gefunden werden mussten. Doch nicht nur Jamba machte mit der Intransparenz Kasse. Auch die Mobilfunk-Provider wie T-Mobile, E-Plus, Mannesmann D2 (heute Vodafone) oder Viag Intercom (heute O2) partizipierten an den getätigten Umsätzen. Ein Anteil von 30 Prozent wanderte bei jeder Transaktion in ihre Taschen, dafür stellten die Provider die notwendigen Datenautobahnen. Brachte es Jamba zu Hochzeiten auf einen Umsatz von 500 Millionen Euro, fanden davon rund 150 Millionen den Weg zu Deutschlands Mobilfunk-Anbietern. In der öffentlichen Wahrnehmung war es aber Jamba, das den Zorn der unzufriedenen Nutzer auf sich zog. Schnell entbrannte eine Diskussion über das Vorgehen der Berliner – der Vorwurf der Abo-Abzocke lag in der Luft.[98]

Tiefe Taschen und die Erfindung der zentralisierten Internationalisierung

Nach der Umstellung auf sein Abo-Modell und dem Andocken weiterer Dienste wie iLove, stellte sich für Jamba ein vielversprechendes Umsatzwachstum ein. Drei Jahre nach seiner Gründung hatte das junge Unternehmen sein Geschäftsmodell gefunden und näherte sich seiner ursprünglichen Vision an: Jamba hatte sich als Unterhaltungsmarke breit etabliert. Lediglich die unerwartet langsame technologische Entwicklung bremste das Fortkommen beim

Vermitteln von Diensten für das mobile Internet noch aus. Solange High-speed-Verbindungen wie UMTS im deutschen Markt nicht verfügbar waren, galt es, sich anderen Optionen zu öffnen. Die Samwers entschieden sich daher, verstärkt auch ausländische Märkte mit ihrem Geschäftsmodell zu bearbeiten. Wenn sich technologisch bedingt keine weiteren Verdienste erschließen ließen, musste das weitere Wachstum eben von woanders herkommen. Zu einem solchen Wachstum bedurfte es jedoch zunächst einer weiteren Finanzierung des Unternehmens, zumal Jamba ein Problem im Weg stand: Bis zum Ende des Jahres 2003 war der Umsatz des Unternehmens rapide angestiegen, doch das Unternehmen bekam seine Einkünfte erst deutlich später gutgeschrieben, als es seine Ausgaben tätigte. Jamba bezahlte seine Werbeformate häufig bereits im Vorfeld um entsprechende Rabatte eingeräumt zu bekommen, gleichzeitig überwiesen viele Netzbetreiber aber erst nach 90 Tagen die für den Abo-Verkauf fälligen Ausschüttungen. Jamba arbeitete bilanziell profitabel, benötigte aber dennoch weiteres Investment-Kapital – ein Traumszenario für jeden Geldgeber.

Scott Collins war Gründer und Geschäftsführer des Londoner Büros der US-amerikanischen Venture-Capital-Gesellschaft Summit Partners und bekennender Fan von Oliver Samwer. Um den potenten Geldgeber von einem Investment zu überzeugen flog Oliver Samwer nach Boston und noch am gleichen Tag nach umfangreichen Verhandlungen wieder zurück. Und dies mit Erfolg: Zum Ende des Jahres 2003 brachte sich Summit Partners bei Jamba mit einer umfangreichen Finanzierung ein und investierte zu einer Unternehmensbewertung von rund 100 Millionen Euro insgesamt 40 Millionen US-Dollar in den Unterhaltungsdienst. Im Gegenzug erhielt Summit eine Beteiligung und steuerte neben der wirtschaftlichen Komponente insbesondere Know-how und Kontakte für Jambas Internationalisierung bei. Zwar verwässerten die Samwers ihre Anteile damit merklich, verfügten dafür aber über frisches Kapital für die weitere Expansion und hatten einen weiteren Fuß in der Tür zum amerikanischen Markt. Mit dem frischen Kapital schickten sie sich an, Jamba über die deutschen Landesgrenzen hinweg zu expandieren.

Mit Markus Berger-de León hatte Oliver Samwer bereits einen Verantwortlichen für Jambas internationale Ambitionen ausgemacht. Der BWL-Absolvent hatte gemeinsam mit ihm an der WHU studiert und fand einen Tag nach seiner Hochzeit im Oktober 2002 einen Anruf seines ehemaligen Kommilitonen auf seiner Mailbox. Für Jamba war Samwer auf der Suche nach einer Führungsperson, die er zu seinem Nachfolger aufbauen konnte und die das operative Geschäft übernehmen würde. Man wurde sich recht schnell einig und kaum zwei Monate später trat der bis dahin fest in Bonn verwurzelte Berger-de León seinen neuen Job als operativer Leiter in Berlin an. Rund ein Jahr nach seiner Anstellung, gab Oliver Samwer schließlich Jambas Internationalisierung in Berger-de Leóns Hände. Deutschland war bis dato neben den kulturell ähnlichen Ländern Holland und Schweiz Jambas zentraler Fokus, zum Ende des Jahres 2003 stand nun mit England der erste Versuch in einer kulturell anders geprägten Nation an. Unter der Marke Jamster koordinierte Markus Berger-de León den Launch auf der Insel und konnte sich dabei nicht auf dieselbe prominente Vertriebsunterstützung berufen, die Jamba in Deutschland durch seine Gesellschafter genossen hatte. Binnen eines Quartals musste er sich selbst um essentielle Themen wie Netzbetreiber-Verhandlungen oder die technische Anbindung zur Abrechnung von Diensten kümmern.

»*Pragmatismus genießt bei den Samwers einen hohen Stellenwert. Einmal saßen sie in einem Meeting bei einem Verleger, das nicht beginnen konnte, weil das Catering nicht serviert worden war. Für einen Oliver Samwer war etwas Derartiges völlig unverständlich. Wer sich Eitelkeiten hingab, statt pragmatisch voranzuschreiten, könne keinen Erfolg haben. Oliver trainierte uns vielmehr darauf, mit kleinen Budgets viel zu bewegen. Er und seine Brüder lehrten mich einen sehr pragmatischen, vom Ziel her gedachten Ansatz. Alles was auch nur ansatzweise esoterisch wirkte, lehnten sie ab. Und es war immer wieder beeindruckend: ihr bodenständiges Vorgehen ohne ausgefallene Sondermaßnahmen funktionierte.*«

Tilo Bonow über den Pragmatismus der Samwers

Beim englischen Markt sollte es allein nicht bleiben. Nach dem Start in England folgten Skandinavien, Italien, Spanien und Portugal und selbst in Australien und in Asien, wo Jamba in China und Singapur aktiv war, bemühten sich die Samwers um Präsenz. Jambas Internationalisierung erfolgte komplett von Berlin aus und sah lediglich Dependancen in den ausländischen Ausläufern des Unternehmens vor. Bis zu diesem Tage hatten Internetunternehmen ihre Internationalisierung zumeist durch Kopien des eigenen Unternehmens umgesetzt, die den kulturellen, gesetzlichen und unternehmerischen Gegebenheiten angepasst wurden. Entgegen dieser vorherrschenden Praxis (und der allgemeinen Managementlehre) realisierte Oliver Samwer die Internationalisierung von Jamba aber zentralisiert. Um schneller wachsen zu können und nicht erst für jeden seiner Ableger Führungskräfte rekrutieren zu müssen, brach er mit der Tradition. Jamba stellte das bisherige Vorgehen auf den Kopf und versuchte nicht so dezentral, sondern so zentral wie möglich zu funktionieren. In Berlin ließ Oliver Samwer wichtige unternehmerische Kerndisziplinen wie Produktentwicklung, Online-Marketing oder IT umsetzen, während separate Auslandsteams die zentral definierten Prozesse lediglich anpassten und vor Ort realisierten. Mit einer kleinen Gruppe von Führungskräften gab Jamba unter der Koordination von Berger-de León zentrale Prozesse vor und schuf ein Satelliten-Netzwerk aus unterschiedlichen Länderablegern. Und dies mit Erfolg: In jedem seiner ausländischen Märkte brachte es Jamba binnen sechs Wochen zur Marktführerschaft. Selbst aus Australien reisten Fernsehmacher nach Berlin, um Jamba Werbezeiten zu verkaufen.

273 Millionen Dollar später überschreitet Jamba seinen Zenit

Wenige Monate später sollte sich der internationale Ausbau im aufstrebenden Mobilfunksegment bereits bezahlt machen. Im November 2003 waren die Umsatzzahlen im englischen Markt praktisch explodiert und mit VeriSign wurde einer der führenden US-Anbieter von Infrastrukturdiensten für das Internet und Telekommunikationsnetzwerke auf Jamba aufmerksam. Das börsengelistete Unternehmen war durch das Geschäft mit dem Netzwerkprotokoll SSL[99] groß geworden und verantwortete die Vergabe und Verwaltung zahlreicher relevanter Internetadressen. Neben diesen Infrastrukturdiensten widmete sich der Anbieter aus Reston, Virginia auch unterschiedlichen Telekommunikationsdiensten, die das Einfallstor für Übernahmeverhandlungen mit Jamba bilden sollten. Andreas Thümmler, der Jamba mit seinem Finanzdienstleister Corporate Finance Partners bereits bei dessen Finanzierung mit Summit Partners zur Seite gestanden hatte, kam auf die ungewöhnliche Idee einer Zusammenführung und regte nun eine Übernahme von Jamba an. Mit VeriSigns Aktivitäten im Bereich mobiler Backendstruktur fand Thümmler einen strategischen Winkel, der Jamba als Erweiterung für VeriSign plausibel machte. Zum Ende des Jahres 2003 kam es mit VeriSign zu Verhandlungen über einen Verkauf von Jamba, die jedoch abgebrochen wurden, den den Amerikanern Jambas Bewertung zu hoch war.

Zu Beginn des Jahres 2004 initiierten die Samwers daher neben dem operativen Geschäft Vorbereitungen für einen Börsengang. Mit der Deutschen Bank als Hauptbegleiter des Unterfangens, wollte Jamba an die Börse, was dem Unternehmen neue Geldmittel und den Samwers die Möglichkeit eines Verkaufs beschert hätte. Parallel dazu führte das Brüder-Trio unter der Leitung von Oliver Samwer neuerliche Verkaufsgespräche mit VeriSign. Der Telekommunikationsdienstleister interessierte sich für Jambas Firmenkundengeschäft, da die Berliner für zahlreiche Unternehmen wie Panasonic, Siemens, O2, Eplus, Nokia oder Mobilcom den Betrieb unterschiedlicher Unterhaltungsportale übernommen hatten. Jambas Kunden waren das Who is Who der Firmenwelt und Jamba verdiente zusätzliches Geld, indem andere Unternehmen Jambas Services einkauften und in ihrem eigenen Design weitervertrieben – auch ohne Abonnements und mit eignen Preisen. Jamba hatte es unter der Regie der Samwers geschafft, sich mit seinen Unterhaltungsangeboten in einem Wachstumsmarkt prominent zu positionieren. So kam es, dass VeriSign den Klingeltonanbieter am 24. Mai 2004 aufkaufte.

»Dies wird ein Sieg für die Kunden, Netzbetreiber und Contentprovider von Jamba sein. Aufgrund VeriSigns globaler Präsenz werden wir in der Lage sein, in der Zukunft unsere Dienstleistungen auch in Nord- und Südamerika und Asien anzubieten.«

Marc und Oliver Samwer zum Hintergrund des Exits an VeriSign[100]

Für die Summe von 273 Millionen US-Dollar wurde VeriSign Herr über einen von Europas führenden Anbieters mobiler Inhaltsdienste, der es auf eine Bibliothek von über 50.000 einzelnen Produkten sowie mehrere Millionen Endkunden in neun europäischen Ländern brachte. Die Transaktion finanzierte VeriSign zu 65 Prozent in bar, die verbleibenden 35 Prozent leistete das Unternehmen in Aktienanteilen. Sechs Monate nach den ersten Übernahmegesprächen, bei denen VeriSign noch eine zu hohe Bewertung moniert hatte, kaufte es die Samwer-Gründung nun zum Doppelten des damals anvisierten Preises. Insgesamt rund zehn Millionen Klingeltöne und 4,3 Millionen Handy-Spiele hatte Jamba im Jahr zuvor verkauft und schickte sich nach Veri-Signs Übernahme nun an, neben dem Ausbau seiner Berlin-Zentrale auch den amerikanischen Heimatmarkt seines Käufers zu bearbeiten und weiter international zu wachsen.[101] Jamba blickte mittlerweile auf 300 Vollzeitmitarbeiter, wirklich plausibel wirkten die Synergieeffekte zwischen dem Anbieter für Infrastruktur-Technik und dem Contentportal aus Berlin dennoch nur bedingt.

Die Samwers sollten an diesem Deal weniger umfangreich partizipieren als gemeinhin angenommen. Nachdem zur Gründung bereits 40 Prozent der Anteile an die betreffenden Gründungspartner ausgegeben worden waren, brachte die umfangreiche Finanzierung durch Summit Partners noch einmal eine massive Verwässerung Ihrer Anteile mit sich. Zum Zeitpunkt des Verkaufs an VeriSign verfügten die Samwers kumuliert noch über etwa zehn bis 20 Prozent an ihrer Gründung. Ähnlich dem Verkauf an Alando würden wiederum vor allem Externe am Verkauf der Samwer-Gründung verdienen. Um dennoch eine ausreichende Incentivierung des Gründer-Trios sicher zu stellen, ließ sich VeriSign auf einen Deal ein, der den Samwers ungemein zuträglich war, Jamba aber an die Grenzen seines gesunden Wachstums führte. Es gelang dem dreiköpfigen Gründerteam, umfangreich über eine Earn-out-Beteiligung zu verdienen. Für die Übernahme durch den US-Konzern hatten die Samwers angeblich 24 Stunden am Stück durchverhandelt. Während im Nebenzimmer stets einer der Brüder schlief, feilschten die anderen fleißig weiter und erhielten so einen Megadeal: Ungedeckelte Barzahlungen, die sich an den Umsatz- und EBITDA-Kennzahlen des Unternehmens orientierten. Im Klartext: Wuchs Jambas Umsatz weiter, nahmen auch die Zahlungen auf die Samwer-Konten zu.

Auch nach dem Verkauf an VeriSign blieben die Samwers also als Geschäftsführer an Bord und trieben die Umsätze weiter in ungeahnte Höhen. Zum Zeitpunkt der Übernahme lag Jambas Umsatz bei rund 20 Millionen Euro pro Quartal und Oliver Samwer handelte entsprechende Spannen heraus, wenn es zu weiterem Wachstum kommen würde. Wie viel würde VeriSign den Brüdern zahlen, wenn die Umsätze auf 30 Millionen gesteigert würden? Wie viel bei 40 oder gar bei 100 Millionen? Er vermittelte auf diese Weise derart umfangreiche Spannen, dass es zu Auszahlungen in ungeahnter Höhe für ihn und seine Brüder kam. Mit seiner Zustimmung zum für die Samwers ungemein lukrativen Earn-out hatte sich VeriSign eine Kurzfristigkeit der Jamba-Geschäfte eingekauft – ein wesentlicher Fehler, wie sich schon bald herausstellen sollte. Um die Umsätze von Jamba möglichst schnell und weit aufzublasen, traten die Samwers eine massive Werbeoffensive los und expandierten Jamba in zahlreiche weitere Nationen. Ob dies dem Unternehmen gut tun und unter Gesichtspunkten einer gewissen Nachhaltigkeit erfolgen würde, war dabei völlig nebensächlich. Denn der Plan ging auf: Jamba wuchs weiter kräftig und bescherte den Samwers einen Earn-out-Verdienst, der höher war als ihr eigentlicher Millionen-Exit.

Jamba gerät immer mehr zur Abo-Abzocke

Die Marschrichtung war damit klar: Um möglichst hohe Auszahlungen zu gewährleisten, erhöhten die Samwers Jambas bereits hohes Werbevolumen noch einmal und regten durch entsprechend hohe Bonus-Zahlungen ihre Führungsriege dazu an, ebenfalls ein entsprechendes Umsatzwachstum zu generieren. Speziell mit Oliver Samwers Mentalität aggressiven Wachstums vertrug sich diese Attitüde wunderbar. Er verstand es nach der Übernahme durch VeriSign geschickt, den Einfluss des US-Konzerns gering zu halten und sein Team abzuschirmen. Er untersagte VeriSign, seine Mitarbeiter anzurufen und auch wenn die Börsennotierung des neuen Besitzers einige Auflagen mit sich brachte, änderte sich jenseits der gestiegenen Prozesshaftigkeit wenig für Jamba. Die Klingeltonschleuder hatte ein Geschäftsmodell gefunden, das eben so genial wie kurzatmig war. Zahlreiche Kunden unterhielten gleich mehrere Abos parallel und mit der Zeit verschärfte das Unternehmen seine Abrechnung von einer monatlichen sogar auf eine wöchentliche Taktung und steigerte seine Umsätze auf diese Weise noch einmal merklich. Geschickt verstanden es die Samwers, trotz der vorherrschenden Regulierung den Verkauf ihrer Abos einfach und unauffällig zu gestalten, sodass insbesondere junge und sozial schwache Käufergruppen als Dauerkunden an das Unternehmens gerieten.

>*Wenn über Jambas Abo-Modell gesprochen wird, lautet die Grundannahme oft, dass kein Kunde des Unternehmens an einem Abo Interesse gehabt, sondern eines bei seinem Klingeltonkauf ungewollt mitbestellt hätte. Dem war aber nicht so. Die Kunden wollten Jambas Abos und wussten auch genau, was sie da bestellten. Auf der Mobilfunk-Rechnung wurde transparent aufgelistet, um welche Dienstleistung es sich handelte und wollte ein Kunde seinen*

Dienst kündigen, ging dies schnell und aufwandsarm. Wir ließen sogar die Nummer unserer Service-Hotline auf der Kundenrechnung mit abdrucken, um unseren Kunden einen direkten Ansprechpartner zu bieten. Darüber hinaus war auch ein entsprechender Druck vom Gesetzgeber vorhanden. Mobile-Content wurde umfangreich reguliert, uns wurde sogar vorgeschrieben, wie groß bei einem TV-Spot, die Hinweisschrift zu sein hatte oder welcher Text in den Doppel-Bestätigungs-SMS vor dem Abo-Kauf zu stehen hatte. Die Kritik an Jambas Geschäftspraktiken scheint mir deshalb oft einer nur sehr oberflächlichen Betrachtung entsprungen.«

Markus Berger-de León über die Kritik an Jambas Abo-Modell

Den Samwers und ihrem Management-Team war klar: Kaum ein Nutzer würde sich für einen Betrag zwischen 2,99 bis 4,99 Euro pro Woche einen Anwalt nehmen. Zwar klingelten die Leitungen des eigenen Kundendienstes regelmäßig heiß, weil erboste Eltern, Verbraucherschützer und Medienanstalten auf die Barrikaden gingen. Doch solange der Umsatz stimmte, störte das nicht – zumindest nicht die an Bord verbliebenen Gründer, deren zeitlicher Horizont bei Jamba seit der VeriSign-Übernahme begrenzt war. Die aggressive Ausgestaltung dieses mitunter intransparenten Geschäftsmodells in Kombination mit einem Gründerduo, dessen primärer Anreiz in der kurzfristigen Steigerung der Umsätze lag, brachte Jamba eine zeitlich begrenzte Wachstumsexplosion auf Kosten des eigenen Ansehens. Immer lauter wurde in breiten Schichten der eigenen Nutzer der Vorwurf der Abo-Abzocke. Die Bekanntheit der Samwer-Gründung war als Konsequenz der umsatzorientierten Kurzfristigkeit zu einem Bumerang geworden.

Die Samwers treiben Jambas Wachstum auf die Spitze

Neben der teils brutalen Intensivierung seiner Dienste in Deutschland zog es Jamba auch in weitere Länder. Zum Zeitpunkt seiner Übernahme war Jamba bereits in neun europäischen Ländern aktiv und visierte nun die Erschließung zusätzlicher Umsätze an. Eine wesentliche internationale Wachstumsphase stellte sich ein, bei der allein im Monat der Übernahme 50 neue Mitarbeiter eingestellt und über das Jahr 2004 internationale Ableger in zwölf unterschiedlichen Ländern gestartet wurden. Schon zur Übernahme von Jamba hatte VeriSign die Wichtigkeit des internationalen Geschäfts unterstrichen und angekündigt, insbesondere den US-Markt bearbeiten zu wollen. Die USA zählten zu Jambas Fokusmärkten, das im Dezember 2004 begann, unter der Marke Jamster erste Marketingtests vorzunehmen – zunächst mit mäßigem Erfolg. Der US-amerikanische Markt hielt für Jamba einiges an Potenzial bereit, doch trotz guter Entwicklung gelang es den Berlinern nicht, dort ihr volles Potenzial auszuschöpfen. Mit Jamster war man auch in den USA schnell sehr groß geworden und bekam die Eigenheiten der US-Mobilfunkbranche deshalb umso merkbarer zu spüren. Während es einigen Betreibern an einer entsprechenden Abrechnungsstruktur fehlte, sahen andere keine Downloads vor. Darüber hinaus war das Maß an Regulierung in den USA deutlich ausgeprägter. In Summe konzentrierte sich Jambas Erfolg so im Wesentlichen auf den Europäischen Kontinent.

»Amerika ist der größte Markt der Welt. VeriSign bietet Jamba die Möglichkeit, einen direkten Zugang zu den Netzbetreibern zu bekommen. Wir hatten die Möglichkeit, eine kleine Rolle in Amerika zu spielen oder gleich richtig einzusteigen. [...] Die Produktions- oder Lizenzkosten für ein Handy-Spiel sind hoch. Der Markt muss daher international ausgerichtet sein.«

Oliver Samwer über Jambas Internationalisierung mit VeriSign[102]

So oder so war Jambas Problem nach seinem Exit augenscheinlich: VeriSign hatte in der Absicht, den Samwers eine wirtschaftliche Motivation zu geben, eine gedankliche Kurzfristigkeit ins Leben gerufen. Auf kurze Sicht ging der Plan dennoch auf: Jamba expandierte in weitere Nationen und wuchs in seinen Bestandsmärkten. In den sieben Monaten des Jahres 2004 hatte es einen Umsatz von 180,8 Millionen Dollar beigetragen und ließ im Jahr darauf ein erneutes Wachstum auf satte 554,1 Millionen folgen. Jambas Umsätze explodierten und brachten einen entsprechenden Kurssprung der VeriSign-Aktie mit sich. Die Anleger des Infrastrukturdienstes vermuteten in Jamba eine Goldgrube. Auch die Anzahl der Angestellten änderte sich so schnell, dass Jamba nur Zwischenstände angab, die mit ihrer Herausgabe meist bereits wieder veraltet waren. Als Jamba dann zum Ende des Jahres 2005 allerdings seinen Höhepunkt erreicht und Umsatzrückgänge zu verzeichnen hatte, schlug die Euphorie schnell in einen entsprechenden Wertverfall von VeriSign um. Nachdem sich ein gewisser Preisdruck einstellte und die Abonnentenzahlen sanken, waren die Umsatzentwicklungen der vergangenen Monate schlichtweg nicht mehr zu halten. Die Samwers hatten Jamba auf ein Maximum von über 500 Millionen Dollar Umsatz gebracht und dabei den Bogen überspannt.

Nun rächte sich, dass Jamba sein Zielpublikum mit Unmengen von Werbung übersättigt und zahlreichen seiner Kunden gleich mehrere ungewollte Abonnements aufgebürdet hatte. Nach seinem Umsatzhoch über 554,1 Million Dollar im Jahr 2005 brachen Jambas Umsätze binnen eines Jahres um sage und schreibe 231,7 Millionen ein. Bereits 2006 war Jamba damit praktisch nichts mehr wert. Zwar brachte es das Unternehmen immer noch auf einen Umsatz von 322,4 Millionen US-Dollar, doch das Image war verbrannt und das eigene Geschäft im freien Fall. Diese Entwicklung schlug sich auch auf den Aktienkurs von VeriSign nieder. Hatte das Papier seinen Wert nach der Übernahme von Jamba zwischenzeitig verdoppelt, sank es nun unter seinen damaligen Wert. Dabei hatte Jamba sich sogar merklich erfolgreicher geschlagen als sein größter Wettbewerber ZED, das 2002 ein Investment von Yahoo! erhalten hatte, dann aber 2004 schließlich für 37 Millionen Dollar an die spanische Mediengruppe Wisdom Entertainment verkauft wurde.[103]

Jamba stürzt nach dem Ausscheiden der Samwers in sich zusammen

Mit dem Ende von Jambas Umsatzwachstum war auch der Anreiz der Samwers für einen weiteren Verbleib verschwunden. Und ein Weggang stieß durchaus auf Gegenliebe. Auch VeriSign litt zusehends unter den negativen Presseberichten und überdachte seine Strategie zu dieser Übernahme, die ohnehin etwas exotisch angemutet hatte. Der Aktienkurs des US-Konzerns fiel im selben Verhältnis wie Jambas Umsätze einbrachen. Es galt auf das verheerende Echo der Öffentlichkeit zu reagieren und einen Kurs der Mäßigung, Normalisierung und Imagepolitur einzuläuten. Bei der Suche nach einem beschleunigten Ausstieg fanden die Samwers in VeriSign daher einen aufgeschlossenen Gesprächspartner. Im September 2005 war es dann endgültig soweit – Marc und Oliver Samwer kehrten Jamba den Rücken. Alexander Samwer hatte Jamba bereits 2003 verlassen und einen Studienplatz an der amerikanischen Elite-Universität Harvard erhalten. Nach einem kurzen Intermezzo als freie Berater des Unternehmens wandten sich nun auch dessen

Brüder schnell neuen Gründungsplänen zu. Die wenigen Kontaktaufnahmen der Samwers mit Jambas Angestellten, dienten im Nachgang meist eher dazu, viel versprechende Mitarbeiter für neue Projekte abzuwerben.

Es folgte für Jamba eine Phase von etwa anderthalb Jahren Dauer, die von zurückgehenden Umsätzen, der Gefahr zunehmender Regulierung, wirtschaftlichen Verlusten und Problemen in der Unternehmenskultur geprägt war. Jamba stabilisierte sich auf einen Umsatz von rund 300 Millionen Dollar und arbeitete gerade eben profitabel. Aus der aufgeblasenen Klingeltonschleuder sollte ein solides Unternehmen geformt und das eigene Katastrophenimage verbessert werden. Mit dem Weggang der Samwers wurde jedoch offensichtlich, dass VeriSign das Geschäft inhaltlich nicht ausreichend verstand. Bei Jamba passierte, was mit der Zeit einigen Samwer-Gründungen widerfahren sollte: Nachdem die Samwers auf dem Höhepunkt ihres Unternehmens einen lukrativen Verkauf hingelegt hatten und ausgeschieden waren, sackte das Geschäft in den Händen des neuen Besitzers schlagartig in sich zusammen. Ein Beleg dafür, wie wichtig die operative Teilhabe der Samwers für den Erfolg der Gründung war, wenngleich es das Trio unter der aggressiven Wachstumsstrategie von Oliver Samwer übertrieb.

Nachdem der Wettbewerb und die Regulierung des Segments zugenommen hatten und Jambas Werbemaßnahmen sich nicht rechneten, sah VeriSign sich nach einem Partner um, der das Content-Geschäft verstünde. Diesen machte man in der Fox Entertainment Group aus, einer Beteiligung von Rupert Murdochs Medienunternehmen News Corporation. Im Januar 2007 besiegelten beide eine Zusammenarbeit und Fox erhielt gegen 192,4 Millionen Dollar eine Beteiligung von 51 Prozent an Jamba. Wie sich jedoch zeigen sollte, verstand Fox deutlich weniger vom Geschäft mit mobilen Inhalten, als angenommen. Unter der Ägide des Medienkonzerns machte Jamba gleich mehrere Produktbaustellen auf und litt unter einer gleichermaßen sprunghaften wie bürokratischen Führung. Die Prozesse der einst so agilen Gründung verlangsamten sich und binnen eines Jahres setzte Fox gleich vier unterschiedliche CEOs ein. Auch Jambas zweiter Eigentümer hatte keine Ahnung, wo es mit der Gründung hin gehen sollte und brachte nicht nur ein gewisses Führungsvakuum ins Unternehmen, sondern läutete auch den Exodus von Jambas verbliebenen Altgedienten ein. Vor allem disqualifizierte Fox durch weiterhin kundenunfreundliche Methoden Jamba von der beginnenden Smartphone-Revolution.

VeriSign zog seine Konsequenz, indem es im Oktober 2008 seine verbliebenen 49 Prozent an News Corporation verkaufte. In Summe erhielt VeriSign 381 Millionen Dollar für jenes Unternehmen, das es gut vier Jahre zuvor für 273 Millionen erstanden hatte. Fox wirtschaftete Jamba anschließend herunter. Das Geschäft des Anbieters für mobile Inhalte entwickelte sich derart rückläufig, dass die Fox in mehreren Entlassungswellen Mitarbeiter freisetzte und schließlich das Jamba-Kapitel beendete. Der Medienkonzern verkaufte Jamba im Dezember 2010 an die Investmentfirma Jesta Group, welche den bis dato unter »Fox Mobile« firmierenden Betrieb in »Jesta Digital» umtaufte, auf kleiner Flamme betrieb und schließlich an Freenet weiterveräußerte. Dabei hatten die Samwers bei Jamba ein Management-Team versammelt, das die Entwicklung des Geschäfts im mobilen Internet wesentlich mitbestimmt hatte. Bis heute prägen diese Personen mit verschiedenen Folgegründungen die Geschicke der deutschen Internetbranche und machten Jamba zu einem Kompetenzzentrum der Szene, in dem viele Internet-Pioniere ihr Handwerk lernten und in die Branche weitertrugen.[104]

Allerdings gelang es Jamba nicht, ein Geschäft zu entwickeln, das den Bedeutungsverlust des Klingeltongeschäfts auffangen konnte. Den Nutzern war der Bedarf an Jambas Diensten abhandengekommen, während die Regulierungsbehörden für Transparenz sorgten. Oliver Samwer hatte ein Maximum an Umsatz aus den vorhandenen Strukturen geholt, das Unternehmen aber die Grenze der Zumutbarkeit überschreiten lassen. Jamba bezahlte für die Aggressivität seines Marketings mit der Nachhaltigkeit seines Geschäfts und versäumte es nach dem Abgang der Samwers, eine neue Basis zu entwickeln – dabei gab es dazu Möglichkeiten genug. Mit dem durch Smartphones einsetzenden Erfolg des mobilen Internets hätte Jamba zu einer Größe in der App-Welt werden können – eine Position, die Apple mit dem App Store für sich beanspruchte, wodurch Jamba seine Rolle als Zwischenhändler einbüßte. Und das, obwohl Jamba deutlich vor dem Aufkommen des iPhones, mit »Jamba World« eine eigene App-Store-Lösung entwickelt hatte. Kunden konnten sich die Handy-Software herunterladen und daraus anschließend direkt Inhalte kaufen. Jamba World funktionierte viel versprechend, sodass Nokia es auf seinen Geräten vorinstallierte. Durchzusetzen vermochte es sich dennoch nicht. Jamba war mittlerweile zu verrufen und hatte im Smartphonebereich schnell Boden verbrannt.

Auch das Musikgeschäft hätte Raum für eine Weiterentwicklung geboten. Mit »Jamba Music« entstand im März 2006 ein Streamingdienst, der ähnlich dem heute erfolgreichen Spotify funktionierte. Für monatlich 15 Euro konnten Nutzer Musiktitel auf ihr Handy laden und auf dem Computer synchronisieren. Abgerechnet wurde über die Telefonrechnung. Aus unterschiedlichen Gründen war der Zeitpunkt für Jamba Music aber zu früh. Die Musiklabels waren für eine Zusammenarbeit noch nicht aufgeschlossen, Nutzer wollten ihre Musik besitzen und die Netze boten nicht ausreichend schnelle Übertragungswege. Vor allem verfügten 2006 aber zu wenige Nutzer über eine Flatrate. Beim internen Testen hatte selbst Jamba eine Rechnung über 20.000 Euro auflaufen lassen, weil ein Mitarbeiter ohne Flatrate testete. In Verbindung mit der Tatsache, dass Jambas Marke für den Dienst zu verbrannt war und das Unternehmen durch die Provisionsabführungen zu wenig an seinem Musikdienst einnahm, stellte News Corporation Jamba Music 2007 schließlich ein. Lange hatte der Konzern mit einer Verschmelzung seines Social-Networks MySpace geliebäugelt, zumal Jamba seit September 2005 mit »Jamba! TV« sogar über einen Musik-Fernsehsender verfügte, auf dem Musikclips ohne Werbeunterbrechung liefen und Zuschauer die gezeigten Stücke als Klingeltöne auf ihr Handy bestellen konnten.[105] Gut sieben Jahre später wurde der Dienst jedoch ebenfalls eingestellt.

Aus Jamba hätte also Vieles werden können: Ein eigener App-Store anhand von Jamba World, ein Musikanbieter in der Kombination von Jamba Music und Jamba! TV oder auch ein Bezahldienstleister für das mobile Internet. Selbst ein Community-Ansatz für mobile Nutzer oder die Ausgründung von iLove wären denkbar gewesen. Letztlich fehlte dem Unternehmen allerdings die notwendige Strategie, wie auf die Smartphone-Revolution zu reagieren war. Der Weggang der Samwers war nicht zu kompensieren und Jamba verzettelte sich mit unterschiedlichen Produktkategorien und hatte unter der Leitung von News Corporation nicht nur seinen Fokus, sondern oftmals seine Agilität verloren.

4. Der EFF – vom Gründer zum Investor

Der European Founders Fund entsteht

Nach ihrem Ausscheiden bei Jamba im Mai 2004 wurde schnell klar, dass sich die Samwers nicht auf ihren Verdiensten ausruhen, sondern unvermittelt in ihr nächstes Gründungsvorhaben starten würden. Im Gegensatz zu den bisher gegründeten Einzelunternehmen konzentrierte sich das Trio fortan aber auf eine neue Sparte des Internetgeschäfts: das Finanzieren von Unternehmen. Schon länger hatten die Samwers – allen voran Oliver – junge Gründungen aus Deutschland mit Rat und Tat unterstützt, nun sollte die Professionalisierung ihrer Unterstützertätigkeiten folgen. Unter dem Dach einer eigens eingerichteten Gesellschaft konzentrierte das Brüdergespann seine Beteiligungen. Mit dem Kapital ihrer erfolgreichen Firmenverkäufe stießen die Samwers eine neue Tür auf: Sie wechselten vom Gründer zum Investor.

Ein Geldgeber von Gründern für Gründer

Im November 2005 war es so weit: Nach ihren zwei erfolgreichen Exits riefen die Samwers mit dem European Founders Fund – kurz EFF – ein Vehikel ins Leben, mit dem sie die Seiten wechseln konnten. Kaum zwei Monate nach ihrem Ausscheiden bei Jamba begannen Oliver Samwer und seine Brüder mit Investments in Internetgründungen. In einer Zeit, in der die gesamte deutsche Internetszene noch in den Kinderschuhen steckte und es nach dem Platzen der Dotcom-Blase kaum Akteure gab, die Internet-Start-ups finanzierten, schickten sie sich an, ihre Verdienste aus den Verkäufen von Alando und Jamba in aufstrebende Start-ups zu investieren. Außer ihnen gab es nur eine Handvoll Akteure, die es ihnen gleichtun und Kapital in Internetgründungen stecken wollten. Deutschlands Gründerszene war zu dieser Zeit nicht wirklich mehr als eine kleine verschworene Einheit aus Bekannten. Alexander,

Marc und Oliver Samwer waren ein elementarer Bestandteil dieses gut vernetzten Milieus und hatten nach ihrem Verkauf von Alando einen der Meilensteine deutscher Internetgeschichte gesetzt. Die Szene war im Begriff, ihren traumatischen Absturz zu verarbeiten, und an dieser Gesundung wollten die Samwers fortan direkt partizipieren. Bis dato hatten sie ihr Ansehen vor allem eingesetzt, um Kapital und Partnerschaften für ihre eigenen Gründungen zu akquirieren. Nun galt es, an größeren Rädern zu drehen, indem sie ihre Aktivitäten ausweiteten. Anstatt selbst Unternehmen zu gründen, wollten sie in unterschiedliche Gründungen investieren und an der Wertschöpfung gleich mehrerer Akteure partizipieren.

Namentlich ließen sie sich wiederum durch ein externes Vorbild inspirieren: Nachdem Alando in Anlehnung an den bekannten Loona-Song »Bailando« benannt worden war und die Smoothie-Kette Jamba Juice als Namenspate für Jamba herhielt, ahmte der EFF namentlich den amerikanischen Investor »Founders Fund« nach. Beim Founders Fund handelte es sich um eines der bekanntesten und erfolgreichsten US-Unternehmen zur Vergabe von Risikokapital. Der Geldgeber mit Sitz in San Francisco war 2005 von dem deutschen Ex-PayPal-CEO Peter Thiel sowie dessen PayPal-Mitgründern Ken Howery und Luke Nosek aufgesetzt und bald darauf um den Napster-Mitbegründer Sean Parker und den Google-Entwickler Brian Singerman ergänzt worden. Entsprechend mäßig kam es beim Founders Fund an, dass sich drei Brüder aus Deutschland zur Namensfindung beim erfolgreichen US-Investor bedienten und einfach ein »European« davorsetzten.

»Wir haben uns in den USA und Asien umgeschaut. Dabei ist uns im kalifornischen Silicon Valley aufgefallen, dass viele erfolgreiche Unternehmer ihr Geld in Start-ups investieren und den jungen Firmen dann auch aktiv zur Seite stehen. [...] Wir wollen den Gründern aber nicht nur Geld, sondern auch unsere aktive Unterstützung und unseren Rat geben.[106] Viele Investoren können Gründern nicht sagen, wie man beispielsweise eine Website so aufbaut, dass sie über Google gut gefunden wird. Das ist bei uns anders, weil wir es selber schon häufig erfolgreich gemacht haben. [...] Wir wissen daher genau, worauf es beim Aufbau eines erfolgreichen Internet- oder Technologieunternehmens ankommt und geben zusätzlich zu unserem Geld auch diese wertvolle Erfahrung als wirklichen Mehrwert an die Gründer weiter. Zudem verfügen wir über ein riesiges Netzwerk an relevanten Kontakten, von dem unsere Gründer profitieren.[107] Wir bekommen jeden Tag viele Busi-

nesspläne und E-Mails von Start-ups zugeschickt. Haben wir dann an einer erfolgversprechenden Idee Interesse gefunden, kommt es relativ zeitnah und pragmatisch zur Kontaktaufnahme. Nach kurzer Zeit können wir dann auch bereits eine Investitionsentscheidung treffen, da wir keine bürokratischen Prozesse durchlaufen müssen. Ein Gespräch unter uns drei Brüdern genügt. Vom ersten Meeting bis zur Entscheidung braucht es oft weniger als 48 Stunden.«[108]

Oliver Samwer über die Aktivitäten des European Founders Funds

Inhaltlich verstanden die Samwers den European Founders Fund als einen Geldgeber, der von Gründern für Gründer gemacht war und entsprechend praxisnah agieren sollte. Bei ihrer Tätigkeit bei Alando und Jamba hatten sie zahlreiche Erfahrungen gesammelt, die sie nun gemeinsam mit Kapital und Kontakten im Austausch gegen Firmenanteile an andere Gründer weitergeben wollten. Angeregt durch ihre eigenen Gründungen entschieden sich die Samwers dazu, ihre Investments primär auf Unternehmen zu beschränken, die sich an Privatkunden richteten. Besonders Communitys, Marktplätze und Spieleunternehmen hatten es den Samwers angetan und sie schickten sich an, deutschlandweit auf Investmentjagd zu gehen. Mit Kapitalsummen im sechs- bis siebenstelligen Bereich setzte der EFF darauf, sich zu einem frühen Zeitpunkt zu beteiligen. Zwar barg dieses Vorgehen ein höheres Risiko, bot aber die Aussicht, deutlich umfangreicher zu partizipieren, wenn eine Unternehmung Erfolg hatte. Und die Samwers wollten auch hier schnell sein: Keiner sollte ihnen beim Tempo ihrer Umsetzung etwas vormachen können. So nahmen sie den Shoppingclub Limango vor allem deshalb als Investor an Bord, weil die Samwers schon vier Tage nach dem gemeinsamen Pitch einen Notartermin ansetzten.

Erste Investments in deutsche Gründungen

Den Anfang der EFF-Aktivitäten machten unterschiedliche Beteiligungen an deutschen Internetgründungen, welche die Samwers ab Mitte des Jahres 2006 zunächst noch als private Geldgeber hielten. Darunter waren junge Unternehmen wie der Spieleanbieter Bigpoint, der Vermietungsmarktplatz Erento, das Social Network Lokalisten oder etwa auch der Gebrauchtwarentauschplatz Hitflip, dessen Gründer Oliver Samwer durch ein Praktikum bei Jamba kennengelernt und schon zu Zeiten des Klingeltonanbieters mit einem privaten Investment über 20.000 Euro unterstützt hatte. Und Oliver Samwer nahm seine frühen Investments durchaus ernst und unterstützte selbst operativ – egal ob es um Homepage-Design oder Willkommensmails ging. Zum Ende des Jahres 2006 setzten die Samwers dann sogar zusehends auf erste amerikanische Investments, um Zugang zum größeren Finanzierungsmarkt der Vereinigten Staaten zu erhalten und sich mit angesagten Beteiligungen wie dem Business-Netzwerk LinkedIn oder dem Ferienwohnungsmarktplatz HomeAway einen Namen zu machen.

Die wohl namhafteste Beteiligung dieser Zeit stellte aber das junge Social Network StudiVZ dar. Gegründet von den beiden Jungunternehmern Ehssan Dariani und Dennis Bemmann war StudiVZ als eine Kopie des erfolgreichen US-Unternehmens Facebook konzipiert und gewann zusehends an Aufmerksamkeit in der deutschen Internetbranche. Die beiden Gründer hatten sich über ein Jungforschernetzwerk kennengelernt und verfügten mit dem Gründungsinvestor Lukasz Gadowski, den Dariani aus Schulzeiten in Kassel kannte und ein Praktikum bei dessen Gründung Spreadshirt absolviert hatte, über einen ersten Geldgeber, der sie mit seinem Partner Matthias Spieß bei der Umsetzung unterstützte. Schon vor der Entstehung von StudiVZ im Herbst 2005 hatte es erste Versuche gegeben, Social Networks in Deutschland zu etablieren – ein Erfolg war bis dato aber ausgeblieben. Mit dem US-Vorbild Facebook am Horizont sollte nun eine neuerliche Welle von deutschen Nachahmern ansetzen, zu deren Anführern das im Spätsommer 2005 gegründete StudiVZ gehörte. In einer Zeit, in der die wenigen aktiven Business Angels einen engen Kontakt pflegten und die getätigten Investments nicht selten zu einer Art Club-Deal wurden, zählte auch Christian Vollmann, der durch seine Erfahrungen mit der Jamba-Community Myfriends relevant wurde, zu den Investoren von StudiVZ.

Nach zwei zunächst gescheiterten Investitionsgesprächen stießen im April 2006 auch die Samwers mit einem sechsstelligen Betrag zu StudiVZ und warben den Holtzbrinck-Verlag als Geldgeber, der sich kurz zuvor noch erfolglos an einem eigenen Facebook-Klon versucht hatte. Als Gesellschafter trugen die Samwers zur Funktionalität und den Inhalten der Plattform kaum etwas bei, sondern konzentrierten sich stattdessen auf die Auswertung des Zahlenmaterials und halfen dabei, als es angesichts der Skalierungsprobleme von StudiVZ galt, unter hohem Zeitdruck mit Hosting-Unternehmen zu verhandeln. Vor allem begleiteten sie den Verkaufsprozess der Vorzeigegründung, und es darf als sicher gelten, dass der spätere Verkauf ohne sie nicht so gut geklappt hätte – besonders Oliver Samwer war dabei stark involviert und erntete den Dank vieler Beteiligter, die sehr zufrieden waren, dass ein Unternehmen ohne Umsatz für viel Geld und in hoher Geschwindigkeit verkauft wurde. Ehe es so weit war, galt es aber, unterschiedliche Optionen abzuwägen.

Um bekannt zu werden, hatte StudiVZ auf virale Maßnahmen gesetzt und insbesondere mit seinen »Campus Captains«, eigens rekrutierten Studenten, die im Austausch gegen kleinere Kompensationen zum Werbebotschafter an Universitäten wurden, große Erfolge verzeichnet. Wenngleich sich der Erfolg von StudiVZ vor allem auf den deutschen Raum beschränken sollte, gewann der junge Facebook-Klon derart an Bekanntheit, dass mit dem Suchmaschinenanbieter Yahoo!, den Verlagen Axel Springer und Holtzbrinck sowie US-Vorbild Facebook gleich vier Interessenten einen Bieterkampf vom Zaun brachen. Gemeinsam mit Michael Brehm, einem WHU-Absolventen, der zur Stabilisierung der Prozesse als Geschäftsführer hinzugestoßen war, betreuten die Samwers den Verkaufsprozess, an dessen Ende Holtzbrinck mit einem Angebot von 85 Millionen Euro zu einem der höchstbietenden Interessenten zählte. Allerdings wurde Holtzbrincks Angebot durch das Verlagshaus Axel Springer um 5 Millionen Euro überboten.

Die Berliner waren gewillt, 90 Millionen Euro zu bezahlen, und sahen in StudiVZ ihre Chance auf ein werbefinanziertes Online-Geschäftsmodell. Dennoch bot Holtzbrinck einen Deal, der für das Gründerteam realistischere Zielvorgaben bedeutete und damit attraktiver war. Im Gegensatz zu den weiteren Interessenten sah Holtzbrinck zunächst kein internationales Wachstum vor, sondern wollte sich darauf konzentrieren, in Deutschland dauerhaft die Nummer eins des Marktes zu stellen, anstatt sich in mehreren Märkten auf einmal aufzureiben. Gleichzeitig musste sich das Gründerteam nur für drei weitere Jahre verpflichten – ein Jahr weniger als Axel Springer es wünschte. Kurzum: Holtzbrinck erschien nicht nur interneterfahrener, sondern unterbreitete auch ein gründerfreundlicheres Angebot. Facebook wollte seinen deutschen Wettbewerber in Ermangelung des notwendigen Kapitals derweil vor allem in Facebook-Anteilen übernehmen und hatte sich durch einen umfangreichen Vertrag voller Garantien selbst ins Aus manövriert.

Mithin ergab sich angesichts der verschiedenen Angebote eine unterschiedliche Interessenlage. Für das Gründerteam bot Holtzbrinck das beste Gesamtpaket und auch ein Großteil der Investorenschaft war bereit, sich mit dem etwas niedrigeren Angebot abzufinden. Einzig die Samwers blockierten jenen Deal, der ihnen weniger Geld bescherte. Das Brüdertrio war wegen des höheren Kaufpreises daran interessiert, mit Axel Springer einig zu werden. Alle verbliebenen Investoren erklärten sich zugunsten eines für das Gründerteam besseren Deals bereit, Abstriche bei der Kaufsumme zu machen – doch mit den Samwers war an so etwas nicht zu denken.

Schließlich konnte am 3. Januar 2007 aber doch jener umstrittene Deal mit Holtzbrinck wirksam werden. Man hatte sich auf einen Kompromiss geeinigt, bei dem das Gründerteam den Samwers ihre Differenz zum um fünf Millionen höheren Angebot von Axel Springer erstattete. Die Samwers hatten es verstanden, für sich eine Sonderbehandlung auszuhandeln und verlangten den Gründern dazu einen Teil ihres Exit-Verdienstes ab.

So hat der Verkauf von StudiVZ dazu beigetragen, den Ruf der Samwers als ruchlose Geldgeber zu begründen: Während sie den Gründern eine Auszahlung abrangen, soll es gleichzeitig mit Holtzbrinck zu einem Arrangement gekommen sein, dass die Samwers sich an deren erfolgreicher Partnervermittlungsplattform Parship beteiligen durften, wenn sie dem StudiVZ-Verkauf zustimmten. Das mag ein Gerücht sein. Wohl aber ist der Zorn von Holtzbrinck überliefert, als die Samwers 2008 trotz ihrer Rolle als Gesellschafter Parship selbst nachbauten.

Oliver Samwer und seine Brüder ließen es nicht bei diesem Kuhhandel rund um den StudiVZ-Kauf bewenden und investierten noch im selben Monat in den polnischen Facebook-Klon Nasza-klasa, ehe sie nur ein Jahr später sogar das US-Vorbild Facebook selbst finanzierten. Oliver Samwer hatte Mark Zuckerberg angeblich dazu gebracht, dass er und seine Brüder nur einen Teil der für 1,5 Prozent an Facebook eigentlich fälligen 15 Millionen Euro zahlen mussten. Dem US-Schwergewicht standen die Samwers stattdessen beim europäischen Ausbau bei, schließlich hatten sie mit ihrer Beteiligung an StudiVZ umfangreiche Einsichten in den deutsch-europäischen Markt gewonnen. Immerhin: Vor ihrem Facebook-Investment rief Oliver Samwer StudiVZ-Neubesitzer Stefan von Holtzbrinck an, um ihm von seinem Vorhaben zu erzählen.

Eine ähnlich brisante Geschichte rankt sich um die Gebrüder Strüngmann, die mit dem Pharmaunternehmen Hexal einen Gründungserfolg hingelegt hatten und den Samwers zehn Millionen Euro für ihre Investitionsvorhaben überantworteten. Da die Samwers schnell starten sollten, sich die Verhandlungen des Vertragswerks aber noch hinzogen, erhielten sie die Strüngmann-Gelder bereits und investierten sie in StudiVZ. Um die Gewinne aus dem kurze Zeit später anstehenden StudiVZ-Verkauf aber nicht teilen zu müssen, gaben die Samwers den Pharmaunternehmern schließlich ihr Kapital unverzinst zurück und sagten die gemeinsame Zusammenarbeit nach rund acht Monaten Vertragsverhandlungen ab. Eine zweifelsohne rücksichtslose Vorgehensweise, zu der es aus der anderen Richtung hieß, die Strüngmanns hätten ihr Geld selbst herauszogen, weil sie nicht in der Lage gewesen seien, das Risiko der Samwers mitzugehen.

Geschichten wie diese um StudiVZ lassen erahnen, warum die Samwers in der Internetbranche einen kontroversen Ruf genießen, wenngleich sich vieles davon nur selten belegen lässt. Geschäftspartner, die sich ungerecht behandelt fühlen, zementieren diesen Ruf in ähnlicher Weise wie der Umstand, dass oft vor allem die Samwers von den unterschiedlichen Deals profitierten. Nachdem sie bei StudiVZ bereits fleißig abgesahnt hatten, brachte es Facebook zu einem Börsengang, und Nasza-klasa wurde für 90 Millionen Dollar an Forticom veräußert. Die Samwers hatten mit Social Networks Millionen gemacht und als Investor wichtige Erfolge eingefahren. Für Holtzbrinck entwickelte sich der Kauf von StudiVZ derweil zum Desaster. Mit zwischenzeitlich 16 Millionen Nutzern bildete es zunächst Deutschlands größtes Social Network, konnte sich durch Holtzbrincks Mangel an Innovationsbereitschaft aber nicht gegen Facebook durchsetzen und wurde nach sukzessiver Verkleinerung schließlich an die US-Investmentgesellschaft Vert Capital verramscht. Und dies, obwohl es sogar ein weiteres Übernahmeangebot von Facebook gegeben hatte.

Quasi-Eigengründungen bilden die zweite Basis des EFF

Doch bei der Investorentätigkeit allein sollte es für die Samwers nicht bleiben. Neben der reinen Finanzierung von Geschäftsideen über den European Founders Fund begann das Trio, eigene Gründungen mit einem Inkubatoren-Ansatz umzusetzen – ein Konzept, das Alexander, Marc und Oliver Samwer in der deutschen Gründerszene quasi im Alleingang etablierten und zu einer Art der Unternehmensbeteiligung machten, die heute am meisten verbreitet ist.

Unter Inkubation wird das Befördern von Unternehmensgründungen auf Basis von vordefinierten Prozessen, bestehenden Produktbausteinen und unterschiedlichen Unterstützermaßnahmen verstanden. Wenn man so will, handelt es sich bei einem Inkubator um einen Geldgeber, der besonders aktiv bei der Umsetzung hilft und neben Kapital auch Sachgüter und Dienstleistungen mit einbringt. Ursprünglich entstammt die Bezeichnung dem Medizinbereich und meint dort eine Art Brutkasten für Frühgeborene, der dafür sorgt, dass ein optimales Milieu zum Schutz des jungen Lebens besteht. Im übertragenen Sinne erfüllen Inkubatoren für Unternehmensgründer ebenfalls eine solche Funktion, indem sie jungen Start-ups eine Umgebung bereiten, die optimale Bedingungen für einen erfolgreichen Start ins Geschäftsleben bieten.

Je nach Prägung bietet ein Inkubator unterschiedliche Unterstützungsmaßnahmen bis hin zu der Bereitstellung einer Art Full-Service-Infrastruktur, bei der einer jungen Gründung gleich bei mehreren zentralen Faktoren geholfen wird. Neben der Versorgung mit Kapital unterstützen Inkubatoren üblicherweise bei der Suche nach einem Gründungsteam (Teambuilding), der Ausformulierung des Geschäftsmodells sowie dessen initialer Umsetzung und stellen Büroflächen zur Verfügung.

Zur Entstehungszeit des EFF entwickelten die Samwers das Konzept der Inkubation als ein zweites Standbein ihres jungen Fonds, mit dem sie ihre Ressourcen zur Gründung neuer Unternehmen einsetzten. Sie schufen mit »Rocket Internet« Deutschlands ersten Inkubator. Nach seiner Gründung im Mai 2007 firmierte Rocket zunächst als hundertprozentige Tochter des EFF, die Unternehmensgründungen beförderte, indem anhand des Kontaktnetzwerks der Samwers junge Teams zusammengestellt und mit etwas Kapital ausgestattet wurden. Über den Prozess des Teambuildings und der Finanzierung hinaus gab es aber praktisch keine Unterstützung. Inhaltlich konzentrierte Rocket Internet sich auf die Gründung von sogenannten »Copycats«, Unternehmensgründungen, die sich ausländische Unternehmen zum Vorbild nehmen und für den eigenen Heimatmarkt adaptieren. In Ergänzung zu den Investment-Aktivitäten entstanden so ab dem Jahr 2007 eine ganze Reihe von Eigengründungen. Neben dem Twitter-Klon Frazr schickten die Samwers mit Doktus eine Kopie der Dokumentenplattform Scripd auf den

Weg und entwickelten den Internetratgeber Experto. Auch an das Konzept der umgekehrten Auktionen tasteten die Samwers sich heran, indem sie auf Arztplatz.de und Ingenieurplatz.de Ärzten und Ingenieuren das Bieten auf Aufträge ermöglichten.

Wie sich zeigen sollte, war der Ansatz einer »Inkubation light« aber nicht ausreichend, um im Markt Erfolg haben zu können. Denn das Ergebnis der ersten Samwer'schen Inkubationsversuche war ernüchternd bis katastrophal: Binnen kurzer Zeit schlitterten alle mit Rocket Internet gebildeten Unternehmen in die Pleite und brachten die Einsicht mit sich, dass der deutsche Markt für viele Gründungen noch nicht reif und es mit der Zusammenstellung eines Teams und etwas Geld wohl nicht getan war. Eine dieser erfolglosen Rocket-Gründungen war das junge Unternehmen »Inpado«, das ebenfalls nicht über einige Monate Bestehen hinauskam. Mit der Gründung des Domain-Anbieters entstand aber eine Gründung unter dem Dach von Rocket Internet, die noch von Bedeutung für den European Founders Fund werden sollte – zumindest personell.

Die Professionalisierung des European Founders Funds

Zu Beginn des Jahres 2007 fand mit der Digital Life Design (DLD) in München eine der bedeutendsten Konferenzen der Internet- und Digitalwirtschaft statt. Nach dem Auftakt im Januar 2005 lud Hubert Burda bereits zum dritten Mal Unternehmer und Investoren ein, sich zu den Themen Innovation, digitale Medien und Kultur auszutauschen. Einer der dort geladenen Investoren war Oliver Samwer, der durch sein Engagement bei StudiVZ große Aufmerksamkeit genoss. StudiVZ war im Jahr 2007 nach rasantem Wachstum so etwas wie ein Superstar des deutschen Internets und machte auch die Samwers zu VIPs der Szene. Über Umwege waren mit Lukas Brosseder und David Khalil zwei junge WHU-Absolventen zur DLD gelangt, die wie so viele ihrer Kommilitonen Unternehmensberater geworden waren. Ihnen bot sich der Zugang zu einer Welt, die ihnen bis dahin vollkommen fremd gewesen war und den Beruf als Unternehmensberater mit einem Mal denkbar unattraktiv erscheinen ließ.

Das Internet versprach jene Pioniermöglichkeiten, die viele Glücksritter vor der Jahrtausendwende erfolglos im Netz gesucht hatten. In Deutschland lag diese Szene fest in der Hand einer kleinen und verschworenen Gemeinschaft aus Gründern und Investoren, die die verfügbaren Investment-Möglichkeiten unter sich aufteilten. Durch ihr Abschneiden an der Börse hatte die Internetbranche Kleinanleger und Konzerne gleichermaßen verprellt, schickte sich nun aber an, ihren zweiten Frühling zu erleben. Im prunkvollen Ambiente des Bayerischen Hofs wuchs an diesem Abend bei Brosseder und Khalil deshalb die Entscheidung, mit den Samwers eine Gründung anzustoßen. Gerade einmal vier Telefonate brauchte es, ehe die beiden Unternehmer mit Inpado und 100.000 Euro vom European Founders Fund den Versuch eines Domain-Marktplatzes starteten, um Geld durch den Verkauf von Internetadressen und dem Anzeigen von Werbung auf leeren Domains zu verdienen. Nachdem die Samwers sich von ihrem Kontakt zur Google-Managerin Marissa Mayer aber zu viel versprochen hatten und Inpado sein Kapital rasant verbrannte, war das gemeinsame Gründungsvorhaben schnell wieder beendet. Zwar glaubte Oliver Samwer daran, »dass man sicher einen dummen Zahnarzt finden würde«, der Inpado mit weiterem Kapital ausstattete, doch ihm schwebte letztlich etwas anderes vor. Er plante, die Aktivitäten des EFF auszubauen. Dafür aber musste er eine Professionalisierung anstoßen, zu der auch die Verpflichtung zweier Ideen-Scouts zählte, die Ideen und Gründerteams recherchierten.

Schnell entschied man sich also gegen ein weiteres Investment in Inpado. Im März 2007 begannen Lukas Brosseder und David Khalil damit, sich um den »Dealflow«, also die Verarbeitung von Investmentmöglichkeiten des EFF zu kümmern. Schon einen Tag später begannen beide aus dem Wohnzimmer ihrer WG die größten Gründungsvorhaben der USA zu identifizieren. Dafür scannten sie systematisch einschlägige Blogs und die Portfolios bekannter Investoren. Im Laufe der Zeit entwickelten Brosseder und Khalil immer ausgefeiltere Methoden, um frühzeitig auf vielversprechende Gründungen aufmerksam zu werden. Im Wesentlichen war Oliver Samwer aber der Ansicht, dass ein Investment durch einen bekannten Geldgeber das beste Indiz für die Qualität eines Unternehmens darstellte. Ihm war daran gelegen, amerikanische Investitionsobjekte und Ideen aufzutun, die er und seine Brüder finanzieren oder in Deutschland nachbauen und anschließend (womöglich an das Vorbild) verkaufen konnten. Bereits mit Alando hatten sie ja gute Erfahrungen gemacht, ihr Vorbild vor eine Make-or-Buy-Entscheidung, also die Frage zu stellen, ob es günstiger war, selbst eine Idee umzusetzen oder einfach ein Unternehmen der Samwers zu kaufen. Nun begannen sie, dieses Vorgehen zu systematisieren.

Oliver Samwer war denkbar pragmatisch: Bis zum Februar 2008 sollte es kein eigenes Büro für den European Founders Fund geben. Lukas Brosseder und David Khalil arbeiteten von zu Hause aus und hatten die Zugangsdaten zu allen E-Mail-Accounts – selbst zum Postfach von Oliver Samwer. Mit der Zeit sollten die beiden zahlreiche Mails im Namen des Samwer-Leitwolfs verschicken, ermöglichte der direkte Zugang es doch, favorisierte Unternehmen direkt im Namen von Oliver Samwer anzusprechen. Dass sie dabei selbst private Familienmails oder Gespräche über ihre eigenen Bonusanpassungen zu lesen bekamen, schien sie derweil wenig zu interessieren.

>>*Als wir anfingen, für Oliver Samwer zu arbeiten, dachten wir, die Könige der Welt zu sein. Oliver ist wirklich gut darin, einem das Gefühl zu geben, an etwas Außergewöhnlichem beteiligt und der wichtigste Mensch überhaupt für ihn zu sein. Sein Verhalten springt aber auch stark zwischen unterschiedlichen Stimmungslagen. Cholerische Wutanfälle sind keine Seltenheit, wenn etwas nicht so klappt, wie er es sich vorgestellt hat. Und Lob gibt es äußerst selten. Doch trotz aller Unwägbarkeiten bin ich Oliver sehr, sehr dankbar. Ohne seine Förderung wäre ich heute wohl nicht dort, wo ich mittlerweile bin. Wir alle haben in unserer gemeinsamen Zeit sehr viel von ihm gelernt und haben hautnah spannende Entwicklungen begleitet, die einem für gewöhnlich verborgen bleiben.*<<

David Khalil über die Eigenheiten von Oliver Samwer

Oliver Samwer hatte mit beiden Investment-Managern ausgehandelt, dass diese ein Gehalt und Beteiligungen an allen Investments erhalten sollten. Brosseder und Khalil blickten auf ein lukratives Arrangement, das ihnen einen tiefen Einblick in die Welt der Samwers am Puls der internationalen Internetwirtschaft bot. Im Gegenzug erwartete Samwer unbedingte Leistungsbereitschaft. Mitunter arbeiteten Brosseder und Khalil 90 Stunden oder mehr pro Woche und hatten im Fünf-Minuten-Takt für Anrufe ihres Vorgesetzten bereitzustehen. Selbst im Urlaub sollte der umtriebige Kölner keine Ruhe geben. Während eines Skiurlaubs in Österreich verbrachte das WHU-Gespann in sieben Tagen gerade einmal acht Stunden auf der Piste und produzierte für den Samwer-Austausch eine UMTS-Rechnung über 17.000 Euro. Beharrlich versuchte Oliver Samwer, mehr aus seinen EFF-Verantwortlichen herauszupressen, bis diese an ihre Kapazitätsgrenzen stießen.

»Es war eine spannende und lehrreiche Zeit beim EFF, wobei wir auch privat Dinge zusammen unternommen haben. Zum Beispiel gaben seine Brüder eine Überraschungsparty zu Oliver Samwers Geburtstag im August, zu der David und ich eingeladen waren. Alex drückte mir ein Feuerwerk in die Hand, denn Oli kam mit dem Boot an und das Feuerwerk sollte gezündet werden, sobald er vorfährt. Es handelte sich dabei um ein Profi-Feuerwerk, das man im Boden verankern musste, nur hatte mir das niemand gesagt. Wir stellten das Feuerwerk auf den Boden und der erste Schuss ging in die Luft, riss aber das Feuerwerk um, weshalb der zweite direkt im Cateringzelt landete. Ich bin sofort zum Feuerwerk gelaufen und habe es für die nächsten beiden Schüsse in der Hand fest gehalten, während alle aus dem Zelt rannten, nachdem die Kisten dort Feuer gefangen hatten. Am Ende ging alles gut aus und Oliver Samwer hatte das Ganze nicht einmal bemerkt. An seinem Geburtstag Oliver Samwers Partyzelt abzufackeln, ist aber auf jeden Fall eine Erinnerung, die bleibt.«

Lukas Brosseder über Anekdoten aus der Zeit mit den Samwers

Den für einen Personalausbau gedachten WHUler Michael Schrezenmeier vergraulte Oliver Samwer derweil binnen gerade einmal zweier Monate. Dabei verstand er es eigentlich sehr gut, Unterstützer an sich zu binden. Seine Menschenfängerqualitäten lagen darin, viel und gut zu verkaufen, ohne seine Worte mit belastbaren Garantien zu belegen. Wurde das gemeinsam Bewegte schließlich größer, schien es Samwer angebracht, seine ursprünglichen Zusagen zu korrigieren, zumal es dem Gegenüber angesichts der vermeintlich privilegierten Behandlung schnell unanständig erschien, in der gegebenen Situation mehr auszuhandeln. Beim European Founders Fund sollte dieses Vorgehen nicht anders aussehen. Gab es doch einmal Gesprächsbedarf, brauchten die Anwälte des EFF immer noch etwas Zeit, obwohl sich alles, was Oliver Samwer machte, sonst binnen einer Stunde umsetzen ließ.

Exkurs: Wie ein Internetfonds funktioniert

Zur Entstehung des European Founders Funds kannte Deutschland nur noch wenige Fonds, die in Internetthematiken investierten. Alle deutschen Aktivitäten waren seit dem Platzen der Dotcom-Blase deutlich kleiner und verstreuter geraten, was das Einwerben von Kapital für die Samwers nicht gerade erleichterte. Bisher hatten sie nur ihr eigenes Geld investiert, doch wollten sie größere Räder bewegen, war es unumgänglich, zusätzliches Kapital aufzunehmen. Der Gedanke war simpel: Ein oder mehrere Geldgeber würden den Samwers als Fondsbetreiber finanzielle Mittel zur Verfügung stellen, die diese anschließend vermehrten, indem sie in Internetunternehmen investierten. Wenn man so will, sollte Know-how auf Kapital treffen. Wirtschaftlich sind dabei drei Fonds-Faktoren relevant: die Management Fee, der Carried Interest und die Hurdle Rate.

Der Betreiber eines Fonds – in der Fachsprache General Partner (GP) genannt –, also derjenige, dem es zufällt, die Gelder der beteiligten Investoren – als Limited Partner (LP) bezeichnet – zu investieren, wird für seine Aufwände mit einer jährlichen Gebühr, der sogenannten Management Fee, entlohnt. Typischerweise bewegt sich diese zwischen einem und zwei Prozent des Fondsvolumens, sodass etwa ein General Partner, der einen Fonds von 100 Millionen Euro managt, jedes Jahr mit 2 Millionen Euro seine Aufwände decken kann. Neben der Management Fee gibt es mit dem Carried Interest (oder Carry) auch eine Gewinnbeteiligung für den Betreiber eines Fonds. Typischerweise bewegt sich dieser um die 20 Prozent der durch den Fonds erzielten Gewinne abzüglich der erfolgten Management Fee. Gelingt es einem General Partner beispielsweise, seinen Fonds über 100 Millionen Euro zu verdoppeln, stehen ihm bei einem Carried Interest von 20 Prozent dementsprechend 18 Millionen Euro zu (20 Prozent des 100 Millionen-Euro-Gewinns minus 2 Millionen Management Fee).

Um sicherzustellen, dass die General Partner keine risikoaversen Anlagen tätigen und sich auf ihrer Management Fee ausruhen, ist der Abschluss einer Hurdle Rate verbreitet. Diese gibt an, wie viel Prozent Wertentwicklung eintreten müssen, ehe ein Fondsbetreiber den Carried Interest erheben darf. Branchenüblich sind um die acht Prozent, dies bedeutet, dass die beteiligten General Partner keine Gewinnbeteiligung erhalten, bis das eingesetzte Kapital plus eine Mindestverzinsung von acht Prozent eingefahren sind. Für einen Fondsbetreiber steht also im Vordergrund, dass getätigte Investments mit hohem Multiple verkauft werden. Als Multiple wird der Faktor bezeichnet, um den der getätigte Einsatz vermehrt wurde. Investiert ein Geldgeber 100.000 Euro in ein Start-up und erhält eine Million nach dessen Verkauf zurück, hat er einen Multiple von zehn eingefahren. Gibt ein Internetfonds das Drei- bis Fünffache des Einsatzes an seine Investoren zurück, darf sein Multiple als gut gelten.

Fachterminus	Erklärung	Typische Dimensionen
Management Fee	Jährliche Gebühr zur Deckung der Kosten des Fondsbetreibers	1 bis 2 Prozent des Fondsvolumens
Carried Interest (»Carry«)	Gewinnbeteiligung für den Betreiber eines Fonds	ca. 20 % des Gewinns
Hurdle Rate	Mindestverzinsung, die ein Fondsbetreiber erzielen muss, bevor er partizipiert	ca. 8 %
Multiple	Faktor, um den der getätigte Einsatz vermehrt wurde	3 bis 5 x Investment
General Partner	Betreiber eines Fonds	/
Limited Partner	Investor in einen Fonds	/

Je nachdem wie der Fokus des betreffenden Fonds gesetzt ist, erfolgen die getätigten Investments in einem bestimmten Segment, zu einem bestimmten Zeitpunkt und in einem bestimmten Umfang. Beim Segment können etwa geografische Merkmale oder Internetunterbereiche wie E-Commerce, Marktplätze, Werbemodelle oder zahlreiche andere unterschieden werden, während sich der Zeitpunkt eines Investments nach unterschiedlichen Phasen richtet. In Anlehnung an die Metapher des Säens wird die sehr frühe Phase als Seed oder Early Stage, die späteren analog als Later Stage bezeichnet. Für gewöhnlich beginnt der Finanzierungsweg deshalb mit einer Business-Angel- oder Seed-Runde (Finanzierungen in kleinem Umfang, die oft von wohlhabenden Privatpersonen mit Know-how und Netzwerk getragen werden), gefolgt von größer werdenden Finanzierungen, die alphabetisch mit Bezeichnungen wie Series A, Series B, Series C usw. durchnummeriert werden.

Mit dem Segment und der Phase, in der ein Investment getätigt wird, verbindet sich der Umfang des aufgewendeten Kapitals, wobei zu Beginn einer Unternehmung zunächst ein sehr hohes Risiko und gleichzeitig ein überschaubarer Kapitalbedarf bestehen – ein Verhältnis, das sich mit zunehmender Zeit umkehrt, sobald klar wird, ob und wie ein Geschäftsmodell funktioniert. Häufig sind deutsche Investoren deshalb bestrebt, ein Start-up mit »Proof of Concept« zu finanzieren, ein Geschäftsmodell also, das andernorts bereits erprobt wurde und damit ein geringeres Risiko birgt. Für einen Investor ist es dabei attraktiv, in einer frühen Phase zu günstigen Konditionen in einen Überflieger zu investieren, während als Faustregel unter Investoren gilt, dass zwei von zehn Investments eine spektakuläre Kurve beschreiten sollten, während zwei in eine Pleite schlittern und die verbleibenden sechs eine durchschnittliche Entwicklung zeitigen können.

Der EFF setzte auf Investments in frühen Phasen und hielt aufgrund der Präferenzen von Oliver Samwer vermehrt nach Marktplatzansätzen wie Da-Wanda und Communitys wie StudiVZ Ausschau, während E-Commerce-Themen eher vermieden wurden. Und der mittlere Samwer-Bruder hatte große Ambitionen. Nachdem die Personalkosten auch für den EFF ohnehin stetig zunahmen und weiteres Kapital erforderlich machten, wollte Oliver Samwer zusätzlich zum Geld des Brüdergespanns weitere Geldgeber einwerben, um bedeutendere Investitionen tätigen zu können. Kaum bemerkt von der Öffentlichkeit hatten die Samwers bereits Lee Fixel, einen der Partner des sehr erfolgreichen Private-Equity-Unternehmens Tiger Global, als finanziellen Unterstützer gewonnen. Nun sollte ein weiterer Geldgeber folgen, der idealerweise nicht nur Kapital, sondern auch einen gewissen Einfluss beisteuerte. Fündig wurden die Samwers auf dieser Suche in Montabaur, einer Kreisstadt des Westerwaldkreises in Rheinland-Pfalz.

United Internet finanziert den European Founders Fund

Die Suche nach einem externen Finanzier für den European Founders Fund begründete sich aber nicht nur durch den Kapitalbedarf. Auch Oliver Samwers risikoaverse Haltung bei der Finanzierung seiner Unternehmungen spielte eine Rolle. Während seiner gesamten Laufbahn bemühte er sich, Sponsoren mit tiefen Taschen aufzutun, die er zu horrenden Bewertungen umfangreiche Kapitalbeträge investieren ließ. Der Einsatz von fremdem Geld gab den Gründungen des Kölners den notwendigen wirtschaftlichen Spielraum und machte den Einsatz seines eigenen Kapitals zu großen Teilen unnötig. Auch für den EFF hatte er sich deshalb einen Geldgeber ausgeschaut: Schon seit Längerem zählte Ralph Dommermuth zu den Vorbildern Oliver Samwers, nachdem dieser 1988 den Onlinedienst 1&1 gegründet hatte, der sich über die 1990er-Jahre zu einem der größten Internet-Provider in Europa entwickelte. Aus dem Marketing-Dienstleister und Online-Pionier aus Montabaur war mit der United Internet AG ein Konzern entstanden, der sich international breit aufstellte und damit nicht nur über Wirtschaftskraft verfügte, sondern auch viele Anknüpfungspunkte und eine gewisse Nutzerreichweite aufwies.

Die Generierung einer kritischen Masse an Nutzern zählte zu den zentralen Baustellen, um ein Internetgeschäftsmodell zum Erfolg zu führen und mit den 2001 und 2005 übernommenen Internetportalen GMX und Web.de verfügte United Internet über so viele Kunden, dass ein Engagement des Konzerns diese Bürde für die Beteiligungen des EFF senken konnte. Den Samwers war klar: Würden reichweitenstarke Plattformen wie 1&1, GMX oder Web.de ein junges Start-up fördern, ließe sich schnell ein Zuwachs bei Bekanntheit und Umsatz erzielen. Und tatsächlich gab es auch auf der Gegenseite Interesse an einer Zusammenarbeit. Denn das Samwer'sche Angebot gegenüber United Internet war simpel: Die drei Brüder boten eine Art Heilsversprechen für die Beteiligung an innovativen Geschäftsfeldern, die United Internet mangels Zugang sonst verwehrt bliebe. Mithilfe der Samwers könne der Kommunikationskonzern aus Montabaur an attraktive Internet-Investments wie LinkedIn oder StudiVZ gelangen. Doch dieser wollte vor dem vollständigen Sprung zunächst nur einen Zeh ins kalte Investmentwasser stecken. Als Gelegenheit zum Kennenlernen suchten sich beide Seiten das von Heiko Hubertz gegründete Hamburger Unternehmen Bigpoint aus. Die hanseatische Gründung hatte sich auf die Entwicklung von Browserspielen – Computerspiele, die ausschließlich online gespielt werden – spezialisiert und sollte die Grundlage für eine Zusammenarbeit legen.

> *»Über unsere reichweitenstarken Portale können wir unsere jungen Beteiligungsunternehmen sehr effektiv bei der nationalen und internationalen Expansion unterstützen und können so das Wachstum von Start-ups signifikant beschleunigen. Zudem bieten sich den jungen Unternehmen über unsere Online-Marketing-Marken wie AdLink Media, Affilinet oder Sedo hervorragende Möglichkeiten im Bereich Online-Werbung.«*

United-Internet-Vorstand Ralph Dommermuth
zum Investment in den EFF[109]

Bereits im Juli 2006 waren die Samwers bei Bigpoint eingestiegen, fünf Monate später erwarb auch der börsennotierte Internetdienstleister 12,51 Prozent des Unternehmens sowie eine Kaufoption über weitere 12,52 Prozent.[110] Neben der monetären Teilhabe unterstützte United Internet den Browserspiele-Anbieter mit seinem Werbevermarkter AdLink bei der Vermarktung und

band dessen Spiele bei GMX und Web.de ein.[111] Und der Plan ging auf: Knapp
anderthalb Jahre nach dem Einstieg von United Internet verkauften beide
Geldgeber ihre Anteile für 70 Millionen Euro an ein strategisches Konsorti-
um aus GMT Communications Partners und dem Peacock Equity Fund, einem Investment-Vehikel von NBC Universal. Innerhalb von drei Jahren war
Bigpoint auf 150 Mitarbeiter gewachsen und blickte auf über 23 Millionen
registrierte Nutzer – United-Internet-Reichweite und Samwer-Unterstützung
sei Dank. Nachdem also eine erste Investment-Zusammenarbeit erfolgreich
erprobt worden war, stellten die nächsten Schritte eher eine Formalie dar.
Die Samwers schlugen United Internet ein gemeinsames Fondskonstrukt
vor, bei dem der Kommunikationskonzern den Löwenanteil des Kapitals beisteuern würde, während das Samwer-Trio die operative Arbeit besorgte und
sicherstellte, dass attraktive Investment-Objekte den Weg ins Portfolio fanden. Das war ein für United Internet nicht unattraktives Vorhaben, bot sich
doch die Möglichkeit, an innovativen Geschäftsentwicklungen direkt zu partizipieren und Geschäftsideen frühzeitig zu erschließen. Und der Konzern
reagierte schnell: Ein gemeinsam gegründeter Fonds entstand, der von den
Samwer-Brüdern verwaltet wurde und Beteiligungen im Frühphasenbereich
halten sollte.

Im Austausch gegen etwas mehr als zehn Millionen Euro erhielt United Internet 66,67 Prozent der Anteile der European Founders Fund GmbH & Co.
Beteiligungs KG Nr. 1 und beherrschte auch die zwei weiteren Gesellschaften des Konstrukts. Doch auch wenn das Medienunternehmen den Löwenanteil der Finanzierung beisteuerte – zu melden hatte es trotzdem praktisch
nichts. Im Gegensatz zu seiner Beteiligung an Bigpoint konnte United Internet aufgrund gesellschaftsrechtlicher Regelungen trotz der Mehrheit der
Stimmrechte keinen beherrschenden, sondern lediglich einen maßgeblichen
Einfluss auf den EFF ausüben. Geschickt hatten sich die Samwers umfangreiche Geldmittel gesichert und dabei einen Einfluss von außen weitestgehend
vermieden. Vor allem entsprachen die Prozentwerte der Kapitalverteilung
nicht dem Verhältnis, nach dem Gewinne ausgeschüttet wurden. So partizipierte United Internet abweichend von seinem Kapitalanteil in Höhe von
66,67 Prozent an den Jahresergebnissen des EFF Nr. 1 nur zwischen 33,33
und 66,67 Prozent. Abhängig von der internen Verzinsung des Fonds sollte
das Unternehmen aus Montabaur unterschiedlich Gelder einstreichen, während die Samwers mit einer nicht nur für Krisenzeiten sagenhaften Gewinnbeteiligung von bis zu 50 Prozent partizipieren.

»Auf der einen Seite beteiligen wir uns mit dem EFF an sehr jungen Unternehmen, um diese Start-ups mit unserem Know-how, unseren Erfahrungen und unserem Netzwerk bei ihrem Wachstum bestmöglich zu unterstützen. Falls dann jemand den Gründern für ihr Unternehmen einen sehr guten Preis bietet, helfen wir den Gründern natürlich auch mit unserer besonderen Erfahrung beim Verkauf des Unternehmens. Das ist uns bereits sehr oft sehr gut gelungen. Das schließt aber nicht aus, dass wir grundsätzlich sehr langfristig und strategisch investieren. Da wir unser eigenes Geld investieren, haben wir – anders als Venture Capitalists – keinen Exit-Druck. Venture Capitalists brauchen möglichst schnelle Exits, um neues Geld für den nächsten VC-Fonds sammeln zu können. Wir können und wollen Beteiligungen auch langfristig halten.«

Marc Samwer über das Selbstverständnis des EFF[112]

Auch sonst nahmen die Samwers wieder in ihren gewohnt rasanten Dimensionen Fahrt auf. Bereits im ersten Halbjahr seines Bestehens hatte United Internet über den gemeinsam mit den Samwer-Brüdern gehaltenen Fonds in über 40 Unternehmen investiert und bei einem Fonds für Frühphasenfinanzierungen sollte es nicht bleiben. Bereits im Juni 2007 startete United Internet zwei weitere gemeinsame Fonds mit den Samwers – einen für Spätphasen-Investments sowie einen für kleinere Beteiligungsanteile. Nach den rund 10 Millionen Euro des Vorjahrs überwies United Internet im Geschäftsjahr 2008 noch einmal 24,4 Millionen Euro. Im selben Jahr wurden von allen drei Fonds Beteiligungen an rund 60 Unternehmen getätigt. Über den Verlauf von vier Jahren investierte United Internet auf diese Weise eine Summe von über 100 Millionen Euro in den European Founders Fund und erhielt bis 2011 Kapitalrückflüsse in Höhe von 76,3 Millionen Euro.

Geschäftsjahr	über den EFF Nr. 1	über den EFF Nr. 2	über den EFF Nr. 3	Kapitalrückfluss	Portfoliogröße
2008	24,4 Mio. €	24,452 Mio. €	50,071 Mio. €	20,0 Mio. €	60
2009	4,4 Mio. €	–	0,1 Mio. €	6,5 Mio. €	69
2010	1,2 Mio. €	–	0,1 Mio. €	30,9 Mio. €	49
2011	2,3 Mio. €	–	0,4 Mio. €	18,9 Mio. €	45
Summe	32,3 Mio. €	24,452 Mio. €	50,671 Mio. €	76,3 Mio. €	–

Erst Auswanderer, dann Passivorgan

Dank der Kapitalisierung durch United Internet war der European Founders Fund also mit den notwendigen Mitteln ausgestattet, um die guten Kontakte der Samwers über Investments zu versilbern. Schnell war das Gründertrio an vielen der bedeutendsten Gründungen in der Bundesrepublik beteiligt und blickte nach den Verkäufen von StudiVZ und Bigpoint bereits auf erste Erfolge. Die Samwers hatten bewiesen, dass sie es auch für Investment-Aktivitäten verstanden, Geldgeber zu finden. Doch egal wie fleißig Lukas Brosseder und David Khalil Businesspläne prüften und Investment-Möglichkeiten akquirierten – schnell zeigte sich, dass der deutsche Markt nicht ausreichend Potenzial bereithielt, um die Ansprüche von Alexander, Marc und Oliver Samwer zu befriedigen. Ihnen gingen schlichtweg die Investitionsobjekte aus, hatten sie bis zum Herbst des Jahres 2007 bei den wenigen deutschen Gründungen mit Potenzial entweder bereits investiert oder waren abgeblitzt. Das Segment befand sich nach wie vor im Aufbau und die Wachstumspotenziale deutscher Gründungen blieben überschaubar.

Nachdem die Samwers bereits in so exotische Gründungen wie das Biogasunternehmen Cowatec investiert hatten, gelangte man beim EFF schnell zu der Einsicht, dass der Sprung ins Ausland unumgänglich wurde. Nicht nur, dass die Anzahl Erfolg versprechender deutscher Gründungen klein war, es fehlte angesichts der Überschaubarkeit von Markt und Investorenanzahl die notwendige Durchschlagskraft. Den Samwers war klar, dass sie mit Beteiligungen in den USA ein noch größeres Rad drehen konnten – sowohl was die Beteiligungshöhe anging als auch in Bezug auf die Reichweite der finanzierten Produkte. Eine Gründung im Silicon Valley oder einer amerikanischen Metropole würde mehr Kapital anziehen und einen deutlich größeren, homogeneren Markt anvisieren. Setzten die drei Brüder dort auf ein Siegerpferd, winkten ungleich höhere Verdienste.

Die Samwers als Ausrollhelfer auf dem europäischen Kontinent

Nachdem Lukas Brosseder und David Khalil bereits geübt darin waren, vielversprechende amerikanische Gründungen zu identifizieren, welche die Samwers dann in Deutschland finanzieren oder nachbauen würden, stand ab Herbst 2007 dasselbe Vorgehen nur mit anderem Ergebnis auf dem Maßnahmenplan. Wieder sollten die beiden Investment-Manager des European Founders Funds die Gründungslandschaft auf der anderen Seite des Atlantiks inspizieren, dieses Mal würden die Samwers allerdings versuchen, bei den betroffenen Gründungen selbst eine Beteiligung zu erhalten. Immer wieder flogen sie in die USA und erklärten den Führungskräften jener begehrten Unternehmen, dass sie ihnen im Falle einer Beteiligung dabei helfen würden, ihr Unternehmen in den europäischen Markt zu bringen. Ließen sie die Samwers investieren, bräuchten sie sich eine Sorge weniger um Klone und Nachahmer in der Alten Welt zu machen. In dieser Denke als Ausrollhelfer präsentierte Oliver Samwer sich und seine Brüder grundsätzlich als Alleskönner – jedem vermochte er zu helfen.

Insbesondere Marktplatz-Modelle hatten es den Samwers nach ihrem Erfolg mit Alando angetan. In den E-Commerce-Bereich sollte derweil nicht investiert werden, zumal Oliver Samwer eine ausgemachte Abneigung gegen Onlinehandel als Geschäftsmodell hegte. Der zu diesem Zeitpunkt 35-Jährige störte sich daran, dass E-Commerce-Ansätze für gewöhnlich nur geringe Margen sowie überschaubare Multiples im Falle eines Verkaufs boten. Ein ironischer Umstand angesichts dessen, dass die Samwers – allen voran Alexander – rund zwei Jahre später mit Zalando eines der größten E-Commerce-Unternehmen Deutschlands überhaupt etablieren und ihren Fokus mit der Zeit gänzlich auf das zunächst ungeliebte Segment verschieben sollten.

Dabei fokussierte sich Oliver Samwer zunächst darauf, Zugang zu Finanzierungsrunden bei großen und bekannten Gründungen zu erhalten, um Referenzen zu gewinnen, mit denen sich die eigene Kompetenz und Bedeutung untermauern ließen. Oliver Samwer war der unverbrüchlichen Ansicht, dass es als Investor möglich war, in jedes Unternehmen zu kommen. Das Scouting-Team des EFF lieferte die Kontaktanbahnung und Oliver Samwer trat an, um zu verwandeln. Dabei war er sich für nichts zu schade: Um an ein Investment zu kommen, übernachtete Oliver Samwer auch schon mal im Auto vor der Wohnung eines Gründers oder wurde zum Wadenbeißer. Als David Agus, CEO des Biotechnologieanbieters Navigenics, auch nach drei Telefonaten nicht bereit war, sich mit Oliver Samwer für einen Austausch zu treffen, kampierte der ehrgeizige Samwer in Hausbesetzermanier vor dem Meetingraum des kalifornischen Büros, bis sich Agus anderthalb Stunden später geschlagen gab. Oliver Samwer bekam sein Meeting – das Investment hingegen nicht.

Alles in allem ging der Plan der Samwers aber dennoch auf. Ihre Hartnäckigkeit und ausführliche Recherche machten sich bezahlt und sicherten ihnen Beteiligungen an namhaften Gründungen wie dem Ticketing-Dienst Eventbrite, dem Social-Games-Anbieter Zynga oder dem Second-Life-Macher Anshe Chung Studios. Schon zu Beginn des Jahres 2007 hatten sich die Samwers an erfolgreichen Gründungen wie dem Business-Netzwerk LinkedIn, dem Marktplatz für Ferienwohnungen HomeAway oder dem polnischen Facebook-Klon Nasza-klasa beteiligt. Ihre Erfolge als Unternehmer und die Aussicht auf Unterstützung bei der Internationalisierung machten die Samwers zu attraktiven Partnern, insbesondere für jene reichweitengetriebenen Modelle wie Social Networks. Insofern sollten Social Networks ein einträgliches Geschäft für die Samwers werden: Rund ein Jahr nach ihrem Einstieg beim polnischen Nasza-klasa verkaufte das Gespann seinen Anteil von zehn Prozent im Januar 2008 an das lettische IT-Unternehmen Forticom und erzielte dafür wohl Einnahmen von beinahe 13 Millionen Dollar. Auch am bekannten Vorbild Facebook beteiligten sie sich im Januar 2008 zu einer Bewertung von 15 Milliarden Dollar, nachdem sie erst kurz zuvor StudiVZ für den Betrag von 85 Millionen Euro an Holtzbrinck verkauft hatten. Nach rund drei Jahren des Investorendaseins bei Facebook bescherte ihnen die Beteiligung schätzungsweise eine Verdreifachung ihrer Investitionssumme.[113]

Die Breite des Investitionsspektrums der Samwers kannte dabei kaum Grenzen. Zum Portfolio des European Founders Funds zählten mit der Zeit nicht nur bekannte Endkundenplattformen, sondern auch vermeintlich exotische Marketingunternehmen wie der Suchmaschinenmarketing-Anbieter ReachLocal, das E-Mail-Targeting-Netzwerk AdRocket, der E-Mail-Marketing-Provider Silverpop oder die Digital-Media-Buying-Plattform MediaMath (eine Übersicht aller EFF-Investments findet sich im Anhang). Auch die von Oliver Samwer gewünschten Marktplätze waren mit Vertretern wie Imagekind (Künstlerbilder), MFG.com (produzierendes Gewerbe), Iron Planet (gebrauchte Maschinen) oder dem E-Commerce-Verbund CSN Stores entsprechend vertreten. Vor allem wagte Oliver Samwer gerne auch einmal den Blick über den Tellerrand, indem er in Dienstleister investierte, so etwa den Speditionsdienstleister Freightquote oder die Bewertungsplattform Bazaarvoice.

Doch nicht nur in den USA investierte der European Founders Fund sein von United Internet erhaltenes Kapital: Mit dem Schweizer Lieferdienstvermittler

Foodarena, dem türkischen Business-Netzwerk Cember.net, dem kanadischen Finanzdienstleister Oanda, der britischen Online-Ticketbörse Viagogo oder dem spanischen Shoppingclub BuyVIP wurden die Samwers in der zweiten Jahreshälfte 2007 auch in Europa und Nordamerika erfolgreich aktiv. Es sollte sich zeigen, dass Oliver Samwer nicht unbedingt einen guten Riecher für Investments hatte. Allerdings versuchte er sich mit hohem Tempo an zahlreichen neuen Geschäftsmodellen und merkte schnell, wenn er auf ein vielversprechendes Segment gestoßen war. Wie im unternehmerischen Alltag auch, setzte er mit überschaubaren Größen auf umfangreiches, schnell getaktetes Trial-and-Error und steigerte seine Aktivitäten, wenn er glaubte, einen guten Ansatz gefunden zu haben. Auch für Investments galt, dass Fehlentwicklungen schnell abgewickelt, verheißungsvolle Gelegenheiten – etwa Investitionen in Social Networks – intensiviert werden mussten. Wie wahllos und naiv er dabei mitunter zu Werke ging, erstaunt im Nachhinein. Denn bei der Suche nach potenziellen Investments gab Oliver Samwer seinen Deal-Experten einen einfachen Marschbefehl mit auf den Weg: Hatte kurz zuvor ein namhafter Geldgeber in ein Unternehmen investiert, sollten sich Lukas Brosseder und David Khalil umso intensiver um eine Beteiligung bemühen. Oliver Samwer sah den Einstieg von bedeutenden Venture-Capital-Gebern oder Investmentbanken als einen Funktionsbeweis und die Adelung des jeweiligen Unternehmens an und hatte auf diese Weise einen »natürlichen« Auswahlprozess, der ihm seine Investment-Entscheidung in den meisten Fällen abnahm. Allen voran hatte es ihm die Investmentbank Goldman Sachs angetan. Investierte der renommierte Geldgeber in ein Vorhaben, ließ Samwer keine Nachfragen zu und betrachtete das dazugehörige Investitionsobjekt als praktisch abgesegnet. Der Ausspruch »Goldman, hallo?« wurde zu einem geflügelten Wort in den Hallen des European Founders Funds und machte klar, dass ein Investment von Goldman Sachs als Investmentbegründung ausreichen und keine Diskussionen erlauben würde.

Der unbedingte Glaube an die Finanzierungsaktivitäten bekannter Investoren ging sogar so weit, dass der EFF zahlreiche Beteiligungen nicht näher betrachtete. Zu groß war die Sorge von Oliver Samwer, dass die betreffenden Unternehmen ihm und seinen Brüdern den Zugang als Investor verwehrten, wenn sie sich nach Zahlen und Daten erkundigten. Fragten Lukas Brosseder und David Khalil etwa bei einem Investment von Goldman Sachs nach belastbaren Kennzahlen, schimpfte Oliver Samwer sie regelmäßig aus und ereiferte sich, ob die beiden BWL-Absolventen denn eine bessere Risikoprüfung beherrschten als die bekannte Investitionsbank. Der European Founders Fund war damit ein Investor, der praktisch nie Dokumenteneinsicht bei seinen Beteiligungen erhielt, Jahresabschlüsse oder Reporting-Kennzahlen waren eine Rarität. Auf dem amerikanischen Kontinent galt damit die Prämisse, zu nehmen, was zu bekommen ist. Nicht selten führte dies dazu, dass bereits kurze Zeit nach einer Beteiligung durch den European Founders Fund eine Restrukturierung der frisch finanzierten Unternehmen anstand. Mitunter war der EFF selbst zum Zahnarzt geworden – jener unwissende Geldgeber, den Oliver Samwer scherzhaft oft zur Finanzierung seiner Aktivitäten suchte.

Während das Samwer-Dreigespann dachte, ein vielversprechendes Investment erhalten zu haben, freute sich so manche strauchelnde Gründung über einen letzten Strohhalm, an den sie sich klammern konnte. Nicht selten spielten Glück und Mut ohnehin eine zentrale Rolle und wurden zum Unterschied zwischen Misserfolg und Millionenverdienst. Als Oliver Samwer etwa mit Mark Pincus über seinen Social-Games-Anbieter Zynga sprach, hatte das Unternehmen nur die Idee, Spiele zu entwickeln, die über Social Networks gespielt würden. Der intelligente Pincus machte einen derart überzeugenden Eindruck auf Oliver Samwer, dass dieser ihm seine Idee, aus der eines der weltweit größten Spieleunternehmen erwachsen sollte, quasi vollständig auf blauen Dunst finanzierte. In den Online-Reiseplaner Tripit zu investieren, konnte derweil als ähnlich verrückt gelten, hatte das Unternehmen, als die Samwers im April 2008 einstiegen, doch höhere Umsätze durch Untermieter denn durch seinen Service oder sonstige Wertschöpfungsketten. Oliver Samwer war sich dennoch sicher: Würde man nur ausreichend zahlreiche Beteiligungen tätigen und sich an den Investmententscheidungen namhafter Geldgeber orientieren, spiele die Wahrscheinlichkeit für ihn und sein Investment-Vehikel. Von Dezember 2007 bis Juli 2008 verfeuerte der European Founders Fund deshalb Unsummen in den USA. Allein auf einem einzigen US-Trip soll der Münchner Fonds 50 Millionen Euro investiert haben – zum Leidwesen von Geldgeber United Internet, welcher der Berserker-Tour von Oliver Samwer schnell einen Riegel vorschob. Wirklich notwendig sollte ein Eingreifen jedoch nicht werden, bedeutete die Wirtschaftskrise doch ein abruptes Ende der internationalen Aktivitäten des EFF.

Der amerikanische Investitionsmarkt trocknet ein

Das US-Portfolio der Samwers war bis dahin in seiner Qualität recht durchwachsen und barg neben namhaften Unternehmen auch einige Restrukturierungsfälle. Es war zu diesem Zeitpunkt unklar, ob das Vorgehen der Samwers aufgehen oder ob die zügellose Verteilung von Geldmitteln in einem Desaster enden würde. Und just als United Internet dem Gebaren der Samwers Einhalt gebieten wollte, zeichnete sich mit dem Aufkommen der Wirtschaftskrise ab, dass die Branche einen Engpass durchlaufen und das ohnehin herausfordernde US-Geschäft noch einmal eine negative Zuspitzung erfahren würde. Die Wirtschaftskrise brachte es mit sich, dass der amerikanische Investitionsmarkt in rasantem Tempo eintrocknete. In einer Zeit, in der Amerikaner massenweise ihre Häuser verloren, Banken pleitegingen und die Volkswirtschaft in eine gefährliche Schieflage geriet, war an Internet-Investments praktisch nicht mehr zu denken. Ohnehin hatte es sich für die Samwers herausfordernd gestaltet, an attraktiven Gründungen zu partizipieren. Ursprünglich hatten sie sich auf den US-Markt konzentriert, um an der größeren Skalierung teilzuhaben. Dieser Skalierungsvorteil hatte sich aber mittlerweile ins Gegenteil verkehrt. Allerdings zählte mangelnde Konsequenz nicht zu den Eigenschaften von Oliver Samwer und seinen Brüdern: Mit sofortiger Wirkung ließen sie den European Founders Fund eine Vollbremsung machen und zogen sich aus dem US-Geschäft zurück. Kurz bevor am 15. September 2008 die US-Investmentbank Lehman Brothers in die Pleite schlitterte, stellte auch der EFF seine Aktivitäten ein. Die Gefahr einer Rezession schwebte wie ein Damoklesschwert über dem Land der unbegrenzten Möglichkeiten und machte den Samwers klar, dass es hier vorerst nichts mehr zu holen gab.

Der Abschied der Samwers wurde denkbar konsequent umgesetzt: Nachdem der amerikanische Markt für den EFF abgeschlossen war, durfte niemand mehr ans Telefon gehen, wenn ein Anruf aus den Vereinigten Staaten kam. Von einem Moment auf den nächsten kappten die Samwers alle Verbindungen und zogen jegliche Ressourcen ab. Zwar hatten sie ihren Beteiligungen jenseits des Atlantiks Hilfe bei der europäischen Internationalisierung in Aussicht gestellt, doch angesichts einer drohenden Rezession hegte in den USA niemand den Gedanken an eine Expansion gen Europa. Es war an Lukas Brosseder, alle zugesagten Investments für den EFF wieder abzusagen. Sinngemäß mit den Worten: »Ich bin gut im Akquirieren, Lukas im Absagen von Investments«, verdonnerte Oliver Samwer den jungen Investment-Manager dazu, jene Finanzierungen, die sie lange und aufwendig angefragt hatten, wieder zurückzunehmen.

Eine insgesamt positive Exit-Bilanz

Zwar bleibt es zumeist ein Geheimnis, über wie viel Prozent der Anteile der EFF bei seinen unterschiedlichen Beteiligungen jeweils verfügt hat, nichtsdestotrotz lässt sich über alle Beteiligungen hinweg konstatieren, dass es dem European Founders Fund insgesamt an einer konsistenten Investitionsstrategie gefehlt hat, der Münchner Geldgeber aber dennoch auf einige attraktive Firmenverkäufe blicken kann. Der Plan, sich über die Beteiligung an einzelnen namhaften Unternehmen ins Gespräch zu bringen und an weitere vielversprechende Investments zu gelangen, ging für die Samwers größtenteils auf und dafür, dass Oliver Samwer auf eine recht profane Strategie zur Verteilung seines Kapitals setzte, sind die Ergebnisse des Samwer'schen Investment-Vehikels durchaus positiv zu bewerten. Von 2008 bis 2011 schüttete der Samwer-Fonds insgesamt 76,3 Millionen Euro an Kapitalrückflüssen aus – also bereits rund 71 Prozent seiner Investmentsumme.

Ein Blick in die Chronologie aller ihrer Investments veranschaulicht dabei die unterschiedlichen Phasen des European Founders Funds und welchen Fokus Oliver Samwer und seine Brüder jeweils gewählt haben: Zu Beginn im Jahr 2006 setzte der Samwer-Fonds verstärkt auf deutsche Gründungen mit Community- und Marktplatzansätzen, bevor zu Beginn des Folgejahres erste Investments in internationale Unternehmen erfolgten. Denn das Jahr 2007 stand im Zeichen einer zunehmenden Professionalisierung des European Founders Funds, während sich inhaltlich auf die Inkubation unterschiedlicher Geschäftsmodelle in Deutschland fokussiert wurde. Im Jahr 2008 konzentrierten sich die Samwers derweil im Wesentlichen auf ausländische Investitionen – allen voran in den USA –, um gleichzeitig in Deutschland insbesondere Marketingunternehmen zu finanzieren. Mit dem Aufkommen der Wirtschaftskrise 2009 fanden die Aktivitäten des EFF ein jähes Ende und man beschränkte sich nur noch auf Verwaltungsfunktionen.

Auf der inhaltlichen Seite zeigt sich, dass die Samwers ihrer puristischen Investitionsstrategie treu blieben und mit unterschiedlichen Schwerpunkten in Konsumentengründungen investierten. Um E-Commerce-Themen machten sie zumeist einen großen Bogen und setzten ihren wesentlichen Schwerpunkt auf Social Networks und Communitys sowie Marktplatzmodelle. Doch auch darüber hinaus findet sich eine Reihe weiterer Fokusthemen, in die der European Founders Fund vermehrt investierte, darunter etwa Gaming und virtuelle Welten, Marketing-Dienstleister, Themenportale oder Onlinevermittler wie Trivago, Check24 oder Mydays. Wie sich zeigen sollte, bescherten Portalansätze den Samwers kaum wirtschaftlichen Erfolg, zumal rein werbefinanzierte Geschäftsmodelle nur dann gut funktionierten, wenn über eine sehr spitze Zielgruppe verfügt wurde. Bei Gaming-Anbietern, Marktplätzen und Marketing-Dienstleistern gestaltete sich die EFF-Performance recht durchwachsen. Während einzelne Gründungen eine vielversprechende Entwicklung und hohe Verkaufssummen zeigten, schafften andere es auf keinen grünen Zweig. Zu den erfolgreichsten Schwerpunkten des EFF zählten Social Networks, die zwischen 2007 und 2008 einen ausgemachten Hype durchliefen und den Samwers gleich mehrere aufmerksamkeitsstarke Erfolge bescherten. Es zeigte sich, dass der Erfolg der unterschiedlichen Samwer-finanzierten Communitys mit ihrer Spezialisierung zusammenhing – je spezieller die Community, desto geringer fiel die Verkaufssumme aus.

»Die alte Investorenregel, wonach acht von zehn Engagements in die Hose gehen dürfen, solange zwei das große Geld bringen, lehnen wir ab. Wir wollen, dass aus allen 20 Eiern, die wir bebrüten, ein Küken schlüpft und sich jedes Küken zu einem prachtvollen Vogel entwickelt. Mag sein, dass am Ende das eine Unternehmen am Ende eine Million Euro wert ist und das andere hundert Millionen. Aber wir geben keines unserer Engagements verloren. Notfalls ändern wir das Geschäftsmodell – und niemals lassen wir einen Entrepreneur fallen.«

Oliver Samwer im August 2007 über die Ambitionen des EFF[114]

Auch Vermittlungsplattformen, allen voran die Hotelsuche Trivago, die für 477 Millionen Euro von Expedia übernommen wurde, zahlten sich für die Samwers aus. Häufig verfügten Vermittlungsplattformen über ein Geschäftsmodell zur Monetarisierung ihrer Reichweite, was sie für eine Übernahme attraktiv machte. Und freilich blieben die Samwer'schen Erfolge nicht auf diese Schwerpunkte beschränkt. So findet sich etwa mit dem Verkauf des Webkonferenzanbieters Netviewer, der im Dezember 2010 für geschätzte 180 Millionen Euro den Besitzer wechselte, ein erfolgreicher, aber kaum beachteter Exit. Auch die Beteiligung der Samwers am 689-Millionen-Exit des Social-Marketing-Anbieters Buddy Media an Salesforce ging an den deutschen Medien weitgehend vorbei.

Der Gang in die USA gestaltete sich für die Samwers angesichts zahlreicher Unternehmen, die ihr Geschäft restrukturieren mussten, durchwachsen. Betrachtet man alle amerikanischen Investments, hatte der European Founders Fund dennoch Glück und partizipierte an Exits wie TripIts Verkauf über 120 Millionen Dollar. Mit Beteiligungen an Unternehmen wie Bazaarvoice, LinkedIn, ReachLocal oder Zynga begleiteten die Samwers wohl auch mehrere Börsengänge, während sie in ihrer Heimat lange Zeit eher als börsenunerfahren galten. In den USA vermochten sie es damit, an einige namhafte Investments zu gelangen, dennoch handelte es sich dabei im Verhältnis nicht um so Erfolg versprechende Beteiligungen wie in der Bundesrepublik. Mit Investments in deutsche Copycats fuhren Oliver Samwer und seine Brüder zumeist besser, wobei sich die Wertschöpfung mit einem entsprechend frühen Einstieg verband.

Der schwankenden Wertentwicklung ihrer US-Investments konnten die umtriebigen Unternehmer derweil entnehmen, dass es auf Dauer ein teures und risikoreiches Unterfangen werden könnte, sich als passiver Investor über eine Probiertaktik an erfolgreiche Geschäftsmodelle heranzupirschen. Alles in allem ließ sich eine positive Exit-Bilanz für den European Founders Fund ziehen, wobei der Faktor Glück und das zugehörige Ökosystem eine entscheidende Rolle spielten. Die Beschaffenheit der deutschen Internetszene, die lange erfolgreiche ausländische Gründungen lediglich kopierte, brachte es mit sich, dass es Hochphasen für bestimmte Geschäftsmodelle gegeben hat. In diesen Hochphasen entstanden oft mehrere Anbieter eines Modells, während die Auswahl an Investoren meist überschaubar blieb und schnell Hypes beförderte. Und hatte er erst einmal eine aussichtsreiche Gründung aufgetan, verfügte Oliver Samwer wie kein Zweiter über ein feines Erfolgsgespür, über jenen Blick, wann Investments »heiß sind« und wann der Zenit überschritten wird. In Verbindung mit seinen Verkaufsfähigkeiten bescherte er dem Brüdertrio die Teilhabe an schlagkräftigen Firmenverkäufen, musste sich mit dem Aufkommen der Wirtschaftskrise nun aber Gedanken machen, wie er und seine Brüder fortan Geld verdienen konnten.

5. ROCKET INTERNET – DIE ANFÄNGE

Mit dem jähen Ende des European Founders Funds standen die Samwers vor der Herausforderung, ein neues Betätigungsfeld für sich suchen zu müssen, das sie in ähnlicher Weise fordern und eine wirtschaftlich attraktive Perspektive bieten würde. Erstmalig war insbesondere Oliver Samwer mit einer Situation konfrontiert, in der er keine Ahnung hatte, was »das nächste große Ding« werden würde und welchen Weg er und seine Brüder dafür einschlagen sollten. Doch die Brüder wurden dennoch fündig: Schon zu Zeiten des EFF hatten sie sich darin versucht, mit kleineren Investments und dem Zusammenführen schlagkräftiger Teams Seriengründungen anzustoßen. Parallel zu den Investment-Tätigkeiten ihres Fonds hatten sie begonnen, einen Brutkasten für die Entwicklung von Firmen zu entwerfen, bei dem das Gespann neben Kapital auch Sachgüter und Dienstleistungen einbrachte. Mit Rocket Internet schufen die Samwers einen eigenen Firmenbau, der diese Seriengründungen beherbergte und zunächst als ein zweites Standbein ihres jungen Fonds gedacht war.

Auf dem Weg zum ersten deutschen Inkubator

Nachdem Rocket Internet im Mai 2007 zunächst als etwas halbherzige Tochter des EFF gestartet war und mit dem Geld und den Kontakten der Samwers junge Unternehmensgründungen förderte, sollte sich schnell zeigen, dass dieser Ansatz des abgespeckten Firmenklonens nicht ausreichend war, um Erfolg zu haben. Das Ergebnis der ersten Samwer'schen Inkubationsversuche war ernüchternd bis katastrophal: Binnen kurzer Zeit schlitterten alle mit Rocket Internet gebildeten Unternehmen in die Pleite, was die Einsicht mit sich brachte, dass der deutsche Markt für viele Gründungen nicht kompatibel war und es mit der Zusammenstellung eines Teams und etwas Geld wohl nicht getan war. Während die Samwers später in der Öffentlichkeit den Ruf genossen, Meister des Kopierens von Geschäftsideen zu sein, waren ihre ersten

Gehversuche von zahlreichen Misserfolgen gekennzeichnet, die nicht selten in einem Übermaß an Impulsivität und zu geringer Fokussierung begründet lagen. Bis in das Jahr 2008 hinein bildeten die Aktivitäten des EFF den inhaltlichen Schwerpunkt der Samwers, bevor es der Beginn der Wirtschaftskrise zum Ende des Jahres notwendig machte, sich neu zu orientieren. Zum Winter 2008 machten sich die Samwers daher mangels Alternativen auf, Rocket Internet weiterzuentwickeln. Aus der Gründung sollte ein Firmenbrüter werden, der fließbandartig Ideen kopierte und zu Start-ups entwickelte.

Das war ein Vorgehen, das durchaus nahelag, hatten doch nicht alle Klongründungen der Samwers in einem wirtschaftlichen Totalschaden gemündet. Mit MyVideo hatten sie im April 2006 eine Kopie der erfolgreichen Videoplattform YouTube etabliert und dazu Christian Vollmann als Hauptverantwortlichen gewonnen. Der ehemalige Alando-Praktikant und iLove-Lenker hatte sich durch kompetente Arbeit und eine enge, nahezu hörige Beziehung zu den Samwers hervorgetan. Da sollte es auch nicht weiter stören, dass die Samwers eigentlich ein Abwerbeverbot für Jamba-Mitarbeiter erhalten hatten. Nachdem abzusehen war, dass Jambas Entwicklung nur noch negativ verlaufen würde, hatte Christian Vollmann als Online-Marketing-Leiter bei ImmobilienScout24 angeheuert, das sich zu Deutschlands größtem Kleinanzeigenverbund entwickelte. Gegen einen Kaufpreis von 100.000 Euro erhielt er sogar Mitarbeiteranteile an der aufstrebenden Gründung, doch mit der Entdeckung von YouTube war schon ein paar Tage nach seiner Einstellung der Gründerwille in Vollmann geweckt. Er kündigte seine frische Anstellung und nahm bei den Samwers seine Tätigkeit als MyVideo-Hauptverantwortlicher auf, was den Eindruck erwecken konnte, dass ImmobilienScout24 lediglich als Zwischenstation diente, um das Abwerbeverbot der Samwers auszuhebeln. Vollmann behielt seine erworbenen Anteile trotz Drängens der Scout-Leitung, um sie bald darauf für ein Vielfaches zu verkaufen – der Wirtschaftssinn der Samwers hatte anscheinend abgefärbt.

Mit MyVideo sollten Christian Vollmann und das Samwer-Gespann derweil den ersten Klonerfolg der Kölner Unternehmer produzieren. Waren die Samwers vom YouTube-Modell zunächst wenig angetan, änderten sie schon bald ihre Meinung und gründeten mit ihrem ehemaligen Weggefährten ein eigenes Unternehmen, das sie zu exakt gleichen Anteilen untereinander aufteilten. Um die komplizierte deutsche Rechtslage im Zusammenhang mit der GEMA zu umgehen, gründeten sie ein rumänisches Unternehmen, für das

MyVideo offiziell nur die deutsche Vermarktungsgesellschaft stellte und damit einiges an Komplexität einsparte. Es dauerte nicht lange und MyVideo gewann an Reichweite, was das Unternehmen auch auf das Radar des ProSiebenSat.1-Vorstands Marcus Englert brachte, der zu Oliver Samwers Freundeskreis zählte und die Übernahme der deutschen Videoplattform einleitete. Im September 2007, kaum 15 Monate nach der Gründung des YouTube-Klons, kaufte die deutsche Fernsehgruppe MyVideo für kolportierte 27 Millionen Euro. Christian Vollmann wurde zum Millionär, die Samwers erhielten neben StudiVZ den erneuten Beweis, dass das zielgerichtete Klonen fremder Ideen Erfolg versprechend war, und ProSiebenSat.1 stieß einen Digitalisierungskurs los, für den die Gruppe später auch das Social Network Lokalisten von den Samwers erstand. Im Ergebnis legte dieser Schritt das Fundament dafür, dass die Samwers weiterhin auf das Kopieren fremder Geschäftsideen mit Rocket Internet setzen würden. Lange genoss die Arbeit von Rocket neben dem Beteiligungsgeschäft eher einen experimentellen Charakter, doch nun glaubten sie endgültig daran, mit dem systematischen Kopieren Erfolg haben zu können.

Exkurs: So funktioniert ein Inkubator wie Rocket Internet

Wie im medizinischen Bereich, wo der Inkubator eine Versorgungseinrichtung für Früh- und Neugeborene ist, sollten auch dessen wirtschaftliche Pendants eine Überlebenssicherung für jenes zarte Leben werden, das noch nicht in der Lage ist, sich vollständig selbst zu versorgen. Ein Inkubator, wie er den Samwers vorschwebte, war eine unternehmerische Einrichtung, die Geschäftsideen finanzierte und durch operative Unterstützung aufzubauen half. Neben der Bereitstellung von Büroräumen und Geldmitteln erhielten Existenzgründer durch einen Inkubator nun operative Unterstützung beim Aufbau ihres Unternehmens, Zugang zu einem breiten Netzwerk von Geschäftspartnern und Investoren, Coachings mit konkreter inhaltlicher Anleitung sowie den Zugriff auf unterschiedliche Dienstleistungen und Entwicklungssysteme. Rocket sollte nicht mehr länger ein Hobbyprojekt bleiben, sondern begann, eine Full-Service-Infrastruktur zu entwickeln, mit welcher der Brutkasten jungen Unternehmen im Austausch gegen Anteile gleich an unterschiedlichen Fronten des Gründungsprozesses helfen konnte.

Den jungen Ausgründungen der Samwers sicherte dies nicht nur den Zugang zu wichtigen Ressourcen, sondern in erster Linie vor allem eine Verminde-

rung des unternehmerischen Risikos, indem Tempo und Erfolgswahrscheinlichkeit gleichermaßen gesteigert wurden. Als Inkubator pflegte Rocket Internet in der Aufbauphase also eine Art unternehmerische Symbiose mit seinen
Portfoliounternehmen, an deren Prosperität es aufgrund einer Beteiligung
ein fundiertes Interesse hegte. Denn im Gegensatz zu klassischen Investoren, die sich in der Regel auf das Bereitstellen von Kapital beschränken, übernahm der Inkubator als Versorgungseinheit eine aktive Rolle bei der Firmen-
gestaltung. Für seine Dienste erhielt Rocket im Gegenzug Geschäftsanteile,
deren Höhe mitunter stark variierte und sich die aus der Erfahrenheit des
Teams, der bereits vorhandenen Infrastruktur des Unternehmens, der Qualität der Geschäftsidee, dem Bedarf an Unterstützung und der Verteilung des
Risikos berechneten. Die genaue Verteilung entschied sich letztlich aber zu
großen Teilen durch die Verhandlungen der Gründer und orientierte sich inhaltlich an der bereits geleisteten Wertschöpfung.

Gegen das Verhandlungsgeschick eines Oliver Samwer und das Vertragswerk
des älteren Bruders Marc sollte aber kein Gründer wirklich ankommen. Denn
die Samwers hatten aus ihrer Zeit bei Alando gelernt und stellten sicher, dass
Rocket für sein Kapital, die Vermittlung einer Geschäftsidee und die Zusammenstellung des Teams für gewöhnlich 50 Prozent der Anteile und mehr erhielt, was den Berlinern auch im Falle einer Verwässerung ihrer Anteile ein
großes Stück vom Kuchen sicherte. Anschließend stellte Rocket seine Unterstützung in Rechnung, denn ihre Services ließen sich die Samwers anhand
von Rahmenverträgen vergüten, die genau regelten, zu welchem Kostensatz
die vermittelten Dienstleistungen in Rechnung gestellt würden. Für die Gründer bedeutete dies, dass sie zu Marktkonditionen auf erfahrene Experten zu-
griffen. Im Vergleich zu klassischen Investoren wie etwa Risikokapitalgebern
mussten Gründer – und im Falle der Samwers ließ sich oft wohl eher von angestellten Geschäftsführern sprechen – deutlich mehr Anteile abtreten, erhielten durch die operative Unterstützung aber ungleich höhere Erfolgschancen.

Im Zentrum der Arbeit von Rocket Internet standen dann die Faktoren Gründungsteam, Geschäftsidee und Unternehmensfinanzierung. Diese bildeten
die Grundpfeiler jeder Unternehmung und wurden in unterschiedlicher Weise mit Hilfestellungen bedient. Es war üblich, die Zusammensetzung des
Gründer- und Mitarbeiterstamms zu unterstützen, weshalb die Samwers über
ihr Netzwerk Mitgründer vermitteln ließen oder dabei halfen, relevante Positionen zu besetzen. Von informellen Kontaktanbahnungen über professiona-

lisierte Recruitingprozesse konnte dieser Vorgang bis zu Rocket-Mitarbeitern reichen, die Aufgaben auf Interimsbasis übernahmen. Auch bei der Ausformulierung der Geschäftsidee war es üblich, dass Rocket unter die Arme griff, indem es bei der Durchführung von Marktanalysen unterstützte, den Businessplan voranbrachte, auf der Strategieseite beriet und dabei assistierte, die ursprüngliche Geschäftsidee zu einem tragfähigen Unternehmenskonzept zu entwickeln. Nicht selten traten Gründer sogar gänzlich ohne Geschäftsidee an den Inkubator heran und setzten anschließend eine ihnen vorgeschlagene Idee um. Finanzierungsseitig unterstützte Rocket schließlich durch Investmentsummen in variierender Höhe. Wie diese ausfielen, hing mit der Art der Unternehmung und dessen Fokus zusammen, als Faustregel konnten in der ersten Finanzierung aber Beträge zwischen 100.000 und 500.000 Euro gelten, später gerne auch mal Finanzierungen im kleinen Millionenbereich.

In Ergänzung dazu holten die Samwers zur Finanzierung einer Geschäftsidee auch stets weitere Geldgeber an Bord und sicherten dadurch die notwendige Kapitalisierung ihrer Gründungen, während sie ihren Geldgebern Anlagemöglichkeiten mit gesunkenem unternehmerischen Risiko boten. Seinen Wert entfaltete Rocket Internet also durch die Verbindung aus Geldmitteln, operativer Unterstützung und einem umfangreichen Netzwerk, wobei insbesondere der Netzwerkgedanke eines der zentralen Leistungsmerkmale des Inkubators darstellte. Denn jenseits der reinen Kontaktvermittlung konnten über den Austausch innerhalb des Portfolios wesentliche Lerneffekte weitergegeben werden, wozu die Samwers einen Campusansatz schufen, bei dem die unterschiedlichen Start-ups über verbundene Büroflächen zusammengeführt und zur Interaktion angeregt wurden. Eine Zusammenführung der unterschiedlichen Samwer-Gründungen war ohnehin ein logischer Schritt. Denn der Firmenbrutkasten unterstützte auch bei der Produktentwicklung, sodass den geförderten Start-ups eigene Systementwicklungen wie Shopsysteme zur Erstellung von Onlineshops oder Marketing-Tools zum Bewerben von Diensten zur Verfügung gestellt wurden, bei denen es sinnvoll war, sie zu teilen, sobald sie einmal entwickelt waren, um mehrere Gründungen zu beschleunigen und Erfahrungen auszutauschen.

Doch auch wenn die Samwers das Konzept des Inkubators in Deutschland etablierten, war es beileibe keine Erfindung der drei Brüder, sondern knüpfte vielmehr an die Tradition von Technologie- und Gründerzentren (TGZ) an, die in Deutschland seit über 30 Jahren etabliert waren und vor allem durch

öffentliche Mittel gefördert wurden.[115] Speziell Existenzgründern mit techno-
logieorientierten Geschäftsideen boten Technologie- und Gründerzentren
Arbeitsflächen wie Büros, Labore oder Werkstätten sowie entsprechende Be-
ratungsansätze und Möglichkeiten zum Austausch mit anderen ansässigen
Unternehmen. Wie so viele Ideen der Samwers, stammte das Inkubatoren-
konzept damit aus den USA, wo Joseph Mancuso bereits 1959 in Batavia, New
York, das Batavia Industrial Center (BIC) zur Nutzung verlassener Industrie-
gebäude errichtet hatte und damit aus der Not heraus die Idee der Business
Incubation entwickelte.[116] Zunächst zur Schaffung von Jobs und regionaler
Wertschöpfung gedacht, spezialisierten Inkubatoren sich zusehends und er-
lebten einen wirtschaftlichen Aufschwung, der durch artverwandte Ableger an
Universitäten befördert wurde, die sich an der Schwelle zwischen Forschung
und dem Druck zur Kommerzialisierung ihrer Innovationen bewegten.[117]

Dennoch dauerte es bis zu den 1980er-Jahren, bis der Inkubationsansatz eine
weitreichende Verbreitung erfuhr. Das Erstarken der Wirtschafts- und Sozi-
altheorie schuf in den USA ein Umdenken, das es mit sich brachte, dass die
staatliche Förderung junger Unternehmen an Priorität gewann.[118] Mit der Verbreitung in den 1980er-Jahren fand der Inkubatorenansatz auch seinen Weg
nach England und Kontinentaleuropa, wo er allerdings deutlich anders praktiziert wurde, als es die Samwers noch einmal 25 Jahre später taten. Insbesondere im Hochschulumfeld stieß das Konzept auf Gehör[119] und verfeinerte
sich in Unterkategorien wie Forschungsparks sowie Technologie-, Gründer-
und Gewerbezentren.[120] Als die Samwers mit Rocket Internet im Mai 2007 einen Ansatz zum fließbandartigen Gründen von Unternehmen schufen, blickten sie also auf ein Ökosystem, das vergleichbare Ansätze vor allem aus dem
Hochschulbereich kannte und einer derart systematisierten Maschinerie zur
Unternehmensgründung weitestgehend entbehrte. In einer Zeit, in der sich
die deutsche Internetwirtschaft noch vom Platzen der Dotcom-Blase erholte,
etablierte das Brüdertrio in sehr systematischer Weise einen für Deutschland
neuen Ansatz der Wirtschaftsförderung, den es in solch durchorganisierter
Umsetzung auch in den USA bis dato praktisch nicht gegeben hatte.

Rocket wird zur Fließbandkopiermaschine

Die meiste Zeit hatte es bei Rocket und dem European Founders Fund keinen
wirklichen Plan, keine Strategie gegeben. Oliver Samwer war mit maximaler

Taktung den Gelegenheiten des Marktes gefolgt und stand inzwischen vor der Frage, wie es mit den Internetaktivitäten von ihm und seinen Brüdern weitergehen würde. Das Jahr 2009 sollte für ihn ein schweres werden. Er entschuldigte sich bei seinem Team für das Amerika-Abenteuer des European Founders Funds und es folgte eine Zeit, in der Oliver Samwer relativ demütig auftrat. Eine Zeit, in der er auch einmal bereit war, das eigene Vorgehen zu diskutieren – sonst eine undenkbare Haltung für den erfolgshungrigen Unternehmer. Zum ersten Mal wusste er nicht, wohin die Reise gehen sollte. Und es galt schnell zu reagieren: Zu viele Samwer-Themen waren nicht mit der notwendigen Dauerhaftigkeit umgesetzt worden und mit David Khalil ließ im November 2008 der erste Samwer-Kernakteur durchblicken, dass er das Unternehmen zu verlassen plante. Es war nur eine Frage der Zeit, bis weitere Wissensträger seinem Beispiel folgen würden.

Schnell erkannte Oliver Samwer diesen Missstand und reagierte, indem er die Konzentration auf Rocket Internets Vorhaben intensivierte. Der European Founders Fund war längst abgemeldet und so fokussierte er alle Ressourcen auf das Klonen von Unternehmen mit Rocket Internet. Zwar fehlte es ihm und seinen Brüdern zunächst an einer Vorstellung von der nächsten großen Gründung, doch wenn sie die Prozessarchitektur von Rocket erweitern würden, ließe sich eine neue Art des Unternehmensaufbaus realisieren, die nicht nur den Stärken der Samwers, sondern auch der Beschaffenheit der deutschen Gründerszene gerecht würde. Letztlich handelte es sich beim Ausbau von Rocket Internets Inkubationsbestrebungen also nur um eine konsequente Weiterentwicklung des Stärkensets der Samwers. Sie waren von Gründern zu Investoren geworden, nun gingen sie einen Schritt zurück und wurden zu einer Art Hybride aus beidem.

Mit der Entscheidung, sich fortan mit Rocket Internet auf eigene Inkubationsvorhaben zu konzentrieren, leiteten die Samwers ein neues Kapitel, ja geradezu eine neue Ära in ihrer persönlichen Schaffensphase ein. Bisher war es vor allem Jamba, das den unternehmerischen Erfolgsdrang der Samwer-Brüder repräsentierte und eine einzigartige Riege junger Talente angezogen hatte. Sollte Rocket Internet zu einem nachhaltigen Erfolg reifen, der unternehmerisch deutlich über die Gehversuche der Anfangszeit hinausging, würde auch für den ambitionierten Inkubator ein vergleichbarer Aufbau von Kompetenzstrukturen erforderlich. Oliver Samwer machte sich daher erneut daran, seine jüngste Unternehmung mit kompetenten Fachleuten auszustatten, wofür er vielfach auf Mitarbeiter setzte, die schon früh zu Weggefährten für ihn geworden waren. Christian Weiß, ein Unternehmer, der im Jahr 2000 mit der Gründung des Telefonanwendungsunternehmens Mundwerk von sich reden gemacht hatte, machte den Anfang, nachdem er schon zu Jamba-Zeiten auf dem Wunschzettel der Samwers stand.

Die zentrale Fähigkeit von Weiß lag in der Zusammenstellung guter Gründerteams, insbesondere im IT-Bereich, was ihn in gewisser Weise für die Leitung eines Inkubators prädestinierte. Bereits auf der Universität hatten Christian Weiß und Oliver Samwer Bekanntschaft gemacht. Samwer verfolgte die Geschehnisse rund um Mundwerk sehr genau und versuchte bereits um das Jahr 2005, Weiß für seine Belange zu gewinnen. Zur Mitte des Jahres 2007 kam es schließlich zur lange anvisierten Zusammenarbeit. Im Sommer des Gründungsjahrs von Rocket begann Christian Weiß als erster Geschäftsführer für den jungen Inkubator tätig zu werden und hatte zur Aufgabe, den gesamten Firmenapparat des neuen Kernprojekts aufzubauen. Mit dem Mundwerk-Mitgründer Philipp Kreibohm sowie dem WHU-Absolventen Felix Jahn stießen zwei weitere Geschäftsführer hinzu. Der ehemalige Jamba-Mitarbeiter und heutige Wooga-Gründer Philipp Möser fand einen Monat nach Weiß als Produktchef den Weg zu Rocket Internet.

Stück für Stück gewann Oliver Samwer ihm bekannte Absolventen der WHU für die Leitung von Rocket Internet. Er wollte einen »Tanker« bauen, der mit der Zeit zu einer »koreanischen Werft« weiterentwickelt werden sollte. Immer fantastischer wurden seine Metaphern für das neue Großprojekt, mal sprach er von einem Flugzeugträger, mal von einer Galaxie mit unterschiedlichen Planeten. Neben Christian Weiß, der zu einem der zentralen Verantwortlichen dieser Entwicklung werden sollte, hatte es ihm dabei noch ein anderer Akteur in besonderer Weise angetan: Florian Heinemann. Nachdem Heinemann seinen Buchmarktplatz JustBooks an einen kanadischen Wettbewerber verkauft und das Unternehmen bis 2002 als Geschäftsführer der europäischen Aktivitäten begleitet hatte, war es Oliver Samwer gelungen, den hilfsbereiten WHU-Absolventen zur Verbesserung von Jambas Marketingaktivitäten zu gewinnen. Von Mai 2003 bis zum Spätsommer 2005 bestand Heinemanns Aufgabe darin, insbesondere Christian Vollmann in Marketingthemen anzuleiten. Dennoch vermochte es Oliver Samwer nicht, den als Marketing-Koryphäe gehandelten Heinemann vollständig zu halten. Nach zwei Jahren Beraterarbeit für Jamba begann dieser, sich vollständig auf seine

Promotion zu konzentrieren und ging für ein Forschungssemester nach Philadelphia in die USA.

Ablassen wollte der erfolgshungrige Samwer dennoch nicht von diesem bereits früh wichtigen Wissensträger und legte durch unterschiedliche gemeinsame Projekte die Grundlage für dessen spätere Verpflichtung. Noch zu Heinemanns USA-Aufenthalt buhlte er um dessen Gunst und stieß an unterschiedlichen Fronten eine weitere Zusammenarbeit an. Eines der ersten gemeinsamen Projekte wurde die Videoplattform MyVideo, die schließlich unter der Leitung von Ex-iLove-Macher Christian Vollmann geführt und mit dem Know-how von Florian Heinemann aufgebessert wurde. Beide Unternehmer erhielten das Versprechen, jeweils 400.000 Euro in den European Founders Fund investieren zu dürfen und dafür an allen Investitionen proportional zu partizipieren. Ein Dealversprechen, das niemals zustande kommen sollte und an das sich Oliver Samwer auch dann nicht erinnern konnte, als Christian Vollmann es vehement einforderte.

Dennoch kam es für Florian Heinemann zu weiteren gemeinsamen Projekten, so etwa beim Samwer'schen Preisvergleich TopTarif. Im Sommer 2007 startete Rocket seine ersten ernsthaften Start-up-Versuche wie eben mit TopTarif, das von den Brüdern Ingo und Thorsten Bohg gegründet wurde. Das bedeutete für Oliver Samwer nicht nur ein Wiedersehen mit seinem WHU-Kommilitonen Thorsten Bohg, sondern markierte auch den Beginn der einsetzenden Professionalisierung von Rocket Internet. Immerhin verband sich mit dem Projekt eine große Chance und ebenso eine gewisse Emotionalität: Oliver Samwer und seine Brüder hatten einige Anteile am direkten Wettbewerber Check24 erworben, um das vielversprechende Modell nachbauen zu können. Das Vergleichsgeschäft hatte sich als attraktiv präsentiert und spätestens als die Samwers bei einer weiteren Finanzierung von Check24 nicht zum Zuge kamen, war der Wille der Samwers entfacht. Obwohl sie nur Minderheitsgesellschafter bei Check24 gewesen waren, erboste es sie derart, übergangen worden zu sein, dass Oliver Samwer nachts um drei zum Hörer griff. Sieben Mal rief er in dieser Nacht das Management des Preisvergleichs an und schrie, dass es keinen Fuß mehr auf den deutschen Internetboden bekäme. Er konnte einfach nicht verlieren und wagte mit TopTarif einen eigenen Versuch.

Im September 2007, rund drei Monate nach der Gründung von Rocket Internet, stieg Heinemann schließlich gänzlich als Geschäftsführer des Inkubators ein und sollte zu einem der zentralen Bausteine von Rocket werden, galt er doch als einer der versiertesten deutschen Experten im Online-Marketing-Segment. Die Bereiche Online-Marketing und Business-Intelligence entwickelten sich daher zu seinen Kerndisziplinen. Und nicht nur Florian Heinemann sollte ein eigenes Fachgebiet bekommen. Die Zusammenstellung von Rocket Internets Geschäftsführern gestalteten die Samwers nach strikt funktionalen Gesichtspunkten: Jeder Geschäftsführer verantwortete einen eigenen Inhaltsbereich für den Inkubator und hatte dafür zu sorgen, dass alle Gründungen entsprechende Hilfestellungen im operativen Geschäft erhielten. Während Florian Heinemann sich um Online-Marketing und Business-Intelligence zu kümmern hatte, verantwortete Christian Weiß die Bereiche IT und Personal. Philipp Kreibohm fielen derweil – unterstützt von Felix Jahn – die Verantwortung der Finanzen sowie das Management der unterschiedlichen Gründungen zu.

Das Team von Rocket Internet wuchs stetig weiter. Mit der Zeit bauten die Samwers ihre Expertenpositionen immer weiter aus und holten zusätzliche Leistungsträger in ihr Unternehmen. Im Januar 2007 stieß mit Uwe Horstmann ein WHU-Absolvent zum Berliner Firmenbrüter, der zunächst als Venture Partner das Anschieben neuer Gründungen verantwortete. Er wuchs jedoch schnell zu einem Liebling Oliver Samwers heran und wurde gut zwei Jahre später ebenfalls zu einem von Rockets Geschäftsführern ernannt. Zum Ende des Jahres 2008 folgten so auch Lukas Brosseder und David Khalil nach Berlin, ehe im Juni des Folgejahres auch der Samwer-Vertraute Arnt Jeschke in die Reihen des Inkubators wechselte. Auf diese Weise wurde Rocket Internets Personalapparat stetig größer und legte das Fundament für die ernsthafteren Inkubationsvorhaben der Samwers.

Dennoch waren Rockets Geschäftsführer weit davon entfernt, irgendwelche Geschäfte zu führen. Im Gegensatz zu ihren ersten Eigengründungen verzichteten die Samwers bei Rocket Internet lange darauf, einen Geschäftsführertitel zu tragen, gaben inhaltlich aber an jeder Stelle den Ton an. Die Bürde der Geschäftsführung übertrugen sie stattdessen auf ihr rekrutiertes Team aus Geschäftsführern. Diesem Vorgehen lag die Überlegung zugrunde, dass im Falle von Rechtsstreits geringere Vermögenswerte zur Disposition stünden, als wenn Oliver Samwer und seine Brüder selbst einer Haftung unterlägen. Doch wenngleich die Last der Geschäftsführung auf gleich mehrere Schultern verteilt war, konnte kein Zweifel daran bestehen, wer die Zügel in der Hand hielt: Die Samwer-Brüder, allen voran Oliver, bestimmten die relevanten Entscheidungen des Inkubators. Bis zu den Börsenvorbereitungen im Jahr 2014 verstand er es, im Tagesgeschäft eine umfangreiche Autoritätsposition vorzuleben, sich aber formal aus der Verantwortung zu ziehen. Wenn man so will, kam Rockets Führungsriege die Rolle eines menschlichen Schutzschildes auf der juristischen Seite zu, während die unterschiedlichen Personen inhaltlich als wichtige Wissensträger und Umsetzungshelfer agierten.

Für ihre Dienste entlohnten die Samwers ihre Geschäftsführer dennoch üppig, indem sie ihnen Anteile an den Gründungen des Inkubators überschrieben. Jeder von Rockets Geschäftsführern sowie einige relevante Mitarbeiter des Unternehmens erhielten standardmäßig kleine Prozentbeträge an jeder Gründung, die gemeinsam gestartet wurde. Den lukrativsten dieser Deals erhielt aufgrund seiner positiven Gründungshistorie und seiner Marketingkenntnisse Florian Heinemann, dessen versprochene Beteiligung am EFF schlichtweg in eine Rocket-Dauerbeteiligung umgewandelt wurde. Bei jeder Rocket-Gründung erhielt Heinemann zwei Prozent der Anteile des Inkubators – alle anderen Geschäftsführer partizipierten in analoger Weise mit geringeren Anteilen, die sich gemäß ihrer Bedeutsamkeit und Erfahrung bemaßen. Zumal Rocket zumeist über umfangreiche Anteile an seinen Gründungen verfügte, wurde dieses Konstrukt zu einem lukrativen Deal für die unterschiedlichen Geschäftsführer des Inkubators. Allein die Beteiligung am bekannten Schuhshop Zalando machte so manchen im Samwer-Gefolge zum Millionär. Zwar war Oliver Samwer in Gehaltsfragen zumeist geizig – beispielsweise entschied er von einem Tag auf den nächsten einfach, dass einige der Geschäftsführer wie er selbst ab sofort keine Gehälter mehr erhalten würden –, doch die Unternehmensbeteiligungen boten dennoch einen lukrativen Anreiz.

Das ewige Thema »Copycat«

Inhaltlich blieben die Samwers ihrem Motto treu, Ideen vor allem zu kopieren, anstatt sie selbst hervorzubringen. Mit Rocket Internet schufen sie einen durchdefinierten Prozess, um möglichst schnell andere Gründungen auszumachen, nachzubauen und mit einem kompetenten Team zu bestücken. Besonders in den USA bediente sich der deutsche Inkubationspionier bei unterschiedlichen Geschäftsideen und baute entsprechende Ableger nach.

Nachdem Alexander, Marc und Oliver Samwer bereits mit ihrer Ebay-Kopie Alando einen durchschlagenden Erfolg erzielt hatten und auch Jamba sich zunächst an den Angeboten der japanischen Unterhaltungsplattform I-Mode orientiert hatte, sollte weiterhin der Blick auf erfolgreiche Wettbewerber zur Inspiration werden. Die Samwers konzentrierten sich darauf, Innovationen bei der Umsetzung hervorzubringen, nicht bei der Ideenfindung. So kopierten sie während Rockets Ausbau zahlreiche Geschäftsmodelle, wobei sie deutsche Wettbewerber ebenso kopierten wie fremdländische Konzepte. Praktisch alle durch Rocket erzeugten Unternehmen waren auf die eine oder andere Weise Kopien fremder Geschäftsideen und prägten dafür in der Branche den Begriff »Copycat«.

Auswahl von Rocket-Gründungen und ihrer Vorbilder

Unternehmen	Vorbild	Typ
7Trends	ASOS (GBR)	Onlineshop für Fashion
Bamarang	Fab (USA)	Shoppingclub für Design
Betreut.de	Care.com (USA)	Pflegedienstvermittler
BillPay	Bill Me Later (USA)	Bezahlplattform
CityDeal	Groupon (USA)	Group-Buying-Plattform
DealStreet	Swoopo (DEU)	Live-Shopping-Anbieter
Doktus	Scripd (USA)	Dokumentenplattform
Dreambookers	Voyage Privé (FRA)	Shoppingclub für Reisen
Ecareer	Experteer (DEU)	Jobbörse
Edarling	Eharmony (USA)	Online-Partnervermittlung
Frazr	Twitter (USA)	Microblogging-Dienst
Glossybox	Birchbox (USA)	Abo-Commerce zu Kosmetik
Panfu (heute Goodbeans)	Club Penguin (USA)	Virtuelle Welt für Kinder
FP Commerce (heute Home24)	CSN Stores (USA)	Onlineshop für Möbel
Pinspire	Pinterest (USA)	Online-Pinnbrett
Plinga	Zynga (USA)	Social-Games-Entwickler
TopTarif	Check24 (DEU)	Online-Preisvergleich
Westwing	One Kings Lane (USA)	Shoppingclub für Wohnen
Wimdu	Airbnb (USA)	Privatzimmervermittlung
Zalando	Zappos (USA)	Onlineshop für Schuhe

So unpopulär dieses Vorgehen auch sein mochte, folgte es dennoch einer gewissen Logik, die dem deutschen Internetökosystem und dem Stärkenset der Samwers Rechnung trug. Nach dem Platzen der Dotcom-Blase nahm Deutschland im Internetbereich den Status eines Entwicklungslands ein: Es mangelte an Finanzierungsmöglichkeiten, einer breit etablierten Gründerkultur sowie der Bereitschaft, risikobehaftete Ideen zu unterstützen. Bis zur Gründung von Rocket Internet im Jahre 2007 hatte sich daran nicht viel geändert. Oliver Samwer und seinen Brüdern war klar, dass es ihnen nur dann gelingen würde, Geldmittel für ihre unterschiedlichen Gründungen zu akquirieren, wenn das Risiko des Scheiterns möglichst gering gehalten würde. Dies ließ sich in erster Linie gewährleisten, wenn es an anderer Stelle bereits ein erfolgreiches Vorbild gäbe, einen »Proof of Concept«, der potenziellen Geldgebern das Funktionieren des Modells belegen würde. Für Unternehmen, denen es an einem solchen Proof of Concept fehlte, hielt der Finanzierungsmarkt derweil praktisch nichts bereit.

Vor dem Hintergrund, dass die Samwers auf dem deutschen Markt neben der fehlenden Finanzstärke auch einen überschaubaren Talentpool und einen gering ausgeprägten Erfahrungsschatz vorfanden, erschien diese Herangehensweise nur logisch. Gleich zu Beginn entschlossen sie sich daher, Rocket auf das Erzeugen von Copycats auszurichten und sich, wie schon bei Alando, darauf zu spezialisieren, den deutsch-europäischen Markt zu besetzen und sich für eine Übernahme attraktiv zu machen. Insbesondere US-Start-ups waren aufgrund der Größe und Homogenität ihres Heimatmarktes derart auf ihre eigenen Belange fokussiert, dass sie eine transatlantische Expansion zumeist erst sehr spät anvisierten. Die Samwers spekulierten darauf, dass diese mit großem zeitlichen Versatz in ihren Markt drängten und dann vermutlich von der multikulturellen Prägung Europas sowie dessen regulatorischer Komplexität überrascht würden.

»Ich verweise gerne auf das Beispiel der Banken. So ist Citibank eine Groß-bank, aber das Bankenwesen erfunden haben beispielsweise eher die Medici. Neue Unternehmen bauen immer auf Geschäftsmodelle auf, die es bereits irgendwo auf der Welt gab. Das war schon immer so. Nun ist die Welt aber transparenter geworden, dadurch breiten sich Ideen viel rasanter aus und Geschäftsmodelle entwickeln sich schneller. Es gibt ganz wenige ›Einstein-Unternehmer‹ wie den Erfinder der Glühbirne oder des Telefons. Aber zu 99 Prozent entscheidet die Umsetzung der Idee. Am Ende kommt es

nicht darauf an, ob ich als Erster eine Idee gehabt habe, sondern darauf, ein
Unternehmen aufzubauen, das langfristig existiert und Kunden zufrieden-
stellt.[121] *[...] In der Internetindustrie gibt es Einsteins und Typen wie Bob, der*
Baumeister. Ich bin ein Bob, der Baumeister.«[122]

Oliver Samwer zum Copycat-Vorwurf

Auch vor der inländischen Konkurrenz brauchten sich die Samwers meist
nicht zu fürchten, bedurfte es doch der Verbindung aus Tempo, Internet-
kompetenz und tiefen Taschen, um fremde Geschäftsideen schnell und effektiv nachbauen zu können. Die meisten deutschen Internetakteure waren entweder überschaubar groß und ohne finanzielle Schlagkraft geblieben
oder präsentierten sich als schwerfällig und träge. Die Samwers setzen deshalb auf »Make or Buy«: Entweder würde ein US-Unternehmen oder ein
deutscher Großanbieter (etwa eines der zahlreichen Medienunternehmen)
sich die Frage stellen, ob es sich diesen Herausforderungen mitsamt der
Notwendigkeit zu umfangreichen Lernaufwänden und der Entwicklung einer regionalen Infrastruktur stellte (»Make«) oder lieber einen lokalen Anbieter übernahm, der all dies schon geleistet hatte (»Buy«). Der Kauf eines
Rocket-Unternehmens wäre zunächst zwar mit einem hohen Übernahme-
preis verbunden, würde sich auf lange Sicht aber rechnen – so der Plan der
Samwers.

Juristisch bot dieses Vorgehen zwar kaum Angriffsfläche, zumal Geschäftsideen bis heute nicht schützenswert sind, ohne Folgen blieb es dennoch
nicht. Immer wieder erzürnten die Samwers die Webszene, indem sie direkt
und unverhohlen Unternehmen klonten – vom Namen über das Geschäftsmodell bis zum gesamten Webseitenaufbau. Schließlich wollten sie die Er-
folgsumstände ihrer Vorbilder bis ins Detail imitieren und sei es auch noch so
dreist. So hatte etwa das Online-Pinnbrett Pinspire seine Geschäftsbedingungen bei Pinterest kopiert, dabei aber Wortfragmente des Vorbilds auf seiner
Seite übersehen. Bei der Entwicklung der nigerianischen Fashion-Websei-
te Sabunta ging der Inkubator sogar soweit, dass sich Teile des Programmcodes des konkurrierenden Design-Shoppingclubs Fab.com auf Sabunta wie-
derfanden. Besonders kontrovers diskutiert wurden diese Kopiermanöver in
jenen Fällen, bei denen die Samwers zunächst an den Unternehmen beteiligt waren, die sie später klonten. So geschehen etwa beim amerikanischen

Social-Games-Anbieter Zynga, dem E-Commerce-Verbund CSN Stores, dem Preisvergleich Check24 oder gleich mehreren Social Networks.

Eine lang anhaltende hitzige Debatte über das Für und Wider von Copycats entbrannte und spätestens nachdem insbesondere das deutsche Erfolgsunternehmen StudiVZ deutliche Ähnlichkeiten mit seinem Vorbild Facebook aufwies, war ein ausgewachsener Streit um das Selbstverständnis deutscher Internetgründungen geboren. Insbesondere das Kopiervorgehen der Samwers zementierte das Vorurteil, deutschen Unternehmen würde es an Innovationskraft fehlen. Über das Äußern von Kritik hinaus blieben Reaktionen allerdings weitestgehend aus. Zwar störten sich unterschiedliche Akteure – allen voran die betroffenen Gründer – am Vorgehen der Samwers, angesichts mangelnder juristischer Handhabe und nicht von der Hand zu weisender Erfolge blieben die Samwers ihrem Copycat-Ansatz allerdings treu. Wie sich zeigen sollte, funktionierte Rockets Kopieransatz für viele Themen sehr erfolgreich, wenngleich Firmenverkäufe an das jeweilige Vorbild nur vereinzelt gelangen.

Wie die Samwers Rocket Internet perfektionierten

Unbeeindruckt von der anhaltenden Kritik konzentrierten sich die Samwers stattdessen darauf, die Prozessketten von Rocket Internet zu perfektionieren und den jungen Inkubator zu einem durchorganisierten Ausrollhelfer zu machen. Jeden Freitag kam Rockets Führungsriege zusammen und besprach unterschiedliche Geschäftsideen, die jeder einzelne Führungsmitarbeiter in ihm zugewiesenen Recherchequellen ausgemacht hatte. Wöchentlich diskutierte das Team auf diese Weise zahlreiche Geschäftsideen und gelang es Oliver Samwer, für eine Geschäftsidee einen Geldgeber zur Startfinanzierung zu finden, wurde ein neues Start-up auf den Weg geschickt. In einer Phase, in der Rockets Finanzmittel beileibe noch nicht unerschöpflich waren, wurde zunächst eine Idee, dann Kapital und schließlich ein Gründerteam gesucht. Dazu bedienten sich die Samwers insbesondere an Oliver Samwers Alma Mater, der WHU, wo sie zahlreiche Wirtschaftsabsolventen für ihre Gründungsvorhaben abwarben und ihnen eine Alternative zur sonst so beliebten Beraterkarriere boten. Für die Absolventen der WHU sprach ein ausgeprägtes Verständnis wirtschaftlicher Zusammenhänge gepaart mit überdurchschnittlicher Intelligenz und Leistungsbereitschaft.

Absolvent	Rolle bei den Samwers	Absolvent	Rolle bei den Samwers
Andre Alpar	Gründer Hitflip Online-Marketing-Experte Rocket Internet	Florian Heinemann	Geschäftsführer Rocket Internet
Marc Appelhoff	Gründer Fashion4Home	Moritz Hohl	Gründer Panfu
Markus Berger-de León	COO Jamba CEO Jamba CEO StudiVZ CEO MyHammer	David Khalil	Gründer Edarling
Arne Bleckwenn	Gründer Wimdu	Kay Kühne	Gründer Panfu
Thorsten Bohg	Geschäftsführer iLove Gründer TopTarif	Robert Maier	Gründer LadenZeile
Michael Brehm	Geschäftsführer StudiVZ	Martin Ott	COO Jamba
Lukas Brosseder	Gründer Edarling	Rubin Ritter	Geschäftsführer Zalando
Christopher Cederskog	Geschäftsführer Kontoblick	Oliver Roskopf	Head of Product Edarling Geschäftsführer Groupon Investment-Manager Rocket Internet Head of Online Marketing Zalando
Karel Dörner	Gründer Alando	Thies Sander	Geschäftsführer TopTarif
Hinrich Dreiling	Gründer Wimdu	Chris Schagen	Ausbau Jamba USA Prokurist Jamba
Philipp Erler	Geschäftsführer Kontoblick CIO Zalando	David Schneider	Gründer Zalando
Max Finger	Gründer Alando Gründer Jamba	Christian Vollmann	Praktikant Alando Gründer iLove Gründer Edarling Gründer MyVideo
Pierluigi Ferrari	Gründer Ecareer	Tanja Waldeck	Gründerin Netmoms
Michael Franzkowiak	Business Development Rocket Internet Geschäftsführer MyBrands	Christian Weiß	Geschäftsführer Rocket Internet
Robert Gentz	Gründer Zalando	Brigitte Wittekind	Gründerin Glossybox

Die »Insecure Overachiever« passten perfekt ins Beuteschema der Samwers: intelligent und schaffenswillig, gleichzeitig aber unerfahren und nicht selbstsicher genug, um gegen die Samwers zu opponieren. Immer mehr wurde deshalb das Recruiting von Elite-Absolventen zur Königsdisziplin Oliver Samwers, der es verstand, andere für seine Visionen zu gewinnen. 2012 wurden rund 30 bis 50 Personen aus dem Netzwerk der WHU für Rocket Internet tätig. Den Samwers war es gelungen, die WHU als Rekrutierungsquelle für ihre Zwecke zu nutzen und oftmals zunächst Praktikanten einzustellen, mit denen sie später eigene Unternehmen gründeten. Zwar rückten mit der Zeit vermehrt Mitarbeiter bekannter Beratungsunternehmen ins Fadenkreuz von Rocket Internet, mit seiner eng vernetzten Universität verband Oliver Samwer aber über Jahre hinweg ein fruchtbarer Austausch, wie die Liste auf Seite 121 mit ausgewählten WHU-Absolventen in Schlüsselrollen bei Unternehmen mit Samwer-Beteiligung verdeutlicht.

Eine der zentralen Stärken im Vorgehen von Rocket Internet lag in dem ungeheuren Tempo, mit dem der Berliner Inkubator es vermochte, Gründungen auf den Weg zu schicken. Binnen gerade einmal zweier Wochen gelang es, den Rollout eines eigenständigen Unternehmens anzuschieben – und dies teilweise über mehrere Nationen hinweg. Um dies gewährleisten zu können, fußte Rockets gesamtes Vorgehen auf einer ausgefeilten Prozessarchitektur. Über alle unternehmensrelevanten Bereiche hinweg, egal ob Marketing, Recruiting, Business-Development oder IT, setzten die Samwers ihre Prozesse so auf, dass diese anhand eines Baukastenprinzips ineinandergriffen und mithilfe von selbst entwickelten Programmierlösungen schnell und effektiv skaliert werden konnten. Damit ein Start-up möglichst schnell gestartet werden konnte, bediente sich Rocket bei Rechtsfragen sogenannter »Vorratsgesellschaften«, Kapitalgesellschaften, die das Unternehmen dutzendweise als eine Art leere Hülle kaufte, um sie anschließend als gesellschaftsrechtlichen Mantel für eine Gründung zu nutzen und dabei entsprechend Zeit zu sparen. Durch den Rückgriff auf GmbHs mit durchnummerierten Namen wie Jade »968. GmbH« konnten die Samwers ohne großen Zeitaufwand die Rechtssicherheit für ihre Start-ups sicherstellen und sich auf den eigentlichen Firmenaufbau konzentrieren.

Um unabhängig von der operativen Infrastruktur schnell wachsen zu können, verbanden die Samwers für ihre Start-ups eine Kultur der Entscheidungsfreude und schneller Prozesse mit einer massiven Fokussierung auf die Bereiche Sales und Vertrieb. Sobald sie den wesentlichen Erfolgshebel eines Geschäftsmodells gefunden hatten, ließen sie den Großteil aller Ressourcen auf die Erweiterung der Kundenbasis verwenden. Erst dienten kleine Probiermengen dazu, schnelle Lerneffekte zu bescheren, dann gehörte es zur Samwer-Mentalität, irrwitzige Marketingmaßnahmen abzufeuern, um – egal zu welchem Preis – einen Marktführer zu etablieren. Bis heute unterscheidet die Berliner jener Hunger bei der Verbreitung der eigenen Botschaft – das »I will die to win« von Oliver Samwer. Am anschaulichsten ließ sich dieses Denkmodell mit der Zeit an Samwer'schen Erfolgsgründungen wie Jamba, Groupon oder Zalando ablesen. Während Jamba das deutsche Musikfernsehen praktisch komplett ausbuchte, schickte Groupon unter der Samwer-Ägide ganze Horden von Vertriebsmitarbeitern auf seine Kunden los, und Zalando erlangte durch seine bekannten Werbespots mit schreienden Postboten Bekanntheit in ganz Europa. Es zahlte sich aus, dass die Samwers Rocket auf einer Familienoligarchie aufbauten und ihre schier unglaubliche Geschwindigkeit über den gesamten Apparat hinweg durchhielten.

> *»Zur Abstimmung mit den Samwers war es üblich, dass es in regelmäßigen Abständen Telefonkonferenzen mit einem der Brüder gab. In unserem Unternehmen hatten wir für solche Gelegenheiten eine Glaskasten-Parzelle, in der dann das Handy eines Gründers auf den Tisch gelegt und auf Lautsprecher gestellt wurde. Eine Woche nach solch einem Telefonat wurde ich dann von einem unserer Praktikanten angesprochen, ob mit dem Unternehmen alles in Ordnung sei. Ich verstand die Sorge nicht und fragte, wie er darauf komme. Er erklärte mir, dass viele Mitarbeiter nach dem »Hitler-Call« besorgt gewesen seien. Oliver Samwer hatte während des Telefonats so viel und laut geschrien, dass das Telefonat unter den Praktikanten als Hitler-Call bekannt geworden war. Ich konnte ihn aber beruhigen, bei Oliver Samwer konnte es des Öfteren mal laut werden, das hatte nichts zu bedeuten.«*

Ein ehemaliger Gründer über das Temperament von Oliver Samwer

War ein Start-up erst einmal gestartet, wurde es durch einen von Rocket Internets unterschiedlichen Geschäftsführern betreut, während Marketingguru Florian Heinemann von Gründung zu Gründung pilgerte, um dessen Gründer bei zentralen Marketingfragen anzuleiten. Den Samwers selbst kamen in diesem Konstrukt unterschiedliche Rollen zu. Jeder der drei Kölner Brüder verantwortete einzelne Projekte, während sie gleichzeitig mit täglichen Telefonkonferenzen die Entwicklung von Rocket Internet und dessen Portfolio begleiteten. Besonders Oliver Samwer konzentrierte sich darauf, mittels »Management per Telefon« seine eigene Organisation in der Spur zu halten und fragte dazu mit intensivem inhaltlichem Fokus und in kurzer Taktung die Effizienz der einzelnen Rocket-Einheiten ab. Detailliert ließ er sich regelmäßig informieren und schreckte auch nicht davor zurück, Kleinigkeiten wie die Betreffzeile von

E-Mail-Newslettern zu beeinflussen. Seine harsche inhaltliche Kritik in Verbindung mit einer manipulativ-aggressiven Art sollten mit der Zeit zu einer der meist diskutierten Eigenarten von Rocket Internet werden. Viele von Rockets Mitarbeitern kamen mit der Stakkato-Art des erfolgshungrigen Unternehmers nicht klar.

> *»Oliver Samwer wirft dich einfach sehr gerne ins kalte Wasser und schaut dann, ob du schwimmst. Er ist smart und sehr flink im Kopf, wodurch er nicht gefestigte Standpunkte ganz schnell auseinandernehmen kann. Bullshitten kann man bei ihm deshalb nicht. Er durchschaut jegliche Ahnungslosigkeit und passiert dies mehrfach, verliert man seinen Respekt und kann gehen. Umgekehrt sind die Möglichkeiten aber fast grenzenlos, hat man es erst einmal in seinen engen Zirkel geschafft. Dann ruft er an und fragt nach der eigenen Meinung. Dann ist alles an Unterstützung und Vertrauen möglich und eine wirklich schnelle Karriere mit viel Verantwortung winkt. Ab einem bestimmten Punkt lässt er einen aber nicht mehr lernen, weil er nicht will, dass man ein Unternehmen alleine vollumfassend realisieren kann. Man bleibt also immer von ihm abhängig, wenn man nicht ausbricht.«*

Eine ehemalige Mitarbeiterin über Oliver Samwers Führungsstil

Vor allem waren die Samwers im Gegensatz zu vielen anderen Firmengründern bereit, auch unangenehme Entscheidungen zu treffen. Das Brüdertrio agierte bei seinen Entscheidungen datengetrieben und stellte nicht funktionierende Komponenten oder auch ganze Unternehmenskomplexe schnell und konsequent ab. Die soziale Härte und emotionale Kälte, mit der die Samwers bei unbefriedigender Datenlage ihre teils verrückten Wachstumsbestrebungen mit einem Mal wieder abschalteten, sparte zwar auf lange Sicht Ressourcen, brachte den Samwers aber oft Kritik und eine Verschlechterung ihres ohnehin schon angeschlagenen Rufes ein. Schließlich waren sie auch alles andere als zimperlich: So entließen sie massenweise Mitarbeiter bei der Privatzimmervermittlung Wimdu, stellten mit einem Mal den Geldhahn für die drei Gründungen Ecareer, DealStreet und MyBrands ab oder machten Rockets kompletten Türkei-Standort dicht, der zuvor noch 400 Mitarbeitern eine berufliche Heimat geboten hatte. Allein beim Gutscheinanbieter Groupon sollen die Samwers in kurzer Zeit Mitarbeiter im vierstelligen Bereich durchgeschleust haben – ihr wohl ungezügeltstes Vorgehen bisher.

Das Herzstück: Die Finanzierung von Rocket Internet

Mit der Zeit wuchsen die Kosten für Rockets Dienste dennoch deutlich an, hatte der Samwer-Inkubator doch einen umfangreichen Infrastrukturapparat zu refinanzieren. Schließlich mussten die Samwers zeigen, dass sich mit Rockets Geschäftsansatz auch Geld verdienen ließ und dass sie ein Gespür für die richtigen Gründungsthemen hatten. Rocket Internet war zunächst als hundertprozentige Tochter des European Founders Funds entstanden, sodass folglich auch dessen größter Geldgeber, United Internet, bei Rocket Internet investiert war. Doch nachdem die Samwers mit dem European Founders Fund in nahezu halsbrecherischer Manier Unmengen von Kapital investiert hatten und gleichzeitig das Aufkommen der Wirtschaftskrise das einstige Innovationsklima für deutsche Konzerne praktisch auslöschte, zog Ralph Dommermuth die Reißleine und beendete das Samwer-Experiment für United Internet. Zu einem Zeitpunkt, als Rocket Internet bereits seine spätere Vorzeigegründung Zalando gestartet hatte, nutzte Oliver Samwer die Gunst der Stunde und kaufte United Internets Anteile an Rocket Internet auf Grundlage einer sehr schlechten Bewertung günstig zurück.

Mittlerweile wären diese Anteile wohl einige Hundert Millionen Euro wert, so aber stand Rocket vor einem völligen Neubeginn, und in Ermangelung eines Investors finanzierten die Samwers ihr wiedererweckte Vorhaben zunächst gänzlich aus eigener Tasche. Sie blickten auf eine Mitarbeiteranzahl von 30 bis 50 Personen, die schnell die 100er-Marke durchbrach. Die Kosten des jungen Inkubators beliefen sich damit jährlich auf rund sieben bis acht Millionen Euro. Eine Summe, die heute, da Rocket Internet über 1.000 Mitarbeiter beschäftigt, vergleichsweise überschaubar erscheint, aber auch erst einmal verdient werden wollte. Und nicht nur Rocket selbst, auch dessen Firmengründungen mussten finanziert werden. Eine typische Gründung erhielt in Rockets früher Phase für gewöhnlich einige Hunderttausend Euro, die meist aus den Taschen des Inkubators selbst sowie eines oder mehrerer Geldgeber stammten. Ein paar Jahre später bewegte sich der Finanzierungsrahmen neuer Rocket-Gründungen bereits im deutlich siebenstelligen Bereich, und einen Geldgeber bekam das jeweilige Gründerteam gar nicht mehr zu sehen, sondern hatte nur mit Oliver Samwer und seinen Investment-Verantwortlichen zu tun. Doch so oder so: Die Samwers waren zur Finanzierung ihrer Bestrebungen auf externe Geldgeber angewiesen. Schnell kristallisierte sich dazu der Risikokapitalgeber Holtzbrinck Ventures als verlässlicher Partner und Finanzierer heraus.

Mit Holtzbrinck Ventures hatten die Samwers einen Frühphaseninvestor vor der Brust, der auf Basis einer flachen Struktur schnelle Investitionsentscheidungen treffen konnte. Für den verlagsnahen Geldgeber markierte das Investment in Deutschlands gefragtes Social Network StudiVZ den Beginn einer Zusammenarbeit mit den Samwers, nachdem Holtzbrinck bereits MyVideo finanzieren wollte, angesichts besserer Angebote aber abgeblitzt war. Nach seinem Investment in das erfolgreiche Social Network übernahm Holtzbrinck von den Samwers den Fotodienstleister MyPhotobook und auch sonst sollte es üblich werden, dass Holtzbrinck sich an den Gründungen der Samwers beteiligte oder Projekte nach ihrem Start schon mal übernahm. Zwar gab es keine Exklusivität beim gegenseitigen Austausch von Geschäftsmöglichkeiten, doch mit der Zeit entstand zwischen Rocket Internet und Holtzbrinck Ventures eine gefestigte Geschäftsbeziehung. Zwischendurch war sogar die Überlegung herangereift, die Beteiligungen von Rocket Internet mit denen von Holtzbrinck Ventures und United Internet für eine Börsenfähigkeit zusammenzubringen, was ein guter Weg gewesen wäre, um an Finanzmittel zu gelangen. Letztlich sollte dieses Konstrukt jedoch nicht zustande kommen.

»Es gibt zwischen Holtzbrinck Ventures und Rocket Internet keine Exklusivität, doch uns verbindet eine gewachsene Beziehung, die es so aber durchaus auch mit anderen Akteuren gibt. Am Ende des Tages gestaltet sich eine Zusammenarbeit einfach effektiver, wenn man sich kennt und eine gewisse Vertrauensbasis aufgebaut werden kann. Dabei hilft es natürlich auch, schnell und berechenbar zu sein und die Kernbereiche des anderen als die seinen zu respektieren.
Ich kann daher die Kritik an Oliver Samwers Vorgehen nicht teilen und habe ihn weder als Selbstoptimierer noch als skrupel- oder rücksichtslos erlebt. Im Gegenteil: Wir hatten über die Jahre einen intensiven Austausch und in meiner Wahrnehmung haben Oliver und seine Brüder stets zielgerichtet, direkt und transparent agiert. In Geschäftsbeziehungen kommt es vor, dass Menschen sich schlecht behandelt fühlen, doch es gibt bei allen Deals eine komplette Gleichbehandlung. Ich bin mir deshalb nicht sicher, ob all die kritischen Statements, die über die Samwers die Runde machen, auch der Realität entsprechen.«

Martin Weber, General Partner bei Holtzbrinck Ventures
über die Zusammenarbeit

In einer Phase, die noch von den Nachwehen der geplatzten Dotcom-Blase gezeichnet war und in der daher nur wenige Frühphaseninvestoren die deutsche Internetszene bevölkerten, bot Holtzbrinck Ventures Geldmittel. Im Gegenzug war Holtzbrinck auf der Suche nach gut vernetzten, erfahrenen Akteuren, die dem Münchner Geldgeber die Auswahl seiner Investitionsobjekte erleichterten. Praktisch jede relevante Start-up-Finanzierung dieser Zeit wurde zu einer Art Clubdeal unterschiedlicher Internetinvestoren, bei dem sich gegenseitig Investitionsmöglichkeiten zugespielt wurden und das Gegenüber für die Qualität der vorgestellten Ideen persönlich bürgte. Zu diesen »Trusted Networks« zählten auch die Samwers mit ihren Aktivitäten unter dem Dach von Rocket Internet, was dazu führte, dass Holtzbrinck nicht nur Kapital als Investor bereitstellte, sondern vor allem auch eines bot: Geschwindigkeit. Die Samwers bescherten Holtzbrinck eine gewisse Vorqualifizierung ihrer Investitionsmöglichkeiten und ermöglichten dadurch eine Standardisierung der Zusammenarbeit, die den sonst recht aufwendigen Prozess einer Finanzierung rasant beschleunigte. Man könnte es auch krasser formulieren: Es waren über die Jahre die Samwers, die Holtzbrinck den wesentlichen Teil seiner Wertschöpfung im Internetbereich bescherten, weshalb sie mit der Zeit das Vorgehen vielerorts praktisch diktieren konnten.

Holtzbrinck hatte kompetente Umsetzer gefunden und für das tempofixierte Brüdergespann stellte Holtzbrinck umgekehrt einen pragmatischen, berechenbaren und schnellen Partner dar, der nicht viele Fragen stellen würde. Mit durchschnittlich vier Wochen, die für eine Finanzierung ins Land gingen, zählte Holtzbrinck zu den schnelleren Akteuren im Segment. Und um dieses hohe Tempo der gemeinsamen Zusammenarbeit gewährleisten zu können, griffen Rocket Internet und Holtzbrinck Ventures mit der Zeit auf Rahmenverträge zurück, die gewisse Standardvereinbarungen über alle Gründungen des Inkubators hinweg gleich regelten und dadurch viel Zeit sparten. Ein solcher Rahmenvertrag beinhaltete zwar keine wirtschaftlichen Faktoren wie die individuell zu verhandelnde Bewertung eines Unternehmens oder die Investitionssumme. Doch regulatorische Aspekte wie die Mitspracherechte der Investoren, eingeräumte Sonderrechte, Ablaufmodalitäten oder die gesellschaftsrechtlichen Vorgänge wurden auf diese Weise standardisiert.

Das Verhältnis beider Akteure war derart vertrauensvoll, dass auch der eine oder andere Kuhhandel zustande kommen sollte, so etwa im Falle des Samwer'schen Preisvergleichs TopTarif: Das im Juni 2007 gegründete Berliner Unternehmen war als eines der ersten ernsthaften Rocket-Projekte mit einem Wert von drei bis fünf Millionen Euro beziffert worden, als Holtzbrinck sich der Samwer-Gründung anschloss. Zwei Monate später sollte der Geldgeber zu einer neuerlichen Bewertung von rund sieben Millionen nachlegen, um dann völlig überraschend TopTarif im Dezember sogar mit 40 Millionen Euro zu bewerten. Was damals noch niemand ahnen sollte: Die Samwers hatten Holtzbrinck überzeugt, ihnen für acht Millionen Euro 20 Prozent ihrer Anteile zu jener stolzen Bewertung abzukaufen. Für die Samwers ein Bombengeschäft: Für 55 Prozent des Unternehmens hatten sie vier Monate zuvor gut eine Million Euro bezahlt, waren nun bereits um acht Millionen Euro reicher und noch im Besitz von 35 Prozent. Das Gründerteam wie auch TopTarif selbst sollten von diesem Geldsegen derweil nichts erhalten. Doch auch wenn sich TopTarif vielversprechend entwickelt hatte, leuchtete zunächst nicht ein, warum das Unternehmen seinen Wert mit einem Mal versechsfacht hatte.

Die Antwort lag in den Vorgängen bei Holtzbrinck: Holtzbrinck Ventures hatte seine bisherigen Anteile sowie die von den Samwers hinzugekauften Prozente an Holtzbrinck Networks, eine weitere Gesellschaft des Holtzbrinck-Apparats, verkauft und damit auf dem Papier einen Gewinn von rund neun Millionen Euro erwirtschaftet. Obwohl die TopTarif-Anteile nur Holtzbrinck-intern zu einer überhöhten Bewertung weiterverkauft worden waren, wurden damit performanceabhängige Boni für die Partner von Holtzbrinck Ventures fällig. Noch am 29. Dezember hatte deshalb der skurrile Deal über die Bühne gehen müssen. Es war schließlich Stefan von Holtzbrinck, der TopTarifs abstrus hohe Bewertung gezahlt und seinem Team einen erquicklichen Bonus beschert hatte, während auch die Samwers kräftig ausgecasht hatten. TopTarif stand derweil vor dem Problem, dass in Holtzbrincks Büchern der gewichtete Einstiegspreis des Investments nun bei einer Bewertung von über 20 Millionen lag, weshalb der Geldgeber später nur bereit sein würde, das Unternehmen für eine horrende Bewertung zu verkaufen. Gleichzeitig war ab dem Tag des Deals der Mehrwert für die Samwers derart gesunken, dass sie sich nicht mehr um ihre Gründung scherten. Sie hatten ihren Schnitt gemacht und da juristisch alles korrekt abgelaufen war, störten sie sich auch nicht an der Blockierung ihres Preisvergleichs.

Mit der Zeit wuchs also eine vertraute Geschäftsbeziehung, die für beide Seiten sehr lukrative Ergebnisse zeitigte. Insgesamt waren es circa 50 Investments, die Rocket Internet und Holtzbrinck Ventures bis zum Jahr 2013 wechselseitig tätigten. Und Holtzbrinck Ventures sollte beileibe nicht der einzige Geldgeber der Samwers bleiben. Auch eVenture Capital Partners, ein von der Otto-Gruppe mitfinanzierter Risikokapitalgeber aus Hamburg, und der Private-Equity-Arm der französischen Geschäftsbank Crédit Agricole unterstützten mit der Zeit Rockets Geschicke. Zum wohl bedeutendsten Geldgeber der Samwer'schen Inkubationsaktivitäten avancierte aber Investment AB Kinnevik, eine schwedische Beteiligungsgesellschaft, die zum Ende des Jahres 2009 begann, Rocket Internet und seine Portfoliounternehmen zu finanzieren. Darüber hinaus griffen die Samwers zur Finanzierung ihrer zahlreichen Gründungen immer wieder auch auf branchenferne Geldgeber zurück, darunter das süddeutsche Versandhaus Klingel oder der Wurstfabrikant Reinhold Zimmermann. In Branchenkreisen wurden diese Geldgeber häufig etwas abfällig als »dummes Geld« bezeichnet, war es den eher branchenfernen Investoren doch häufig nicht möglich, die inhaltlichen Abläufe von Internetgründungen derart zu durchdringen, dass sie sich aktiv in deren Abläufe hätten einmischen können.

Edarling wird das erste Großprojekt nach dem EFF

Zwar gestaltete sich auch bei Rocket Internet vieles aus dem Zufall heraus, ein planloses Voranschreiten wie beim EFF sollte es nun jedoch nicht mehr geben. Es dauerte nicht lange, bis die zunächst zelebrierte Samwer-Demut in erneuten Tatendrang umschwenkte. Obwohl zum Ende des Jahres 2008 nicht abzusehen war, wohin sich der deutsche Internetmarkt entwickeln würde, hatte es Oliver Samwer ein Thema besonders angetan, in dem er zu Jamba-Zeiten mit iLove schon einmal erfolgreich aktiv war: Dating. In einer Zeit, in der die Karten in diesem umkämpften Bereich längst verteilt waren, schickte er sich an, für Rocket Internet die bis dahin größte Wette der Unternehmensgeschichte zu platzieren. So zurückhaltend, wie er sich im ersten Quartal 2009 noch gab, wollte Oliver Samwer im zweiten bereits nur noch als »Dating-Tycoon« angesprochen werden.

Be2 regt die Samwers zu einem gewagten Experiment an

Als sich die Samwers zum Beginn des Jahres 2009 daranmachten, ein weiteres Mal das Datingsegment zu erschließen, war der Goldrausch der Branche längst vorüber. Neben Datingportalen, die sich auf die Vermittlung von lockeren Flirts konzentrierten, hatte im Jahr 2000 mit Parship auch das Konzept der Partnervermittlung seinen Weg nach Deutschland gefunden. Frei nach dem Vorbild des amerikanischen Urhebers Eharmony setzte das Hamburger Unternehmen auf

»Matchmaking«, einen Prozess, bei dem auf Basis eines umfangreichen psychologisch-wissenschaftlichen Persönlichkeitstests Partnervorschläge erstellt wurden. Im Gegensatz zu Datingportalen war das Nutzeralter bei Partnerbörsen zumeist deutlich höher und auch inhaltlich zielte das auf komplexen Algorithmen basierende Angebot eher auf ernsthafte Beziehungen. Partnervermittlungen ermöglichten deshalb einen merklich höheren Preispunkt. Schnell entstand mit Elitepartner ein weiterer Ableger, sodass die Samwers mit ihrem Gründungsvorhaben »Edarling« in einen stark kompetitiven Markt eintraten, der bereits von zwei Platzhirschen dominiert wurde. Damit nicht genug, verband sich insbesondere mit Parship eine gesonderte Relevanz für die Samwers: Das Brüdertrio hatte nach dem Verkauf von StudiVZ an Holtzbrinck selbst Anteile an Parship erhalten und partizipierte mit einem seiner wichtigsten Geldgeber an jener Gründung, die nun von Rocket Internet kopiert werden sollte.

Doch obwohl jeder bei Rocket Internet – inklusive seiner Brüder – Oliver Samwer von einem zweiten Ausflug in die Partnervermittlung abriet, hielt dieser daran fest. Das Projekt Edarling war ihm heilig, hatte doch anstelle des deutschen Marktführers Parship vielmehr die internationale Partnervermittlung Be2 seine Aufmerksamkeit erregt. Nachdem der namhafte Geldgeber Index Ventures die stolze Summe von 15 Millionen Euro in die Gründung des Internetunternehmers Robert Wuttke investiert hatte und Be2 seitdem eine rapide Internationalisierung verfolgte, setzte beim bis dato orientierungslosen Rocket-Gründer eine bedeutungsvolle Einsicht ein. Bisher war Oliver Samwer von der Annahme ausgegangen, dass es eine starke Marke brauche, um erfolgreich eine Partnervermittlung aufbauen zu können. Nachdem Be2 allerdings inmitten der um sich greifenden Quasi-Rezession ohne eine vergleichbare Markenwahrnehmung derart viel Kapital zur Verfügung gestellt bekommen hatte, war sein Interesse geweckt.

Mit einem Mal war Edarling zum wichtigsten Unterfangen im Universum von Rocket Internet geworden und erhielt ein Maß an Aufmerksamkeit, das bis zu diesem Zeitpunkt einzigartig im entstehenden Samwer-Imperium war. Immer höher wurden die Summen, mit denen die Samwers durch Deutschlands Internetszene streiften, um Edarling zu finanzieren. Während eine kleine Rezession das gesamte Segment erfasst hatte, hausierte Oliver Samwer und wollte zunächst zu einer Unternehmensbewertung von 7 Millionen Euro eine Finanzierung über 2,5 Millionen Euro einfahren. Doch Edarlings Entwicklung präsentierte sich so vielversprechend, dass die Bewertung schon bald auf 17 Millionen Euro explodierte und auch die Aufmerksamkeit von Martin Weber erregte, der mit Holtz-brinck Ventures zu den Geldgebern von Wettbewerber Parship zählte.

»Es war eine Standalone-Entscheidung der Samwers unabhängig von Pars-hip, mit Edarling eine Gründung im Partnervermittlungsbereich zu starten. Es gab damals eine Positionierung zwischen Elitepartner/Parship und Neu.de/ Friendscout. Natürlich war Holtzbrinck nicht von zusätzlichen Wettbewerbern zu hauseigenen Beteiligungen wie Edarling und Ecareer [ein Samwer-Klon der Holtzbrinck-Gründung Experteer] begeistert. Schließlich ist es nicht optimal, im selben Segment direkt gegeneinander als Wettbewerber anzutreten. Aber wer weiß, hätten sie es nicht getan, hätte es womöglich ein anderer gemacht. Uns verbindet zwar eine Partnerschaft mit den Samwers, aber warum sollten sie dies nicht dürfen? Und hätte Holtzbrinck sich nicht beteiligt, wäre sicher ein anderer Investor eingestiegen. Wir fanden das Segment interessant und haben daher parallel zu Parship in Edarling investiert, das wie gesagt mit einem an-deren Ansatz vor allem beim Matching und der Kommunikation zwischen Partnersuchenden startete als Parship. Dass die Samwers an Parship beteiligt waren, heißt ja auch noch lange nicht, dass sie geschäftsrelevante Informatio-nen erhalten haben. Holtzbrinck hat im Übrigen auch keine Informationen zu Edarling bekommen, weil es überlappende Themen waren, die einen Interessen-konflikt bedeuten konnten. Beides war sogar vertraglich sichergestellt.«

Martin Weber, Managing Partner bei Holtzbrinck Ventures,
über Edarling

Die Entscheidung zur Realisierung von Edarling war im November 2008 ge-fallen und als Martin Weber erstmalig vom Vorhaben der Samwers erfuhr, war er alles andere als begeistert. Der sonst so ruhige Investor schrie während des gemeinsamen Meetings so laut, dass ihn Rockets gesamte Etage hören konn-te. Doch nach kurzer Überlegung und dank Oliver Samwers Überzeugungsge-schick entschied sich der pragmatische Geldgeber, Edarling kurzerhand einfach mitzufinanzieren. Holtzbrinck wettete auf ein Unternehmen, das gegen seine etablierte Eigengründung antrat, und bei einer Gesamtfinanzierung, die sich mit der Zeit auf rund 20 Millionen Euro belief, investierten auch die IBB und das süddeutsche Verlagshaus PDV Inter-Media. Die beiden letzteren Geldgeber zählen mittlerweile mangels Relevanz längst nicht mehr zum Fokus von Oliver Samwer, erhielten aber zur Gründung von Edarling regelmäßig Besuch von ihm.

Edarling wird zu einer Insel im Rocket-Imperium

An der anfänglichen Verärgerung von Martin Weber störten sich die Samwers nicht. Für sie sollte Edarling den Beleg ihrer eigenen Qualität erbringen und dafür, dass es ihnen auch angesichts massiver Konkurrenz gelingen würde, einen vergebenen Markt aufzubrechen. Edarling war deshalb für die Samwers ungemein wichtig, weil es als eines der wenigen Rocket-Projekte in einem kompetitiven Markt Oliver Samwer zeigte, dass er alles kann. Das Unternehmen bescherte dem zeitweilig orientierungslosen Unternehmer nicht nur einen massiven Egoaufbau, sondern auch ein neues Leistungslevel. Die junge Partnervermittlung entwickelte sich sehr gut, akquirierte merklich höhere Investitionen und wurde deshalb deutlich ernsthafter betreut und von Beginn an international angelegt. Erstmals arbeitete Rocket gleich zum Start mit umfangreichen finanziellen Mitteln, um in diesem umkämpften Markt überhaupt eine Chance zu haben. Mit der gestiegenen Relevanz bedurfte Edarling dementsprechend auch eines erfahrenen Gründerteams.

Lukas Brosseder und David Khalil, die bis dahin treibenden Kräfte hinter dem EFF, waren bereits nach Berlin gewechselt und unterstützten seit dem August 2008 die Geschicke des Inkubators. Lukas Brosseder richtete seine Aufmerksamkeit auf die Umsetzung von Dreambookers, einem Shopping-Club für Reisen, der Reiseangebote in limitierter Stückzahl anbot. David Khalil begleitete mit dem WHU-Absolventen Oliver Roskopf die Umsetzung einer polnischen Kopie des beliebten deutschen Shoppingclubs Brands4Friends. Doch während die Umsetzung von David Khalils polnischer Gründung noch vor dem Start abgebrochen wurde, schlitterte Dreambookers nach Kurzem in die Insolvenz und war damit vom Rocket-Radar verschwunden.

Die beiden einst so motivierten Investment-Manager des EFF waren auf dem Sprung, das Samwer-Universum zu verlassen. Doch da Oliver Samwer zu jener Zeit niemanden aus seinem engeren Kreis ziehen lassen wollte, bemühte er sich, jeden seiner Kernmitarbeiter durch verheißungsvolle Angebote längerfristig zu binden. Diese neue Herangehensweise bereitete vielen aus dem nahen Umfeld der Samwers eine gute Zeit und schuf eine Stimmung des Aufbruchs, von der auch Lukas Brosseder und David Khalil erfasst wurden. Beide bekamen durch Oliver Samwer jenes Projekt angeboten, das später Edarling werden sollte. Ihre Befürchtungen, dass auch Edarling zu einem jener halbgaren Gründungsvorhaben werden würde, sollten sich nicht bestätigen – schnell erkannten sie, dass es Oliver Samwer diesmal ernst war.

Noch im November des Jahres 2008 machten sie sich daran, das neue Herzensprojekt Oliver Samwers umzusetzen. Und bei Lukas Brosseder und David Khalil sollte es nicht bleiben: Oliver Roskopf, der zuvor mit David Khalil erfolglos die Umsetzung der polnischen Shoppingclubkopie verantwortet hatte, betreute gemeinsam mit Lukas Brosseder sehr erfolgreich die produktseitige Entwicklung von Edarling, während auch Florian Heinemann die junge Gründung unterstützte und den Marketing-Experten Kai Rieke als weiteren Geschäftsführer bei Parship abwarb. Komplettiert wurde diese Geschäftsführerriege durch Christian Vollmann, der unter den Samwers zunächst als Praktikant bei Alando gewirkt, anschließend Jambas Dating-Ableger iLove verantwortet und schließlich die Samwer'sche Videoplattform MyVideo mitgegründet hatte. Im Juni 2009 war Vollmann von einer durch den MyVideo-Exit finanzierten Weltreise zurückgekehrt und es war klar, dass Oliver Samwer den umtriebigen Unternehmer für eine erneute Gründung ansprechen würde, zählte dieser doch durch seine hohe Loyalität, Verlässlichkeit und Umsetzungsqualität zu dessen Lieblingen und brachte wertvolle Erfahrungen aus seiner iLove-Zeit mit.

Vollmann war ein Gründer nach Oliver Samwers Geschmack: Er lieferte, was von ihm verlangt wurde, diskutierte nicht viel und stellte die Beziehung zu Oliver Samwer über alles. Vor allem verfügte Vollmann über einen gewissen natürlichen Narzissmus. Er wollte geliebt werden und Oliver Samwer verstand sich sehr erfolgreich darauf, eben jenes in der Unternehmenswelt zunächst vielleicht abstrakt erscheinende Bedürfnis nach Liebe und Zuwendung in seinen Mitarbeitern zu wecken. Jene Fähigkeit begründete in vielerlei Hinsicht seinen Aufstieg zu einem Paten des Internets und schaffte zu Christian Vollmann ein Verhältnis, das einer Vater-Sohn-Beziehung nicht unähnlich war. Zwar endete jene nahezu intime Beziehung mit der Weiterentwicklung von Edarling, weil Oliver Samwer ein hohes Maß an Dankbarkeit erwartete, während Vollmann eher bestrebt war, sich zu emanzipieren. Für den Moment stand mit dem erfolgshungrigen Seriengründer aber ein erfahrener Unterstützer bereit, der gemeinsam mit Lukas Brosseder, David Khalil und Kai Rieke dafür sorgte, dass Edarling eine steile Entwicklung nahm und zu einem Hort der Eigenständigkeit und guten Stimmung wurde. Der Fokus und die Unterstützung, die das Unternehmen durch Rocket Internet erfuhren, waren ungleich höher. Es wurde sich die Zeit genommen, Inhalte richtig umzusetzen, anstatt sie – wie sonst bei Rocket üblich – massiv aufzublasen. Edarling sollte zu einem nachhaltigen Geschäft werden.

Während der Berliner Inkubator eine streng ergebnisorientierte Kultur unter Ausübung von intensivem Druck praktizierte und für menschliche Werte gewöhnlich keinen Platz ließ, blickte Edarling auf ein stetig wachsendes Team, das beflügelt durch die vorherrschende gute Atmosphäre bis an den Rand seiner Leistungsfähigkeit ging. Unter der schützenden Hand des vierköpfigen Geschäftsführergespanns vermochte es Edarling, sich dem Einfluss von Rocket Internet zu weiten Teilen zu entziehen. Wann immer die Samwer-Firmenschmiede Mitarbeiter zur Unterstützung des Teams schicken oder einzelne operative Inhalte übernehmen wollte, wiegelte das Team ab und verwies auf seine internen Kompetenzen. Edarling war zu einer Insel im Rocket-Imperium geworden, einem autark arbeitenden Unternehmen, das seine Werte unabhängig und eigenständig vom performancegetriebenen Samwer-Inkubator definierte. Eine am 1. Mai an das Team von Edarling verschickte SMS machte dennoch deutlich, was Oliver Samwer erwartete: »Bei Robert Wuttke brennt noch Licht, der arbeitet noch. Wir müssen alle härter arbeiten.«

Edarlings Erfolg wird zum wichtigen Wegbereiter

Den Beleg, dass sie mit Edarling nicht nur auf das passende Thema gesetzt, sondern mit ihrer neuen, beteiligungsintensiveren Inkubationslogik insgesamt einen richtigen Schritt unternommen hatten, erhielten die Samwers im September 2009. Bereits kurz nach der Entstehung von Edarling war das amerikanische Vorbild Eharmony auf die junge Gründung aufmerksam geworden, zumal diese einen rasanten Nutzerzuwachs gezeigt hatte. Als einer der Vorreiter im Segment hatte es Eharmony auf eine schlagkräftige Größe gebracht, und eine umfangreiche Internationalisierung zeichnete sich ebenso ab wie ein Gang an die Börse. Das Interesse der Amerikaner war geweckt und bereits im November entschied sich der Anbieter mit Sitz in Santa Monica dazu, für rund 20 Millionen Dollar bei Edarling einzusteigen und eine Beteiligung von über 30 Prozent zu erwerben. Bei einer für Edarling gigantischen Bewertung von rund 60 Millionen Dollar hatten die Samwers einen exzellenten Deal an Land gezogen und vergaben in der Annahme, dass Eharmony die junge Gründung perspektivisch vollständig übernehmen würde, auch eine sogenannte »Call-Option«. Die würde es Eharmony erlauben, Edarling zu einem späteren Zeitpunkt zu kaufen, wobei sich der Kaufpreis aus der Multiplikation des Umsatzes mit einem vorher ausgehandelten Faktor ergeben sollte. Weniger als ein halbes Jahr nach der Gründung von Edarling hatten es die Samwers erneut vermocht, ein US-Vorbild zum Kauf eines ihrer Copycats zu bewegen. Die Fokussierung auf Rocket Internet hatte sich bezahlt gemacht und verifizierte das Vorgehen der Samwers. Die Samwers hielten den Beweis für das Funktionieren ihres Vorgehens in den Händen und sollten nun Vollgas geben.

Edarling wurde derweil zu einer Art europäischem Ableger von Eharmony. Die junge Gründung passte ihr Auftreten ihrem US-Vorbild an und konzentrierte sich fortwährend auf die europäische Expansion, während Eharmony die englischsprachigen Nationen des Erdballs in Anspruch nahm. Edarling war im Begriff, zu einem europäischen Pendant heranzuwachsen, und startete mehr und mehr Länderableger in immer kürzerer Zeit. Die Atmosphäre der einst familiären Gründung veränderte sich in Richtung eines professionell geführten Unternehmens. Weitere Mitarbeiter kamen, ein eigenes Datingportal wurde als Ergänzung gestartet und Edarling trat in eine neuerliche Entwicklungsphase, zu der auch eine Ausweitung der Kundenorientierung gehörte. Es war angedacht, dass der US-Wettbewerber die deutsche Plattform perspektivisch übernehmen würde, und sollte dies gelingen, mussten die Vorgehensweisen weiter synchronisiert werden.

Dennoch sollte der Einstieg von Eharmony auch einen faden Beigeschmack haben und zeigen, dass selbst Oliver Samwer nicht vor Fehlern gefeit war. In der Annahme, dass Eharmony die Gründung übernehmen würde, war den Amerikanern eine Kaufoption gegeben worden. Gleichzeitig versäumten die Samwers jedoch, auch eine »Put-Option« vorzusehen, mit der Eharmony unter bestimmten Bedingungen der Kauf von Edarling zu einer etwas geringeren Bewertung aufgezwungen werden konnte. So verblieb der Kauf eine bloße Option, die trotz vielversprechender Entwicklung nicht wahrgenommen wurde, weil Eharmony in seinem Heimatmarkt an Boden verlor und nicht mehr genug Kapital für eine Übernahme hatte. In der gegebenen Situation war Oliver Samwers Verhandlung nicht genial, aber logisch, zumal eine perspektivisch börsennotierte Gesellschaft für ein solches Szenario Rücklagen hätte bilden müssen, die den Gewinn des Unternehmens gemindert hätten. So schritt Eharmony aber in ein Erfolgstal und machte Edarling zu einem Unternehmen, dessen strategischer Investor sich einen Kauf selbst nicht leisten konnte und gleichzeitig andere Käufer abschreckte. Edarling befreite sich im Mai 2013 schließlich durch einen Rückkauf seiner Anteile. Dennoch markierte der Einstieg der mit der Zeit so ungeliebten Amerikaner einen wichtigen Wendepunkt für Rocket und die Samwers. Edarling zeigte, dass sie mit einem erfahrenen Team, ausreichend Kapital und strukturierten Prozessen auch etablierte Wettbewerber in die Knie zwingen konnten und dass die eigenen Inkubationsvorhaben mit diesem Vorgehen Früchte tragen würden.

Parship und Elitepartner hatten sich als langjährige Marktführer auf ihrem Erfolg ausgeruht und wurden von den aggressiven Wachstumsbestrebungen der Samwers überrascht. Mit eiserner Härte und nicht selten an der Grenze des Zumutbaren forcierte das Brüdertrio das Wachstum seines Datingablegers. Besonders im Marketingbereich, der zu einer der Kernkompetenzen von Rocket Internet heranwuchs, punktete Edarling, indem es etwa von Beginn an konsequent auf Bannerwerbung setzte und seine Marketingergebnisse akribisch messen und überprüfen ließ. Auf diese Weise trieb das Unternehmen ungemein schnelle Lernzyklen sowie seine Internationalisierung voran und schuf damit eine Blaupause für die weiteren Expansionsvorhaben der Samwers. Die Zahlenbetrachtungen des Unternehmens waren so ausgefeilt, das aus ihnen die seither viel beschworene Business-Intelligence-Analyse von Rocket Internet hervorging. Mit dieser Analyse erfasste der junge Inkubator alle kundenbezogenen Daten (wie die Kundenakquise oder Bestandskundenreaktivierungen) und konnte dadurch über unterschiedliche Gründungen hinweg Lerneffekte und Erfahrungswerte übertragen. Bei Edarling waren diese Betrachtungen noch verhältnismäßig simpel, bei E-Commerce-Gründungen gestaltete sich dieser Vorgang derweil deutlich komplizierter, waren doch Disziplinen wie Einkauf, Lagerhaltung oder Logistik ebenfalls zu berücksichtigen. Rocket baute seine Lösungen entsprechend aus, doch die Grundlogik dieser Erfassung kam von Edarling.

Bestärkt durch Edarlings enorme Entwicklung sowie die Aussicht auf einen Exit an Eharmony, begannen die Samwers in kurzem Abstand, immer mehr Copycat-Projekte zu starten. Zwar variierte deren Erfolg mitunter deutlich, doch das sollte die Samwers ebenso wenig abschrecken wie der Umstand, dass auch die als Schwesterprojekt von Edarling gestartete Jobbörse Ecareer und der Europaableger R2 International des Online-Preisvergleichs TopTarif zu Flops wurden. Edarling hatte das Potenzial des Vorgehens aufgezeigt, sollte aber sogar noch von zwei Unternehmen in den Schatten gestellt werden, deren Entwicklung zu den steilsten in ganz Europa zählte und den Samwers großen wirtschaftlichen Erfolg einbrachte: CityDeal und Zalando.

6. DIE ÄRA GROUPON

Wie die Samwers das für sie wichtigste Modell entdeckten

Die Entwicklung von Groupon ist eine Geschichte der Superlative und Extreme – eine Geschichte der Hochs und Tiefs, von Verrücktheiten und Waghalsigkeiten. Im August 2010 bezeichnete das *Forbes*-Magazin die junge Gutscheinplattform als »Fastest Growing Company Ever« und schrieb bewundernd über ein Unternehmen, das selbst Branchenriesen wie Ebay, Amazon, Yahoo!, AOL oder Google in Sachen Wachstum überflügelt hatte.[123] Kaum etwas mehr als zwei Jahre später war an gleicher Stelle derweil nur noch von der »Groupon-Schande« zu lesen und dem Sturzflug, in dem sich der einstige Aufsteiger befand.[124] Die internationale Presse ereiferte sich über die Gier der Verantwortlichen von Groupon[125] und stritt über das Für und Wider von Technologieunternehmen an der Börse.[126] Doch was war zwischen diesen so unterschiedlichen, aber gleichermaßen extremen Meilensteinen passiert? Groupon durchlebte eine Achterbahnfahrt der Gefühle (und Umsätze), die in einem zwischenzeitlichen Totalschaden münden sollte und von den Begehrlichkeiten weniger Macher erzählt, die zu Superreichen werden wollten. Auch Alexander, Marc und Oliver Samwer zählten zu diesen Machern und waren maßgeblich am Schicksal einer der wichtigsten US-Internetfirmen beteiligt. Im Wesentlichen sollten es die beiden Samwer-Ältesten sein, die den Starthebel für diesen Ritt aus raketenhaftem Wachstum und anschließender Schussfahrt bedienten. Groupon stieg mit den Samwers hoch auf und fiel beinahe ebenso tief. Den Anfang dieser aberwitzigen Entwicklung bildete aber zunächst ein unzufriedener und auf Weltverbesserung ausgerichteter, angehender Jungunternehmer aus Chicago.

Ursprünglich wollte Andrew Mason nur seinen Handyvertrag kündigen, doch nach einigen Querelen führte ihn der leidige Stursinn seines Mobilfunkanbieters zu einer Geschäftsidee, die weltweit für Aufmerksamkeit sorgen sollte und Mason in den folgenden Jahren zu einem gefeierten Start-up-Wunderkind werden ließ. Nach ersten unternehmerischen Gehversuchen im zarten Alter von fünfzehn Jahren, als Mason mit seiner Firma Bagel Express die Nachbarschaft belieferte, eröffnete ihm der Serial Entrepreneur Eric Lefkofsky den Weg in die Internetwirtschaft. Mason hatte 2003 sein Musikstudium an der Northwestern University im Bundesstaat Illinois abgeschlossen und heuerte anschließend bei Lefkofsky in Chicago als Web-Designer an. Der streitbare Unternehmer Lefkofsky hatte in zwei Jahrzehnten eine Reihe von Unternehmen gegründet und seinen größten Erfolg mit Starbelly, einem Onlineshop für Promotion-Artikel, den er im Jahr 2000 nach nur einem Jahr Bestehen für 240 Millionen Dollar an den Industriekonzern Halo Inc. verkaufte.

Andrew Mason arbeitete drei Jahre für Lefkofsky, bevor er sich für ein Studium an der University of Chicago einschrieb. Lange sollte das Studentenleben allerdings nicht währen. Noch im selben Jahr erreichte Lefkofsky die Nachricht von Masons neuem Projekt – einer Onlineplattform, die Nutzer zusammenbringt, um in Gruppen Probleme zu lösen. Etwa die leidigen Querelen mit Mobilfunkanbietern. Das Unternehmen mit Namen »The Point« sollte ein kollektiver Problemlöser werden: Treffen sich nur genug Nutzer mit den gleichen Anliegen, so Masons Plan, würden ihre Ideen aufgrund der Stärke der Masse einen kritischen Punkt – den Tipping Point – erreichen. Lefkofsky erahnte das Potenzial der Idee und bot Mason eine Million Dollar Startkapital. Überwältigt von der sich bietenden Chance, verließ Mason die Universität und begann zu entwickeln. The Point ermöglichte es Nutzern, ihre Ideen zu veröffentlichen und entweder um direkte Mithilfe (beispielsweise für eine Demonstration) oder aber um finanzielle Unterstützung zu bitten. Unterstützer konnten anschließend definieren, welchen Betrag sie dem Betreffenden zukommen lassen wollten. Abgebucht wurde jedoch erst, wenn eine bestimmte Spendensumme erreicht war – der Tipping Point. Wurde diese Hürde nicht erreicht, kam es zu keiner Transaktion.

The Point eröffnete im November 2007 seine Pforten, verzeichnete bei aller Anfangseuphorie aber kaum Erfolg. Verzweifelt versuchte Andrew Mason die Geschicke des Unternehmens zu drehen und seine Idee zu retten. Allen Bemühungen zum Trotz stand The Point jedoch ohne ein tragfähiges Geschäftsmodell da und nach einem Jahr Bestehen begann Lefkofsky den Druck zu erhöhen. Er regte eine Erweiterung des Geschäftsmodells an, indem eine separate Webseite für das Tätigen von Gruppenkäufen eingerichtet werden sollte. Doch obwohl Andrew Mason ein vergleichbares Szenario bereits zum Start von The Point angedacht hatte, blieb Lefkofsky mit seiner Idee zunächst ungehört. The Point verfolgte eine weltverbessernde, nahezu altruistisch-sozialistische Anschauung, die sich mit dem kapitalistischen Anliegen von Gruppenrabatten nur bedingt vertrug. Doch um The Point vor dem Untergang zu retten, boten sich Mason nur drei Möglichkeiten: The Point konnte Werbeanzeigen für seine Kampagnen schalten, über eine Bearbeitungsgebühr an den Spenden partizipieren oder aber auf Gruppenrabatte setzen.

Als im Herbst 2008 die Wirtschaftskrise in den USA zuschlug und The Point zwang, einige Mitarbeiter zu entlassen, entschied sich Mason für die riskanteste seiner Möglichkeiten und ließ die Group-Buying-Seite Groupon entwickeln. Die Idee hinter Groupon, dessen Name auf »group« und »coupon« anspielte, war denkbar einfach: Täglich bot Groupon wechselnde, städtebasierte Rabattaktionen, sogenannte »Deals«. Erst wenn sich eine bestimmte Anzahl von Käufern gefunden hatte, kam ein Deal zustande und erlaubte den Groupon-Kunden, am dazugehörigen Gruppenrabatt zu partizipieren. Die teilnehmenden Händler wie Restaurants, Friseure oder Massagesalons konnten sich derweil sicher sein, dass sie mit ihren gewährten Rabatten eine breite Masse an potenziellen Neukunden gewinnen und Leerzeiten füllen konnten. Zunächst war Groupon nur als Nebenprojekt von The Point angelegt und verfolgte keinen radikalen Gewinngedanken, war es doch vielmehr durch eine Mitarbeiterriege aus widerwilligen Kapitalisten geprägt worden, die sich anschickten, die Welt verbessern zu wollen.[127] Andrew Mason selbst steuerte einige von Groupons wesentlichen Charakteristiken bei, so etwa, dass es an jedem Tag nur einen Deal geben würde, der bei lokalen Händlern einzulösen war. Täglich telefonierten Andrew Mason und sein siebenköpfiges Team mit Hunderten potenzieller Deal-Partner. Groupons Kronjuwel wurde seine Liste von E-Mail-Abonnenten, mit der das Unternehmen jeden Tag Sparfüchse über den neusten Deal informierte. Schon nach kurzer Zeit öffneten in Chicago täglich Tausende Nutzer Groupons Deal-Newsletter. Innerhalb von sechs Monaten expandierte Groupon in weitere Städte wie Boston, New York oder Washington, in denen es wiederum eigene lokale Deals anbot. Ein tragfähiges Geschäftsmodell war geboren, das bald auch Nachahmer in der alten Welt finden sollte.

Nicht ganz neu und doch revolutionär

Zur Entstehungszeit von Groupon waren Gutscheine dennoch längst kein Neuland mehr – auch nicht für die deutsche Internetwirtschaft. Auf Gutscheinseiten wurden bereits seit Anfang der 2000er-Jahre kostenlose Gutscheincodes zur Verfügung gestellt, die heruntergeladen und bei Internethändlern eingelöst werden konnten. Gutscheinseiten waren bis dahin so etwas wie eine Sammelstelle für Gutscheine und verdienten ihr Geld durch eine Provision, die sie für jeden eingelösten Gutschein erhielten. Während Endkunden auf Gutscheinseiten vor ihrem Onlinekauf nach Rabattcodes stöbern konnten, bot sich Händlern der Reiz, dass Gutscheinseiten einen Teil ihres Marketings übernahmen und Kunden lieferten. Es hatte sich eine ganze Industrie namens »Affiliate-Marketing« ausgebildet, deren Funktion darin lag, ein Provisionssystem bereitzustellen, sodass die Vermittlung von Gutscheinkäufen einfach zugeordnet und mit einer Provision entlohnt werden konnte. Doch obwohl ein paar dieser Gutscheinseiten Erfolg verzeichneten, waren Coupons in Deutschland lange nicht so verbreitet wie in den USA. Der Markt schien in Deutschland also gesättigt und hatte sich bis dahin nicht sonderlich affin für das Gutscheingeschäft gezeigt, weshalb Groupon zunächst nach einem US-Phänomen aussah. Das Interesse der Samwers hielt sich in Grenzen, dabei schickte Groupon sich an, die Abwicklung und Monetarisierung von Gutscheinen gänzlich zu verändern, indem es Gutscheine für lokale Händler direkt einband und die Mechanik des Gutscheingeschäfts damit zu seinen Gunsten verschob.

Groupon sollte sein Geld direkt von seinen Kunden erhalten und war damit nicht mehr auf kostenintensive Zwischenhändler angewiesen. Es »besaß« vielmehr sowohl den Kunden als auch den Händler, der das Rabattangebot unterbreitete. Ein Konzept, das auch LetsBuyIt.com bereits 1999 als »Co-Shopping« ausgelotet hatte. Zwar verbanden sich mit dem Modell einige Kostentreiber, da Groupon das Marketing und die Kaufabwicklung auf der Kundenseite ebenso selbst in die Hand nehmen musste wie die Akquise seiner Händlerangebote. Dennoch prädestinierten gleich mehrere Faktoren es zu einer Kopie durch die Samwers: Das Modell war sehr leicht zu kopieren, durch den Vertrieb von Minimalkontingenten bestanden eine hohe Umsatzsicherheit und Planbarkeit des Geschäfts, während die eigentliche Stärke des Geschäftsmodells in einem positiven Umlaufvermögen lag. Geld wurde direkt von den Endkunden bezahlt und musste erst später an die Händler ausbezahlt werden. Dazu gab es noch einen charmanten Nebeneffekt: Kaufte ein Nutzer einen Gutschein und löste diesen aber nicht ein – was etwa bei der Hälfte aller Gutscheine der Fall war –, schüttete Groupon den damit generierten Umsatz dennoch nicht an die Händler aus.

Es brauchte keine hohe Mathematik, um zu verstehen, dass Groupon einen geschickten Kniff gefunden hatte: Üblicherweise würde in der Praxis ein 50-Euro-Abendessen durch Groupons Nutzermassen plötzlich nur 25 Euro kosten. Verkaufte Groupon 800 Restaurantgutscheine im Wert von 50 Euro für die Hälfte, floss ein Umsatz von 20.000 Euro (800 x 25 Euro). Wurde davon aber die Hälfte nicht eingelöst, wanderten 10.000 Euro in die Tasche von Groupon, während an den restlichen 10.000 Euro der eingelösten Gutscheine noch einmal über eine prozentuale Beteiligung von 50 Prozent (im Beispiel also 5.000 Euro) partizipiert wurde. Ein einziger Deal einer einzelnen Stadt würde so also bereits Tageseinnahmen von 15.000 Euro bringen und hohe Kundenakquisitionskosten verschmerzbar machen.

Trotzdem zögerten die Samwers vor einer eigenen Kopie des Modells. Um das Ende des Jahres 2009 war unklar, ob Deutschlands mangelnde Coupon-Kultur Groupon auch hierzulande lukrativ machen würde. Grundsätzlich waren Coupons in ganz Europa nicht so populär wie in den USA. Die kleinere Verstädterung in Deutschland und Europas umfangreiche Sprachbarrieren weckten Zweifel bei hiesigen Geldgebern.[128] Schon früh war abzusehen, dass Groupons vertriebsgetriebener Strukturapparat sehr kapitalintensiv werden und einen zersplitterten Wettbewerb mit sich bringen würde. Zur zentralen Herausforderung von Groupon wurde darüber hinaus schnell das Thema Nachhaltigkeit. Groupon hatte sein Geschäft auf den Schultern der Händler aufgebaut und fehlte es einem Deal etwa an einer Verkaufsdeckelung, könnten viele Händler die schiere Masse an Gutscheinkunden nicht mehr bewältigen. Es bestand ein inhärenter Konflikt zwischen rapidem Umsatzwachstum und der Rücksicht auf die Belange der Händler – ein Aspekt, der unter Samwer-Flagge entscheidend werden sollte.

Cash is King: Die Samwers gründen CityDeal

Marc Samwer wurde als Erster auf die Gründung aus Chicago aufmerksam. Das war durchaus ungewöhnlich. Der Berliner Inkubator hatte sich das Modell so schon früh angeschaut, ging zunächst jedoch davon aus, dass es sich eher um ein amerikanisches Phänomen handeln würde. Vor allem verstand Rocket zu diesem Zeitpunkt nicht den zentralen Unterschied zu gewöhnlichen Gutscheinseiten, der für das Modell aber zentral war. Das Desinteresse des Inkubators sollte allerdings rapide umschlagen, als die beiden amerikanischen Geldgeber Accel Partners und New Enterprise Associates Groupon im Dezember 2009 mit einer Finanzierung über 30 Millionen Dollar ausstatteten. Es handelte sich bereits um die zweite Finanzierung des Unternehmens und das, obwohl Groupon aufgrund seines hohen Geldflusses eigentlich keine liquiden Geldmittel benötigte. Dies schaffte Aufmerksamkeit bei Rocket Internet und sorgte dafür, dass sofort ein entsprechender Klon gestartet wurde. Im Januar 2010 stiegen die Samwers in das Geschäft mit Gutscheinen ein und starteten die zunächst von Berlin aus agierende Deal-Plattform »CityDeal«.

Unter der operativen Leitung von Marc Samwer ging CityDeal mit einem Team bestehend aus den drei Mitgründern Albert Schwarzmeier, Sebastian Jost und Ronny Lange an den Start. Schon zuvor war das Trio mit einer Rocket-Gründung betraut gewesen und hatte 2009 mit »BeautyDeal« ein Online-Outlet für Parfüm und Kosmetik gestartet, das nach dem Wegfall des einzigen Lieferanten des Unternehmens allerdings unmittelbar wieder seine Segel streichen musste. Lange halten sollte diese aufgewärmte Konstellation nun auch bei CityDeal nicht. Schon nach kurzer Zeit übernahm Oliver Samwer die Zügel von seinem Bruder und entließ Jost und Schwarzmeier, weil er nicht an einen Erfolg unter ihrer Ägide glaubte. Rechtlich ein sauberer Vorgang, machten dennoch Negativgerüchte die Runde, zumal bereits wenig später ein Verkauf der jungen Gründung anstand und beide Gründer aufgrund einer Klausel mit leeren Händen dastanden. Ein kennzeichnendes Beispiel, wie für die Samwers der Ruf entsteht, einen Verkaufserlös angeblich nicht teilen zu wollen. Obwohl auch er lange und oft überlegte, den Couponing-Anbieter zu verlassen, trat Mitgründer Ronny Lange derweil aus der Geschäftsführung zurück und verantwortete fortan das Online-Marketing des jungen Unternehmens.

Unter der Führung von Oliver Samwer schlug CityDeal nun einen rasanten Wachstumskurs ein, der eine Expansion innerhalb Europas und hohe Kosten bedeutete. Besonders an der Vertriebsfront nahm das Start-up Tempo auf und akquirierte in kurzer Zeit zahlreiche Händler, während es auf der

Nutzerseite galt, an Reichweite zu gewinnen. Vor allem Oliver Samwers ehrgeizigen Marketingmaßnahmen waren es, die CityDeal von seinen Wettbewerbern abhoben und das Unternehmen früh zum deutschen Platzhirsch des jungen Segments machten. Darunter war etwa eine von ihm initiierte Starbucks-Aktion, bei der CityDeal seine Praktikanten in die Filialen der Kaffeekette entsandte, um dort zum Normalpreis 2.000 Fünf-Euro-Gutscheine zu kaufen, die das Unternehmen dann mit 80 Prozent Verlust für einen Euro weiterverkaufte. Schon in den frühen Zeiten von Alando hatten die Samwer-Brüder Nutzer mit Burger-Gutscheinen auf ihre Plattform gelockt und auch CityDeal kaufte sich nun für vier Euro (fünf Euro Kosten für den Gutschein minus einen Euro Einnahmen) neue Kunden ein. An einem Freitagnachmittag hatte Oliver Samwer seine verrückte Aktion gestartet und konnte so das ganze Wochenende fleißig über mehrere Länder hinweg verkaufen, ehe Starbucks, das die Aktion und das Werben mit seinem Logo nicht genehmigt hatte, am Montag den Vorgang bemerkte. Obwohl es sogar ein Telefonat gegeben haben soll, bei dem über eine autorisierte Weiterführung verhandelt wurde, wollte Starbucks die Gutscheine nach einem weiteren Anlauf nicht mehr akzeptieren. Deshalb zahlte CityDeal die entsprechenden Gutscheine zum Teil sogar bar aus. Ihre Wirkung verfehlte die ungewöhnliche Verkaufsaktion dennoch nicht und katapultierte CityDeal auf den Schirm zahlreicher Nutzer, die sich mit ihrer E-Mail-Adresse für weitere Deal-Informationen angemeldet hatten.

Eben jene Mischung aus Einfachheit, Wagemut und einer gewissen Dreistigkeit machten in Verbindung mit einem rasant aufgeblähten Vertriebsapparat das Wachstumsgeheimnis von Oliver Samwer aus. Zwar sah ein nachhaltiger Aufbau anders aus, dem Kölner ging es aber wie zu Jamba-Zeiten ohnehin vielmehr um schnelles (Umsatz-)Wachstum. Schon früh verband sich mit seiner Führung ein anderes Vorgehen als es das Vorbild Groupon praktizierte. CityDeal wuchs schneller als der US-Anbieter und während Groupon viel Wert auf die Verpackung seiner Angebote legte, verfolgte der Samwer-Klon einen Effizienzkurs, der über umfangreiches Trial-and-Error derlei Detailverliebtheit und unnötiges Beiwerk zugunsten skalierbar funktionierender Verkaufsmaßnahmen ausmerzte. Doch dieses rasante Wachstum war vor allem eines: teuer. Um angesichts der einsetzenden Konkurrenz die Nase vorn zu haben, wenn Groupon entweder selbst nach Europa strebte oder sich nach einem Kaufobjekt umsah, trat CityDeal in einen schnellen und umfangreichen Finanzierungswettbewerb.

Harter Wettbewerb mit DailyDeal und eine Welle von Copycats

Die sehr geringen Einstiegsbarrieren des Group-Buying-Modells wie es Groupon geprägt hatte, brachten es mit sich, dass Klone in unterschiedlichen Regionen wie Pilze aus dem Boden schossen und mit kleinem Budget ebenfalls auf Deal-Fang gingen. Neben dem Samwer-Platzhirsch CityDeal zeichnete sich schon zu Beginn die Berliner Plattform DailyDeal auf dem deutschen Markt als ärgster Konkurrent der Samwers ab. Gestartet am 29. Dezember 2009 war die Gründung der beiden Brüder Fabian und Ferry Heilemann den Samwers gerade einmal fünf Tage voraus und schickte sich an, ein Wettrennen um Kapital und Aufmerksamkeit zu starten. Von Beginn an war das Verhältnis beider Anbieter entsprechend angespannt. DailyDeal verstand es geschickt, verpatzte Deals der Samwer-Gründung für sich zu gewinnen, während sich CityDeal revanchierte, indem es proaktiv Mitarbeiter beim Heilemann-Unternehmen abwarb.

Mit Heimatpreis, iKupon.de, UnserDeal.de, Teambon, Reduti, Cooledeals und CoupoMania positionierten sich derweil binnen kürzester Zeit gleich sieben weitere deutsche Kopien, während sich jenseits des deutschen Marktes insbesondere Großbritannien und Osteuropa als fruchtbarer Nährboden für zahlreiche Ableger des Groupon-Modells präsentierten. Und das Groupon-Phänomen blieb nicht nur auf Europa beschränkt: Allein in China gingen über 60 Copycats der amerikanischen Group-Buying-Seite an den Start. Dies reichte so weit, dass mit Rebate Networks und Group Buying Global sogar zwei Klonstätten für das Groupon-Modell aus dem Gesellschafterkreis von DailyDeal entstanden, die weltweit Kopien der bekannten Webseite aufbauten. Und bei jedem Bekanntwerden eines neuerlichen Groupon-Klons stieg auch der Hype des Modells. Dennoch galt ein Gesundschrumpfen des Wettbewerberfeldes schon früh als sicher.

Der deutsche Markt würde einen Marktführer sowie ein bis zwei weitere Akteure vertragen, darüber hinaus sollte die Luft dünn werden. Während einige Anbieter schon früh aufgaben, wurden andere schlicht aufgekauft. Das Segment war zu einem Haifischbecken mutiert, in dem es hieß »Fressen oder gefressen werden«. Das geschah auch mit dem kleinen Anbieter Reduti. Das im Dezember 2009 gegründete Unternehmen hatte sich mit verschiedenen Premiumdeals eine attraktive Nische erschlossen und wurde damit zum interessanten Kaufobjekt. Auch Oliver Samwer wurde aufmerksam, nachdem

CityDeal es durch sein Billigimage oft nicht vermochte, eben solche Deals zu akquirieren. Er bot dem finanzierungsbedürftigen Team im Austausch gegen 50 Prozent der Anteile 500.000 Euro, wenn Reduti seine Premiumdeals vollständig bei CityDeal einspielen würde. Ein Angebot, das Reduti seines Alleinstellungsmerkmals beraubt und wohl ein jähes Ende bedeutet hätte, sobald CityDeal in der Lage gewesen wäre, selbst mehr Premiumdeals zu gewinnen. Doch Oliver Samwer ließ nicht locker: Er bot dem Reduti-Team die Leitung einer CityDeal-Premiumdivision oder den Aufbau einer Auslandsgründung an. Allerdings war gemeinhin bekannt, dass Gründeranteile bei Rocket Internet gerne einmal stark verwässern konnten und nachdem CityDeal versuchte, Redutis Kunden abzuwerben, war eine Transaktion vom Tisch. Reduti hatte den Fehler gemacht, Oliver Samwer zum Beleg seiner Deal-Qualität eine Liste seiner Kooperationspartner zu geben. So war es DailyDeal, das im Juni 2010 den Zuschlag für Reduti erhielt – zum Unmut von Oliver Samwer.

>>*Eine Verkaufsverhandlung mit Oliver Samwer hat schon seine ganz eigene Qualität. In unserem Fall fanden die Verhandlungen auch mal um 6.30 Uhr morgens statt oder binnen 15 Minuten, während Oliver Samwer eine Pizza verschlang. Er rief auch gerne zu unkonventionellen Zeiten an, etwa am Ostersonntag oder zu Weihnachten. Seine Denkprozesse sind faszinierend zu beobachten. Während er manchmal sprunghaft von Thema zu Thema springt, taucht er dann in scheinbar abwesende Phasen ein, in denen er kein Wort sagt, aber vieles ausspinnt.*
Vor allem geht es ihm immer um Tempo. So fing Oli bereits im Gespräch an, Verträge aufzusetzen und versuchte uns zu einem Handschlag zu bewegen, sobald passende Konditionen gefunden waren. Aus Erzählungen wussten wir, dass er sein Gegenüber im Nachhinein gerne auf den Handschlag festnagelt – sei es mit dem Hinweis auf das Zustandekommen eines mündlichen Vertrags oder moralisch, indem er auf das eigene Versprechen als ehrenwerter Kaufmann hinweist. Überhaupt sind Moral und Loyalität für Oliver Samwer oft Werkzeuge in einer Verhandlung. Als klar war, dass wir an DailyDeal verkaufen würden, klagte er, wie enttäuscht er über die mangelnde Loyalität trotz unserer >tiefen Verbindung< sei (dabei hatten wir nur eine Handvoll von Meetings und kannten uns kaum). Durch seinen überraschenden Charme und smarten Wortwitz verfehlen diese Techniken aber oft nicht ihre Wirkung.<<

Reduti-Gründer Nikolas Woischnik
über Verhandlungen mit Oliver Samwer

Oliver Samwer hatte eine Schlacht im Deal-Segment verloren, aber beileibe nicht den gesamten Klonkrieg. Es entstand ein erbitterter Wettkampf mit DailyDeal um Reichweite, Umsatz und Kapital. Denn angesichts des kostenintensiven Aufbaus war schnell klar, dass nur der Stärkste überleben würde, insbesondere wenn es Groupon auf den europäischen Kontinent ziehen würde und das Unternehmen entweder einen weiteren Wettbewerber ins Feld schickte oder einen bestehenden Anbieter aufkaufte. Folglich ging es um zwei wesentliche Ressourcen, mit denen sich die Chance auf Wachstum verband: Aufmerksamkeit und Kapital. Es folgte ein medialer Schlagabtausch, bei dem im Wochentakt von allen Beteiligten hastig verfasste Pressemitteilungen über neue Erfolge erschienen und an dessen Ende die Samwers mit CityDeal knapp zehn Millionen Euro durch die Geldgeber Holtzbrinck Ventures, den Otto-Ableger eVenture Capital Partners und Investment AB Kinnevik erhalten hatten. Ein bipolarer Machtkampf unterschiedlicher Investorenlager war entstanden. Obwohl DailyDeal durch eine Reihe bekannter Business Angels sowie die Geldgeber Mangrove Capital Partners und AdInvest in ähnlicher Höhe finanziert worden war und mit Reduti und Teambon gleich zwei Wettbewerber geschluckt hatte, zog es gegenüber den Samwers den Kürzeren. DailyDeal hatte es zu diesem Zeitpunkt auf ein 70-köpfiges Team gebracht, das Deals in 22 deutschen und 3 österreichischen Städten schaltete. Mit CityDeal hatten die Samwers aber zeitgleich die nationalen Grenzen deutlicher überschritten und waren neben Frankreich ebenfalls in Großbritannien, Spanien, Italien und den Niederlanden aktiv. Wieder einmal hatten die Samwers ihren Wettbewerb durch Wachstum und Tempo geschlagen, denn diese internationale Ausrichtung war es, die schließlich den Ausschlag gab: Am 17. Mai 2010 übernahm Vorbild Groupon die Samwer-Gründung.

Exit: Vorbild Groupon übernimmt CityDeal

An einem späten Freitagabend hatte Groupon sich mit Oliver Samwer geeinigt und das gerade einmal sechs Monate alte CityDeal zu einer Unternehmensbewertung von 125,4 Millionen Dollar vollständig übernommen. Die Übernahme erfolgte als ein sogenannter Equity-Deal. Die Anteilseigner von CityDeal bekamen mit sofortiger Wirkung Anteile an Groupon, das selbst zu diesem Zeitpunkt mit einem Wert von 1,25 Milliarden Euro beziffert wurde. Oliver Samwer und seine Gesellschafter erhielten so 41.400.000 Anteile an Groupon, während dieses zusätzlich noch einmal 600.000 Dollar Kapital in

CityDeal gab, da selbiges weiteres Geld benötigte.[129] Durch die Akquisition von CityDeal, das komplett auf die Marke der US-Amerikaner umgestellt wurde, brachte es Groupon nun auf 900 Mitarbeiter, die Deals in 18 Ländern und 140 Städten anboten. Eine Rekordleistung, die dem Verkauf von Alando nicht unähnlich war: Nur knapp sechs Monate hatte es Oliver Samwer gekostet, CityDeal zu einem Millionen-Exit an Groupon zu führen, wobei der gleichzeitige Aufbau in mehreren europäischen Ländern den Ausschlag gegeben hatte.

In mehreren Gesprächsrunden hatten Eric Lefkofsky und Oliver Samwer seit März die Konditionen ausgehandelt und auch CityDeals Gesellschafterkreis hatte intensiv darüber diskutiert, ob ein so früher Verkauf des eigentlich nicht darauf ausgelegten Unternehmens sinnvoll sei. Doch nach Berechnung der unterschiedlichen Szenarien war die Entscheidung für einen Verkauf an Groupon schnell gefallen, schließlich war ersichtlich, dass die junge Gründung in Europa einen deutlich schwierigeren Zugang zu Kapital haben würde. Damit nicht genug, waren die ersten Monate der jungen Gründung durch das schnelle Wachstum in vielen Ländern ungemein teuer geraten. Wäre es nicht zu einer Übernahme gekommen, hätten die Samwers ernsthaft überlegen müssen, ob und wie das Unternehmen weiter zu betreiben wäre. Doch wie vermutet hatte sich für Groupon bei seinem Markteintritt die Frage nach einer Make-or-Buy-Entscheidung gestellt: Die Amerikaner hätten für den Aufbau eines eigenen europäischen Ablegers wohl wesentlich länger gebraucht und mehr Ressourcen aufgewendet.

»We knew that bringing Groupon to Europe wouldn't be easy. Just adapting Groupon to suit the differences between Miami and Philadelphia is enough of a challenge that we knew we wouldn't be able to succeed in Europe without amazing entrepreneurs with an intimate understanding of the local cultures. [...]
When we met Oliver Samwer – one of the founders of Citydeal – we were prepared for more of the same. Oliver and his two brothers are known for elevating the practice of cloning American business models in Europe into an art form, having successfully founded the German versions of eBay (eBay eventually bought them), Facebook, eHarmony, Zappos, and many more.
But after a few days with Oliver and the rest of the Citydeal management team, we realized that they were among the best operators we'd ever met. It was no wonder they'd become #1 in every one of their countries – in only five months, they'd even become larger than the largest Groupon knockoff in the

U.S. It's absolutely insane how quickly they've scaled, with 600 employees working from 80+ European cities, and already saving their customers over $5 million in April alone – their fourth month of operation.«

Blogeintrag von Groupon-Gründer Andrew Mason zur Übernahme[130]

Für die Samwers und ihre Geldgeber verband sich mit der Übernahme die Chance, massiv an der Wertentwicklung von Groupon zu partizipieren. Durch ihren Anteil von 10,3 Prozent hielt das CityDeal-Konsortium sogar mehr Anteile als Groupon-Gründer Andrew Mason, der es zu diesem Zeitpunkt auf 7,7 Prozent brachte. Der Großteil dieser 10,3 Prozent lag in Händen der Samwers, die ihren Anteil abhängig vom weiteren Firmenwachstum sogar noch steigern konnten. Kaum ein Jahr später entstand darüber hinaus das Joint Venture »E-Commerce King Limited«, mit dem Groupon den chinesischen Markt aufrollen wollte und die Samwers ebenfalls mit 10 Prozent beteiligte. Wie bereits beim Verkauf von Jamba würden sie also auch an Groupon noch einmal deutlich mehr verdienen, wenn sie höhere Umsatzregionen erreichten. Ein Szenario, das schon beim Klingeltonriesen zu nicht nachhaltigem Wachstum geführt hatte und sich bei Groupon wiederholen sollte.

Nicht nur, dass Groupon für Rocket Internet eine wirtschaftlich sehr lukrative Beteiligung darstellte und den ausgeprägten Kostenapparat von CityDeal übernahm, verbanden sich mit dem Couponing-Unternehmen auch der direkte Zugang zu Kontaktnetzwerken über den gesamten Globus und Lerneffekte beim Aufbau internationaler Standorte. Diese Erfahrungen bildeten in der Folge die Grundlage der Internationalisierung von Rocket Internet selbst und zeigten Oliver Samwer, dass er Berater von Unternehmen wie McKinsey abwerben und praktisch an jeden Ort der Welt schicken konnte. Eine Einsicht, die mental sehr wichtig für die weitere Entwicklung des Unternehmers wurde. Fortan verwendete der bis zum Schluss ohne Jobtitel arbeitende Oliver Samwer Groupons internationale Infrastruktur, als wäre es seine eigene und ließ Mitarbeiter bei Rocket-Projekten unterstützen, während umgekehrt auch Groupon von der Wertschöpfung des Inkubators profitierte. Damit nicht genug, erhielten Oliver Samwer und sein Bruder Marc im Austausch gegen mindestens 50 Prozent ihrer Zeit 2010 jeweils Reisekostenaufwendungen um die 100.000 Euro, während Rocket Internet und dessen Portfolio Dienstleistungseinnahmen von rund 1,6 Millionen Dollar verbuchten.

Ein Bombengeschäft für die Samwers also, das sie sich zusätzlich aufbesserten, indem sie ihre eigenen Unterstützer ausmanövrierten. Es hätte wohl mehrere Tage der anwaltlichen Betrachtung erfordert, um das komplexe CityDeal-Konstrukt aus ineinander verschachtelten Beteiligungsgesellschaften zu verstehen, insbesondere da Oliver Samwer seine Managementriegen in einem separaten Firmenvehikel beteiligte. Um Zeit und Aufwand zu sparen, hatte Oliver Samwer CityDeals Finanzierung über Darlehen realisiert, die er zum Verkaufszeitpunkt kurzfristig in Anteile umwandelte und dafür – zum Vorteil der Investorenschaft inklusive ihm und seiner Brüder – eine sehr niedrige Bewertung des Unternehmens zugrunde legte. So erhielten City Deals Geldgeber zu attraktiven Konditionen viele Anteile, während die Anteile der beteiligten Mitarbeiter von CityDeal und Rocket Internet auf einen Schlag um 80 Prozent verwässerten. Aufgrund der verschachtelten Firmenstruktur sollten die Betroffenen diese böse Überraschung aber erst Monate später im Zuge einer ersten Auszahlung bemerken.

Samwer sei Dank – Aufstieg in den Umsatz-Olymp

Auf ihrem CityDeal-Exit konnten sich Oliver Samwer und seine Brüder allerdings keinesfalls ausruhen. Wollten sie einen lukrativen Verkauf, musste weiteres Wachstum her. Durch die direkte Beteiligung an Groupon partizipierte das Trio umfangreich an dessen Wertentwicklung und erhielt einen Anreiz, sich an der Steigerung von Umsatz, Reichweite und Marktposition des amerikanischen Deal-Riesen aktiv zu beteiligen. Je mehr Wertsteigerung die Samwers beisteuerten, desto attraktiver wurde der Verkauf von CityDeal für sie. Mit der Übernahme der jungen Gründung war die seltene Chance verbunden, zu einem sehr frühen Zeitpunkt umfangreich an der Wertschöpfung eines der bedeutendsten Unternehmen der jüngeren New-Economy-Geschichte zu partizipieren. Mit entsprechend aggressiven Wachstumsmethoden machten sich Oliver Samwer und seine Brüder daran, Groupon weiter zu vergrößern. Angesichts eines Geschäftsmodells, das hohe Umsätze und damit einen sehr soliden Geldfluss mit sich brachte, war allen Beteiligten klar, dass vermutlich ein Börsengang mit hoher Bewertung anstand, wenn nicht zuvor ein lukratives Kaufangebot erfolgen würde. Folglich wurde der Group-Buying-Dienst darauf ausgerichtet, über eine Vertriebsoffensive seine Umsätze zu steigern und an Reichweite zu gewinnen. Wie sich zeigen sollte, förderte das Naturell von Oliver und Marc Samwer ganz ähnlich wie bei Jamba eine Firmenentwicklung, die auf dem Rücken der Kunden (in dem Falle der teilnehmenden Händler) ausgetragen wurde.

Oliver Samwers Geheimrezept der Firmenstrukturierung

Nach der Übernahme durch Groupon entstand unter der Führung von Oliver Samwer eine gänzlich neue Firmenarchitektur, die Groupons internationales Wachstum massiv beschleunigen sollte. Erneut erfolgte Groupons Internationalisierung, unter Oliver Samwer zentralisiert. Neben der Firmenzentrale in Chicago, von der aus Andrew Mason und Eric Lefkofsky den amerikanischen Markt bearbeiteten, widmete sich der Berliner Standort den verbleibenden weltweiten Märkten und entwickelte sich zu so etwas wie der Schaltzentrale der internationalen Aktivitäten Groupons. So wie CityDeal gegen seinen lokalen Wettbewerber DailyDeal anzukämpfen hatte, sah sich auch Groupon mit dem Washingtoner Unternehmen Living Social einem direkten Konkurrenten gegenüber, der mit der Zeit in insgesamt sieben Finanzierungsrunden die stolze Summe von 808 Millionen Dollar einwarb und Groupon in einen weltweiten Expansionswettbewerb verwickelte. Die primäre Aufgabe der Samwers und ihrer Firmenarchitektur sollte also darin bestehen, die existierenden Groupon-Standorte umsatzseitig auszuweiten und auf internationalem Parkett die Länderabdeckung auszubauen und das Konzept in weitere Märkte zu tragen. Groupon, das es bis Mitte 2011 selbst auf ein Gesamtfinanzierungsvolumen von 1,14 Milliarden Dollar brachte, geriet immer öfter in wirtschaftliche Scharmützel mit Living Social, etwa wenn beide Bieterwettstreits um lokale Ableger lostraten.

Um in rasanter Geschwindigkeit Groupon zum internationalen Marktführer für Group-Buying zu machen, brach Oliver Samwer also nach Jamba erneut mit dem Edikt der dezentralen Internationalisierung und etablierte eine streng hierarchische Architektur zum zentralen Ausrollen von Länderablegern. Anstatt auf lokaler Ebene immer wieder kleinere Kopien des Gesamtapparats zu etablieren, was die Rekrutierung erfahrener Führungskräfte sowie jede Menge Zeit und Geld erfordert hätte, versuchte er erneut, so zentral wie möglich zu agieren. Von Berlin aus ließ er die wesentlichen unternehmerischen Kerndisziplinen wie Produktentwicklung, Online-Marketing oder IT umsetzen, während Groupons internationale Standorte nur die kundennahen Disziplinen wie Kundendienst oder Vertrieb selbst aufbauten und entsprechende Vorgaben aus der Firmenzentrale adaptierten. Prozesse wurden zentral definiert und deren Adaption anschließend in den Auslandseinheiten umgesetzt. Auf diese Weise konnte Oliver Samwer eine kleine Gruppe von Management-Personen aus der Firmenzentrale führen, während in den Satelliten verschiedene Angestellte lediglich mit der Umsetzung beauftragt waren.

»Die Samwers sind für mich die Pioniere und bis heute besten Internetinvestoren in Sachen internationale Skalierung, weil sie konsequent wie keiner zuvor bestehende Geschäftsmodelle in andere Märkte repliziert haben. Sie waren dabei prozessinnovativ, indem sie sämtliche Waste-Prozesse, also jene Aktivitäten, die keinerlei Mehrwert schaffen, von Anfang an systematisch ausschalteten und sich stattdessen auf die wertsteigernden Prozesse konzentrierten. Gleichzeitig gliederten sie die sogenannten Notwendigen-aber-nicht-wertsteigernden-Prozesse konsequent aus, was ihre Wachstumteams entlastete, Kosten bei der Erbringung senkte und so konsequent Wert schöpfte. Diese Strategie begründet möglicherweise auch die hohen Unternehmensbewertungen der von ihnen internationalisierten Start-ups.

Diese Prozessorientierung erinnert mich sehr an Japan, wo Toyota, Hitachi und Co. das Lean Manufacturing erfunden haben, das heute zum Toyota Management System (TMS) weiterentwickelt wurde und weltweit bekannt ist. Ich weiß nicht, ob die Samwers sich bewusst am TMS orientiert haben, für mich liegt ihre große Leistung aber unter anderem in dessen Adaption für Start-ups. Sie haben dies mittlerweile derart weiterentwickelt, dass wir wertschätzend von einem ›Samwer Management System‹ sprechen sollten. Die Internationalisierung, das heißt die Replikation bestehender Geschäftsmodelle in andere Märkte, beherrschen sie damit exzellent. Der nächste Schritt für sie wird sein, auch die Globalisierung, also die globale Integration lokal angepasster Start-ups, zu beherrschen. Diese erzielen die nachhaltigsten und höchsten Dividenden. Bisher sind die Samwers Internationalisierungsweltmeister, ich traue ihnen zu, auch Globalisierungsweltmeister zu werden.«

Ulf S. Baecker, Entrepreneur, Investor und Going-Global-Experte

Obwohl dieses Prozedere nicht für jeden Unternehmensbereich praktikabel war, ermöglichte es Groupon schlichtweg ein schnelleres Wachstum. Vor allem machten die Samwers konsequenter als viele Unternehmer zuvor die Internationalisierung zur Chefsache. Obwohl Oliver Samwer im Gegensatz zu seinem Bruder Marc, der offiziell als Vice President International fungierte, gar keine niedergeschriebene Position bei Groupon besaß, war er der Leitwolf aller außeramerikanischen Aktivitäten des Unternehmens. Er avancierte zu einer Art Einpeitscher, einem Kontrollorgan, das die Fortgänge der Organisation im Tagestakt kontrollierte, während Marc Samwer für den Wissenstransfer in der Organisation sorgte und insbesondere Groupons Ableger in Frankreich und Großbritannien steuerte. Und der ältere, vermeintlich schwächere Bruder sollte es sogar vermögen, den sonst für seine Aggressivität bekannten Oliver Samwer zu überflügeln.

In einem Konstrukt, das zentral gesteuert expandiert, sind die relevanten Managementpositionen von immenser Bedeutung, insofern als sie den Wissenskern der Organisation bilden, dessen Vorgaben dann in den Ausläufern umgesetzt werden. Deshalb besetzte Oliver Samwer Groupons zentrale Arbeitsbereiche nach dieser Logik mit Hauptverantwortlichen, die für den gesamten internationalen Aufbau verantwortlich zeichneten. CityDeals letztes verbliebenes Gründungsmitglied Ronny Lange wurde mit der Leitung des internationalen Online-Marketing-Bereichs betraut und hatte kundenseitig für rapiden Zuwachs zu sorgen. Norbert Gocht, der schließlich von Florian Brick beerbt wurde, war für die technische Leitung von Groupon International zuständig, und mit Christian Bertermann stand eine Person für die Produktleitung zur Verfügung.

Neben diesen Einzelakteuren, die fachübergreifende Verantwortung trugen, bestückten die Samwers die einzelnen Länderableger mit »Country Managern«, denen die Leitung der einzelnen Ländersparten zukam. So war etwa der ehemalige Rocket-Mitarbeiter Christopher Muhr für Großbritannien, der Ex-Ebay-Manager Frank Zorn für Frankreich oder der ehemalige Jamba-Mitarbeiter Boris Hageney für Spanien verantwortlich. Die deutsche Steuerung verteilte Oliver Samwer derweil auf den Schultern eines Viererteams bestehend aus Daniel Glasner, Philipp Magin, Sebastian Schmidt und Thorsten Schröppe, die er eng führte und intensiv kontrollierte. Jeder dieser vier Geschäftsführer vereinnahmte einen eigenen Verantwortungsbereich bei Groupon Deutschland, dessen exakte Abgrenzung aber in der täglichen Praxis mitunter vage blieb. Für eine entsprechende Abstimmung blieb oft keine Zeit und so war Oliver Samwer praktisch der einzige Beteiligte, bei dem alle Fäden zusammenliefen.

Mit ihm als Knotenpunkt setzten Glasner, Magin, Schmidt und Schröppe, die früh das ursprüngliche CityDeal-Team beerbt hatten, seine Anweisungen für den deutschen Markt um, die zumeist darin bestanden, massiven Druck auf die Vertriebsabteilung des Unternehmens auszuüben. Für viele Mitarbeiter im Außendienst wurden die Länderverantwortlichen zum direkten Berührungspunkt mit der Samwer'schen Einpeitscherkultur, die darauf abzielte, möglichst viele Verkäufe in möglichst kurzer Zeit zu erzielen. Entsprechend kritisch war ihr Image, setzten die Samwers doch gerne auch darauf, Mitarbeiter gegeneinander auszuspielen, um so die fähigsten und loyalsten zu separieren.

> »[D]as ist ein Trauerspiel! Es arbeiten 3 Abteilungen daran, die Perfect Pipeline aufzusetzen, DCs [=Deal Commitments] zu verteilen, Accounts zuzuweisen, Reports über den Fortschritt zu ziehen und – es passiert einfach nichts. Wir investieren monatlich mehrere Zehntausend Euro um euch einen Spitzen-Support in Sachen DC Management zukommen zu lassen wie ihn KEIN andere[s] Land auf der Welt hat.
> Ihr ignoriert die DealCommittments und eure ADs [=Außendienstler] ignorieren sie genauso. Wir werden jetzt Penalties für das Nicht-Management von DealCommittments einführen. Wir starten bei 33% Mindesterfüllung pro Woche.«

E-Mail von Philipp Magin an Groupons Außendienstler
(9. Februar 2012)

Der Standort Berlin und dessen Führungsquartett sollten für die weltweiten Aktivitäten Groupons eine Art Vorbildcharakter bekommen. Regelmäßige Konferenztelefonate unter der Leitung von Oliver Samwer wurden genutzt, um alle Länderableger regelmäßig zusammenzuschalten und Best Practices zu teilen. Insbesondere Daniel Glasner und Philipp Magin wurden neben weiteren Akteuren in Oliver Samwers inneren Kreis aufgenommen und täglich mit Aufmerksamkeit bedacht. Selbst im Krankenhaus würde etwa Philipp Magin noch SMS von Oliver Samwer erhalten, dem es überhaupt nicht gefiel, wenn Nierensteine seine Expansionspläne in China ausbremsten. Sein Führungsstil des »Management by Telephone« sah vor, dass Mitarbeiter über tägliche Anrufe in den frühen Morgenstunden angeleitet wurden, in denen das Tagesgeschehen kontrolliert und anschließend Tagesziele vergeben wurden, um einen enorm kurz getakteten Handlungsbezug zu schaffen. Länder- und firmenübergreifend war der umtriebige Unternehmer in der Lage, mit hohem Druck einmal definierte Ziele akribisch abzufragen und Probleme sofort zu lösen, indem zentrale Akteure einfach in die Leitung geholt und befragt wurden. Diese Praktik brachte es mit sich, dass Wissen umfangreich geteilt und transferiert wurde, während Betroffene durch Oliver Samwer große diffuse Gesamtprobleme in kleine lösbare Einheiten heruntergebrochen bekamen. Als Unternehmer kam ihm somit die Rolle eines Vernetzers zu, der Wissen aufsammelte und weitergab. Er klinkte sich inhaltlich ein und forderte anschließend konstruktive Lösungen unter entsprechendem Zeit- und Qualitätsdruck.

Die einzelnen Geschäftsführer Groupons waren damit eher so etwas wie Ausführungsgehilfen der Samwers, »angestellte Geschäftsführer«, wie es im Rocket-Umfeld gerne heißt. Die Relevanz der Samwers reichte so weit, dass Groupon ihren Weggang in seinen Börsenunterlagen später als relevanten Risikofaktor deklarierte. Kaum bemerkt von der Öffentlichkeit begannen sie kurz nach der Übernahme durch Groupon sogar dessen Geschäfte in den USA zu steuern. Die Samwers hatten es vermocht, Groupon in Europa schneller wachsen zu lassen als in den USA, einem Markt, der deutlich größer und onlineaffiner war. Entsprechend beeindruckt waren Lefkofsky und Mason vom Können der Samwers und begannen deren Urteil zu vertrauen, während Oliver Samwer und seine Brüder umgekehrt angefressen waren, dass sie es nur auf einen Zehn-Prozent-Anteil jenes Unternehmens brachten, das sie so weit nach vorn katapultiert hatten.[131] Nachdem in den USA die Umsätze eingebrochen waren, krempelten Marc und Oliver Samwer mit der Rückendeckung von Lefkofsky das amerikanische Mutterschiff um, indem sie speziell Groupons Vertriebsapparat professionalisierten, das überteuerte Provisionssystem abänderten und Christopher Muhr als deutschen Brückenkopf installierten. In neun von zehn Fällen sollte Groupon auch international einfach einen Wettbewerber aufkaufen, um dann die Samwers mit einer Riege von Wirtschaftsstudenten einfliegen zu lassen, die ein ganzes Land unter Verwendung horrender Marketing-Mittel aufbauen sollten – Oliver Samwers Fuß stand fest auf dem Gaspedal und er hatte nicht vor, ihn dort wieder runterzunehmen.[132] Der Kölner Unternehmer und Eric Lefkofsky visierten einen Milliardendeal an und wollten den globalen Wettstreit um jeden Preis gewinnen.

Wie ein Internetpate Druck ausübt

In der Folge stellte sich angesichts der Kompromisslosigkeit und analytischen Härte, mit der speziell Oliver Samwer auftrat, ein massiver Kulturschock bei den amerikanischen Mitarbeitern ein. Unter dem »German Way« wandelte sich Groupons amerikanisches Hauptquartier immer mehr zu einem vertriebsorientierten Bienenstock. Was die US-Mitarbeiter des Unternehmens nicht ahnen sollten: Um bei Groupon entsprechenden Druck aufzubauen, griff Oliver Samwer auf ein perfides Manipulationsgeflecht aus psychologischen Faktoren zurück. Durch unerreichbar hohe Ziele in Kombination mit langen Arbeitszeiten wurden Groupons Mitarbeiter bis an ihre Leistungsgrenzen geführt. Unter seiner Ägide schuf das Brüdertrio eine Form des Unternehmertums, die Menschlichkeit komplett ausklammerte und dafür auf eine Politik der klaren Sachverhalte setzte.

Pragmatisch und zielorientiert agierten die Samwers wie schamlose Executers, die sich nicht mit ausschweifenden Erläuterungen aufhielten, sondern mit »One-Minute-Mails« und purer Kennzahlenabfrage durch das Unternehmen ritten. Es zählten nur wirtschaftliche Fakten und um diese zu erreichen, waren Druck und Angst die Samwer'schen Stilmittel. Abrupt im Gespräch beendete Telefonate, Stakkato-E-Mails mit Anweisungen, Wutausbrüche in Meetings und das Herunterputzen der eigenen Mitarbeiter vor dem Team waren an der Tagesordnung, wenn ein Samwer-Bruder bei Groupon aktiv wurde. Selbst gestandene Manager verließen Meetings mit ihnen weinend, verbanden die Samwers ihre Drohkulisse doch mit tiefer Detailkenntnis und einer Kampfrhetorik, die ihre Wirkung zumeist nicht verfehlte. Den massiven Druck in der täglichen Arbeit konterkarierte Oliver Samwer mit aufmunternden persönlichen Worten im privaten Gespräch und schuf für viele einen ambivalenten Kosmos aus Überforderung und Zuspruch. Für Oliver Samwer tätig zu sein und dessen Ansprüche zu erfüllen, verband sich mit einem gewissen Pathos. Wer dazugehören wollte, musste leisten.

Und dieses Pathos zählt bis heute zum Methodenkern der Führungslehre à la Oliver Samwer. Stets fordert er Loyalität ein und verbindet mit der täglichen Aktivität die Bildwelt eines Unternehmers, der die Welt verändert. Zwar ist diese Loyalität stets nur einseitig, gibt dem Gegenüber aber das Gefühl, Teil eines größeren Ganzen zu sein, einer Gemeinschaft, die etwas verändert und damit ihre Mitglieder beflügelt. Die Unverfrorenheit des Vorgehens der Samwers und das Ignorieren jeglicher Konvention hat etwas Beeindruckendes. Oft stecken Mitarbeiter in einer Mühle des Drucks und laufen nur noch mit, ihnen fehlt der Abstand für eine Beurteilung des Geschehens. Die Arbeit mit Oliver Samwer zeigt ihnen, wie viel in kurzer Zeit geschafft werden kann, sie gibt einen Kick und hebt die Mitstreiter des Unternehmers in andere Bewusstseinsebenen. Die Erfüllung dieser Leistungsgemeinschaft liegt deshalb für den Einzelnen nicht selten im Erlangen der Aufmerksamkeit und Anerkennung ihres Anführers. Denn wie kein Zweiter versteht es Oliver Samwer, andere von sich abhängig zu machen – sei es durch Anteilsklauseln, Arbeitsverträge oder den guten Ruf. Wie ein Raubtier wittert er die Schwächen des Gegenübers und optimiert seine Geschicke so, dass er am Ende stets die Zügel in der Hand hält.

»Das Konzept von Zuckerbrot und Peitsche beherrscht Oliver Samwer bis ins Detail, nur dass er dabei sogar das Zuckerbrot weglässt. Die Messlatte liegt so hoch und es gibt so wenig Lob, dass es einen eigentlich demotivieren sollte. Aber während Oliver Samwer öffentlich oft aggressiv und pushy ist, kann er im Einzelgespräch auf einmal so charmant sein, dass viele ihm anschließend ihre Qualität beweisen wollen.«

Ein ehemaliger Groupon-Mitarbeiter über Oliver Samwers Methoden

Dabei waren die Vorgaben der Samwers gar nicht dazu gedacht, dass sie erreicht werden konnten. Die Mitarbeiter von Groupon sollten stattdessen über sich selbst hinauswachsen, ihre gewohnten Grenzen überschreiten und mehr als ein gesundes Höchstmaß leisten. Auf diese Weise kitzelte der erfahrene Unternehmer aus vielen seiner Mitarbeiter mehr Leistung heraus, als irgendjemand zuvor es vermocht hatte. Die Kehrseite: Aufgrund des hohen Drucks, der sich aufbaute, kam es zu zahlreichen Mitarbeiterausfällen durch Burnout. Wer der hohen Arbeitslast und dem damit verbundenen Druck nicht standhielt, schied aus gesundheitlichen Gründen aus. Primäre Adressaten der Samwer-Druckkulisse waren Groupons Geschäftsführer – ein Arbeitstag begann in der Geschäftsführung meist morgens in der Frühe und endete spät in der Nacht.

Gewöhnliche Mitarbeiter bekamen die Samwers derweil nur selten zu sehen. Und kamen sie doch einmal zu einem Meeting, rollten nicht selten die

Köpfe von vermeintlichen »Nicht-Performern«. Machte ein Samwer-Bruder nicht gerade selbst Ansagen, ließ er Druckszenarios über Groupons vier Geschäftsführer verbreiten. War Oliver Samwer zugegen, verkamen Meetings häufig zu Flugzeugträgeransprachen, bei denen der erfahrene Unternehmer militärisch gefärbte Monologe über die einzuschlagende Marschroute des Geschäfts abhielt und das bisherige Vorgehen kritisierte. Getrieben von Aggressivität und cholerischen Anfällen konnte Oliver Samwer in Gesprächen auch einen Monitor samt Tastatur vom Tisch fegen oder Gegenstände nach Mitarbeitern werfen.

Das Unangenehme dieses druckgeführten Managementstils lag jedoch insbesondere in der psychologischen Komponente, dass Oliver Samwer es verstand, seine Mitarbeiter dazu zu bringen, gegen jene Geschäftsethik zu verstoßen, die der gesunde Anstand für gewöhnlich gebot. Egal ob Mitarbeiter zu jeder Uhrzeit mit zahlreichen Anrufen bedacht oder aber Verkaufsobergrenzen von Deals entfernt werden sollten: Der moralische Verfall auf der Führungsebene war nicht weit. Schließlich präsentierte sich der Samwer-Clan selbst genauso hemdsärmelig und war sich für nichts zu schade. Insbesondere Oliver Samwer lebte jene Workaholic-Mentalität vor, die er von seinen Mitarbeitern verlangte und steckte tief in den Details des Unternehmens. Bei einem London-Besuch war es für den Anpeitscher überhaupt kein Problem, vier Stunden unter seinem Bürotisch zu schlafen, anstatt sich ein Hotelzimmer zu nehmen. Die Marschrichtung lautete stets: »Noch mehr holen, noch härter sein, noch schneller agieren.« Wer hier nicht reinpasste, wurde angezählt. Ein Vorgehen, das auch auf die Führungsriege unter Oliver Samwer abfärbte.

> *»Problematisch sind die Nachahmer auf Managementebene, die weder die Skills, das Standing, den Track-Record oder die psychologische Größe haben, um Oliver Samwers Methoden akkurat kopieren zu können. Diese Akteure sind sehr intelligent, gleichen diesen Mangel aber durch noch mehr Druck aus und machen sich damit irgendwann auch lächerlich.«*

Ein ehemaliger Mitarbeiter über das Managementverhalten bei Groupon

Selbst erfahrene Unternehmensberater, die Oliver Samwer aufgrund ihrer Leistungsbereitschaft für seine Zwecke häufig bei McKinsey abwarb – allein 2011 sollen rund 40 Mitarbeiter die Beratungsfirma in Richtung Samwer-Unternehmen verlassen haben –, wickelte der cholerische Anführer so um den Finger. Den gut bezahlten Beratern bot er ein höheres Gehalt und stellte ihnen Anteile an Groupon in Aussicht. Gleichzeitig ließ er es aber nie zu einem Vertrag kommen, der diese Versprechen rechtlich durchsetzbar machen würde. Erfüllte der Betroffene dann die unerreichbar hohen Ziele der Position nicht, war eine Neuverhandlung der Anteilsfrage die Konsequenz, bei der das Gegenüber regelmäßig den Kürzeren zog. Geschickt nutzte Oliver Samwer dabei eine Grundangst der Beraterzunft aus: Die Furcht vor Lücken im Lebenslauf bewegte viele ehemalige Unternehmensberater, länger bei Groupon zu bleiben, als ihnen lieb war.

Jene Fähigkeit, die Wünsche seines Gegenübers zu erkennen und ihre Erfüllung in Aussicht zu stellen, war es, die Oliver Samwer zu einem echten Paten der Internetbranche werden ließ. Während er Unternehmensberater mit hohen Gehältern und Anteilen lockte, versprach er den Mitarbeitern im Vertrieb hochtrabende Titel und gewann hochkarätige Absolventen mit der Aussicht auf Start-up-Erfahrungen und Auslandsaufenthalte. Zu einem Zeitpunkt soll Groupon allein 15 »Head of Sales« gehabt haben, schließlich kosteten Titel nichts und wurden deshalb zum Allheilmittel bei Groupon. Und gab es doch einmal Verwirrung, war die Devise klar: »Ist mir scheißegal, nenn' dich wie du willst, Hauptsache, du holst den Deal.« Schließlich hatten die Samwers einen lukrativen Exit fest im Visier und machten die Konzentration auf hohe Umsätze (unabhängig von den Kosten) zum Diktat des Unternehmens. Den zentralen Baustein sollten dazu die aus ihrer Sicht wichtigsten Bereiche bilden: Marketing und Vertrieb.

Marketing: Oliver Samwers Exotendisziplin

Mit dem unautorisierten Verkauf von Starbucks-Gutscheinen hatte Oliver Samwer schon zur Gründung von CityDeal bewiesen, dass er sich auf die aufmerksamkeitsstarke Umsetzung unkonventioneller Marketingmaßnahmen verstand. Auch nach der Übernahme durch Groupon setzte das Unternehmen auf Ansätze außerhalb der Regel, manchmal sogar außerhalb der Norm. Die Führung des internationalen Online-Marketing-Segments lag bei Ronny Lange, einem der ursprünglichen Gründer von CityDeal. Er zählte nicht zu den nettesten Akteuren im Groupon-Zirkus und setzte seine Aufgaben auch nicht galant um, aber über zahlreiche Länder hinweg lieferte er in schnellem

Tempo ein solides Handwerk ab. Denn was Oliver Samwer von seiner Marketing-Abteilung verlangte, lag oftmals im Bereich des Exotischen.

Groupons wesentliche Währung im Marketingbereich waren E-Mail-Adressen. Durch den Versand von E-Mail-Newslettern beförderte Groupon einen Großteil der Aktivität seiner Bestandskunden. Täglich sendete das Unternehmen E-Mails mit den neuesten Deals der Plattform aus und animierte so zu weiteren Käufen. Besonders Begrüßungsdeals für neu registrierte Nutzer funktionierten zuverlässig und Newsletter wurden auf diese Weise zu einem der wichtigsten Treiber der Umsatzgenerierung. Die Kunst des E-Mail-Marketings lag darin, Frequenz und Aufbereitung individuell auszusteuern. Schnell fühlten sich Groupons Nutzer von den E-Mails in hoher Frequenz genervt, woraufhin zunächst die Öffnungsrate der Aussendungen sank, ehe die Newsletter des Unternehmens gänzlich gekündigt wurden. Schlechte Öffnungsraten brachten eine negative Einordnung bei den E-Mail-Versendern, was dazu führte, dass Newsletter nur im Spam-Ordner landeten – für ein umsatznahes Geschäftsmodell wie das von Groupon eine teure Angelegenheit.

Von Nutzer zu Nutzer lagen andere Präferenzen vor, wann und wie oft welcher E-Mail-Inhalt gelesen wurde, weshalb Groupon begann, Profile zu erstellen, die das E-Mail-Verhalten der Kunden berücksichtigten und den Versand von E-Mails darauf abstimmten. Zumal Groupon jeden Monat mehrere Milliarden E-Mails versendete, bestand die Aufgabe der für das Customer Relationship Management verantwortlichen Susanne Betzold-Friedhoff darin, sicherzustellen, dass Groupons Nutzer ihre Newsletter erhielten, öffneten und nicht abbestellten. Täglich überprüfte das Team von Betzold-Friedhoff jeden der weltweit rund 200 relevanten E-Mail-Provider und optimierte selbst minimale Stellschrauben wie die IP-Adresse, den HTML-Aufbau der E-Mails oder inhaltliche Aspekte. Um die Relevanz von Newslettern wissend, setzte Oliver Samwer die Ziele an dieser Front utopisch hoch. Eine Million gewonnener E-Mail-Adressen pro Woche und ähnlich verrückte Ziele sollten Groupons Marketingbereich anstacheln. Entsprechend grobschlächtig agierte Groupon häufig, nachdem die Anforderungen derart unorthodox waren, dass für eine saubere Implementierung und Auswertung häufig keine Zeit blieb.

Vor allem spielten sich Groupons Marketingmaßnahmen nahezu ausschließlich online ab, weil es dem jungen Unternehmen weniger um schwer messbare Marketingmaßnahmen durch Fernsehspots, Annoncen oder Plakate ging, sondern um zählbares Wachstum, das sich aufwandsarm international replizieren ließe. Mit Online-Marketing-Mitteln wie dem Buchen von Anzeigen in den Google-Suchergebnissen (SEM) oder Bannerwerbung im Netz und bei Facebook war es möglich, die eigenen Aktivitäten gut messbar umzusetzen. Groupon gab nur dann Geld aus, wenn sich ein Ergebnis einstellte. Dieses Vorgehen bot den Vorteil, dass es international gut kopiert werden konnte, gleichzeitig aber nicht die üblichen Streuverluste zeigte. Groupons Deals eigneten sich praktisch für jede Zielgruppe und konnten deshalb breit beworben werden.

Diesen Umstand nutzte Oliver Samwer in aller Dreistigkeit aus: Immer wieder ließ er Groupon Werbeanzeigen für bekannte Marken schalten, mit denen es gar keine Kooperation (und damit keinen Deal) gab und optimierte seine Seiten dann aber so, dass Nutzer trotzdem ihre E-Mail-Aadresse hinterließen. Bis die betroffenen Marken dieses Vorgehen bemerkten, hatte Groupon längst zahlreiche Adressdaten generiert. Rund 15 Millionen Dollar soll das internationale Segment des Unternehmens so bis zu Groupons Börsengang ausgegeben haben. Schnell konnte die Akquise eines Nutzers zwischen 8 und 15 Euro kosten – eine hohe Summe für Online-Marketing-Verhältnisse. Dies sollte Oliver Samwer aber genauso wenig stören wie der Umstand, dass sich schnell Relevanzprobleme für Groupon bei Google einstellten, das die Fehlleitung seiner Nutzer nicht gerne sah. Für den schnellen Umsatz war Oliver Samwer bereit, so manchen Reibungsverlust in Kauf zu nehmen.

Oliver Samwers Sales-Architektur: Die Nummer eins um jeden Preis

Auch wenn Marketing auf der Kundenseite zu den wichtigen Treibern des Wachstums zählte, bildete der Vertrieb das Herz des Unternehmens und damit das Hauptaugenmerk von Oliver Samwer. Dessen Sales-Architektur war es, die den Unterschied machte – im Positiven wie im Negativen. Wollte er sich mit Groupon einen lukrativen Exit verdienen, blieb nur der massive Ausbau von Groupons Kundenbasis, eine Maßnahme, die an vielen Stellen auf Kosten der Nachhaltigkeit des Firmenmodells gehen sollte. Irgendwann würde auch den Händlern und Restaurantbesitzern aufgehen, dass mit ihrem Namen Geschäft gemacht wurde, während sie den kleinsten Anteil erhielten. Doch ehe es so weit war, setzte Oliver Samwer alles daran, durch eine streng organisierte Struktur ein Maximum an Geschäftspartnern zu gewinnen. Groupon unterteilte seine Märkte in verschiedene »Kingdoms« und setzte auf eine Mischung aus Telefon- und Außendienstvertrieblern. Im Vertrieb unterschied das Unternehmen dazu zwischen einem nationalen und einem regionalen Geschäftsarm.

Auf nationaler Ebene ging es dem Unternehmen darum, große, national agierende Firmenkunden zu gewinnen, die sich nicht mit den üblichen Taschenspielertricks im Verkauf angehen lassen würden und entsprechend umfangreicher bearbeitet werden mussten. Es machte eben einen Unterschied, ob um einen lokalen Deal mit dem Restaurant um die Ecke oder dem deutschen Management einer internationalen Fastfoodkette verhandelt wurde. Mit Robert Bosch leitete ein erfahrener Manager den Bereich. Er war zuvor für die Axel Springer AG tätig und unterhielt als Nachbar von Marc Samwer eine Freundschaft zu den Samwers. Aufgrund der Komplexität der Kundenbeziehungen gestaltete sich das nationale Sales-Geschäft tempoärmer und wurde mit entsprechend weniger Druck belegt. Statistiken und Daten gab das junge Unternehmen bei der Akquise nationaler Deals ohnehin nicht heraus. Nachfragen wurden nach Oliver Samwers Devise: »Just tell them millions«, abgefertigt. Als schnell wachsendes Start-up bleibe keine Zeit, lange und aufwendig Zahlen zu erheben – eine Argumentation, die dem Großteil von Groupons Großkunden genügte und Oliver Samwer in seinem tolldreisten Vorgehen bestätigte.

Im krassen Kontrast zum vergleichsweise entspannten nationalen Sales-Bereich stand Groupons regionaler Konterpart. Oliver Samwer setzte in den einzelnen Städten und Ballungsgebieten sogenannte »City-Manager« ein, deren Aufgabe es war, die örtlichen Sales-Mitarbeiter zu koordinieren und deren Verkaufszahlen zu überprüfen. Als eine Art städtischer Leiter der Sales-Geschäfte war ein City-Manager dafür verantwortlich, dass Deals akquiriert, redaktionell aufbereitet, organisiert und verbreitet wurden. Sales-Mitarbeiter im Außendienst schlossen mit den Händlern ihres Gebiets Kooperationsvereinbarungen, die dann zentral vom Vertragsmanagement des Unternehmens betreut wurden. Eine Redaktionsabteilung kümmerte sich schließlich um die Aufbereitung der unterschiedlichen Deals. Vermochte es ein Sales-Team nicht, ausreichend Deals aufzutun, musste ein City-Manager auch schon mal selbst mit Hand anlegen. Waren doch ausreichend Deals vorhanden, wurde deren Platzierung zum zentralen Faktor. Je prominenter ein Deal auf Groupons Seite platziert wurde, desto mehr konnte damit verdient werden, was sie zu einer umkämpften Ressource machte.

»Citymanager,

das kann nicht unser Anspruch sein – wir haben seit Ende letzter Woche massiv nachgelassen. Gestern in unserem Meeting war fast keine Stadt dabei, die in Relation zur Vorwoche gewachsen ist. [...] Ich verspreche euch, wir werden unsere Quartalsziele erreichen und ich werde nicht erst Ende August Verantwortungen switchen, wenn ich merke, dass es nicht klappt. [...] Wer es nicht schafft, sich diese Woche um mindestens 10 % gegenüber der Vorwoche zu steigern, sagt es lieber jetzt. Ich warne jeden davor, es hinzunehmen, zu stagnieren oder gar zurückzugehen. Meine ich ganz ernst!

Philipp«

E-Mail von Philipp Magin an seine Vertriebler

Entsprechend wichtig war es auch für die Samwers, das Geschehen genau überblicken zu können. Um eine möglichst präzise Kontrolle über die Verkaufsvorgänge der einzelnen Städte ausüben zu können, ließ Oliver Samwer zahlreiche Verkaufsdaten detailliert abbilden, darunter eine Liste, die jede Stadt und jeden Vertriebsmitarbeiter in Verbindung mit den jeweils erfolgten Terminen und Vertragsabschlüssen aufzeigte. Um das sonst so intransparente Segment datengetrieben bearbeiten zu können, ließ er Groupons Führung die unterschiedlichen City-Manager mit einer ausgeklügelten Strukturierung steuern, zu denen insbesondere sogenannte One-Minute-Mails zählten. Jeden Abend hatte jeder City-Manager eine E-Mail abzusetzen, die lediglich drei Kennziffern enthielt: die getätigten Anrufe, die vereinbarten Termine und die getätigten Abschlüsse – nicht mehr, nicht weniger. Erklärungen, Probleme oder Hintergründe interessierten einen Samwer nicht.

Der Grund dafür lag auf der Hand. Groupon bestimmte sich allein anhand von Umsätzen, und stimmte die Performance nicht, mussten im Samwer-System unmittelbar Kontrollanrufe folgen. Doch damit nicht genug: Jeden Montag hielt Groupons Führung in seinem Berliner Standort ein City-Manager-Meeting ab, zu dem die Vertreter aller deutschsprachigen Städte aufwendig eingeflogen wurden. Begonnen wurde um 19.00 Uhr, enden sollten die umfangreichen Auswertungen der unterschiedlichen Vertriebler nicht selten spät in der Nacht. Stimmten die Zahlen eines Außendienstlers nicht, wurde ein »Soft Warning« ausgesprochen. Zeigte sich daraufhin zeitnah keine wesentliche Verbesserung, folgte unmittelbar die Kündigung. Es war zu wenig Zeit, um sie auf Angestellte zu verwenden, die ihre Ziele nicht erreichten. War ein Samwer anwesend, rollten nahezu immer Köpfe – ein Umstand, der Groupons City-Manager-Meetings berühmt-berüchtigt machte.

In der Hackordnung des Unternehmens zählten City-Manager damit aufgrund der Nähe zum Umsatz zu den am engsten geführten Positionen. An guten Tagen machte Groupon Deutschland in seiner frühen Phase schon einmal eine Million Euro Umsatz am Tag. Wusste ein City-Manager hier zu überzeugen, konnte es gut passieren, dass er in weitere Stadtgebiete entsandt wurde. Erfolgreiche City-Manager schickte das Unternehmen von Stadt zu Stadt, damit sie ihre Methoden und Erfahrungen auf weitere Märkte anwenden konnten. Einige City-Manager bauten für Groupon ganze Städte aus dem Hotel auf und hatten kaum Einschränkungen zu fürchten. Stimmten die Umsätze, waren Budget und Kostenkontrolle kein Thema. Die Methodik der Samwers funktionierte schlichtweg wie ein Strukturvertrieb, bei dem Vertriebler zu Beginn dank eines vorteilhaften Provisionssystems sehr gut verdienten, so sie denn die von Oliver Samwer ausgehende Drucksituation vertrugen. Genügten die Leistungen allerdings nicht, zögerte die Führungsriege nicht lange. Mit Ausnahme der Außendienstmitarbeiter im Sales Department wurde praktisch keine andere Position so häufig und rapide ausgetauscht wie die des City-Managers. Entsprechend hoch war die Fluktuation auf diesen Positionen. Mancher City-Manager kündigte von selbst, andere fielen einer Art Cleaner zum Opfer – einem Mitarbeiter, der in ein Stadtgebiet fuhr, um dort das City-Management zu entlassen und neue Strukturen aufzusetzen.

»Team,

dieses Thema ist so unglaublich wichtig. Die Bedeutung kann nicht hoch genug eingeschätzt werden. Um euch die Bedeutung und Wichtigkeit des Themas Qualität unserer Deals noch besser zu veranschaulichen, greife ich zu einer außergewöhnlichen Maß[ß]nahme. Jeder von euch, der nicht die folgenden zwei Minimum-Ziele nächste Woche erreicht, wird seinen ›Director‹ Titel verlieren:

1. 1/3 der Deal-Committments mit seinem Team nächste Woche holen

2. Wöchentlich mindestens 0,5 Dreamlist-Accounts pro AD [= Außendienstler] geclosed, dh ein Team von 8 Leuten muss mindest[e]ns 4 Dreamlist-Accounts closen [Dreamlist-Accounts sind besonders relevante Kunden, zum Beispiel Top-Restaurants oder namhafte Spas]. [...]

@ Tim, bitte am Montag Morgen, 20.2. Auswertung über die 2 KPIs machen der Vorwoche für alle CM [= City Manager]. Alle CM, die das nicht erreicht haben, direkt an Christian Platzer melden.

@ Christian, die Titeländerung dann für die entsprechenden Personen mittels Änderungsvertrag vorbereiten (Titel: Manager Local Sales)

Jeder von euch kann das schaffen, wenn er konsequent und fokussiert arbeitet. Es erfordert keine außergewöhnliche Leistung.

Viel Erfolg!
Gruss,
D«

E-Mail von Daniel Glasner an mehrere City-Manager und Direktoren

Zum Durchatmen sollte bei diesem Vorgehen kein Platz bleiben. Groupons Arbeitsplanung begann um 8.00 Uhr in der Früh und endete um 22.00 Uhr am Abend. Pausen waren nicht gerne gesehen und machte ein Sales-Manager pro Tag nicht mindestens vier Termine mit Neukunden, durfte er das Büro nicht verlassen. Mit der Aussicht auf hohe Umsätze ließen Oliver und Marc Samwer ihre regionalen Stellvertreter entsprechend hohe Ansprüche durchsetzen. Um eine Provision zu erhalten, mussten Groupons Sales-Mitarbeiter mindestens fünf Deals pro Woche einholen sowie ein »GP« (so betitelte Groupon seinen Gewinn) von 75.000 Euro. Dazu wurde mindestens 14 bis 15 Stunden am Tag gearbeitet – auch samstags und sonntags oder an Feiertagen. Da es jederzeit Probleme mit Händlern oder der Redaktion, die die Deals aufbereitete, geben konnte, galt dauernde Erreichbarkeit als Pflicht unter Sales-Managern, weshalb die Geschäftsführung im Stundentakt Ziele abfragte und Wettbewerbe zwischen den einzelnen Ländersparten ausrief, um seine Mitarbeiter noch weiter anzustacheln. Via Skype trafen unterschiedliche Teams zu Konferenzgesprächen zusammen und wetteiferten, wer die meisten Deals machte.

Die räumliche Situation spiegelte diese Haltung der Samwers entsprechend wider. Sales-Mitarbeiter saßen in Groupons Büro dicht an dicht. Räume, die für vier Personen ausgelegt waren, wurden mit acht oder mehr besetzt, was nicht nur entsprechende Temperaturen, sondern auch eine gewisse Lautstärke produzierte. Und diese Atmosphäre war durchaus gewollt. Einmal setzte Oliver Samwer selbst alle Mitarbeiter aus ihren Einzelbüros in den Flur, weil es in einer Sales-Abteilung zugehen müsse wie auf einem Bahnhof. Bei seiner Raumsituation setzte er ohnehin auf Flexibilität. Kurzfristige teure Mietverträge versetzten Groupon in die Lage, wenn nötig ganze Städte und komplette Länder in kurzer Zeit schließen zu können.

Auch sonst richtete Oliver Samwer Groupons gesamte Struktur so aus, dass in rasantem Tempo eine riesige Anzahl von Vertriebsmitarbeitern durch das Unternehmen geschleust werden konnte. Neue Sales-Angestellte würden einen Dienstwagen, ein Betriebshandy und einen Laptop erhalten, um unmittelbar ihre Arbeit aufnehmen und Händler akquirieren zu können. Vorher schickte der gewiefte Unternehmer jeden seiner Vertriebsmitarbeiter jedoch durch eine ausgeklügelte Schulung. In festen Abständen wurden 30 bis 40 neue Vertriebler in Berlin von Veteranen des Unternehmens ausgebildet, die ihnen Argumente und Strategien aufzeigten, mit denen sich jeder Händlereinwand abschmettern ließ. Neue Mitarbeiter erhielten einige Tage der Eingewöhnung, dann wurde im Außendienst verkauft. Was jedoch keiner der Teilnehmer ahnen sollte: Von den rund 40 geschulten Mitarbeitern verblieben nach ein paar Monaten in der Regel noch 10 beim Unternehmen.

»In dieser Schulung wirst du auf Groupons Sektenverhalten eingeschossen. Du bekommst dort beigebracht, was du zu sagen hast – wie eine Gehirnwäsche. Wenn du denkst, kommst du darin um. Wer da nicht funktioniert, ist auch schnell weg.«

Ein ehemaliger Sales-Mitarbeiter über Groupons Sales-Schulungen

Den größten Wert legten Marc und Oliver Samwer allerdings auf den Austausch von Erfahrungen zwischen Groupons unterschiedlichen Städten und

Ländern. Hatte sich ein bestimmtes Vorgehen als besonders ergiebig herausgestellt, wurde es in einem regelmäßigen Gruppentelefonat mit Dutzenden von Ländervertretern geteilt. Für seinen Erfahrungsaustausch verfügte Groupon über einen Videokanal, in dem Videos das Vorgehen des Unternehmens und die dazugehörigen Best Practices aufzeigten. Daneben hatte der Deal-Riese eine umfangreiche Datenbank mit Händleradressen geschaffen, in der nach kurzer Zeit praktisch jeder Händler großer Ballungsräume enthalten war und die damit zum wichtigen Werkzeug bei der Jagd nach Deals wurde. Im Ergebnis blickte Groupon dank der Samwers auf ein schnell getaktetes System aus minutiöser Kontrolle und intensivem Wissensaustausch, das durch eine gezielte Standardisierung abgerundet wurde. Denn um den Abschluss mit einem Händler möglichst effektiv zu gestalten, erhielt jeder Vertriebsmitarbeiter des Unternehmens eine standardisierte Kooperationsvereinbarung, in der auf einer doppelseitig bedruckten Seite alle Pflichten und Parameter eines Deals festgehalten wurden.

Diese Standardverträge bildeten Oliver Samwers schärfste Waffe, wenn er Groupons Drückerkolonnen zu unterschiedlichen Händlern entsandte. Nicht nur, dass auf der Vorderseite des kompakten Dokuments vordefinierte Deal-Parameter den Händler bereits in die gewünschte Richtung führten, fehlte es an der Erwähnung einer Deckelung, schließlich lag es nicht in Groupons Interesse, den Umsatz zu beschneiden. In Unkenntnis der Möglichkeit, dass eine entsprechende Absprache sowie weitere Ergänzungen aber sehr wohl möglich waren, blieben zahlreiche Deals ohne Deckelung und wurden damit zur tickenden Zeitbombe für die Händler der Plattform. Denn mit den auf der Rückseite festgehaltenen Geschäftsbedingungen stellte Groupon gleichzeitig sicher, dass es einen erfolgreichen Deal beliebig oft wiederholen konnte, während der partizipierende Händler die Haftung gegenüber den Kunden übernahm und sich exklusiv für eine Laufzeit von 24 Monaten an Groupon band. Ein Knebelvertrag, der für Händler meist Verluste bedeutete sowie das Risiko, lange in einem wiederholbaren Deal festzustecken.

Die Samwer-Methode: Umsätze hui, Struktur pfui

War das Samwer-Vertriebssystem erst einmal etabliert, ging es nur noch ums Verkaufen. Oliver Samwers Sales-Architektur folgend, war Groupons Sales-Vertretern von oben praktisch jedes Mittel erlaubt, um an Vertragsabschlüsse mit Händlern zu kommen. Entsprechend ausufernd gerieten die Verkaufs-maßnahmen des Unternehmens. Mal wurde Händlern erzählt, Groupons Konkurrenz stünde kurz vor der Pleite, mal dass der eigene Wettbewerber bald übernommen würde. In jedem Fall sei ein Vertragsschluss mit der Sam-wer-Gründung am sinnvollsten. Wo mit einem Samwer gehobelt wurde, wür-den aber ohnehin Späne fallen. Denn auf der Vertriebsseite hatten Marc und Oliver Samwer ein klares Ziel, dem alles andere untergeordnet wurde: Um-satz. Dafür nahmen sie auch zahlreiche Klagen in Kauf, egal ob von ehemali-gen Mitarbeitern oder von Händlern, die einen Deal monierten. Solange der Umsatz stimmte, sollten kleinere Scharmützel nicht weiter ins Gewicht fallen.

Tatsächlich regten die von Oliver Samwer geschaffenen Strukturen Alltags-praktiken an, die zahlreiche Nachteile für Groupons Händler beförderten. Ver-triebler wurden bei Groupon derart unter Druck gesetzt, dass sie mitunter dazu übergingen, ihren Partnern nachteilige Deals zu verkaufen, bei denen sie entscheidende Faktoren verschwiegen, wobei Deckelungen und Mehrfach-schaltungen die größte Sprengkraft bargen. Eines der bekannteren Negativbei-spiele fand sich etwa in Rachel Brown, deren britische Konditorei nur knapp an der Pleite vorbeischrammte, nachdem diese einen Groupon-Deal ohne Deckelung gestartet hatte und so gezwungen war, 102.000 Cupcakes herzu-stellen, die ihr einen Verlust von 12.500 Pfund einbrachten. Lief ein Deal er-folgreich, entfernten Groupons Geschäftsführer wohl auch schon mal höchst-selbst vereinbarte Deckelungen, so etwa angeblich geschehen im Falle einer Münchner Masseurin, die den verkauften 907 Deals nicht mehr nachkommen konnte, einen psychischen Zusammenbruch erlitt und nach sieben Jahren der Selbstständigkeit arbeitsunfähig wurde und in die Insolvenz schlitterte. Einer von Groupons Geschäftsführern hatte die eigentlich vorgesehene Deckelung angeblich entfernt – weil sich der Deal so gut verkaufte. Unter der Führung von Oliver Samwer war Groupons Außendienst dazu angehalten, die Möglich-keit zu einer Deckelung von Deals – bei Groupon »Caps« genannt – zu vermei-den, indem sie diese, so gut es ging, verschwiegen. Während Händler damit steuern konnten, wie oft ein Deal verkauft wurde – etwa weil ein Restaurant nur die Kapazitäten für 400 Gutscheineinlöser aufwies –, waren diese Caps für Groupon merklich unattraktiver, da sie den Umsatz begrenzten.

»Alles ist erlaubt, um einen Deal zu holen. Es wird alles versprochen, was der Kunde hören will. Es wird meist verschwiegen, dass eine Deckelung der Deals möglich ist, sodass mehr daran verdient wird. Das führt häufig dazu,

dass kleine Unternehmen auf einmal so viele Kunden haben, dass sie diese nicht bedienen können.«

Ein Groupon-Salesmitarbeiter zur Praxis
des Unternehmens (September 2011)

Entsprechend frustriert fielen die Reaktionen vieler Händler gegenüber Groupon aus, auch weil es immer wieder zu Fehlern bei der Datenübermittlung kam. Spekulierte etwa ein Gastronom darauf, die Verluste eines Deals durch den Verkauf von Getränken wieder auszugleichen, machten ihm jene Gäste einen Strich durch die Rechnung, denen aus Groupons Beschreibung nicht ersichtlich wurde, dass sie ihr Essen bei diesem Deal nicht mitnehmen können sollten. Besonders in ländlichen Gegenden griffen Gastronomen in abgelegenen Lagen auf Groupon zurück, um an Kunden zu gelangen – ein dankbares Ziel für die Vertriebshorden der Samwers. Doch war die erste Schnäppchenjägerwelle abgeklungen, blieb von den Kunden meist keiner mehr übrig. Händler berichteten, dass von 200 Kunden gerade einmal zwei bis drei wiederkommen würden. Angesichts der massiv gewährten Rabatte war es ein Leichtes, dass insbesondere Gastronomen durchschnittlich einen Verlust von zwei bis fünf Euro pro eingelöstem Gutschein machten. Bei tausendfach verkauften Deals drohte schnell die Pleite. Händler mussten im Marketing sehr versiert sein und das zugehörige Vertragswerk genau prüfen, um nicht Gefahr zu laufen, von der schieren Reichweite von Groupon erdrückt zu werden. Es dauerte nicht lange und Groupons Strukturfehler in der Architektur von Oliver Samwers Sales-Bereich schlugen sich auf die Kunden der Plattform nieder.

Gleichzeitig war das Unternehmen derart schnell gewachsen und holte Deals in einem solchen Tempo ein, dass häufig die Zeit für eine eingehende Prüfung fehlte. Die Folge: Verkaufte Deals wurden zum Teil nur mit großer Verzögerung realisiert oder fielen komplett aus. Es gab praktisch keinen Deal, der nicht irgendeinen Fehler aufwies, sei es in der Beschreibung, der Deckelung oder der Laufzeit. Unter den Samwers wurde Groupon so auch wiederholt Opfer von Graumarktware – Waren, die von Händlern bezogen wurden, die jenseits der offiziell autorisierten Distributionswege agierten. Zwar konnten diese Graumarkthändler ihre nicht autorisierte Originalware zumeist spielerisch mit den von Groupon geforderten hohen Rabatten vertreiben, die oftmals notwendige Rückabwicklung dieser Deals kostete dann aber viel Geld.

»Die Vorwürfe zum Umgang mit Händlern müssen differenziert betrachtet werden. Für einen Teil der Händler war Groupon wie ein Feuerwehrschlauch, aus dem man zu trinken versuchte. Ohne geeignete Technologie oder entsprechendes Know-how war es für diese schwierig, die Massen an Deal-Kunden zu bedienen, sicherzustellen dass das Geschäft weiterhin auf mittlere Sicht profitabel bleibt und gleichzeitig die Kundenbeziehungen zu den Deal-Kunden auf eine Art und Weise aufzubauen, dass diese mit hoher Wahrscheinlichkeit ein zweites oder drittes Mal konsumieren, um dadurch die initialen Akquise-Kosten zu refinanzieren. Mangels geeigneter Technologie wurden Deal-Begrenzungen durch Groupon auf Basis von extern zugänglichen Daten wie Tischanzahl mithilfe einfacher Modelle berechnet, um Deckelungen abzuschätzen. Das wurde von einem Team mit über zehn Mitarbeitern für den deutschsprachigen Raum gemacht.«

Eine ehemalige Führungskraft zum Vorwurf der Händlerabzocke

Auf geheimnisvolle Weise gelang es dem Unternehmen dennoch praktisch immer, sich sauber aus der Affäre zu ziehen. Die Samwer'sche Marschrichtung war in dieser Angelegenheit schließlich eindeutig: Cashflow vor Skepsis. Gelang es, jeden Tag frisches Geld einzunehmen, fielen schiefgegangene Deals kaum ins Gewicht. War ein attraktiver Deal gefunden, sollten die Mitarbeiter der Samwers häufig überhaupt nicht mehr nachfragen, sondern leisteten sogar Vorauszahlungen, was so manche Betrüger für sich ausnutzten. Sie profitierten von der mangelnden Sorgfalt der Samwers. Durch das rasante Wachstum waren viele Mitarbeiter nicht ausreichend geprüft worden und schlecht qualifiziert oder aber ihre Sorgfalt litt unter dem massiven Druck, der auf ihnen lastete.

Freilich blieben Groupons massive Wachstumsprobleme nicht nur auf das Außen beschränkt. Im Gegensatz zur vorherrschenden Managementlehre, nach der Prozesse mit Verantwortlichkeiten aufgesetzt und an deren Grenzen an den nächsten Verantwortlichen übergeben werden, verlangte Oliver Samwer seinen Mitarbeitern konsequentes Micro-Management ab: Wer einen Deal geholt hatte, war bis zur letzten Sekunde verantwortlich. Zwar gab es eine genau durchdefinierte Prozesskette, doch in dieser war es nicht vorgesehen, einen Teil aus der Hand zu geben. Auch Mitarbeitern auf dem Führungslevel begegneten die Samwers mit dieser Erwartungshaltung, schließlich waren

Oliver und Marc Samwer mit ihrer Detailtiefe längst selbst zu Micro-Managern geworden. Ergab diese Struktur für den Aufbau aber noch Sinn, wurde Groupon mit der Zeit schlichtweg zu groß. Es entstanden Informationssilos, in denen Wissen nur noch in den betreffenden Abteilungen vorlag und es praktisch unmöglich wurde, die unteren Führungsebenen nachhaltig aufzusetzen. Doch solange der Umsatz stimmte, konnte die Struktur warten. Schon jetzt war es für das Management ohnehin nicht mehr möglich, gegen das Chaos anzukommen.

Groupon befand sich in einer Wachstumsspirale, die sich auch auf den Personalbereich erstreckte. Doch dass ihr auf Kurzfristigkeit ausgerichtetes Vorgehen ein implosives Potenzial barg, hatten die Samwers schon bei Jamba unter Beweis gestellt, nun war auch Groupon im Begriff, Opfer seiner teils maroden Firmenstruktur zu werden. Bereits kurz nach der Übernahme von CityDeal war dem Knallen der Sektkorken eine Kostensenkungswelle gefolgt, bei der rund 25 Prozent der Belegschaft entlassen wurden. Wieder einmal hatten die Samwers darauf gesetzt, durch schiere Größe den Markt für sich zu besetzen und hatten CityDeal dabei auf mehr als die doppelte Größe seines eigenen Vorbilds wachsen lassen. Den Preis für die dabei vernachlässigte Nachhaltigkeit musste anschließend CityDeals Führung zahlen: Nachdem kurz zuvor noch proaktiv Mitarbeiter mit teilweise doppelt bis dreimal so hohen Gehältern bei Hauptkonkurrent DailyDeal aus einer Festanstellung abgeworben worden waren, wurde unmittelbar nach dem Exit ein Hotelzimmer angemietet, um zwei Tage am Stück Mitarbeiter zu entlassen.

>>Es ist wahnsinnig schwer, so einen Job zu machen und wir haben uns mindestens genauso viel abverlangt wie unseren Mitarbeitern. Wir hatten praktisch keine Freizeit und sicherlich durfte man Einzelschicksale nicht immer an sich heranlassen. Am Ende war aber das Wichtigste in so einer Organisation, dass es fair zuging und dass die Leute verstanden, warum jemand gehen musste, wenn die Leistung nicht stimmte. Das haben wir sicher auch nicht immer richtig gemacht und mussten deshalb eine gewisse Lernkurve beschreiten. Ohne Oliver Samwer wäre CityDeal, sowohl was die Kurzfristigkeit des Verkaufs als auch die Expansionsgeschwindigkeit angeht, sicherlich ganz anders verlaufen.<<

Eine ehemalige Führungskraft über seine Rolle
und den Umgang mit Mitarbeitern

An der Hire-and-Fire-Mentalität des Samwer-geführten Unternehmens änderte dies dennoch nichts. Im Gegenteil. Es ging den Samwers vornehmlich um ein schnelles Umsatzwachstum und da sich dieses mit Personalzuwachs verband, war praktisch jedes Mittel recht, um an Mitarbeiter zu gelangen. Fließbandartig ließen Marc und Oliver Samwer Bewerbungsgespräche führen, die nicht selten im Raum vor arbeitenden Kollegen stattfanden oder aus Zeitmangel vorzeitig abgebrochen wurden. Eine Jobzusage erhielt dennoch fast jeder Bewerber, selbst wenn die gemachten Zusagen bezüglich Arbeitsgebiet und -einteilung häufig nicht lange hielten. Groupon war in seiner Wachstumsphase an vielen Stellen ein Auffangbecken gestrandeter Existenzen geworden, ein Durchlauferhitzer, der praktisch jeden einstellte, der mit dem Strukturvertrieb des Unternehmens in irgendeiner Form kompatibel schien.

Besonders im Außendienst war die Deal-Maschine auf einen steten Nachschub an Arbeitskräften angewiesen. Beschäftigte ganz Groupon 2009 noch 37 Mitarbeiter, waren es 2011 über 7.000, noch einmal ein Jahr später bereits über 12.000. Aufgrund des Mangels an Ordnung gehörten in den Samwer-geführten Bereichen arbeitsrechtliche Kapriolen dabei praktisch zur Tagesordnung. Mitarbeiter fanden ihre Arbeitsproben wie etwa Deal-Beschreibungen auf der Webseite des Unternehmens wieder oder erhielten freitags einen Firmenwagen, um am folgenden ersten Arbeitstag wieder entlassen zu werden. Selbst arbeitsgerichtliche Auseinandersetzungen waren von den Samwers quasi in den Wachstumsprozess einkalkuliert. Schnell lag die Zahl der ehemaligen Mitarbeiter allein in Deutschland jenseits der Tausender-Marke. Sein Vertrauen auf die Samwer-Methode und die damit verbundene Willkür bezahlte Groupon mit einer hohen Fluktuation, Dutzenden Entlassungen und zahlreichen Abstimmungsproblemen.

Samwers ade – Abstieg in den Börsenkeller

Schon bald sollte jenes Unternehmen, das sich ursprünglich einmal auf den Tipping Point von Kampagnen spezialisiert hatte, selbst seinen Wendepunkt erleben. Bis dato war Groupon die »fastest growing Company ever« – eine Charakterisierung, die von den Samwers und ihren Methoden mitbefördert wurde. Jenes explosive Wachstum hatte in dieser Umsetzung jedoch auch seine Kehrseite, die Groupon nach Erreichen seines Zenits zu spüren bekommen sollte. Auf dem Höhepunkt seines Schaffens strebte das junge Unternehmen an die Börse und erlebte eine Odyssee gespickt mit Börsenmarkt-kapriolen, Imageproblemen und fehlender Nachhaltigkeit.

Groupon schlägt ein Kaufangebot über sechs Milliarden aus

Wenngleich Groupons Aufbau an vielen Stellen die notwendige Nachhaltig-keit vermissen ließ und in der Öffentlichkeit kritisch diskutiert wurde, war das Interesse an dem rasant wachsenden Unternehmen dennoch groß. Nachdem der E-Commerce-Konzern Amazon schon früh sein Interesse an Groupon si-gnalisiert haben soll, machte Anfang 2010 der Suchmaschinenanbieter Yahoo! ein Übernahmeangebot zwischen drei und vier Milliarden Dollar. Das Unter-nehmen aus Sunnyvale interessierte insbesondere die Möglichkeit zu perso-nalisierten Angeboten. Erwidert wurde dieses Interesse jedoch nicht. Andrew Mason war nicht willens, für Yahoo! zu arbeiten, und gab einem anderen Inte-ressenten die Möglichkeit zu einem ungleich höheren Angebot. Nur ein paar Wochen nach Groupons Absage an Yahoo! trat dessen Wettbewerber Google an den Deal-Anbieter heran und machte eine Offerte über 5,75 Milliarden Dollar – ein gigantisches Angebot für ein Unternehmen von Groupons Reifegrad. Allein Eric Lefkofsky hätte es damit auf einen Verdienst von 1,8 Milliarden Dollar ge-bracht, während die Samwers und ihr Gefolge rund 800 Millionen Dollar ver-dient hätten. Für den Suchmaschinenriesen aus Mountain View bot Groupon etwas, was dem Unternehmen bisher selbst fehlte: einen direkten Kontakt zu lokalen Händlern. Google als Technologiefirma stand mit Groupon ein Infra-strukturunternehmen gegenüber, das auf ein weltweites Vertriebsnetzwerk aus Außendienstlern blickte und Zugang zu zahlreichen Händlern bedeutet hätte.

»I think the main reason is that we have something that Google does not have and no one else has and that we have really tapped a new market. It seems to me if you tap a new market the opportunities seem to be endless. Think about Google Adwords ... if they had local business for example. Type in a keyword in Google, say ›bar‹. You find a bar in your area. Google then puts up this kind of bubble box that says this is the business and here is the address. But that is it. It does not have direct contact with the business. The business does not come back and say I want to attract customers via that search. Most of the time the customer does not convert from there into an actual customer.«

Christopher Muhr (Groupon Großbritannien) über Googles Beweggründe

Doch aufseiten Groupons überwogen die Bedenken. Geldgeber Kevin Efrusy, dessen Venture-Capital-Unternehmen Accel bereits Facebook an die Börse begleitet hatte, zählte zu den Gegnern der Transaktion. Und auch die anderen Vertreter des Investoren-Boards fürchteten, dass die Federal Trade Commission (FTC) lange benötigen könnte, um den Verkauf abzusegnen oder ihn womöglich sogar unterbinden würde. Google begegnete diesen Bedenken mit einer »Break-up Fee«, die den Beteiligten eine satte Abfindung über 800 Millionen Dollar garantierte, wäre dieser Fall eingetreten oder hätte sich ein Konkurrenzangebot ergeben. Helfen sollte dies jedoch nicht. Zu groß waren bei Groupons Führungsriege die Bedenken, dass das Unternehmen im Falle einer missglückten Überprüfung als fehlerhafter Betrieb dastehen könnte, zumal das eigene Wachstum in der dazugehörigen Interimsphase wohl gleichzeitig stark verlangsamt worden wäre.[133]

Hätte Google sein Angebot noch einmal nachgebessert, wären die Karten vielleicht neu gemischt worden. So aber mussten sich Groupons Kaufinteressenten nach Alternativen umschauen. Während Amazon Anfang Dezember 2010 eine Minderheitsbeteiligung über 175 Millionen Dollar an Groupons Wettbewerber Living Social einging, kaufte Google im September 2011 für 114 Millionen Dollar die deutsche Nummer zwei, DailyDeal. Für Groupon stand derweil fest, dass nur noch ein Börsengang jenen Unternehmenserfolg bescheren konnte, den sich alle Beteiligten ersehnten. Insbesondere Oliver Samwer und Investor Eric Lefkofsky waren Verfechter eines Börsengangs, obwohl Groupons Firmenfundament dafür eigentlich noch nicht gerüstet war.[134] Beide Unternehmer verband die Eigenschaft, dass ihre Gier mitunter ihre Intelligenz überflügelte und sie zu kurzfristig orientierten Entscheidungen bewegte. Anstelle eines schnellen Verkaufs nahm Groupon im Januar 2011 eine neuerliche Finanzierung über 950 Millionen Dollar auf und konzentrierte sich darauf, sein wirtschaftliches Geschick an der Börse zu suchen.

Der Gang an die Börse

Groupons Ambitionen, an die Börse zu gehen, sollten allerdings zu einem Spießrutenlauf mit der amerikanischen Börsenaufsicht SEC (Securities and Exchange Commission) werden. Morgan Stanley, Goldman Sachs und Credit Suisse wurden mit dem Börsengang für Groupon beauftragt und am 2. Juni 2011 reichte das Unternehmen schließlich seine Unterlagen für einen Börsengang über 750 Millionen Dollar ein.[135] Es stieß dabei auf starken Gegenwind seitens der SEC, der die vielen Pannen bei der Vorbereitung des Börsengangs übel aufstießen. Jene Gesetze der öffentlichen Kapitalmärkte mochten aus Sicht des erfolgs- und tempogetriebenen Unternehmers Oliver Samwer wie kleinliche Formalia erscheinen, für Groupon sollten sie dennoch zum Problem werden.

Das amerikanische Kontrollorgan hinterfragte die Qualität des Geschäftsmodells von Groupon und kritisierte die Buchhaltungsmethoden des Couponing-Riesen, zumal Groupon – auch durch die Mitwirkung der Samwers – zum Teil untypische finanzielle Maßstäbe anwandte. Die Börsenaufsicht fürchtete, wie diese Metriken verwendet würden, und störte sich ebenfalls an Groupons Verständnis von »Umsatz«. Der Couponing-Riese hatte seine Bruttoerlöse (»gross revenue«) als Umsatz und damit Netto-Einnahmen (»net revenue«) angegeben, obwohl er damit jene Einnahmen vor Ausschüttung der Händleranteile betrachtete. Groupons Vorgehen blähte die eigenen Umsatzzahlen entsprechend auf, weshalb das Unternehmen wegen Bedenken der Börsenkontrolleure seine Umsatzangaben massiv zurückschrauben, die Risikofaktoren seiner internationalen Aktivitäten präzisieren und die Parameter seines Geschäfts weiter spezifizieren musste.

Es folgte eine Negativspirale in der öffentlichen Diskussion, die es ebenfalls mit sich brachte, dass sich Groupons Führungsriege gegenüber der SEC dafür zu verantworten hatte, dass in dieser Zeit trotz der sogenannten »stillen Periode« vor dem Börsengang Informationen nach außen gelangt waren. Es entstand ein Tauziehen zwischen der Börsenaufsicht und dem Deal-Riesen, die sich von Ende Juni bis Anfang Oktober hinziehen sollte. Der im Juni 2011 anvisierte Börsengang konnte so erst im November erfolgen. Groupons Ambitionen an der Börse gerieten zu einer Hängepartie und der zunächst anvisierte Marktwert von 30 Milliarden Dollar tendierte eher in Richtung der Zehn-Milliarden-Grenze. Für die Öffentlichkeit bot Groupons Börsengang aber nicht nur aufgrund der Querelen mit der Börsenaufsicht viel Gesprächsstoff. Erstmalig gab dieser auch einen detaillierten Blick auf das Zahlenmaterial des Unternehmens preis:

> ➤ **Mitarbeiter:** Beschäftigte Groupon am 30. Juni 2009 noch 37 Mitarbeiter, standen am 31. März 2011 schließlich 7.107 Personen auf der Lohnliste des US-Unternehmens.

➤ **Umsatz**: Unter den Samwers wuchs Groupons Umsatz von 3,3 Millionen Dollar in der zweiten Hälfte 2009 auf 644,7 Millionen im ersten Quartal 2011.

➤ **Verkaufszahlen**: Bis zum ersten Quartal 2011 hatte Groupon insgesamt 56.781 Händler an sich gebunden und vertrieb dadurch 28,1 Millionen Gutscheine. Bis zum 31. März war durch die Marketingmaßnahmen der Samwers allein die Abonnentenzahl der Newsletter auf 83,1 Millionen Personen gestiegen.

➤ **Märkte**: War Groupon zunächst noch in 5 nordamerikanischen Märkten aktiv, standen im März 2011 175 Märkte in Nordamerika sowie 43 Länderableger auf der Habenseite – auch durch 13 Übernahmen zum Preis von 34,8 Millionen Dollar.

➤ **Marketingausgaben**: Allein im ersten Quartal 2011 gab Groupon 179,5 Millionen Dollar für sein Marketing aus – im gesamten Vorjahr 2010 hatte diese Zahl noch bei 245 Millionen gelegen. Finanziert wurde das Ganze durch Investitionen in Höhe von stolzen 1,12 Milliarden Dollar.

Als schließlich alle Bedenken der SEC ausgeräumt waren, konnte Groupon am 4. November 2011 endlich seinen Börsengang begehen. Und dies mit Erfolg: Mit dem Verkauf von 35 Millionen Aktien brachte es der Gutscheinriese allen Zweifeln zum Trotz in den USA auf den größten Internetbörsengang seit Google. Das zu diesem Zeitpunkt gerade einmal drei Jahre alte Online-Rabattportal nahm 700 Millionen Dollar ein und der Aktienwert legte am ersten Handelstag gegenüber seinem Ausgabepreis von 20 Dollar zeitweise um mehr als 50 Prozent zu. Groupon brachte es damit auf einen Firmenwert von rund 13 Milliarden Dollar und bescherte den Samwers den anvisierten Exit in Millionenhöhe. Doch ehe die Samwers ihre Arbeit versilbern konnten, mussten sie sich einer Haltefrist unterwerfen und tatenlos zusehen, wie Groupons erfolgreichem Start eine Talfahrt folgte, bei der sich die mangelnde Nachhaltigkeit rächte. Und die Börse war hart zu Groupon.

Groupons bittere Bilanz an der Börse

Nachdem die ersten Wochen noch als großer Triumph gefeiert wurden, änderte sich das Bild rasant. Es folgte ein erdrutschartiger Absturz der Groupon-Aktie. Noch im November 2011 sackte die Aktie erstmals unter den Ausgabepreis von 20 Dollar. Mit einem Aktienwert von nur noch 18,20 Dollar verlor Groupon in gerade einmal zwei Tagen mehr als ein Viertel seines Unternehmenswerts. Seit seinem Börsengang war das Unternehmen von einer Debatte um die Nachhaltigkeit seines Geschäfts begleitet. Sowohl die hohen Marketingausgaben wie auch der Umgang mit Geschäftskunden und der lange ausbleibende Gewinn bestimmten die Diskussion. Als Groupon im Februar 2012 seinen ersten Quartalsbericht veröffentlichte, standen mit 43 Millionen Dollar im vierten Quartal 2011 tiefrote Zahlen unter dem Strich. Hohe Kosten für Marketing und Kundenbindung sorgten am Jahresende sogar für 351 Millionen Dollar Verlust und zwangen das Unternehmen, seine hohen Ausgaben zu senken.

Nachdem gerade die unkonventionellen Methoden der Samwers schon im Vorfeld für Furore sorgten, alarmierten im April 2012 Bilanzprobleme und ein Millionenverlust erneut die US-Börsenaufsicht. Im letzten Quartal 2011 war der Nettoverlust um fast die Hälfte höher ausgefallen als zunächst angegeben, hatte Groupon über das gesamte Jahr 2011 hinweg doch 373,5 Millionen Dollar verbrannt und es versäumt, ausreichend Kapital für die Umtauschwelle des Weihnachtsgeschäfts zurückzulegen. Groupons Anleger quittierten diese Entwicklung entsprechend. Mit Bekanntwerden der Unregelmäßigkeiten befand sich die Aktie im freien Fall und stürzte von gut 18 auf deutlich unter 15,5 Dollar ab. Gleich eine ganze Reihe spezialisierter Anwaltskanzleien untersuchte die jüngsten Bilanzierungsfehler auf Verstöße gegen Wertpapiergesetze. Das aufgeblähte Unternehmen galt bei seiner Bilanzierung als unorthodox und aggressiv und wurde entsprechend hart für seine Strukturlosigkeit abgestraft.

Zu den Herausforderungen der Börsenanmeldung gesellten sich operative Probleme im gesamten internationalen Segment. Innovation und Technologie waren in ähnlicher Weise zugunsten der Konzentration auf Marktanteilsgewinne vernachlässigt worden wie die Kunden- und Händlerzufriedenheit. Durch seine internationalen Aufkäufe war Groupon ein Flickenteppich unterschiedlicher Technologiesysteme geworden.[136] Und während in Deutschland

Groupons ruppige Personalpolitik die Öffentlichkeit alarmierte und zahlreiche Händler bereits verprellt worden waren, wurde insbesondere der asiatische Markt zu einer großen Herausforderung. Märkte wie Japan oder China waren zwar groß, doch Groupon schaffte es nicht, seine Arbeitsweise an die vorherrschende Kultur anzupassen. Im asiatischen Segment stieß die zentrale Internationalisierung der Samwers kulturbedingt an ihre Grenzen und geriet insbesondere in China zum Desaster.

»China hat für viele Rocket-Ventures nicht funktioniert, weil es von den Samwers unterschätzt wurde und sie keinen Zugriff auf die dortige Kultur bekamen. Die Kultur ist einfach eine ganz eigene, wo beispielsweise Vertriebsmitarbeiter attraktive Händlerverträge einfach unter Konkurrenten versteigert oder auf dem Papier Firmen gegründet und Deals abgeschlossen haben, obwohl es die betreffenden Unternehmen gar nicht gab. So etwas passierte andauernd und selbst die Samwers konnten dem nur fassungslos gegenüberstehen.«

Ein ehemaliges Management-Mitglied über die Expansion der Samwers

China blieb nicht das einzige Sorgenkind. Im Mittleren Osten mehrten sich kritische Stimmen zu Groupons schlechter Deal-Qualität. Verspätungen der Deals erzürnten die Nutzer und brachten es mit sich, dass Oliver Samwer alle Hände voll zu tun hatte, in Südamerika beispielsweise sein Management auszuwechseln. In Indien machte Groupon derweil in Sachen Datensicherheit Schlagzeilen. Der Deal-Riese wurde Opfer eines Hacker-Angriffs, bei dem Nutzerdaten und Passwörter verloren gingen. Es schien, als reihte sich in der wichtigen Phase des ersten Börsenjahres ein Brandherd an den nächsten. Besonders hart traf es den englischen Ableger, der durch das Office of Fair Trading einer Untersuchung unterzogen wurde, nachdem dieser binnen eines Jahres mehr als 50-mal die britischen Werberegularien verletzt hatte. Der rasante Firmenaufbau Marke Samwer ließ grüßen, als im Zusammenhang mit Preisen, Werbemitteln und Deal-Konditionen umfangreiche Verstöße gegen Großbritanniens Verbraucherschutzgesetze festgestellt wurden.

Ein Jahr nachdem das amerikanische Couponing-Schwergewicht an die Börse gegangen war, sah die Bilanz verheerend aus. Das Unternehmen hatte zahlreiche zentrale Führungspersönlichkeiten verloren sowie insgesamt 80

Prozent seines Firmenwertes. Allein als Groupon im November 2012 einen niedrigeren Umsatz als erwartet kommunizierte, sackte die Aktie um fast ein Fünftel ab. Die Enttäuschung der Anleger ließ sich auch am Gewinn pro Aktie ablesen: Es gab bis dato keinen. Doch auch wenn die Samwers Groupon in eine massive Schieflage gebracht hatten, lief es für dessen Konkurrenten nicht besser. Während auch Google zunächst seine DailyDeal-Aktivitäten reorganisierte und sein Investment dann abstieß, war Amazon sogar gezwungen, gut 96 Prozent seines 175-Millionen-Investments in den Groupon-Konkurrenten Living Social abzuschreiben. Knapp drei Jahre nachdem das Couponing-Geschäft auch in Deutschland begonnen hatte, durchlief das Segment nun eine Konsolidierung. Die Zeiten rasanten Wachstums waren vorbei. Wirklich stören sollte dieser Verlauf Oliver Samwer und sein Gefolge allerdings nicht. Erneut zeigte der Kölner ein feines Gespür für den richtigen Verkaufszeitpunkt und ging mit einem unverhältnismäßig hohen Verkaufswert von Bord. Denn mittlerweile war klar: Der Goldrausch im Couponing war vorbei.

Wachwechsel: Die Samwers und ihr Gefolge scheiden aus

Im April 2012 verkündete Marc Samwer, der im Gegensatz zu Oliver als Head of International bei Groupon einen Jobtitel gehabt hatte, dass er das Unternehmen Ende Juli verlassen würde. Zuvor hatte bereits Oliver Samwer seine Beratertätigkeit für Groupon eingestellt, sodass mit Marc Samwer auch der letzte verbliebene Samwer bei Groupon ausschied. Immer wieder hatte Oliver Samwer den amerikanischen Verantwortlichen vergebens geraten, sich aktiver in die internationalen Belange einzuschalten, immerhin war ohnehin bekannt, dass ein Ausscheiden der Samwers gerne einmal Herausforderungen für den Nachbesitzer bereithielt. Nun stand der letzte Samwer-Weggang fest und Andrew Mason kommentierte diesen ehrerbietend:

>*Anyone who has worked alongside them can attest to how truly unique they are; with inhuman energy and drive, their success is not hard to understand. I'm quite certain that I'll never forget the experience of working at their side. [...] While Marc has been acting as our head of International, we knew at some point they would move on to focus all of their time on their Start-up incubator, Rocket Internet. That transition began last December, and had two main components. First, we promoted our strongest country leaders into regional roles, giving them accountability for multiple countries and creating*

a layer of management and ownership between Marc and the managing directors of each country. Second, we began a long search for our new SVP of International«.

Masons Begeisterung für die Arbeit der Samwers sollte allerdings schon kurz nach ihrem Ausscheiden weichen. War das internationale Geschäft lange ein wichtiger Träger für das Wachstum Groupons, wandelte es sich mit der Zeit zum Problemkind. Nun zeigten sich die operativen und organisatorischen Probleme, die Oliver und Marc Samwer hinterlassen hatten. Groupon hatte mit unterschiedlichen Brandherden in der öffentlichen Wahrnehmung sowie einer hohen Mitarbeiterfluktuation zu kämpfen. Oliver Samwer war ein Anteilspool zur Verfügung gestellt worden, mit dem er relevante Mitarbeiter beteiligen oder aber die Anteile selbst behalten konnte, wenn er sie nicht vergab. Da Oliver Samwer es versteht, bei komplexen Deals nahezu jede für ihn profitable Lücke aufzutun, behielt er diese Prozente ein und vergab stattdessen ungewöhnlich hohe Gehälter – zulasten von Groupon. Nachdem viele Mitarbeiter auf diese Weise auf permanent hohen Gehältern saßen oder mangels Incentivierung das Unternehmen verließen, präsentierte sich Groupons Organisationsstruktur als ein fragiles Kartenhaus.

Wie viel der Verkauf von CityDeal den Samwers über den Umweg der Börse dann wirklich bescherte, lässt sich nur schätzen. Erstmalig hatten alle CityDeal-Beteiligten im Januar 2011 einen Teil ihrer Anteile versilbert und dabei 170,2 Millionen Dollar erlöst. Die verbleibenden Anteile dürften bei Groupons Börsengang rund 7,6 Prozent entsprochen haben, sodass die Samwers und ihr Gefolge (wenn sich an Groupons Besitzverhältnissen seit der CityDeal-Übernahme nichts geändert hatte) immer noch im Besitz von Aktien im Wert von rund 988 Millionen Dollar gewesen wären. Das Brüdertrio dürfte mithin also einen Verdienst im dreistelligen Millionenbereich erwirtschaftet haben, was erahnen lässt, warum Oliver und Marc Samwer auch nach dem Verkauf an Vorbild Groupon operativ an Bord geblieben waren. Ähnlich dem Earn-out-Deal von Jamba setzten sie alles daran, möglichst hohe Umsatzsteigerungen für Groupon zu erzielen.

Mit dem Ausscheiden der Samwers verband sich auf beiden Seiten aber ein ebenso klares Signal: Während Groupon sich vom Brüdertrio und dessen Vorgehen zu emanzipieren suchte, war ersichtlich, dass es den Samwers bei Groupon allein um eigennützige Zwecke gegangen war. Zwei Jahre lang hatten sie die Geschicke von Groupon geprägt, nun, pünktlich zum Ende der Haltefrist, stand für sie der Zahltag ins Haus. Und während die Samwers sich erneut auf ihren Inkubator Rocket Internet konzentrierten, schieden auch Groupons deutsche Führungsriege sowie Investment AB Kinnevik und Holtzbrinck Ventures bei Groupon aus. Wirtschaftlich hatte sich die Transaktion für CityDeals Investoren gelohnt: Für seine CityDeal-Anteile hatte Kinnevik umgerechnet knapp 2,3 Millionen Euro bezahlt und mit rund 64,4 Millionen Euro anschließend das 28-Fache zurückerhalten – und das, obwohl Groupon zwischenzeitlich rund 80 Prozent an Wert verloren hatte.

»Oliver Samwer war es nie um sein Ego oder Politik gegangen. Er hat quasi kein Ego, sondern ist stets stark inhaltlich bei der Sache. Als er den Staffelstab aber schließlich an Groupons US-Leitung weiterreichte, wurden vermehrt politisch motivierte Themen Tagesordnung. Es wirkte für einen beachtlichen Teil der Mitarbeiter der internationalen Organisation, als hätten einige US-Führungskräfte die Befürchtung, einzelne Mitarbeiter und Führungskräfte könnten noch von den Samwers gesteuert sein. Man hätte meinen können, dass in den USA die Befürchtung bestünde, dass man keinen Zugriff auf die internationale Organisation bekäme. Der Effekt war, dass viele Positionen mit Mitarbeitern, die aus den USA nach Europa rüberkamen, besetzt wurden.

Eine ehemalige Führungskraft über die Umstellung
nach dem Ausscheiden der Samwers

Für Groupon war mit dem Ausscheiden der Samwers derweil klar, dass eine Zeit der Konsolidierung folgen musste. Nach dem abgestürzten Börsenkurs, internationalen Presseskandalen und mit dem Schwinden des Vertrauens in das Geschäftsmodell konnte es nicht mehr in diesem Tempo weitergehen. Groupon steckte in einer Krise und hatte nicht mehr viel von dem altruistisch-sozialistischen Gedanken aus der Anfangszeit von The Point. Die Probleme schienen tief in den Samwer-geschaffenen Strukturen verwurzelt zu sein. Groupon begegnete den Hiobsbotschaften mit einer Neustrukturierung, der auch Gründer und CEO Andrew Mason zum Opfer fiel. Zum einen waren unter seiner Ägide zu viele Fehler gemacht worden, zum anderen lieferte dessen Umschwung nicht ausreichend schnell Ergebnisse. Zu verheerend gestaltete sich Groupons Börsenentwicklung nach dem Weggang des Samwer-Trios, weshalb fortan amerikanische Mitarbeiter in zahlreichen internationalen Positionen installiert wurden, um den nach wie vor vermuteten Einfluss der Samwers zu beenden.

Es zeigte sich, dass Groupons Geschäftsmodell durchaus seine Berechtigung hatte, so denn der Umschwung in Richtung eines nachhaltigeren Betriebs gelang. Ein Kurs wurde eingeschlagen, der den Heuschreckenaufbau der Vergangenheit vergessen machen und sich nicht mehr rein auf den Gutscheinverkauf beschränken würde. Groupon war dabei, sich zu einem Mix aus Gutscheinseite und Shoppingportal zu entwickeln. Und dies war auch dringend notwendig: Der Samwer-Clan war weitergezogen und ließ nun – ähnlich wie bei Jamba – andere die Geschäftskonsolidierung bewältigen.

7. Zalando – die Entstehung eines E-Commerce-Riesen

Die zweite große Wette zur Weiterentwicklung von Rocket Internet bildete ein zunächst kleines Unternehmen aus Berlin, weil nicht alle Samwer-Brüder mit dem grobschlächtigen Vertriebsaufbau von Groupon ihre Zeit verbringen wollten. Während Oliver und Marc Samwer alle Hände voll zu tun hatten, die weltweit verteilten Mitarbeiter des Deal-Riesen auf Trab zu halten, konzentrierte sich der feingeistige Alexander Samwer darauf, für seine Familie ein gänzlich neues Segment zu erschließen: den E-Commerce-Sektor. Ehe es jedoch so weit war, galt es für zwei junge Menschen, einige Feuertaufen zu bestehen. Denn den Beginn des wohl erfolgreichsten Unternehmens der Samwers markierte – wie bei so mancher Gründung von Rocket Internet – die WHU. Dort waren mit Robert Gentz und David Schneider zwei junge Studenten im Begriff, ihren Abschluss zu machen, und suchten im Samwer-Inkubator einen Kooperationspartner und Finanzier für ihre erste gemeinsame Gründung. Doch zunächst sollte es nicht zu einer Zusammenarbeit kommen.

Von Lateinamerika über Spanien nach Berlin

Mit einigen Mitstreitern hatten Robert Gentz und David Schneider sich 2007 noch im Rahmen der Universität darüber Gedanken gemacht, welche unternehmerischen Vorhaben sich in Lateinamerika realisieren ließen, und kamen schließlich auf die Idee, dort ein Social Network namens »Unibicate« zu starten. Die beiden Unternehmer hatten in Lateinamerika studiert und auch ihre Mitstreiter Ibelisse Itorri, Michael Franzkowiak und Andreas Antrup begeisterten sich für die Lebenskultur des fremden Kontinents. Gemeinsam mit einigen Einheimischen schickte sich das fünfköpfige Team an, vor Ort zu gründen, und tourte für eine Finanzierung durch die deutsche Investorenszene. Einer der befragten Geldgeber war Oliver Samwer, der aber nicht interessiert war. Der zu erwartende Gewinn stand für ihn in keinem Verhältnis zum getragenen Risiko. Doch der Rocket-Macher wies die WHU-Studenten etwas süffisant an, sich doch zu melden, wenn sie zurückkämen.

Wie sich zeigen sollte, behielt Oliver Samwer Recht: Das Vorhaben funktionierte hinten und vorne nicht. Der lateinamerikanische Markt präsentierte sich als derart unterentwickelt, dass Robert Gentz und David Schneider selbst ihren schlimmsten Feinden dort eine Tätigkeit nicht gewünscht hätten. Es mangelte der Gründung an erfahrenen Mitarbeitern und wichtige Service-Dienstleistungen wie etwa Bezahlfunktionen funktionierten meist nicht. Für ihre Gründung hatten sich beide Gründer kein Gehalt ausgezahlt und persönlich verschuldet. Nun saßen sie in Lateinamerika fest und hatten nicht einmal mehr genug Geld, um wieder nach Hause zu kommen. Einer wirklichen Alternative entbehrend, fragten sie die Samwers nach einer Möglichkeit zur Zusammenarbeit.

Rocket Internet baute zu dieser Zeit mit R2 International gerade ein europäisches Netzwerk von Vergleichsplattformen auf, zu der auch das spanische Unternehmen Tarifas24 zählte und da Gentz und Schneider der Landessprache mächtig waren, bot es sich an, dass die beiden WHU-Absolventen die junge Gründung berieten. Und so machten sie sich im März 2008 als einzig Verbliebene der Unibicate-Gründung auf, in Spanien für die Samwers beratend tätig zu sein. Nachdem sich jedoch schnell zeigte, dass auch Tarifas24 nicht die richtige Herausforderung für die beiden angehenden Unternehmer bereithielt, diskutierten sie stattdessen neue Geschäftsmodelle. Zwar hegte Oliver Samwer keine Passion für E-Commerce-Unternehmen, dennoch startete er mit Rocket eine ganze Reihe von Gründungen, die durch Holtzbrinck Ventures im sechsstelligen Bereich finanziert wurden und in gewisser Weise gegeneinander antraten – darunter der Fashionshop 7Trends, das Online-Designer-Outlet MyBrands oder der Unterwäscheshop Enamora.

Auch Robert Gentz und David Schneider sollten Teil dieser Samwer'schen E-Commerce-Welle werden, waren sie doch recht schnell bei E-Commerce-Ansätzen gelandet und hatten sich schließlich für das Thema Schuhe entschieden. Für die beiden Gründer bildeten Schuhe die einfachste aller Produktkategorien, weil sich bei näherer Betrachtung zeigte, dass es eine Nachfrage gab, die vielfach markengetrieben war. Vor allem waren Schuhe im Gegensatz zu Kleidung auch deutlich einfacher zu fotografieren und sowohl im Versandhandel als auch bei Ebay eine gute Kategorie. Hinzu kam, dass mit Zappos ein sehr erfolgreicher US-Anbieter vorgemacht hatte, wie sich Schuhe über das Netz vertreiben ließen und war schließlich für 928 Millionen Dollar an Amazon verkauft worden.[137] Lukas Brosseder und David Khalil hatten Zappos früh für Rocket entdeckt und wurden zu Verfechtern der Idee. Nachdem auch Florian Heinemann das Projekt unterstützte, ließ sich Oliver Samwer im Juni 2008 schließlich zu einer Gründung mit Robert Gentz und David Schneider überreden, obwohl er eigentlich gegen den Verkauf von Schuhen war. Zalando war geboren.

Ein Experimentierprojekt auf kleiner Flamme

Auf der Suche nach einem passenden Namen wurde die hinter Zalando stehende GmbH zunächst »Ifansho« getauft, ein Anagram aus dem englischen Begriff Fashion, das sich auch als »I Fan Shoe« lesen ließ. Markenseitig sollte der heute so bekannte Onlineshop zunächst allerdings mit dem Namen »Salon« an den Start gehen, doch weil die Beteiligten fürchteten, es könnte eine zu große Nähe zur bekannten Schuhmarke Salamander geben, war über den Umweg »Zalon« schnell der neue Name Zalando gefunden. Glaubt man den Mythen der Szene, ist auch eine andere Namensfindung denkbar: Es sollte mit dem Schuhkonzept an die Erfolge von Alando angeknüpft werden, dessen Namen in Anlehnung an den amerikanischen Wettbewerber Zappos um ein Z ergänzt wurde – Zalando. Nachdem Zappos bereits einigen Erfolg vorzuweisen hatte, bildete das US-Unternehmen insbesondere beim Werben um Geldgeber ein gutes Vorbild, auf das sich immer wieder verweisen ließ. Ein Copycat war Zalando nicht, dafür war die Idee, Schuhe über das Internet zu verkaufen, zu generisch. Dennoch sollte der Erfolg des US-Wettbewerbers zu Beginn durchaus helfen, die eine oder andere Tür zu öffnen.

Zunächst war Zalando jedoch alles andere als ein angesagtes Unternehmen und erhielt von den Samwers dementsprechend praktisch keinerlei Aufmerksamkeit. Während das erfolgreiche Brüdertrio insbesondere mit dem Aufbau von Edarling sowie dem Karrieredienst Ecareer beschäftigt war, blieben Robert Gentz und David Schneider auf sich allein gestellt. Von Rocket Internet erhielten sie ein Investment über 50.000 Euro sowie noch einmal 50.000 Euro an Dienstleistungen, wofür gut zwei Drittel der Anteile von Zalando fällig wurden, sodass Robert Gentz und David Schneider zusammen etwas mehr als 30 Prozent an ihrem Unternehmen blieben – ein für Rocket-Gründer unverhältnismäßig hoher Anteil, traten die Samwers doch sonst deutlich weniger ab. Einen Ansprechpartner hatte das Unternehmen derweil nicht. Ehe Alexander Samwer sich als Betreuer des erfolgreichen Schuhshops einfand, sollte einige Zeit vergehen. Erst im Oktober 2008 lernte Zalandos Doppelspitze den jüngsten Samwer-Bruder kennen.

»Zu Beginn waren wir sehr sparsam und haben jeden Euro zweimal umgedreht, zumal kurz bevor wir online gingen, Lehman Brothers in die Pleite geschlittert war. Mit der einsetzenden Krise wurde klar, dass auch die Finanzierungsseite unseres Geschäfts leiden würde. Wir mussten also zunächst auf Sparflamme arbeiten. Im Nachhinein betrachtet, hätten wir gerade am Anfang mehr Gas geben können, trotzdem hat uns die praktizierte Sparsamkeit einen wichtigen Unternehmenswert beschert: Wir waren gezwungen risikoavers und datenorientiert vorzugehen. Bis heute probieren wir Neues erst gezielt auf kleiner Flamme aus, ehe wir es in großem Stil umsetzen. Das ist ja auch die Logik, mit der Rocket Internet oft arbeitet.«

Gründer Robert Gentz über Zalandos Anfänge

Rocket hatte das Unternehmen mit einem Grundstock an Kapital und Unterstützung ausgestattet und kümmerte sich nun nicht weiter um Zalandos Geschicke. Für den Moment mussten Robert Gentz und David Schneider beweisen, dass ihr Konzept aufging und so starteten sie als Mietnomaden, indem sie bei unterschiedlichen Gründungen der Berliner Internetszene unterkamen, ehe Zalando es zu einem eigenen Büro in der Torstraße im Berliner Internet-Hotspot Mitte brachte. Heute erscheint es angesichts der umfangreichen Maschinerie hinter Zalando kaum nachvollziehbar, doch zunächst startete der Schuhshop im Oktober 2008 einen kleinen Do-it-yourself-Shop zu Flipflops mit rund 100 Produkten, um das Produktsegment und dessen Nachfrage kennenzulernen. Gemeinsam hatten Gentz und Schneider zahlreiche Flipflop-Shops abgegrast und skalierten ihr Geschäft auf bis zu 20 Bestellungen am Tag. Das Experiment verhalf zu unterschiedlichen Einsichten und noch im selben Monat wurde Zalandos erste selbst programmierte Webseite ins Leben gerufen, auf der Flipflops immer ein emotionaler Teil blieben. Die Ausrichtung wurde deutlich weiter gefasst, wenngleich sich mit den 50.000 Euro Startkapital nicht wirklich viel einkaufen ließ.

Knackpunkt Einkauf: Was Zalandos Modell so teuer machte

Zum Ende des Jahres 2008 brachte es Zalando schließlich auf rund 20 Mitarbeiter, wovon die meisten als Praktikanten angestellt waren. Als erste Mitarbeiterin hatten Robert Gentz und David Schneider im September Nicole Reistel rekrutiert, die von Finanzbuchhaltung über den Kundendienst bis hin zum Personalwesen praktisch alle Belange des Unternehmens betreute. In Abwesenheit der Samwers war Zalando im Begriff, die ersten Strukturen zu schaffen – und die zentralste aller Komponenten sollte der Einkauf bilden. Mit David Schneider konzentrierte sich einer der Gründer des Unternehmens vollständig auf diesen wichtigen Bereich, weil sich mit Fehlern im Einkauf stets die Gefahr einer vollständigen Pleite für Zalando verbinden konnte. Sowohl die Vorfinanzierung der Waren war teuer als auch die Logistik, zumal Zalando schon von Beginn an auf einen kostenlosen Versand setzte, hatte sich dies doch als beliebtes Argument bei Kunden erwiesen.

>*Die Arbeit bei Zalando bedeutete immer auch Flexibilität. Unser zweites Büro in der Zinnowitzer Straße zum Beispiel hatte riesige Glasdachfenster, weshalb es im Sommer sehr hell werden konnte, insbesondere weil die Jalousien bei zu viel Wind automatisch nach oben fuhren. Deshalb saßen einige Mitarbeiter mit Sonnenbrillen am Platz oder hatten mit Zeitungen die Fenster beklebt und Regenschirme zu Sonnenschirmen umfunktioniert. Wie sehr sich das Unternehmen – gerade auch in seiner Größe – veränderte, machten allein unsere Weihnachtsfeiern immer ganz gut sichtbar. Für unsere erste Weihnachtsfeier haben noch zwei bis drei Bowlingbahnen ausgereicht, vier Jahre später haben wir dann schon einen gesamten Club für 1.000 Personen gemietet.*«

Zalandos erste Mitarbeiterin Nicole Reistel
über die Kultur des Unternehmens

Zunächst hatte die Rocket-Gründung den Fehler gemacht, bei unterschiedlichen Markenherstellern vorstellig zu werden und diesen von ihrem Vorhaben zu erzählen, dabei aber auch nicht unerwähnt gelassen, dass es den Mitarbeitern des Unternehmens an einer grundsätzlichen Kenntnis der Materie fehlte. In der Annahme, es könnte sich bei Zalando um eine Online-Eintagsfliege handeln, erhielt der Onlineshop vorwiegend unattraktive Produktlinien, deren Abverkauf deutlich schwieriger ausfiel. Dabei sollte es doch ein klares System geben: Robert Gentz und David Schneider maßen Suchmaschinen-ergebnissen eine zentrale Rolle zu und orientierten sich beim Umfang ih-res Einkaufs an den individuellen Suchanfragen unterschiedlicher Produkte. Was viel gesucht wurde, würde auch viel gekauft werden. Die Nachfrage durf-te nicht zu klein, gleichzeitig aber auch nicht zu hoch ausfallen, weil sonst eine ausgeprägte Konkurrenz das Geschäft verkomplizierte.

Diese suchmaschinenbasierten Kennzahlen im Blick, ging David Schneider unterschiedliche Marken an, die ihr Portfolio für die nächste Saison präsen-tierten. Der junge Gründer musste entscheiden, welche Stückzahlen er von welchem Modell einkaufen wollte und welche Kollektionen (also welche Schuhgrößen) er dabei vorsah. Anschließend galt es, Zahlungsziele und Ra-batte auszuhandeln, ehe die bestellte Ware sechs bis sieben Monate nach dem gemeinsamen Ordertermin bei Zalando eintraf. Den Samwers war dieses Terrain noch fremder als den beiden Gründern, weshalb für Zalan-do stets ein massives Risiko bestand, auf den falschen Trend zu setzen. Es bedurfte einer gewissen Voraussicht, welche Markenprodukte wohl in der nächsten Saison angesagt sein würden, schließlich verband sich nach eini-ger Zeit mit dem Einkauf eines einzigen Schuhmodells das Kostenvolumen von zwei Kleinwagen. Ehe Zalandos Einkauf mit Fachleuten besetzt war, de-ren Erfolg daran gemessen wurde, dass sie einen Abverkauf von 90 Pro-zent oder mehr realisierten, indem sie sich auf Laufstegen, Messen und dem meist vorausgeeilten britischen Markt informierten, galt es, durch gute Re-cherche zu punkten. Als junger Onlineshop konzentrierte Zalando sich zu-nächst auf kleine Marken mit treuer Anhängerschaft, deren Nachfrage sich recht schnell messen ließ.

»Das brauchte eine ganze Menge Überzeugungsarbeit. Ich bin zu den Schuhherstellern und auf Fachmessen gefahren und habe versucht, den Leu-ten unsere Idee zu erklären. Viele Hersteller waren skeptisch, weil sie eine Verwässerung ihrer Marke befürchteten, wenn es sie im Netz über Zalan-do gab. Dabei wollten wir ja genau das Gegenteil, nämlich erstmals auch im Netz diese Markenwelten zeigen. Einige Hersteller allerdings haben die Chance sofort erkannt. Ihr Risiko war gering: Wir haben ja mit sehr kleinen Volumina begonnen.

David Schneider über Zalandos Einkauf in der Anfangszeit[138]

Regelmäßig sollte Zalando nach diesem und ähnlichen Verfahren vorgehen, ehe sich im Oktober mit Sandra Oldenhage eine Chefeinkäuferin fand, die durch ihre vorherige Tätigkeit beim Schuhladen Leiser die notwendige Professionalität für Zalando mitbrachte und die Prozesse des Unternehmens professionalisierte. Zu diesem Zeitpunkt brachte es Zalando auf 62 Marken und 1.820 Modelle und unter Oldenhage entstanden Sortimente und geregelte Abläufe, mit denen sich der Schuhshop skalieren ließ. Eine solche Professionalisierung war auch dringend nötig, schließlich verband sich mit dem Einkauf eine hohe Kapitalintensität und damit das größte wirtschaftliche Risiko des Unternehmens. Zalandos Modell setzte einen hohen Kapitalaufwand voraus, da der gesamte Einkauf vorfinanziert werden musste und gleichzeitig hohe Kosten für Lagerhaltung, Logistik und Retouren anfielen. Wenn Zalando es auf einen Umsatz von 50 Millionen Euro bringen wollte, musste es zunächst Waren-Investitionen von rund 20 bis 25 Millionen Euro tätigen. Zwar wiesen Schuhe keine schlechte Marge auf, doch gleichzeitig stand Zalando unter dem Druck, attraktive Versandpreise bieten zu müssen, was ebenfalls einen kostenlosen Rückversand enthielt. Mit Retourenquoten, die 2013 bei 50 Prozent lagen – in einzelnen Sparten durchaus auch höher – verband sich ein hoher Planungs- und Kostenaufwand. Und wollte Zalando perspektivisch seine Angebotspalette erweitern, um damit eine deutliche Umsatzausweitung zu erzielen, galt es wiederum teuer einzukaufen und Marketinggelder im Millionenbereich frei zu machen.

»Retouren gehören zum Geschäftsmodell von Zalando, und die Quoten sind je nach Warengruppe höchst unterschiedlich. Bei Socken anders als bei Sommerkleidern, bei Männern anders als bei Frauen. [...] Eine Welt ohne Rücksendungen wäre schön, ist aber unrealistisch. Für uns lautet die Frage: Kann das Geschäft auch mit Retouren profitabel gestaltet werden? Wir sind sicher, dass das geht. Und um die Diskussionen mal zu beenden, sage ich Ihnen jetzt: Für Zalando insgesamt liegt die Retourenquote bei etwa 50 Prozent.

Zalandos Geschäftsführer Robert Gentz und Rubin Ritter
zum Thema Retouren[139]

Insbesondere der intensive saisonale Vorfinanzierungsaufwand neuer Kollektionen und die umfangreichen Lagerkosten machten das auf den ersten Blick intuitive Modell komplex und kapitalintensiv. Das Unternehmen benötigte also Liquidität und griff mit der Zeit auch auf Fremdkapital in Form von günstigen Krediten durch Warenversicherer zurück. Dafür waren jedoch stabile Umsätze erforderlich, sodass Zalando gezwungen war, vorab möglichst viele Waren zu verkaufen und eine hohe Geschwindigkeit des Lagerumschlags zu realisieren. Um neues Geld anzuziehen, musste das Unternehmen zunächst selbst viel davon verdienen. Während die Samwers ihre Aufmerksamkeit noch gänzlich auf Edarling legten, hatten Robert Gentz und David Schneider folglich alle Hände voll zu tun, Zalando am Leben zu halten. Schließlich legten die beiden Gründer selbst Hand an und brachten auch schon mal persönlich Pakete zu ihren Kunden, etwa als Robert Gentz kurz vor Weihnachten einer Kundin aus der Nähe von Düsseldorf eine Freude machen wollte und ihr ihr Paket persönlich auf seinem Weg in den Weihnachtsurlaub nach Hause brachte, weil die Post es wohl sonst nicht mehr geschafft hätte.[140]

Die Aufmerksamkeit der Samwers wird geweckt

Ehe Zalando im großem Stil Kapital von Investoren einwerben konnte, mit dem sich das Geschäft weiter steigern ließe, musste das zweiköpfige Gründerteam beweisen, dass Zalandos Konzept auch wirklich funktionierte. Bisher waren die Samwers überhaupt nicht aktiv geworden und Robert Gentz und David Schneider hatten ihr Geschäft allein an Nachfrage-Analysen ausgerichtet. Stück für Stück erweiterte Zalando sein Angebot und agierte derart zahlengetrieben, dass es den beiden Gründern gelungen war, bis zum Ende des Jahres einen hohen fünfstelligen Umsatz zu erwirtschaften – angesichts der geringen Finanzierungsdecke durchaus ein Erfolg. Es hatte funktioniert, das eigene Produktportfolio weit zu streuen und mit Werbeanzeigen neben Suchmaschinenergebnissen Kunden zu gewinnen. Zalando gab nie mehr Geld für Marketing aus, als es mit dem Versand seiner Waren verdiente. Schließlich konnte der junge Schuhshop auch stets nur in dem Maße wachsen, in dem er sich mit Waren eingedeckt hatte.

Zalando fand sich in den Nachwehen der Finanzkrise wieder, die zu einem Einfrieren des Investitionsmarktes geführt und auch das Internetsegment mit sich herabgezogen hatte. Der Werbemarkt verzeichnete einen Einbruch, die Konsumenten gaben weniger Geld aus und zusehends, waren weniger Jobs verfügbar. Der erfolgreiche US-Investor Sequoia Capital verbreitete deshalb im Oktober 2008 eine Präsentation, die mit dem prägenden Satz »R.I.P.

Good Times« begann und Unternehmen riet, so schnell wie möglich und so viel Kapital wie möglich aufzunehmen, um die vermutlich lange anhaltende Krise durchstehen zu können.[141] Insbesondere Sequoias markanter Schlusssatz »Get real or go home« rüttelte auch die Samwers wach. Seit der Entstehung von Zalando hatten sie die Geschicke des Unternehmens genau verfolgt, sich inhaltlich aber komplett herausgehalten. Bis dato war Zalando bei den Samwers unter ferner liefen gelaufen, nun wollten sie sich dem kapitalintensiven Geschäft aber mit mehr Nachhaltigkeit annehmen.

Bereits im September 2008 hatte Alexander Samwer den Kontakt zum Samwer'schen Haus-und-Hof-Finanzierer Holtzbrinck Ventures hergestellt und nachdem Robert Gentz und David Schneider ausführlich ihre Pläne vorgestellt hatten, erfolgte im November eine erste Finanzierung in sechsstelliger Höhe. Zalando sicherte mit dem Geld von Holtzbrinck das Jahr 2008 ab, doch noch war für Zalando nichts gewonnen, das recht wenig von Rockets Aufmerksamkeit erhalten hatte und neidisch auf die potent unterstützten Mitstreiter im eigenen Portfolio schaute. Der junge Schuhshop konzentrierte sich weiter darauf, sein Geschäft so zu führen, dass möglichst wenig Geld verloren ging.

»Alexander Samwer war auf uns zugekommen, weil er mit Robert Gentz und David Schneider ein gutes Team getroffen hatte, das eine E-Commerce-Gründung rund um das Thema Schuhe ins Leben rufen wollte. Wir haben uns das Thema angeschaut und wollten sehr früh investieren – für uns war das Ganze praktisch eine Konzeptinvestition, keiner konnte damals ahnen, wie groß Zalando werden würde. Das Team baute zunächst einen Shop auf, um zu untersuchen, wie sich Käufer im Internet bei Schuhen verhalten würden. Als sie wussten, wie das Ganze funktioniert, haben sie eine kleine Finanzierungsrunde gemacht.
Die Frage war ja auch, wie sich das Geschäft skalieren lassen würde, weshalb eine weitere Finanzierung erfolgte, bei der sich Rocket Internet substanziell beteiligte und den Lead übernahm. Gemeinsam bauten sie Zalando zu einer signifikanten Größe aus, ehe mit der Zeit weitere potente Geldgeber folgten. Wenn man so will, begann Zalando also als ein Experimentierprojekt und wuchs dann zu einem echten E-Commerce-Riesen heran.«

Martin Weber von Holtzbrinck Ventures
über sein Investment in Zalando

Bis zur Mitte des Jahres 2009 hatte sich Zalando allerdings derart hervorgetan, dass es mit nur wenigen Mitteln auf einen Bruttoumsatz von zusammen rund 400.000 Euro kam und stets seine Pläne sehr genau erfüllte. Robert Gentz und David Schneider wussten exakt, wie ihre Ergebnisse aussehen würden und welchen Einsatz sie dafür zu leisten hatten. Sowohl die Samwers als auch Holtzbrinck zeigten sich von dieser genauen Planbarkeit und dem sprunghaften Umsatzwachstum beeindruckt. Beide Geldgeber begannen, sich mehr und mehr dafür zu interessieren, was unter dem Dach des zunächst so unscheinbar gestarteten Schuhshops vor sich ging und gaben sich mit einem Mal sehr optimistisch, was die Finanzierung anging. Zalando verwendete das frische Kapital, um fortan im großen Rahmen einzukaufen und erweiterte mit einem Schlag sein Sortiment. Es setzte sein gesamtes Online-Marketing-Know-how ein, um noch mehr Abverkäufe zu genieren. Und dies mit Erfolg: Zum Ende des Jahres steigerte das einstige Testprojekt seinen Bruttoumsatz schließlich auf circa 1,6 Millionen Euro und weckte das Interesse weiterer Geldgeber.

Alle Zeichen stehen auf Wachstum

Mit seinem eigenen umfangreicheren Investment begann auch Rocket damit, sich stärker bei Zalando zu involvieren. Alexander Samwer engagierte sich als Ansprechpartner des Unternehmens und wurde schnell zu einem wichtigen Sparringspartner der aufstrebenden Gründung. Der jüngste Bruder des Samwer-Trios wollte für den Inkubator verstehen, wie sich das komplexe E-Commerce-Geschäft gestaltete und lernte anhand von Zalando dessen Durchführung. Gentz und Schneider hatten sich knapp ein Jahr mit dem E-Commerce-Thema beschäftigt, nun zapften die Samwers ihr Wissen an. Auch Florian Heinemann begann das Unternehmen zu beraten und unterstützte dabei als bedeutsamer Mentor, ein schlagkräftiges Marketing aufzubauen. Unter seiner Anleitung und mit der ehemaligen Ebay-Mitarbeiterin Marie Raben als Verantwortliche, reifte Zalando zu einem der marketingseitig stärksten Unternehmen weltweit.

»Alexander Samwer diskutiert und würde einem Team niemals eine Entscheidung aufdrücken wollen, an die es nicht glaubt. Er ist herzlich und nett, kann aber genauso sehr hart in der Sache sein, wobei er durch seinen inhaltlichen Scharfsinn auffällt. Für uns war er ein Mentor, der die Risiken, in

die ein Unternehmen praktisch zwangsläufig reinläuft, andachte und dabei sowohl in der Lage war, strategisch sehr gute Anregungen zu liefern, gleichzeitig aber auch auf operativem Level sehr gut argumentieren konnte. Mit Alexander waren Diskussionen über SEM-Optimierungen ebenso möglich wie zu Gesellschafterthemen oder Produktfragen.«

Zalando-Gründer Robert Gentz über Alexander Samwer

Während Florian Heinemann seine inhaltliche Expertise bei Zalando einbrachte und Alexander Samwer durch sein aktives Engagement auf strategisch-inhaltlicher Ebene dem Unternehmen seine Handschrift aufprägte, war Oliver Samwer hingegen nie bei Zalando aktiv. Da es den Samwers an Know-how in Sachen E-Commerce fehlte, wollten sie sich nicht stärker als notwendig involvieren. Oliver Samwer sollte zukünftig für den erfolgreichen Schuhshop nur dann eine Rolle spielen, wenn es darum ging, eine Finanzierung zu akquirieren. Der charismatische Unternehmer verstand es mit Abstand am besten, Investoren zu überzeugen, indem er lebhaft und in anschaulichen Metaphern sprach, mit denen er genau den Nerv dessen traf, was Investoren hören wollten. Sein guter Track-Record tat das Übrige, um überzeugend auf andere zu wirken. Auch zu einem Unternehmer namens Karl Erivan Haub hatte Oliver Samwer einen guten Draht, der Zalando wiederum auf die nächste Stufe bringen sollte.

Tengelmann und das Wachstum der eigenen Pläne

Als Geschäftsführer und persönlich haftender Gesellschafter der Unternehmensgruppe Tengelmann brachte Karl Erivan Haub gleich mehrere Eigenschaften mit, die ihn für eine Beteiligung an Zalando qualifizierten: eine prall gefüllte Brieftasche, umfangreiche Erfahrung im Einzelhandel und entsprechende Kontakte. Die Firmengruppe des in Tacoma, Washington, geborenen Familienunternehmers stand derzeit im Begriff, nach Jahren des Offlinehandels zusehends das Online-Geschäft für sich zu entdecken. Nachdem die Samwers über praktisch keine Kompetenz im Handelsbereich verfügten, war ihnen daran gelegen, eine der größten deutschen Handelsfamilien anzusprechen, um sie von einem Investment zu überzeugen. Interessiert von der Beteiligungsmöglichkeit, machte sich Karl Erivan Haub persönlich ein Bild

von Zalando und besuchte das junge Unternehmen gleich mehrfach. Der er-
fahrene Einzelhandelsspezialist war begeistert von dem wachstumsstarken
Onlineshop und nachdem er gerade die Supermarktkette Plus für über eine
Milliarde Euro verkauft hatte[142], lag in Mülheim an der Ruhr ein ausgeprägter
Wandel in Richtung Internet in der Luft.

> »Im Oktober 2009 habe ich beschlossen: Den Herrn Haub rufe ich an und
> frage ihn mal, ob er nicht ein Unternehmen für seine Kinder aufbauen
> möchte. Ich habe ihm gesagt: Ich denke, dass E-Commerce auf jeden Fall
> passieren wird. Und ich glaube nicht, dass Sie es mit Ihrem Unternehmen
> alleine schaffen werden. Wollen Sie nicht auf ein zweites Pferd setzen? [...]
> [Andere klassische Händler] setzen nur auf ein Pferd, auf ihr eigenes Pferd.
> Sie denken: Ich bin Händler, ich kenne das Geschäft seit 30 Jahren, vielleicht
> schon in der dritten Generation. Das mit dem E-Commerce ist doch nichts
> anderes als ein Laden oder ein Versandhausgeschäft.«

Oliver Samwer über seine Beteiligungsehe mit Tengelmann[143]

Das Familienunternehmen musste sich angesichts der bevorstehenden Konsolidierung des Einzelhandels für das aufkommende Online-Geschäft rüsten
und Zalando sollte den ersten Schritt einer Beteiligungsoffensive bedeuten,
weshalb Tengelmann im Dezember 2009 eine für Zalandos Verhältnisse
große Finanzierung aufsetzte. Zu einem Preis, der Zalando mit angeblich
200 Millionen Euro bewertete, gab Tengelmann schätzungsweise 20 Millionen Euro in das Berliner Unternehmen und erhielt fünf Prozent an Zalando. Gleichzeitig beging es damit den ersten Schritt einer umfangreichen
Partnerschaft mit den Samwers, denn mit der Zeit sollte Tengelmann noch
zahlreiche weitere Samwer-Unternehmen finanzieren. Oliver Samwers unvergleichlicher Charme hatte den Patriarchen des traditionsreichen Familien-
unternehmens überzeugt.

Mit der Ausweitung der eigenen Ambitionen verband sich für Zalando allerdings der Zwang zu einer Professionalisierung des Unternehmens. Bisher hatte der junge Betrieb viele seiner Prozesse mit handgemachten Ad-hoc-Lösun-
gen umgesetzt und dadurch ein ausgeprägtes Chaos hervorgebracht, das es
nun zu beseitigen galt. Dazu verstärkte sich der Schuhshop, indem zum Ende
des Jahres 2009 zunächst der Internetgründer Filip Dames für die Geschäfts-

entwicklung gewonnen wurde, ehe im Januar 2010 mit Rubin Ritter ein weiterer WHU-Absolvent in die Geschäftsführung einstieg. Ihm oblag es, mit der bestehenden Doppelspitze parallel zum massiven Wachstum des Unternehmens Managementstrukturen aufzubauen, die eine Skalierung des Geschäfts erlauben würden. Ritter war ein erratischer Unternehmer und Treiber, der nicht nur eine neue Perspektive mitbrachte, sondern als Aufräumer insbesondere dafür verantwortlich war, neue Mitarbeiter zu rekrutieren und die 80-Prozent-Lösungen des bisherigen Managements in tragende Konzepte zu überführen. Die Samwers hatten Robert Gentz und David Schneider mit der Zeit so stark gefordert, dass beide regelmäßig bis zu 120 Stunden pro Woche arbeiteten und ähnlich wie die Prozesse des Unternehmens zum Beginn des Jahres 2010 kurz vor dem Zusammenbruch standen. Nachdem Zalando bisher nur in verhältnismäßig kleiner Ausprägung eingekauft hatte, folgte mit dem massiven Aufblasen seines Einkaufs nun ein operatives Chaos. Rubin Ritter sollte ein wichtiger Baustein werden, um dieses Szenario abzuwenden. Das Aufräumunterfangen gelang und Zalando konnte seine Bruttoumsätze von rund zwei Millionen Euro im Februar 2010 binnen gerade einmal zweier Monate verfünfzehnfachen. Um auch weiterhin kräftig wachsen zu können, war aber deutlich geworden, dass Zalando seine Bandbreite weiter erhöhen musste.

Zalando beginnt, sein Geschäft massiv auszuweiten

Unter dieser neuen Perspektive war das gesamte Jahr 2010 für Zalando der deutschen Markteroberung mit Schuhen gewidmet. Es ging für den aufstrebenden Onlineshop darum zu beweisen, dass er sein Geschäftsmodell auch bei größeren Handelsvolumen in dieser Form weiter skalieren konnte. Nach einem Umsatz von rund 6 Millionen Euro im Vorjahr, sollte Zalando 2010 mit 159 Millionen Euro abschließen und blickte auf ein sehr anstrengendes Jahr, das insbesondere der Frage gewidmet war, wie sich das eigene Geschäft erweitern ließe. Den Samwers war daran gelegen, Zalando noch größer zu machen und sie überlegten deshalb unter der Führung von Alexander Samwer, welche weiteren Kategorien das Unternehmen voranbringen könnten und ob nicht perspektivisch ein internationaler Aufbau folgen sollte. So begann Zalando im Februar 2010 sein Angebot im Bereich Mode und Bekleidung aufzustocken und erschloss unter den Labels Zalando Sports und Zalando Beauty gleichzeitig weitere Fashion-Segmente. Mit seinen neuen Bereichen verband sich eine deutlich höhere Komplexität bei Lagerung und

Versand. Gleichzeitig konnte Zalando aber nicht nur neue Zielgruppen erschließen, sondern mit seinen Online-Marketingmaßnahmen zusehends mehr Nutzer in Kunden konvertieren. Um seinem Retourenproblem zu begegnen, gründete es den Shoppingclub Zalando Lounge, der über kampagnenartige Verkaufsaktionen stark reduzierte Fashionartikel an angemeldete Mitglieder verkaufte.

>»Die Weiterentwicklung des Geschäfts war ein Balanceakt zwischen Wachstum und Strukturierung. Auf der einen Seite war personelles Wachstum erforderlich, weshalb wir ein massives Mitarbeiterwachstum lostraten, indem wir Absolventen unserer Unis für unser Unternehmen gewannen, die dann oft weitere Universitätsabgänger warben. Zu unserer Hochphase haben wir Mitarbeiter für Kundenservice oder Content Production sogar praktisch von der Straße angeworben. Vor unserem Büro oder in Cafés haben unsere Mitarbeiter Passanten angesprochen, die mitunter noch am selben Tag bei uns anfingen.*

Auf der anderen Seite ging es eben auch darum, das Geschäft zu ordnen. Wir haben teilweise 20 Stunden am Tag gearbeitet und das auch am Wochenende. Zwar wurden wir von der tollen Stimmung und der Vision des Unternehmens getragen, dennoch galt es, unsere Prozesse effizienter zu machen und die Abläufe besser zu planen. Eine Erfindung dieser Zeit waren etwa die ›War Rooms‹, ein Konzept, das wir aus der Beratung kannten. Wie in der Kommandozentrale im Krieg wurden alle Kollegen, die für die Lösung eines Problems wichtig waren, in einem Raum versammelt und arbeiteten so lange, bis das Problem gelöst war.«

Rubin Ritter über den strukturellen Wandel von Zalando[144]

Zalandos weitere Entwicklung las sich nun wie eine Aufzählung gezielter Ausweitungen: Im April 2009 übernahm Zalando günstig Rockets Online-Designer-Outlet MyBrands und verwandelte es in einen Dienstleister, mit dem Zalando anderen Unternehmen seine Infrastrukturdienstleistungen wie Logistik oder Produktdarstellungen anbot. MyBrands Gründerteam, bestehend aus Malte Huffmann und Philipp Povel, sollte nach einigen Umwegen sogar Zalandos schnell wachsendes brasilianisches Schwesterunternehmen Dafiti ins Leben rufen und damit zu einem weiteren Beleg des Mehrfacheinsatzes von Samwer-Gründern werden. Für Zalando blieb derweil eine Herausforderung bestehen: Das Unternehmen produzierte mit seinem Geschäft dauerhaft horrende Verluste. Zwar konnte Zalando von einem Moment auf den nächsten sein Wachstum abstellen und auf kleinerer Flamme profitabel arbeiten, doch so richtig funktionieren würde der Shoppinganbieter erst, wenn er es zu relevanter Reichweite brachte. Wie schon Jamba sollte auch Zalando dafür die Fernsehwelt für sich entdecken.

Ein wichtiger Meilenstein: Zalando beginnt seine TV-Vermarktung

Zentral für die Ausweitung von Zalandos Geschäft wurde die breit gestreute Fernsehwerbung des Unternehmens. Im März 2010 begann der E-Commerce-Newcomer damit, in prägnanten TV-Spots für seine Dienste zu werben und trat ein Wachstum los, das im deutschen E-Commerce bis dato einzigartig war. Dabei hatte Zalando in der Vergangenheit bereits erste Versuche mit kleinen Werbevolumen unternommen und war kläglich gescheitert. Mit einem kleinen Sortiment teure Fernsehschaltungen zu buchen, war, als schösse man mit Kanonen auf Spatzen. Zalando hätte sein komplettes Sortiment drei Mal am Tag verkaufen müssen, um die Kosten der teuren Werbebuchungen tragen zu können. Dennoch bildeten Zalandos Überlegungen zu Werbeschaltungen eines der wenigen Themen, bei denen sich Oliver Samwer einzumischen versuchte.

Der Unternehmer hatte sowohl mit Jamba als auch Edarling sehr gute Erfahrungen beim Einsatz von Fernsehwerbung gesammelt, verfügte gleichzeitig aber über praktisch keinerlei Erfahrung mit anfassbaren Produkten. Wie so oft hatte der charismatische Internetkenner eine feste Meinung, von der er sich nicht abbringen lassen wollte. Auch dann nicht, als Gründer Robert Gentz dem E-Commerce-Laien erklärte, dass Zalando angesichts der immensen Werbekosten sein gesamtes Lager abverkaufen müsse, um einen profitablen Nutzen aus der Transaktion zu ziehen. Oliver Samwer raunte den jungen Geschäftsführer an, er solle »keine Pussy sein« und konnte bei der anschließenden Durchführung zusehen, wie die von Gentz prophezeiten Effekte eintraten.

Oliver Samwer sollte Zalandos Führung fortan in Ruhe lassen. Im Gegensatz zu all den anderen Rocket-Gründungen, bei denen Oliver Samwer mit eiserner Härte herrschte und gemeinsam mit Marc Samwer ein Marketing-Feuerwerk abbrannte, das für gewöhnlich in einem massiven Aufblähen von Kosten und Reichweite mündete, setzte der Schuhshop auf eine feingliedrige Wachstumsstrategie, bei der jeder Schritt akribisch geplant und auf die langfristigen Bedürfnisse des Unternehmens abgestimmt war. Es regierte nicht Oliver Samwers Marketing-Schwert, sondern Alexander Samwers Feder der strategischen Weitsicht. Der jüngste und intelligenteste Bruder des Trios hatte die Stellhebel des Handelsgeschäfts schnell erfasst und leitete Robert Gentz und David Schneider nun an, wie jeder dieser Hebel einzeln umzulegen sei.

Nach der umfangreichen Finanzierung und der Ausweitung des Sortiments sollte erstmals auch der ernsthaftere Einsatz von Fernsehwerbung zu diesen Hebeln zählen. Die Wirtschaftskrise hatte es mit sich gebracht, dass Fernsehsender wie die ProSiebenSat.1-Gruppe sich neuen Vermarktungskonzepten öffnen mussten, und Zalando war im Begriff, einen der ersten groß angelegten deutschen Media-for-Equity-Deals einzugehen: Das Unternehmen würde lediglich rund zehn Prozent der üblichen Werbelistenpreise bezahlen und ProSiebenSat.1 dafür mit einer Mischung aus Anteilen am Umsatz und einer Unternehmensbeteiligung über Optionen entlohnen, die sich nach dem Erfolg der ausgestrahlten Spots richtete. Mit einem der bis heute wohl größten deutschen Mediendeals erhielt Zalando umfangreiche Werbebudgets zu kleinem Preis.

zalando

Zalandos TV Spots

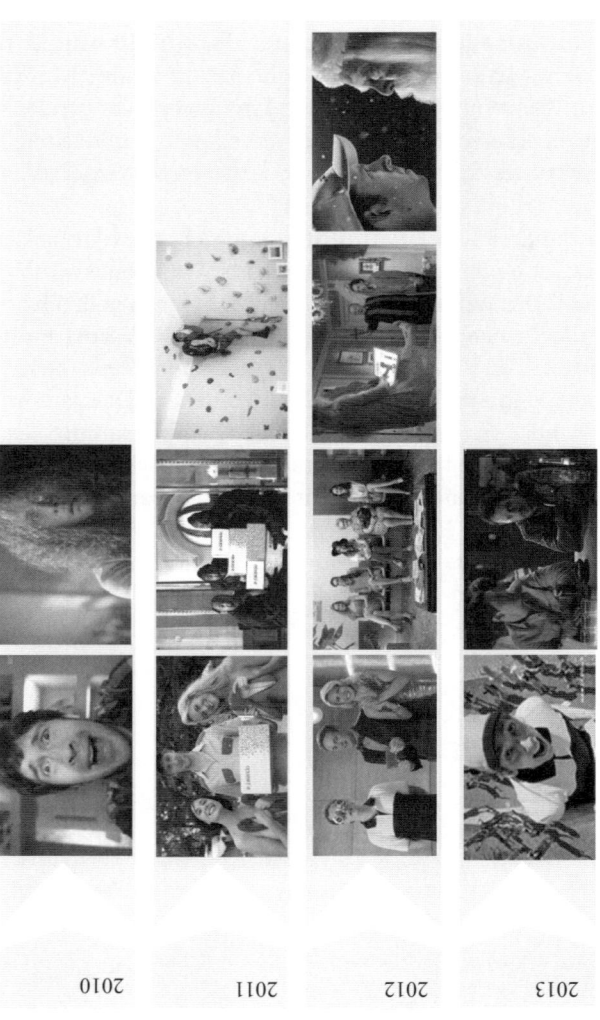

2010

2011

2012

2013

Überblick aller TV Spots unter: http://www.zalando.de/presse_downloads_spots/
Quelle: Unternehmenspräsentation Zalando

Letztlich war es die bekannte Werbeagentur Jung von Matt, die Zalandos bekannten Spot für diesen Werbedeal konzipierte und einen verzweifelten Ehemann zeigte, der aus einem Schuhschrank heraus anderen Männern riet, ihre Frauen von Zalando fernzuhalten. Mit schreienden Frauen, Männern und Postboten sowie dem später prägnanten Slogan »Schrei vor Glück oder schick's zurück!« hatte Jung von Matt ein unterhaltsames Format gestaltet, das Zalandos Führungsspitze unmittelbar gefiel, doch in seiner Umsetzung sehr gewagt war. Zalandos bekannter amerikanischer Wettbewerber Zappos hatte in der Vergangenheit stets fröhliche Menschen gezeigt, demgegenüber war ein panischer Ehemann etwas gänzlich anderes und damit zunächst ein Risikofaktor.

»Viele Agenturen hatten für unsere Fernsehoffensive gepitcht und auch Jung von Matt hatte noch drei weitere Konzepte parat: Die anderen Spots beinhalteten ein Voyeur-Konzept, bei dem Zalando-Bestellungen bis in die Wohnungen deutscher Bürger verfolgt wurden, oder zeigten einen Fashionwalk, auf dem PCs anstelle von Schuhen wandelten. Ein ähnlich gewagter Beitrag zeigte Damenfüße, die nachts unbemerkt bei Zalando bestellten, während ihre Besitzerin selig schlief. Darüber haben wir uns echt den Kopf zerbrochen, dennoch wählten wir das riskanteste Konzept und setzten alles auf eine Karte. Wollten wir Zalando binnen weniger Monate von 2 auf 30 Millionen Euro skalieren, war es unerlässlich, dass die Fernsehwerbemaßnahmen fruchteten – es hieß, think big and act. Immerhin warf die Produktion eines einzigen Spots auch sechsstellige Produktionskosten auf.«

Zalando-Gründer Robert Gentz
über die Entstehung der bekannten Werbespots

Der Rest ist Geschichte: Zalandos Werbespot funktionierte derartig gut, dass Zalando die Mischung aus einem Postboten und schreienden Protagonisten um zahlreiche weitere Werbefilmchen ausweitete. Es folgten Zalando-Beiträge mit einer Hippie-Kommune, einem Banküberfall, einer Quizshow, einem Exorzismus-Versuch, einem Nudisten-Camp oder einem Zalando-Virus. Nachdem sich Rainer Langhans durch den Hippie-Spot des Unternehmens zunächst verunglimpft fühlte, gelang es Zalando sogar, den Alt-68er für einen Onlinespot zu gewinnen. Das heitere Image des ersten E-Commerce-Unternehmens der Samwers kam derart gut an, dass Tengelmann 2012 sogar den

Schokoladenpostboten eines Zalando-Weihnachtsspots auf Wunsch zahlreicher Fans in seinen Märkten verkaufte.[145] Deutschlands Postboten waren derweil geteilter Meinung: Einige bedankten sich bei Zalando dafür, dass Frauen mit ihnen zu flirten begannen, andere waren eher genervt, wenn sie an einem Tag zum dritten Mal von zu Scherzen aufgelegten Kundinnen angekreischt wurden.[146]

> »[D]ie Spots folgen überall demselben Konzept. Aber natürlich passen wir es den nationalen Gegebenheiten an. In Schweden zum Beispiel werden Pakete nicht nach Hause geliefert. Also funktioniert der Gag mit dem Paketboten dort nicht. Da wird das Drehbuch angepasst und die Frauen kreischen beim Auspacken des Pakets. Und Sie können in aller Regel nicht einfach die deutschen Schauspieler synchronisieren, sondern müssen mit Einheimischen nachdrehen.«

> Robert Gentz über die ausländische Werbestrategie Zalandos[147]

Die kultigen Schrei-Spots machten Zalando binnen rund vier Jahren zum wohl bekanntesten deutschen E-Commerce-Anbieter und bescherten dem Unternehmen mit der Zeit nicht nur eine Markenbekanntheit von 95 Prozent[148], sondern auch den renommierten Deutschen Marketingpreis. Eine Auszeichnung, die allerdings auch seinen Preis hatte: Im Jahr 2011 setzte Zalando Medienausgaben auf, die sich monatlich im zweistelligen Millionenbereich bewegten, und auch 2012 befand sich Zalando mit Werbausgaben von 75,6 Millionen Euro in den ersten neun Monaten unter Deutschlands Werbegroßkäufern.[149] Nur an einer Stelle trat das Unternehmen werbeseitig etwas kürzer: Nachdem es lange mit der kostenlosen Rückgabemöglichkeit seiner Bestellungen geworben hatte, verkürzte Zalando mit der Zeit seinen Slogan zu »Schrei vor Glück«, um die hohe Anzahl von Rücksendungen zu senken.

Zalandos Finanzierungsmarathon

Mit der Ausweitung seines Geschäfts, das mit dem gezielten Schalten von Fernsehwerbung nun begann, rasante Umsatzsprünge zu bescheren, wurde Zalando auch für weitere Kapitalgeber interessant. Investment AB Kinnevik hatte sich bereits mit Investments in den europäischen Preisvergleich R2 International, den Groupon-Klon CityDeal sowie Rocket selbst an die Samwers herangetastet. Mit zunehmendem Erfolg rückte nun auch der Schuhshop zusehends in den Fokus von Kinnevik, das sich im August 2010 mit zehn Millionen Euro beteiligte. Damit dürfte es Zalando kaum etwas mehr als zwei Jahre nach seiner Gründung auf einen Wert von über 370 Millionen Euro gebracht haben. Und das wirtschaftliche Interesse potenter Investoren wie Kinnevik hatte damit noch lange kein Ende gefunden.

Bis zum November 2013 nahm allein Rocket Internet an insgesamt 17 Finanzierungsrunden teil, während sich Holtzbrinck Ventures bei 15 und Tengelmann bei 14 Gelegenheiten Anteile der aufsteigenden Gründung sicherten. Zum Spitzenfinanzier Zalandos sollte jedoch Kinnevik werden, das an insgesamt elf Finanzierungsrunden teilnahm und bei sechs Gelegenheiten Zalando-Anteile anderer Gesellschafter kaufte. Damit hatte sich das Geschäft für Geldgeber wie Rocket, Holtzbrinck oder Tengelmann längst gerechnet. Allein Tengelmann bescherte Kinnevik schätzungsweise das Achtundzwanzigfache seines Einsatzes, indem der Einzelhandelsriese einen Teil seiner Anteile verkaufte und den Gewinn in neue internationale Zalando-Ableger der Samwers steckte.[150] Über das Jahr 2011 deckte sich die schwedische Beteiligungsgesellschaft für fast 100 Millionen Euro mit Zalando-Anteilen ein und steigerte diese Zahl bis zum Juni 2013 sogar auf unglaubliche 630 Millionen Euro, die 38 Prozent der Anteile sicherten.

Doch auch jenseits von Kinnevik sollte es Zalando gelingen, eine ganze Reihe namhafter Finanziers zu begeistern, darunter die international tätige und angesehene Investmentfirma DST Global, die schon Unternehmen wie Facebook, Zynga oder Twitter finanziert hatte und deren Hauptverantwortlicher Yuri Milner zu den Bekanntschaften von Oliver Samwer zählte. Während Alexander Samwer die strategischen Geschicke von Zalando verantwortete, verstand es sein Bruder wie kein Zweiter, Superreiche für den Onlineshop an Land zu ziehen. Neben DST zählten dazu die Beteiligungsgesellschaft Access Industries des russischstämmigen US-Milliardärs Len Blavatnik, der dänische Modeunternehmer und Asos-Mitbesitzer Anders Holch Povlsen, die US-Investmentbank J. P. Morgan, der erfahrene US-Investor Putnam und das amerikanische Family Office Quadrant Capital Advisors. Selbst den kanadischen Pensionsfonds Ontario Teachers' Pension Plan gewann das Verkaufsgenie als Geldgeber. Der sonst so konservativen Bankenlandschaft rang

Zalando unter seiner Obhut Kreditzusagen in Höhe von 40,7 Millionen Euro durch die Commerzbank, die Sparkasse Mittelthüringen und die KfW Bankengruppe ab.

Insgesamt 26 Finanzierungsrunden bescherten Zalando frisches Kapital und machten das Unternehmen bis 2013 zum meistfinanzierten, bekanntesten und wohl wertvollsten Rocket-Eigengewächs, an dem die Samwers nach wie vor potent beteiligt waren. Die zahlreichen Transaktionen der Firma verdeutlichten anschaulich[151], wie kapitalintensiv Marketing und Einkauf das Geschäft über die Dauer machten und mit welchem Geschick Oliver Samwer gleich dutzendweise Finanzierungen für sein Vorzeigeunternehmen einwarb. Doch ehe Zalando mit Finanzierungsnachrichten die Branchenpresse auf Trab halten konnte, galt es zunächst noch ein anderes wichtiges Kapitel anzugehen, das die Gründung bis dahin vollständig ausgeblendet hatte: seine Internationalisierung.

Internationalisierung: Zalando wird zum E-Commerce-Schlachtschiff

Obwohl Zalando inhaltlich einen groß angelegten Expansionskurs angestoßen hatte, agierte es bisher nur auf seinem Heimatmarkt. Zwar stellte Deutschland den wohl bedeutendsten europäischen Markt dar, wollte Zalando jedoch zu einem echten Schwergewicht werden, musste es sich über seine Internationalisierung Gedanken machen. Dank ein wenig Glücks hatten die Samwers auf einen großen E-Commerce-Trend gesetzt und waren im Begriff, den deutschen Marktführer zu etablieren. Nun galt es, umliegende Märkte zu erschließen, was wiederum viel Kapital und den weiteren Ausbau der Strukturen von Zalando erfordern sollte.

Zalando expandiert nach Europa

Seit seinem Launch im Oktober 2008 hatte sich Zalando viel Zeit damit gelassen, über seine Expansionsschritte in weitere Nationen nachzudenken. Dabei hegte Alexander Samwer schon länger den Gedanken, die eigenen Umsätze durch den Verkauf in unterschiedlichen Märkten zu steigern. Wenn er Zalando zu einem bedeutsamen E-Commerce-Anbieter ausbauen wollte – und in Deutschland war das Unternehmen auf dem besten Wege dazu –, musste dieses Versäumnis nun nachgeholt werden. Bereits 2009 hatte Zalando auch Österreich in seine Planung aufgenommen und nachdem das Folgejahr gänzlich der deutsch-österreichischen Markteroberung gewidmet war, begann das Unternehmen 2010 seine ersten echten Internationalisierungsschritte anzugehen.

Den Anfang von Zalandos europäischem Ausbau bildeten die Niederlande und Frankreich, die sich aufgrund ihrer geografischen Nähe anboten, da Zalando auf diese Weise keine relevanten Lieferverzögerungen zu befürchten hatte und mit seiner bisherigen Logistikstruktur gut auskommen würde. Speziell die Niederlande wiesen darüber hinaus spürbare Ähnlichkeiten zum deutschen Kundengeschmack aus. Zu einem Selbstläufer sollte das Unterfangen Europa aber beileibe nicht werden. Auch ein hochintelligenter Unternehmer wie Alexander Samwer war gezwungen, Lehrgeld zu bezahlen, insbesondere, da er mit Handelsansätzen bisher keine Erfahrungen gesammelt hatte. So funktionierten etwa Webseiten in Frankreich gänzlich anders. Französische Shoppingportale waren bildlastig und nicht sachlich-nüchtern, wie es deutsche Seiten gerne waren. Gleichzeitig war das Markenumfeld ein anderes und Newslettern kam eine zentrale Rolle zu, was Zalandos Marketingvorgehen auf den Kopf stellte.

> »Wir machen ungefähr die Hälfte unseres Umsatzes außerhalb von Deutschland. Einige Länder, vor allem in Südeuropa, stehen beim Onlinehandel noch am Anfang. Andere Märkte, die Niederlande beispielsweise, sind schon sehr weit entwickelt.«

Geschäftsführer Rubin Ritter über Zalandos Auslandsmärkte[152]

Dennoch verstand es Alexander Samwer mit Zalandos Führung die anfänglichen Probleme schnell in den Griff zu bekommen und auch in den Auslandsmärkten des Unternehmens Fuß zu fassen. Innerhalb von zwei Jahren hatte es das Modeunternehmen in seinem Heimatmarkt auf eine Markenbekanntheit von 95 Prozent gebracht und war damit die zweitstärkste wahrgenommene Marke nur knapp nach Volkswagen.[152] Für die Niederlande und Frankreich sollte sich schnell ein ähnliches Bild einstellen, woraufhin Alexander Samwer im Dezember 2011 mit Italien, Großbritannien und der Schweiz die Erschließung gleich drei weiterer Märkte anregte. Nachdem der jüngste Samwer-Bruder schnelle Lerneffekte verzeichnet hatte, konzipierte er mit Robert Gentz und David Schneider die Erschließung aller Auslandsmärkte nach einem Standardmuster: Mit einem auf den jeweiligen Markt abgestimmten Marketingmix kaufte sich der potent finanzierte Onlineshop Kunden ein und investierte gleichzeitig gezielt in Offline-Kanäle wie TV oder Zeitschriften, um eine erhöhte Markenbekanntheit zu gewährleisten. Mit breiten Sortimenten, kulanten Versandregelungen und datengetriebener Verkaufsgestaltung gewann Zalando viele Nutzergruppen und ließ seine Umsätze abermals explodieren.

»Sie wären überrascht, wie hoch die Markenbekanntheit von Zalando im Ausland ist. In Deutschland kennen den Namen 95 Prozent. Im Ausland ist es ähnlich hoch. Das haben wir durch Umfragen herausgefunden. Egal, ob Frankreich, Italien oder den Niederlanden: zwischen 80 und 90 Prozent der Leute kennen Zalando.«

Zalando-Gründer Robert Gentz
über die Markenbekanntheit des Unternehmens[154]

Wie sein Bruder Oliver hatte auch Alexander Samwer im Testverfahren die wichtigen Hebel des Geschäfts erkannt und ließ nach diesem Schema 2012 mit Belgien, Spanien, Polen sowie den skandinavischen Nationen Schweden, Dänemark, Finnland und Norwegen gleich sieben weitere neue Länder erschließen, sodass Zalando es damit auf insgesamt 14 Märkte brachte. Die Genialität im Zusammenspiel von Alexander Samwer und Zalandos Führung lag in einer genauen Kenntnis des Geschäfts in Verbindung mit einer Expansion im Hochgeschwindigkeitstempo. Hatten Alexander Samwer & Co. das Prinzip auf kleiner Flamme erst einmal verstanden, war die sonst für viele so komplizierte Internationalisierung nur noch eine Umsetzungsfrage in größerem Stil. Den Samwers sollte dieser Ausbauschritt allerdings nicht genügen. Sie hatten an anderer Stelle bereits Blut geleckt und wollten Zalando zu ihrem ersten massiv internationalisierten Geschäftskonzept machen, das auch in eher exotische Regionen vorstoßen würde.

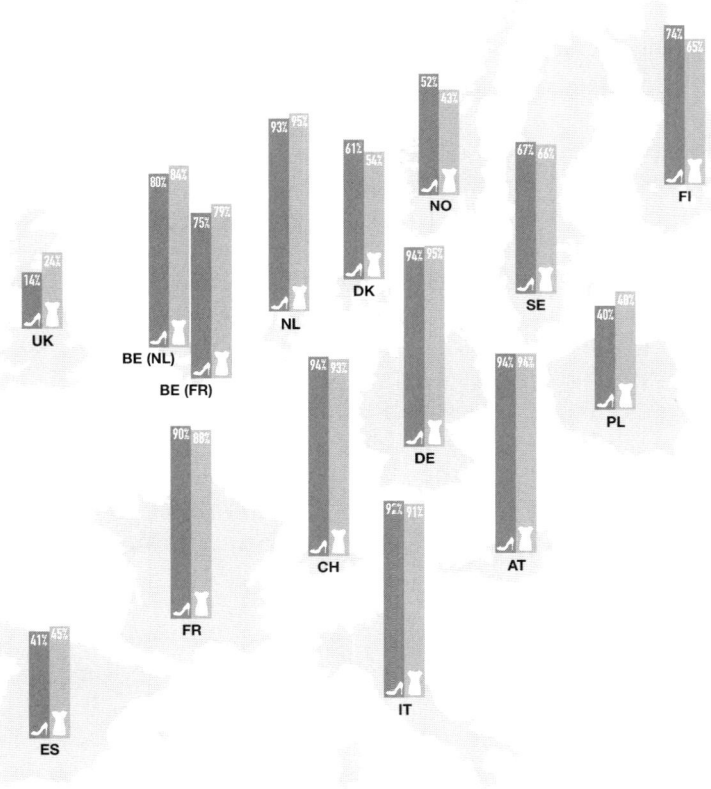

Quelle: Pressemappe Zalando

Groupon macht es vor:
Internationalisierung in Entwicklungsmärkte

Während ihrer Expansion des Groupon-Konzeptes hatten die Samwers bereits ein sehr gutes Gespür dafür bekommen, was es bedeutete, ein Internetunternehmen von einer Zentrale aus zu internationalisieren, und konnten sich ein Bild der weltweiten Internetmärkte machen. Nicht nur, dass Oliver Samwer und seine Brüder auf diese Weise ein breites Personennetzwerk etabliert hatten, es offenbarte sich ihnen, dass insbesondere Entwicklungsmärkte wie Lateinamerika oder Südostasien noch massiv wachsen würden, gleichzeitig aufgrund ihrer unterentwickelten Strukturen aber meist keine ernst zu nehmende Konkurrenz boten. Nachdem Zalando sich erfolgreich als skalierbares Konzept erwiesen hatte und bereits Europa für sich erschloss, schwor Oliver Samwer seine Brüder auf einen schier verrückten Plan ein: Er wollte einige der größten und exotischsten Entwicklungsmärkte der Welt nach der Blaupause des Berliner Unternehmens erschließen – was bei Groupon funktionierte, müsse auch Zalando gelingen. Das Gespann machte den damaligen Zalando-Investoren Holtzbrinck, Tengelmann und Kinnevik den Vorschlag, die Zalando-Story auch weltweit und zwar außer China zuerst in den wachstumsstarken BRICS-Staaten (Brasilien, Russland, Indien, China und Südafrika) und Japan auszurollen. Da Zalando in Europa einen erfolgreichen Proof of Concept geliefert hatte, entschlossen sich die Investoren, diese Märkte zusammen mit Rocket anzugehen und gründeten innerhalb von wenigen Wochen ein umfangreiches weltweites Firmenkonstrukt.

Unter dem Projektnamen »Bigfoot« starteten die Samwers im Dezember 2010 ein separates Unternehmen, mit dem sie ihre weltweiten Zalando-Ableger zu bündeln begannen. Parallel zu Zalando in Europa bauten sie unter der Führung von Oliver Samwer zwei Gesellschaften auf und etablierten eine Parallelstruktur, an der sie auch das Management von Zalando beteiligten. Den Anfang machte im Dezember 2010 das japanische »Locondo«. Nicht nur dass Japan als zweitgrößte Weltwirtschaftsnation kaufstark und extrem E-Commerce-affin war, verbot es die japanische Höflichkeit doch obendrein praktisch, Produkte zurückzuschicken. Quasi zeitgleich schickte Rocket Internet im Januar 2011 auch den russischen Anbieter »Lamoda« sowie den brasilianischen Ableger »Dafiti« ins Rennen, die perspektivisch den gesamten Ostblock sowie Lateinamerika für die Samwers erschließen sollten.

Mit seinem Bigfoot-Konstrukt begann Oliver Samwer Zalandos Modell quasi fließbandartig auszurollen. Er roch eine verheißungsvolle Gelegenheit, die derart verwegen und operativ fordernd in ihrer Umsetzung war, dass sie wie gemacht für den Wahnsinn von Oliver Samwer und seinen Brüdern war. Wenn es jemand vermochte, auf fünf Kontinenten gleichzeitig E-Commerce-Unternehmen zu fabrizieren, dann die Samwers. In der Denke des stets aggressiv-hungrigen Oliver Samwer war sein neuestes Vorhaben ein Angriff auf große Handelsunternehmen, die er mit einem »Blitzkrieg« ins Hintertreffen bringen wollte. Mit einer viel kritisierten E-Mail an seine Gründer rechnete er in einer Mischung aus Wutrede und aggressivem Pathos die Stärken und Schwächen dieses Vorhabens vor und ließ erahnen, dass auch das Kopieren nach Blaupause nicht frei von Fehlern blieb:[155]

»[T]here are only 3 areas in ecommerce to build billion dollar business: amazon, zappos and furniture. the only thing is that the time for the blitzkrieg must be chosen wisely, so each country tells me with blood when it is time. i am ready – anytime! [...] [O]nly number one can raise unbelievable money at unbelievable valuations. I cannot raise money for number 2 etc and I have seen it how easy it is for me in Brazil and how difficult in Russia, because our team fucked up. [...]

1. You have not enough top buyers: you need to be number one in shoes, apparel, sports, jewelery, whatever category makes sense. we can only get to 80 % marketshare if we beat our competitors by aggressiveneess in each category, it must be a blitz-krieg-invasion. i think you should have 25 top buyers, top in each category, start looking now. you must OWN each category. australia mistake, not enough focus on shoes, instead apparel[. A]nd so they are losing out in shoes. the strategy is: own every country and if you have to sacrifice, focus on shoes as priority. best is if you can master all.

2. you need more top people. more mckinseys, goldman. find young talent, aggressive talent, smart detailed.

3. you need to ask much more brazil, russia and germany for their lessons, mistakes, improvements. russia did not do reports like germany and so they screwed up.

4. spend your money wisely. grow buying now, but it makes no sense to have 200 logistics people for 10 orders a day. so grow early, but wiseley.

5. control marketing, the key is in measurement. there is tons of lessons in russia mistakes and brazil there. [...]

Summary: i give you all the money to win, i give all the trust, but you come back with unmatched success. If i see that you are wasting my money, that you are not german detail oriented, that you are not fast, that you are not aggressive, that you are not data driven, that you are not doing logistics well, upload inventory fast, buying wrong inventory, then i get angry and do like in russia, where no people leading the company now and i lost a ton of money and the founders lost 50 % of their equity and no salary for 6 months. we are in the same boat, everyone has to do his mission. [...] I am the most aggressive guy on internet on the planet. I will die to win and i expect the same from you!«

Im Firmenverbund Bigfoot I sammelten er und seine Brüder das lateinamerikanische Dafiti, das russische Lamoda und schufen mit der indischen Gründung »Jabong« sowie dem im Mittleren Osten aktiven »Namshi« noch zwei weitere Zalando-Pendants, während Locondo vor allem aufgrund der Fukushima-Katastrophe früh weiterverkauft wurde. Dieser zweiten Welle des Zalando-Modells sollte noch eine dritte folgen, die in der Firmengruppe Bigfoot II zusammengefasst wurde und mit dem südostasiatischen »Zalora«, dem australischen »The Iconic« und dem südafrikanischen »Zando« drei Unternehmen enthielt. Die Bündelung ihrer unterschiedlichen Zalando-Unternehmen in Holding-Gesellschaften brachte dank breiter Risikoverteilung den Vorteil, dass diese sich leichter durch Investoren finanzieren ließen. Andererseits war es aber auch eine Lehre der Zalando-Expansion gewesen, dass es besser war, für jeden Auslandsmarkt eine separate Gesellschaft zu gründen und unter einem Dach zu sammeln, da Rechtsstreits oder Insolvenzrisiken auf diese Weise nicht den gesamten Verbund gefährden würden.

Holding	Wert der Unternehmen (01/2013)
Bigfoot I	837,5 Mio. €
Dafiti (90 %)	600 Mio. €
Jabong (90 %)	250 Mio. €
Lamoda (90 %)	400 Mio. €
Namshi (40 %)	90 Mio. €
Bigfoot II	270 Mio. €
Africa eCom Holding (Jumia, Zando)	197,5 Mio. €
The Iconic	k. A.
Zalora	350 Mio. €

Selbst wenn Oliver Samwer zunächst keine Ahnung vom Handelsgeschäft hatte und die operative Leitung an seinen nachhaltiger arbeitenden Bruder Alexander abgegeben hatte, war er sehr wohl in der Lage, schnell aus Zalandos Erfahrungen zu lernen und die um sich greifenden Entwicklungen zu lesen. Und der internationale Ausbau war in dieser Umsetzung nur konsequent: Zalando war praktisch jene kleine Probiermenge, mit der die Samwers stets ein Konzept testeten, ehe sie es in hohem Tempo um ein Vielfaches aufbliesen. Jeder dieser neuen Zalando-Gründungen war gemein, dass sie eine sehr hohe Bevölkerungsdichte als Zielgruppe anvisierte und auf umfangreiche Einzelhandelsmärkte blickte, die in naher Zukunft ins Internet wandern würden. Zwar mussten Dafiti und Co. oftmals intensiv in Infrastrukturmaßnahmen investieren und an Rendite einbüßen, weil diesen Märkten ebenso ein niedriger Professionalisierungsgrad zu eigen war. Doch angesichts von Bevölkerungsanzahlen, die mitunter 15-mal größer waren als die der Bundesrepublik und kaum ernst zu nehmende Konkurrenz im Internetsegment kannten, bot sich die Chance auf einen immensen First-Mover-Vorteil. Gelang es den Samwers, mit ihrer bewährten Zalando-Strategie einen Marktführer aufzubauen, war das wirtschaftliche Potenzial enorm und würde auf Jahre eine Vormachtstellung sichern.

	Dafiti (Lateinamerika)	Jabong (Indien)	Lamoda (Osteuropa)	Namshi (Mittlerer Osten)	Zalora (Südostasien)	Zando (Südafrika)
Launch	Jan 2011	2012	Jan 2011	Nov 2011	Jan 2011	Jan 2012
Mitarbeiter	>1.800	800	550	k. A.	1.505	>200***
Märkte	Argentinien Brasilien Chile Kolumbien Mexiko	Indien	Kasachstan Russland Ukraine	Bahrain Katar Kuwait Oman Saudi-Arabien Vereinigte Arabische Emirate	Australien Hongkong Indonesien Malaysia Neuseeland Philippinen Singapur Taiwan Thailand Vietnam	Südafrika
Bevölkerung	585 Mio.	1,2 Mrd.	277 Mio. (GUS)	41 Mio.	600 Mio.	51,7 Mio.[156]
Einzelhandelsmarkt	1,9 Bil. $	450 Mrd. $	0,81 Bil. $ (GUS)	k. A.	1,1 Bil. €	44 Mrd. €[157]
Internetpenetration	45,9 %	10,2 %	k. A.	46,3 %	40 %	17,4 %[158]

Einzelhandel online	28,3 Mrd. $	0,4 Mrd. $	2,3 Mrd. $ (nur Fashion)	4,6 Mrd. (2011) $	k. A.	k. A.
Online-anteil am Einzelhandel	1,5 %	0,1 %	2,2 % (nur Fashion)	k. A.	< 2 %	k. A.
Inventar	1.241 Marken ca. 100.000 Artikel (Okt. 2012)	>1.200 Marken >40.000 Artikel (Sept. 2012)	850 Marken >53.000 Artikel (Okt. 2012)	570 Marken >13.000 Artikel (Dez. 2012)	5.011 Marken >145.000 Artikel (Sep. 2012)	k. A.
Besucher (Nov 2012)	22,3 Mio.	13,2 Mio.	7,8 Mio.	0,91 Mio.	11,2 Mio.	k. A.
Monatliche Bestellungen	1.674.622 (H2 2012*)	167.000 (Dez 2012*)	375.000 (Q4 2012)	8.631 (Nov 2012)	441.000 (Q4 2012*)	k. A.
Jahresumsatz 2012**	225 Mio. €	42 Mio. €	233 Mio. €	9,1 Mio. €	96,5 Mio. €	k. A.
Erwarteter Umsatz 2030***	5,732 Mrd. €	2,391 Mrd. €	4,121 Mrd. €	k. A.	910 Mio. €	819 Mio. €

Performance-Daten und Rockets Kalkulation der unterschiedlichen Zalando-Ableger.[159]
*Erwarteter Wert, **Hochgerechnetes Brutto-Jahresergebnis gemäß dem November 2012, ***Laut Equity Research von Goldman Sachs zu Kinnevik Investment AB (B) (KINVb.ST)

Die Potenziale dieser Gründungsvorhaben waren in der Tat riesig: Bei hochgerechnet 225 und 233 Millionen Euro Jahresumsatz brachten es Dafiti und Lamoda zwei Jahre nach ihrer Gründung auf deutlich mehr Einnahmen als Zalandos 159 Millionen in dieser Phase. Es zeigte sich, dass Zalandos Erfahrungen in den Auslandsablegern ein noch schnelleres Wachstum ermöglichten und dass der Plan der Samwers, Fashion-E-Commerce nach dem Blaupausenprinzip auszurollen, aufzugehen schien. Würden allein Dafiti und Lamoda weiter derart wachsen, war es denkbar, dass bis zum Jahr 2030 Umsätze im Milliardenbereich winkten. Ehe die zahlreichen Bigfoot-Ableger auf solche Umsatzexplosionen hoffen konnten, würden sie jedoch ganz ähnlich wie Zalando seinerzeit weiterhin tiefrote Zahlen schreiben. Aufgrund der rückständigen Märkte sollten die Aufwände noch einmal deutlich komplexer ausfallen. Das bedeutete, dass Zalandos exotische Schwesterunternehmen ebenfalls Unmengen an Kapital benötigen würden. An dieser Stelle kam erneut Oliver Samwer ins Spiel.

»[L]aufen eine Milliarde Inder nackt rum? Oder 240 Millionen Indonesier? Nein, die wollen was kaufen! Die Logik ist doch klar. Wir gehen dorthin, wo

*es nicht schon 100 Zalandos gibt. [...] Die nächste Generation von Grün-
dungen in Brasilien oder Russland ging viel schneller, weil die Lernkurve
hoch ging, wir mehr Kapital einsetzen konnten und wussten, wie das Modell
funktioniert. Die nächste Generation in Indien ging noch schneller.*[160]

*Das ist wie in Deutschland, plus 20 Prozent mehr Schwierigkeit. Natürlich,
vielleicht kann ich das Kapital, das ich für mein Geschäft benötige, nicht
schicken, sondern muss Bargeld mit mir herumtragen. Vielleicht muss ich
die »letzte Meile« der Zustellung selbst bauen. Also hier gebe ich mein Produkt an DHL, in Brasilien gebe ich es an sechs unterschiedliche Anbieter,
weil einer ist gut im Norden und einer ist gut im Süden, und in Pakistan
verschicke ich es mit meinen eigenen Leuten. [...] Am Ende des Tages sind wir
Unternehmer, um zu sagen: Was immer dazu notwendig ist. Wenn es nötig
ist, dass ich die letzte Meile selbst baue und im Prinzip eine Post entwickle,
bin ich auch bereit, die pakistanische Post zu bauen. Warum nicht? Vor sieben Jahren hatten wir keine Ahnung von E-Commerce, vor 15 Jahren hatte
ich keine Ahnung vom Internet. [...] Wir machen alles, was notwendig ist.
Und das kann der Bau von Warenhäusern, der Bau der letzten Meile oder
das Mitbringen von Geld ins Land sein.«*[161]

Oliver Samwer über die weltweite Internationalisierung
mit Zalando & Co.

Allein für die unter Bigfoot I gebündelten Zalando-Ableger gelang es ihm,
die Summe von mindestens 424 Millionen Euro einzuwerben[162], wobei
neben Kinnevik (gut 170 Millionen), Tengelmann (gut 25 Millionen) und
Holtzbrinck Ventures (knapp 15 Millionen) auch so namhafte Geldgeber
wie der französische Manager und Milliardärssohn François-Henri Pinault
(knapp 10 Millionen), der ukrainische Stahlunternehmer Victor Pinchuk
(knapp 15 Millionen), der kolumbianische Finanzmanager und Biermagnat
Alejandro Santo Domingo (25 Millionen in Dafiti), der Pharma-Erbe Kurt
Schwarz (knapp 10 Millionen), der indische Stahlmagnat Lakshmi Mittal
(knapp 5 Millionen) oder die Verlegerfamilie Jahr (knapp 10 Millionen) zu
den Geldgebern der Unternehmensholding zählten. Für eine Bewertung,
die im Januar 2013 für Bigfoot I bei 837,5 Millionen Euro gelegen hat, vermochte es Oliver Samwer ganz im Stile eines echten Menschenfängers
das Who-is-Who der internationalen Finanzwelt für sein Unterfangen zu

gewinnen. Selbst eine Tochter der Weltbank brachte er dazu, in Dafiti zu investieren.

Für das später gestartete Bigfoot II sah diese Entwicklung ganz ähnlich aus: Zu einer Bewertung von 270 Millionen Euro akquirierte Oliver Samwer allein während einer Finanzierungsrunde die Summe von 152,4 Millionen Euro und gewann etablierte Geldgeber wie die Investmentbank J. P. Morgan, den erfolgreichen US-Investor Summit Partners oder den europäischen Hedgefonds Marshall Wace für seine Belange. Oliver Samwer hatte Blut geleckt und verpflichtete reihenweise Unternehmensberater, Investmentbanker und Elitestudenten, die Rockets E-Commerce-Klone weltweit betreuten und durch ihre Arbeitsbereitschaft und Analytik wie geschaffen dafür waren. Es war ihm und seinen Brüdern gelungen, sehr erfolgreich potente Karrierenetzwerke für sich zu erschließen. Dabei verstand er es, echte Karriereristen mit attraktiven Konditionen zu locken und ihnen dabei das Image eines echten Unternehmers anzuheften, obwohl Rocket längst zu einem durchgeplanten Konzern geworden war.

Noch mehr Verdienste dank Eigenmarken und eigener Logistik

Zalando hatte in seinen Märkten derweil eine ganz andere Optimierung im Sinn. Noch eine weitere Maßnahme lag nach der Ausweitung der Sortimentsbreite und der europäischen Internationalisierung nahe, um langfristig noch einmal deutlich mehr Geld zu verdienen: die Schaffung von Eigenmarken. Zalando war dadurch groß geworden, dass es ein breites Spektrum bekannter Labels in seinem Shop angeboten hatte und durch Online-Marketing und umfangreiche TV-Kampagnen Nutzer auf seine Seite lockte. Nun sollte es selbst zum Markenhersteller werden, indem es Produkte verkaufte, für das es selbst verantwortlich zeichnete – von Design bis Produktion. Als Vorbild dieser Strategie konnten sich die Samwers an erfolgreichen Unternehmen wie dem chinesischen Fashion-Internetriesen Vancl oder Zara, der wohl bekanntesten Ladenkette des in Barcelona ansässigen Fashion-Vertriebshändlers Inditex orientieren. Zara hatte es vermocht, ein europaweites Netzwerk aus Ladengeschäften zu etablieren, in denen das Unternehmen seine eigenen Kollektionen verkaufte. Das Unternehmen war in der Lage, binnen gerade einmal zwei Wochen eine Modelinie zu gestalten und in seine Läden zu bringen.

Ein margenträchtiges Vorgehen, das horrende Einnahmen versprach, da nicht mit Zwischenhändlern geteilt werden musste. Zalando strebte ein ähnliches Vorgehen an und verfügte über den Vorteil, keine kostenintensiven Ladengeschäfte betreiben zu müssen. Mit dem Vertrieb von fremden Marken konnte Zalando je nach Segment und Einkaufskonditionen eine Marge von 30 bis 60 Prozent erzielen. Mit Eigenmarken lagen diese je nach Einpreisung und Kategorie rund 20 Prozent höher. Gelang es Zalando, sein Volumen mehr in Richtung von Eigenmarken zu verschieben, würden Umsatz und Firmenwert also weiter steigen. Bereits zum Ende des Jahres 2010 hatte Zalando damit begonnen, Eigenmarken zu etablieren[163], weshalb es mit der Zeit schätzungsweise zweistellige Prozentanteile aller versendeten Produkte nicht nur verkaufte, sondern ebenfalls selbst produzierte.[164] Ähnlich wie die Samwers mit Jamba zunächst darauf gesetzt hatten, Klingeltöne bekannter Popsongs zu verkaufen und anschließend eigene Kreationen entwickelten, um weniger Kosten und höhere Einnahmen zu generieren, war auch Zalando im Begriff, die Wertschöpfungskette zu seinen Gunsten zu verschieben. Mit der strategischen Hilfe von Alexander Samwer hatte Zalando sein Leistungsspektrum in Richtung eines Fashion-Dienstleisters und -Herstellers erweitert, musste dafür aber zunächst einiges Kapital in die Hand nehmen und würde erst nach einigen Jahren die anvisierten Margenvorteile dieses Vorgehens einfahren.

Mit dem zunehmenden Ausbau seines Geschäfts sah sich Zalando – ganz zum Leidwesen der Samwers – aber mit einem Problem konfrontiert: Es war für den Versand seiner Produkte auf externe Dienstleister angewiesen und konnte dadurch nicht nur seine Wertschöpfungskette nicht selbst kontrollieren, sondern musste auch mit hohen Mehrkosten kalkulieren. Die Samwers waren zunächst davon ausgegangen, dass sie ein Technologieunternehmen aufbauten und sich eine Beschäftigung mit realweltlichen Problemen wie Paketversand und kapitalbindender Infrastruktur nicht wirklich ergeben würde. Nachdem das Unternehmen aus seinem eigenen kleinen Lager gewachsen war, hatte Zalando auf externe Dienstleister für den Versand seiner Güter gesetzt – allen voran Docdata, einen Logistikanbieter, der aus Großbeeren bei Berlin Zalandos Waren versandte.

Seit 2010 hatte Docdata für Zalando verschickt und dabei einen Drei-Schichten-Betrieb umgesetzt, bei dem selbst nachts weiß-orange Pakete für den Onlineshop zurechtgemacht wurden. Allerdings fühlte sich das junge Samwer-Unternehmen zusehends unfrei in seinen Entscheidungen, was besonders deutlich wurde, als Docdata in ein neues Lager zog. Das Zalando-Team störte sich am nun großen Staubfaktor beim Versand, hatte in den gemeinsamen Verträgen die Befreiung der Pakete von Staub aber nicht abgebildet und musste 20 zusätzliche Cents je Paket und eine Verlängerung der Vertragslaufzeit hinnehmen. Faktoren, die Zalandos Ausgaben weiter anschwellen ließen, während es 2010 ohnehin im Begriff war, Docdata an die Grenzen seiner Kapazitäten zu führen.

Alexander Samwer und Zalandos Dreierspitze war bewusst, dass wenn Zalando seine Wertschöpfungskette nicht selbst kontrollieren könnte, es auch keinen Einfluss auf einen großen Teil der Kundenzufriedenheit hatte. So begann Zalando, nur noch einen Teil über Docdata abzuwickeln und machte sich an die Eröffnung eines eigenen Logistikzentrums, das ab August 2011 aus dem brandenburgischen Brieselang Waren versendete. Kaum einen Monat nach Entstehung des von Zalando verwalteten Logistikzentrums blickte Brieselang bereits auf 600 Mitarbeiter, die bei einer Lagerfläche von rund 25.000 Quadratmetern täglich mehrere Tausend Pakete auf den Weg brachten. Doch damit noch nicht genug: Da Zalando der Überzeugung war, seinen Versand perspektivisch besser selbst abzubilden, begann der E-Commerce-Riese im Herbst desselben Jahres den Bau eines noch größeren Logistikzentrums in Erfurt. Mit einer Fläche von 120.000 Quadratmetern sollte das entstehen, was Zalando als »größten Schuhschrank Europas« bezeichnete. Mehrere 10.000 Pakete würde der zweite Standort jeden Tag abwickeln können und stellte damit wohl die größte E-Commerce-Logistikfläche Europas dar.

Erfurt war angesichts seines guten Arbeitnehmerzugangs, der hohen Versandgeschwindigkeit und einer gewisse Nähe zur lokalen Politik ein Glücksgriff. Das Team hatte das Vorhaben genau durchdacht und ging es nach den Samwers, sollte ein kleines Team binnen drei Monaten ein eigenes Logistikzentrum aufbauen. Am Ende sollte es doch sechs Monate bis zum ersten Spatenstich dauern, während in Brieselang gleichzeitig der Versand der orangefarbenen Pakete hochgefahren wurde. Alexander Samwer unterstützte Zalando dabei, ins Risiko zu gehen und den Bau eines weiteren Logistikzentrums in Mönchengladbach umzusetzen, um insbesondere westeuropäische Länder gut beliefern zu können. In Summe blickte Zalando schließlich auf ganze 220.000 Quadratmeter Logistikfläche – Wachstum Marke Samwer.

Logistikzentrum	Brieselang	Erfurt	Mönchengladbach
Baubeginn	Karstadt-Immobilie	August 2011	Herbst 2012
Betrieb	Sommer 2011	Winter 2012	Herbst 2013
Gesamtfläche	circa 25.000 m²	circa 120.000 m²	circa 130.000 m²
Versand	mehrere 1.000 Pakete pro Tag	1 Mio. pro Monat	1 Mio. pro Monat
Mitarbeiter	circa 1.000	aktuell 2.000	langfristig mehr als 1.000

Vom Schuhhändler zum Fashion-Alleskönner

Mit der Finanzierung von Zalando hatten die Samwers zunächst also etwas nichtsahnend auf die zweite große Welle des Onlinehandels gesetzt und nach Amazons Erfolgszug mit Bedarfsartikeln das Segment der Online-Mode erobert. Aus dem einstigen Underdog war ein E-Commerce-Schlachtschiff mit Millionenbudgets geworden, das binnen gerade einmal vier Jahren eine ganze Reihe von Superlativen geschaffen hatte: Bis zur Mitte des Jahres 2013 hatten die Samwers Zalando auf über 150.000 Produkte von gut 1.500 Marken ausgebaut und seit der Entstehung mehr als 10 Millionen Kunden in 14 Ländern bedient. Rund 100 Millionen Seitenaufrufe pro Woche sowie eine Bestellfrequenz von bald 300.000 Bestellungen täglich maß Zalando 2012 und blickte auf ein buntes Bouquet aus Eigenentwicklungen wie einem Shopsystem, eigener Logistik-, Artikel-, Einkaufs- und Kunden-Software, einem E-Commerce-Operation-System mit ERP und individuellen Lagerbetriebssystemen. Der von Robert Gentz und David Schneider gestartete Flipflop-Verkäufer war zu einem komplexen Geflecht geworden und brachte wöchentlich über 100 neue Features und Verbesserungen auf seine Seite. Mit mehr als 1.000 Mitarbeitern, drei Logistikzentren, einem Programmierstandort in Dortmund sowie einer Technologieabteilung von 300 IT-Spezialisten hatte sich das einstige Versuchsprojekt zu einem echten Wachstumsunternehmen entwickelt – und dies im Gegensatz zu vergangenen Erfolgen wie Jamba oder Groupon auch mit einer auf Nachhaltigkeit ausgelegten, sicheren Organisationsstruktur.

Jahr	Mitarbeiter	Marken	Artikel	Märkte
2008	10	k. A.	k. A.	1
2009	100	k. A.	k. A.	2
2010	528	250	k. A.	4
2011	921	1.000	100.000	7
2012	1.250	1.500	150.000	14
2013	1.500	1.500	150.000	15

Für die Samwers waren diese technologischen Wertschöpfungen somit ein wichtiges Qualitätsargument ihrer Arbeit, das vor allem auf Alexander Samwers strategischer Weitsichtigkeit und der streng datenorientierten Herangehensweise von Robert Gentz und David Schneider fußte. Mustergültig hatte der jüngste Samwer Zalandos Führung alle denkbaren Stellhebel zur Steigerung des Umsatzes umlegen lassen: Nach einer Ausweitung des Schuhsortiments hatte er Zalando neue Kategorien wie Fashion oder Accessoires aufnehmen lassen und anschließend eine rasante Internationalisierung angestoßen, ehe mit dem Aufsetzen von Eigenmarken, Fashion-Dienstleistungen und einer eigenen Logistik weitere Teile der Verdienstkette erschlossen wurden. In Kombination mit einem fein ausgesteuerten Online-Marketing und einer Markenoffensive über breit gestreute TV-Werbung war Zalando auf einem Wachstumskurs, der selbst Vorbild Zappos abhängte – und das trotz eines deutlich kleineren Marktes. Die Samwers hatten in kürzerer Zeit einen größeren Onlineshop entwickelt und schickten sich an, dieses Konzept mit zahlreichen Ablegern in exotischen Internet-Entwicklungsregionen auch global auszurollen. Kurz: Unter der strategischen Führung von Alexander Samwer hatte Zalando einen Firmenaufbau nach Lehrbuch hingelegt.

Im Kern interessierten die Samwers aber vor allem harte Zahlen: der Umsatz. Bereits 2011, gerade einmal drei Jahre nach seiner Gründung, hatte Zalando einen Nettoumsatz von 510 Millionen Euro vermeldet und damit mehr als das Dreifache im Vergleich zum Vorjahr eingenommen. Mit Jamba war es den Samwers schon einmal gelungen, die Summe von einer halben Milliarde Euro pro Jahr einzunehmen. Im Gegensatz zum umstrittenen Klingeltonanbieter implodierte Zalando anschließend allerdings nicht, sondern verdoppelte seinen Umsatz im Folgejahr sogar auf 1,15 Milliarden Euro. Mehr als die Hälfte des Zalando-Umsatzes wurde außerhalb der Kernkategorie Schuhe erwirtschaftet und ein ebenso großer Anteil wurde außerhalb des Heimatmarktes Deutschland eingenommen. Doch damit nicht genug: Nach Schätzung von Goldman Sachs könnte bis 2030 womöglich sogar ein Umsatz von bis zu 14,362 Milliarden Euro winken.[165]

Geschäftsjahr	Nettoumsatz[1]	Jahresfehlbetrag/Verlust	Unternehmenswert
2008	hoch fünfstellig	202.738 Euro[2]	k. A.
2009	6 Mio. Euro	1,6 Mio. Euro[2]	200 Mio. Euro[4]
2010	159 Mio. Euro	20,38 Mio.Euro[2]	370 Mio. Euro[4]
2011	510 Mio. Euro	56,5 Mio. Euro[2]	1,6 Mrd. Euro[4]
2012	1,15 Mrd. Euro	80 Mio. Euro[3]	2,8 Mrd. Euro[5]
2013	1,76 Mrd. Euro	über 100 Mio. Euro[3]	3,9 Mrd. Euro[6]

[1]Nettoumsatzangaben laut Zalando, [2]Jahresfehlbetrag laut Jahresabschluss im Bundesanzeiger, [3]Betriebsergebnis vor Zinsen und Steuern (Ebit) laut Zalando, [4]Schätzung, [5]Kinnevik Jahresbericht 2012, [6]Kinnevik Quartalsbericht Q3 2013

Zalando hatte sich zum führenden Onlinehändler für Mode in Europa entwickelt und zählte mit über einer Milliarde Euro Umsatz nach gerade einmal vier Jahren zu den am schnellsten wachsenden Unternehmen des Kontinents. In seiner deutschsprachigen Kernregion hatte es zudem die Gewinnschwelle erreicht und damit eine Antwort auf all die Unkenrufe, mit denen die deutsche Presse den Onlineshop angesichts hoher Retourenquoten, umfangreicher Marketingausgaben und stets negativem Betriebsergebnis konfrontiert hatte. Zalando könnte bei gleichbleibendem Wachstum also perspektivisch zu einem profitablen Geschäft heranwachsen, das die Kritik an seinen langen Verlusten vergessen machen könnte. Vor allem hatte sich das Geschäft mit Schuhen und Kleidung für die Samwers bereits gelohnt: Bei einem größeren Anteilsverkauf hatten sie ein Stück ihres Zalando-Kuchens veräußert und allein damit 500 Millionen Euro verdient. Und bis zu Zalandos Börsengang – denn dass Zalando angesichts seiner schieren Größe keine andere Verkaufsmöglichkeit als das Börsenparkett bleiben wird, darf als sicher gelten – werden Oliver Samwer und seine Brüder womöglich noch weiter auscashen, um potenzielle Anleger angesichts ihrer Groupon-Historie nicht zu verschrecken. Die Samwers hatten nahezu streberhaft ihre Hausaufgaben gemacht und Zalando hatte eine Größe erreicht, dass es »too big to fail« schien. Vor allem würden die bedeutendsten Wachstumssprünge auf das Trio wohl in Entwicklungsregionen wie Asien, den Pazifik-Staaten oder Lateinamerika warten, in denen sie bereits separate Schwesterunternehmen hochzogen.[166]

Für den Werdegang der Samwers war Zalando also aus unterschiedlichen Gründen interessant: Die 2008 gestartete Gründung hatte den Samwers gezeigt, dass sie in der Lage waren, parallel in mehreren Nationen E-Commerce-Modelle zu errichten, die einem durchstrukturierten Ablaufplan aus Online-Marketing, Fernsehwerbung und Sortimentsplanung folgten. Auf Basis von breit angelegten Finanzierungen, die Oliver Samwer als einer der ganz wenigen Internetunternehmer in Deutschland zu akquirieren vermochte, hatten sie erstmals ein skalierendes Geschäftsmodell gefunden, das die notwendige Planbarkeit und Nachhaltigkeit mitbrachte. Das Brüdertrio war fortan in der Lage, eine Organisation zu bauen, die Unmengen von Kapital aufnahm und über einen durchstrukturierten Prozess kalkulierbare Wachstumsunternehmen hervorbrachte – Rocket Internet schickte sich an, zu einem durchstrukturierten E-Commerce-Konzern zu werden, der nicht mehr sequentiell Internetunternehmen in Deutschland gründete, sondern gleich mehrere Erfolgsmodelle parallel in unterschiedlichen Märkten umsetzte.

8. Rocket Internet – der weltweite Rollout

Lange hatten die Samwers an ihrem Vorgehen gefeilt, nun hatten sie endlich eine Prozessarchitektur für sich entwickelt, mit der sie fremde Geschäftsideen binnen kürzester Zeit nachbauen und in unterschiedlichen Märkten ausrollen konnten. Doch obwohl sie es vermochten, gleich vier ihrer Unternehmen an ihre jeweiligen Vorbilder zu verkaufen – Alando an Ebay (1999), CityDeal an Groupon (2010), Edarling zwischenzeitlich in Teilen an Eharmony (2010), Betreut.de an Care.com (2012) – und auch unterschiedliche Gründungen an direkte Wettbewerber veräußerten, war es dennoch nicht ihre gezielte Strategie, Geschäftsideen zu imitieren, um sie anschließend vom einstiegen Vorbild übernehmen zu lassen. Es ging den Samwers grundsätzlich darum, Firmen zu starten, die funktionierten und die sie dann mit etwas Geschick verkaufen konnten – wenn das Vorbild zuschlug, umso besser.

Nun hatte sich gezeigt, dass sich Copycats in Deutschland zumeist deutlich erfolgreicher entwickelten, als es vermeintlich innovative Ideen taten, was vor allem mit den Eigenheiten des deutschen Marktes zusammenhing, dem eine entsprechende Reife des Ökosystems und eine breite Finanzierungslandschaft fehlten. Im deutschen Markt gestaltete es sich schlichtweg leichter, eine Idee zu finanzieren, wenn bereits an anderer Stelle ein Proof of Concept vorlag und das Risiko zu scheitern damit zwangsläufig reduziert wurde. Und auf internationalem Parkett würde dies wohl nicht wesentlich anders aussehen, insbesondere wenn eher rückständige Märkte begannen, die Entwicklungen des Westens nachzuvollziehen. In der öffentlichen Wahrnehmung haftete den Samwers deshalb das Kopistenimage an, dabei ging es dem pragmatischen Brüdertrio darum, die Erfolgschancen ihrer Unternehmen zu erhöhen. Schon zu Alando-Zeiten hatte Oliver Samwer erkannt, dass es gute Gründe geben kann, warum erfolgreiche Wettbewerber Dinge auf eine bestimmte Art umsetzen. Auf diese Weise hatten es die Samwers vermocht, ihre Lernkurve zu beschleunigen und mit den Erfolgen von Groupon und Zalando im Rücken konnten sie ihr Vorgehen nun gezielt verfeinern.

Eine Fokusänderung mit Folgen

Bis zum Ende des Jahres 2011 hatte Rocket Internet ein Geschäftsmodell in einer Region stets sequenziell aufgebaut und sich darauf konzentriert, diese nationalen Gründungen durch ein Maximum an operativer Unterstützung in den Bereichen Marketing, IT und Personal zu unterfüttern. Dies änderte sich nun und man begann, parallel mehrere Geschäftsmodelle international auszurollen. Den Anstoß dazu gaben Groupon und Zalando, mit denen sich die Samwers umfangreiches Know-how in Sachen internationaler Skalierung sowie einen verbesserten Zugang zu Kapital beschafft und ein internationales Netzwerk etabliert hatten. Insbesondere mit der Verbreitung von Groupon hatte es Oliver Samwer vermocht, in gleich mehreren Regionen Brückenköpfe für Rocket Internet zu etablieren, die er nun nutzen konnte, um eigene Geschäftsmodelle in gleich mehrere Märkte zu tragen. Zalando hatte ihm derweil gezeigt, dass sich die Wachstumsgeschwindigkeit kopierter Unternehmen sogar noch erhöht, wenn Gründungen nach bestehender Blaupause realisiert werden, die an anderer Stelle bereits ausgetestet worden waren. Im Lauf der Zeit war die Nutzung des Internets an vielen Orten auf der Welt ähnlich oder sogar gleich ausgeprägt.

Inhaltlich etablierte Rocket Internet ein umfangreiches Stärkenset in den Bereichen IT und Online-Marketing, sodass es möglich wurde, einerseits eine schnell skalierende Programmierung für die Ausgründungen des Inkubators zu gewährleisten und andererseits auch profundes Wissen darüber, wie die eigenen Geschäftsideen anschließend mit Marketingmethoden zu bewerben seien. Die Samwers hatten einen der größten Webshops in Europa aufgebaut und verfügten damit über eine genaue Kenntnis der Zyklen, die ein Unternehmen durchlaufen würde. Mit Rocket Internet wurde es so möglich, Unternehmen in eine ganz andere Dimension zu tragen. Dazu war insbesondere der Zugang zu großen Kapitalmengen relevant, denn ohne umfangreiches Startkapital wurden Unternehmen nur selten sehr groß.

Zwei bedeutende Gründungen auf dem Weg zu diesem Vorgehen sollten die Privatzimmervermittlung »Wimdu« und das Beauty-Boxenabo »Glossybox«

werden, die als Rockets neue Großprojekte die bisherigen Erfolgsgründungen Edarling, Groupon und Zalando beerbten. Rocket stand zum Beginn des Jahres 2011 an der Schwelle zu einem neuen Selbstverständnis und Wimdu und Glossybox bildeten einen wesentlichen Fokus der nun einsetzenden Umstellung. Bis zum Ende des Jahres sammelten die Samwers mit ihnen weitere Erfahrungen und konnten einen Eindruck gewinnen, wie es sich gestaltete, ein Start-up nun gleich von Beginn an international zu etablieren. Waren Groupon und Zalando nur zufällig oder durch glückliche Fügung so groß geworden? Taugte das Blaupausenmodell auch für andere Modelle als für reinen E-Commerce?

Wimdu zeigt die Grenzen des Make or Buy auf

Unter der Ägide von Arne Bleckwenn und Hinrich Dreiling, die zuvor bereits als Praktikanten bei der Jamba-Nebenmarke iLove tätig waren und mit der Umsatzgenerierungsplattform Gratispay schon einmal ein Rocket-Unternehmen gegründet hatten, startete Rocket Internet im Februar 2011 Wimdu, eine Plattform, die sich darauf konzentrierte, Privatunterkünfte über das Internet zu vermitteln. Nutzer konnten bei Wimdu ihre Wohnung einstellen und zur Untermiete anbieten. Auf diese Weise sollte Reisenden nicht nur eine vermeintlich günstigere Alternative zur Hotelbuchung, sondern auch ein sozialer Aspekt geboten werden. Und während Besitzer einer Wohnung sich durch das Vermieten ihrer Wohnräume aufwandsarm etwas dazuverdienen konnten, partizipierte Wimdu selbst durch eine Provision an den vermittelten Transaktionen. Wie üblich setzten die Samwers auch hierfür auf ein etabliertes Modell. Mit Airbnb war bereits zweieinhalb Jahre zuvor in San Francisco ein entsprechendes Vorbild entstanden, das es zum Start von Wimdu auf Angebote in 160 Ländern und 800 Städten brachte. Angesichts der einfachen Umsetzbarkeit überrascht es nahezu, dass die Samwers so lange gewartet haben, ehe sie das Konzept detailgetreu nachahmten. Seine Attraktivität zog Wimdu insbesondere aus seinem Geschäftsmodell. Die Vermittlung von Privatunterkünften war als Marktplatzansatz konzipiert und damit wie schon Alando ein Geschäft ohne Aufwand mit realen Gütern, bei dem lediglich Kunden und Verkäufer zusammengebracht werden mussten.

Für Wimdu ging es darum, einen weltweiten Bestand an Immobilien aufzubauen, der auf eine global angelegte Nachfrage traf. Es musste nicht wie

Zalando jeden Markt mühsam einzeln erschließen, sondern konnte sein Inventar direkt in mehreren Sprachen und über unterschiedliche Märkte hinweg bewerben. Ein auf Wimdu gelistetes Appartement in Barcelona war für Kunden in Deutschland ähnlich interessant wie für Nutzer in den USA, Afrika oder Australien. Die Samwers erschlossen damit also ein Geschäftsmodell mit attraktiver Kauffrequenz, hohen Produktpreisen und einer vielversprechenden Marge von 10 bis 15 Prozent, das ganz ähnlich wie Alando Netzwerkeffekte zeigte, sobald eine kritische Masse an Nutzern gewonnen war. Würde es Wimdu zum größten Anbieter bringen, bestünde eine maximal große Erfolgswahrscheinlichkeit. Bereits vier Monate nach seiner Entstehung verfügte Wimdu über nicht weniger als 400 Mitarbeiter in 15 weltweiten Büros, brachte es auf ein Angebot von rund 10.000 Wohnungen und hatte auch einen Ableger in China gestartet. Zwar verfügte Airbnb über einen relevanten First-Mover-Vorteil, dennoch zeigte sich schnell, dass Wimdu mit entsprechender Aggressivität innerhalb kurzer Zeit ein breites Angebot an Wohnungen würde aufbauen können.

Um aber einen derartigen Frontalangriff auf Airbnb starten zu können, brauchten die Samwers für ihre neue Gründung ausreichend große Kapitalmengen und dank dem legendär gewordenen Verkaufsgeschick des mittleren Bruders Oliver konnte Wimdu die zum damaligen Zeitpunkt wohl größte Initialfinanzierung Deutschlands einfahren: Kinnevik und Rocket statteten Wimdu mit 90 Millionen Dollar aus. Die Samwers hatten es verstanden, Kinnevik davon zu überzeugen, dass Wimdu angesichts des potenten Wettbewerbs nur eine Chance hätte, wenn mit großen Kapitalmengen und internationaler Reichweite gearbeitet würde. Wie einst Edarling war Wimdu in einen kompetitiven Markt gestartet, in dem zunächst die Möglichkeit bestand, unmittelbar vom Vorbild Airbnb übernommen zu werden. Die Amerikaner hatten der deutschen Hauptstadt 2011 einen Besuch abgestattet und dabei nicht nur das Team von Wimdu besucht, sondern auch ein ausführliches Gespräch mit Oliver Samwer geführt.

Zu einer Übernahme sollte es aber nicht kommen, nachdem sich das dreiköpfige Gründerteam aus Brian Chesky, Joe Gebbia und Nathan Blecharczyk bewusst wurde, dass die Samwers mit ihrer schwierigen Art nicht zur Kultur von Airbnb passen würden und der US-Anbieter die deutschen Umsetzungskünstler nicht wirklich brauchte. Das eigene Modell wuchs praktisch von allein und während Airbnb mit viel Liebe seine Gemeinschaft in den

Mittelpunkt stellte, stand Wimdu für eine effizienzgetriebene Reichweiten-maschine, die nicht so recht zur DNA der Amerikaner passen wollte. Nach-dem Airbnb sich bis dato über das Copycat-Vorgehen der Samwers ereifert hatte, hätte sich das US-Unternehmen ohnehin unglaubwürdig gemacht. Dennoch hatten Chesky und sein Team erkannt, dass die Samwers mit ih-rer Strategie lokaler Vertriebsbüros einen intelligenten Schachzug vollzogen hatten, und schickten sich nun an, das Vorgehen ihrer eigenen Kopie ihrer-seits zu kopieren. Airbnb hatte die Zeichen der Zeit gedeutet und nahm den deutschen Wettbewerb ernst. Die Samwers hatten eine industrialisierte Klon-maschinerie geschaffen, die datengetriebenes Online-Marketing, schnelle Geschäftsskalierung und aggressive Akquisemethoden beherrschte, während die Partnervermittlung Edarling belegte, dass sie in der Lage waren, auch eta-blierte Akteure ins Wanken zu bringen. Als eines der ersten kopierten Unter-nehmen bot Airbnb den Samwers durch einen aggressiven Wettbewerb die Stirn, indem es sie zwang, ihr Geschäft dauerhaft zu betreiben. Ein geschick-ter Schachzug, waren die Samwers doch oftmals eher kurzfristig orientierte Wachstumsmeister.

Auch wenn sich die Samwers gar nicht so intensiv darauf fokussiert hatten, die Vorbilder ihrer kopierten Unternehmen zu einem Kauf zu bewegen, war nun deutlich, dass auch der US-Markt hinzugelernt hatte, wie mit Kopien des eigenen Geschäfts umzugehen sei. Die Samwers reagierten und verschlank-ten Wimdu um rund 50 Mitarbeiter. Schon öfter hatten sie ihre Gründungen zunächst massiv aufgeblasen und anschließend zahlreiche Mitarbeiter ent-lassen – »Hire and Fire«, wie die Branche es nannte. Zwar entwickelte sich Wimdu mit der Zeit zu einem soliden Unternehmen, das zwischenzeitlich auch mehrere Kaufinteressenten hatte, wirklich durchsetzen konnte es sich gegen Airbnb aber nicht im Ansatz. Die Amerikaner hatten ein wohl um den Faktor 20 höheres Buchungsvolumen und auch das britische HouseTrip hat-te Wimdu trotz seiner riesigen Finanzierung abgehängt. Für den Moment war deutlich geworden, dass der Wettbewerb zukünftig deutlich mehr Wider-stand leisten würde und es somit für die Samwers lukrativer werden könnte, bestehende Geschäftsmodelle in neue Märkte zu tragen, anstatt neue Modelle in einem bestehenden Markt auszuprobieren. Dem Gang auf unbekanntem Parkett würde nun die Systematisierung von Bekanntem in neuen Märkten folgen, in denen so bald auch keine Konkurrenzsituation mit potenten, eta-blierten Wettbewerbern drohte.

E-Commerce global – das Glossybox-Experiment

Die zweite große Rocket-Wette in der Weiterentwicklungsphase nach den Erfolgen mit Edarling, Zalando und Groupon wurde »Glossybox«, eine Gründung im Kosmetik- und Beauty-Segment, die die Samwers ebenfalls von Beginn an international aufstellten. Schon 2009 hatte es mit BeautyDeal einen erfolglosen Versuch der Samwers gegeben, die alteingesessene Branche online zu erschließen. Mit den ehemaligen Groupon-Mitarbeitern Charles von Abercron und Oliver Moser, der ehemaligen McKinsey-Beraterin Brigitte Wittekind sowie Janna Schmidt-Holtz, Tochter des ehemaligen Sony-BMG-Geschäftsführers Rolf Schmidt-Holtz, startete nun ein vierköpfiges Team für Rocket Internet einen neuen Versuch. Vorbild der Samwer'schen Gründung war das New Yorker Unternehmen Birchbox, das im September 2010 gestartet war und es auf noch recht überschaubare 20.000 Kunden brachte. Das Modell von Birchbox gestaltete sich recht simpel: Die vorwiegend weibliche Kundschaft des Dienstes bezahlte eine monatliche Gebühr in Höhe von zehn Dollar und erhielt dafür monatlich eine Box mit vier bis fünf Kosmetikproben. Das Spektrum der ausgelieferten Proben reichte von Hautpflege und Make-up über Haar- und Nagelprodukte bis hin zu Cremes. Brach man es herunter, versteckte sich hinter dem US-Ansatz ein klassisches Abo, weshalb die Mischung aus E-Commerce-Angebot und Abodienst in der Internetbranche als »Abo-Commerce« bezeichnet wurde und sich primär aus der Abogebühr von zehn Dollar finanzieren sollte.

Glossybox kopierte das US-Modell und da es die versendeten Kosmetikproben nicht zu bezahlen hatte, reichte bereits eine fünfstellige Kundenanzahl, um profitabel zu arbeiten. Ein wirtschaftlich attraktives Modell also, bei dem sich im Gegensatz zu anderen Ansätzen Kunden günstig einkaufen und lange halten ließen. Fraglich blieb hingegen, wie groß Glossybox werden könnte. Zwar blickte das Unternehmen auf wiederkehrende Einnahmen, über die Abokosten hinaus schöpfte das Unternehmen bei seinen Kunden aber nichts ab. Schnell folgte eine Preiserhöhung auf 15 Euro und da die unterschiedlichen Kundinnen über ein Feedbacksystem wertvolle Marktforschungsdaten lieferten, sollten perspektivisch auch Hersteller als Geldquelle gewonnen werden, indem sie für diese Einsichten bezahlten und gezielte Werbung buchten. Doch während es für Kosmetikproben keinen wirklich taxierbaren Marktpreis gab, interessierten sich die Hersteller herzlich wenig für zielgenaue Werbung. Die Abteilungen für Sales, Marketing und Marktforschung waren in der Regel getrennt aufgehängt und operierten unabhängig voneinander, weshalb eine theoretisch sinnvolle Monetarisierungsstrategie in der Praxis schlichtweg nicht funktionierte.

Darüber hinaus steckte der deutsche Internetvertrieb von Kosmetikprodukten noch in den Kinderschuhen und blickte auf einen Markt, der sich fest in der Hand einiger weniger großer Markenhersteller befand, die eine Hochpreispolitik forcierten. Bereits im Herbst 2009 waren die Samwers deshalb selbst mit ihrem Beauty-Discount-Anbieter BeautyDeal kolossal gescheitert, nachdem einige große Markenhersteller dem einzigen Lieferanten des Unternehmens den Hahn abgedreht hatten. Birchbox' Finanzierung mit namhaften Investoren hatte die Samwers für das von den Harvard-Absolventinnen Hayley Barna und Katia Beauchamp gegründete Unternehmen begeistert. Nun standen sie erneut vor der Herausforderung, dass sie unter großem Ressourceneinsatz auf ein Pferd gesetzt hatten, von dem sie eigentlich nicht so richtig wussten, wie man es reitet.

In der Post-Groupon-Zeit hatte Rocket es sich zum Grundsatz gemacht, seine Gründungen unmittelbar international starten zu lassen, um Märkte als Erster zu besetzen und nicht wie Groupon Wettbewerber in Auslandsmärkten teuer einkaufen zu müssen. Auch Glossybox verfügte von Beginn an über Teams für einen parallelen Start in Deutschland, Frankreich, Großbritannien, Brasilien und Südkorea und nachdem sich gezeigt hatte, dass international ein rasantes Wachstum möglich war, folgten schnell weitere Auslandsableger. Genauso schnell war allerdings ersichtlich, dass Glossybox sich in einen schwierigen Markt gewagt hatte. Das Beautysegment entpuppte sich als ein Haifischbecken, in dem die großen Marken autark entschieden. Insbesondere der Erhalt von Kosmetikproben stellte eine Herausforderung dar. Denn Filialisten wie Douglas verfügten über eine ausgeprägte Marktmacht, und auch die Markenhersteller agierten eher zurückhaltend, als das unbekannte Online-Unternehmen Produktanfragen stellte.

Für eine Marktneuheit wie Glossybox blieb zumeist nur wenig Platz, trat die Kosmetikindustrie doch typisch traditionell auf: Entscheidungswege waren lang und Prozesse oft eingefahren. Probenausschüttungen in großer Anzahl konnten den Markenwert bekannter Anbieter gefährden, während kleine Luxusanbieter die gefragten Mengen oft nicht schnell genug nachliefern konnten. Glossybox war so zunächst durch die Anzahl seiner Proben begrenzt und hatte Probleme mit der Planung seiner Versendungen. In Großbritannien reichte dies so weit, dass teilweise erst mit drei Monaten Verspätung verschickt wurde. Typisch Samwer eben: Glossybox war so schnell gestartet, dass es zwar viele potenzielle Wettbewerber von einer Gründung abgeschreckt hatte, kannte sein Geschäft aber nur in der Theorie und war hastig zusammengestückelt worden. Im Gegensatz zu Zalando, das die Samwers bereits sehr verlässlich kannten und dessen Verkaufsumsätze sie durch das breite Angebot planbar steigern konnten, mussten sie bei Glossybox erst selbst aufwendig das Geschäft erlernen und einen internationalen Ausbau forcieren, um in attraktive Umsatzregionen zu gelangen. Eineinhalb Jahre nach seiner Gründung beschäftigte Glossybox über 300 Mitarbeiter und belieferte weltweit rund 200.000 Kundinnen in 16 Ländern. Glossybox hatte es damit sogar vermocht, deutlich schneller und globaler zu wachsen als sein Vorbild Birchbox, musste sich aber auch fragen, wohin die Reise gehen sollte.

Neben den Samwers hatten bis zum Ende des Jahres 2012 Geldgeber wie der russisch-amerikanische Industrielle Len Blavatnik und die Samwer-Lieblinge Holtzbrinck Ventures und Investment AB Kinnevik 55 Millionen Euro in den Boxenversender investiert. Eine für deutsche Verhältnisse sehr stattliche Finanzierung, die auch entsprechend hohe Erwartungen bei den Geldgebern der Samwers wecken würden. Glossybox hatte sich nach den anfänglichen Schwierigkeiten zu einem soliden mittelgroßen Unternehmen entwickelt, war jedoch weit davon entfernt, ein Erfolg wie Zalando zu werden. Das Unternehmen expandierte international und wuchs konstant, konnte bei seinen Ausweitungsversuchen des Geschäfts aber keine Erfolge erzielen. Aus Sicht der Samwers war hingegen wichtiger, dass Glossybox den Beweis erbracht hatte, dass sie mit Rocket ebenfalls in der Lage waren, Geschäftsmodelle mit realen Gütern von Beginn an international umzusetzen. Sie hatten gelernt, wie ein globaler E-Commerce-Start funktionierte, gleichzeitig aber einsehen müssen, dass sie einfachere, etabliertere Modelle deutlich effizienter umsetzen konnten.

Fokusänderung mit Folgen: Mit einem Mal radikal international

Die Denkmuster von Oliver Samwer und seinen Brüdern hatten sich also verändert. Ihre Erfolge beim internationalen Aufbau von Groupon und Zalando hatten ihnen neue Möglichkeiten aufgezeigt und die Ambitionen für alles

Folgende noch einmal erhöht. Dass spätere Gründungen wie Wimdu oder Glossybox dieses Know-how nutzten und von diesen Erfahrungen der Samwers geprägt wurden, war da nur konsequent. Die Privatzimmervermittlung und der Abo-Commerce-Anbieter hatten den Samwers Erfahrungswerte geliefert, wie sich die Dynamik einer Gründung verändert, wenn von Beginn an eine internationale Perspektive verfolgt wird. Sie erbrachten den Beweis, dass Rockets Infrastruktur diesen Herausforderungen gewachsen war, wenngleich es sich für die Samwers eher empfahl, Modelle anzuwenden, die sie in ihrer Umsetzung bereits gut kannten. Nicht nur die Gründungen des Inkubators veränderten deshalb mit der Zeit ihre Dynamik. Auch Rocket Internet selbst trat in eine neue Phase ein: Die Samwers trachteten fortan danach, Rocket zu einem weltweit operierenden Spartenkonzern auszubauen, der nicht mehr sequenziell mehrere Ansätze in einem Markt aufbaute, sondern stattdessen einige ausgewählte Geschäftsmodelle parallel auf internationaler Ebene vorantrieb, insbesondere in Internet-Entwicklungsregionen.

Diese Entscheidung kam nicht über Nacht. Mit Groupon hatten die Samwers bereits auf unterschiedlichen Kontinenten Brückenköpfe errichtet und sich ein ausgedehntes Netzwerk an Wissensträgern und Kontaktleuten aufgebaut. Und nachdem auch Zalando begann, in Brasilien und Russland erfolgreich zu sein, beschlossen die Samwers im Herbst 2011, ihr Fashion-Modell in weitere Länder zu tragen. Egal ob Indien, Südostasien oder Australien: Kaum eine Region erschien zu exotisch. Nun galt es, dieses Vorgehen über mehrere Geschäftsmodelle und unterschiedliche Märkte hinweg für Rocket Internet zu systematisieren. Was bei Zalando klappte, musste auch mit Rocket funktionieren. Gemeinsam mit den Geschäftsführern ihres Inkubators begann das Brüdertrio, die nach ihrem Dafürhalten zehn besten Geschäftsmodelle aller Zeiten auszuwählen und recherchierte, welche Regionen ein hohes Bruttoinlandsprodukt aufwiesen und jene Modelle noch nicht für sich erschlossen hatten. Neben eher klassischen Internetdisziplinen wie Kleinanzeigen oder Marktplätzen nach dem Ebay-Modell brachte dieses Suchraster vor allem E-Commerce-Ansätze in den Bereichen Fashion, Elektronik und Möbel zutage.

Jenen eher historisch geprägten Blick ergänzten Oliver Samwer und seine Brüder um Überlegungen, welche Geschäftsmodelle zwar ein höheres Risiko bedeuteten, weil sie noch nicht umfangreich etabliert waren, dafür aber die Chance boten, einen Markt durch ihren Innovationsgrad gänzlich umzuwälzen. Bei der Frage, was sich als nächstes Groupon herausstellen könnte, gelangten sie insbesondere zu Payment-Ansätzen – Geschäftsideen, die sich mit Bezahlen im Internet beschäftigten. Auf Grundlage dieser Recherche änderte Rocket Internet sein Vorgehen und plante, fortan einige wenige ausgewählte Geschäftsmodelle auf internationalem Level umzusetzen, anstatt wie bisher nach dem Trial-and-Error-Prinzip Dutzende Geschäftsideen gleichzeitig zu kopieren. Den Samwers war nicht verborgen geblieben, dass sich die Umstände für Inkubatoren geändert hatten. Häufig genügte es nicht mehr, fremde Gründungsvorhaben in hohem Tempo nachzubauen und anschließend darauf zu hoffen, das eigene Vorbild oder einen Wettbewerber zum Kauf zu bewegen.

Während andere Inkubatoren eingingen, zum Ausrollhelfer von US-Anbietern wurden, sich reduzierten oder spezialisierten, veränderte Rocket sein Vorgehen und wandelte sich vom Kopisten vieler Start-up-Ideen zum globalen Architekten von Modellen mit interner Blaupause. Dazu erkoren die Berliner vorwiegend Entwicklungsregionen wie Südostasien, Lateinamerika oder Afrika aus, in denen es an ernst zu nehmender Konkurrenz vielfach mangelte und die bald einen Aufschwung des Internetsegments erfahren würden. Denn durch ihre hohe Bevölkerungsanzahl erlaubten jene Internet-Underdogs ein massives Wachstum. Vor allem nahmen die Samwers an, dass der Handel in diesen Regionen die klassischen Strukturen überspringen und unvermittelt auf E-Commerce-Modelle setzen würde. In ganz ähnlicher Weise hatte sich bereits gezeigt, dass in Entwicklungsmärkten häufig Mobiltelefone eine bessere Verbreitung erfahren hatten, als die im Westen fest etablierte Festnetzleitung.

»Diese Länder zeichnen sich durch höhere Komplexität aus. Einerseits dauert es vielleicht länger, bis man eine Firma gründen kann, ein Warenlager zur Verfügung hat, oder es gibt keinen großen Logistikdienstleister vor Ort. Andererseits bieten solche Märkte meist höhere Margen. Die größere Komplexität wird also dadurch belohnt, dass man höhere Marktanteile erringen kann und mehr verdient. Dennoch konzentrieren sich 95 Prozent des globalen Wachstumskapitals auf die USA und China – das heißt, der Rest der Welt bekommt relativ wenig Geld ab.«

Oliver Samwer über die Auswahl seiner neuen Zielmärkte[167]

Als Auswahlkriterien eines solchen Gefüges konzentrierte Rocket sich auf Märkte, die eine Größe von über einer Milliarde Dollar aufwiesen und Umsatzpotenziale von 100 Millionen Dollar und mehr versprachen. Der Berliner Firmenbrutkasten setzte darauf, dass in jenen Märkten analog zum Wachstum des allgemeinen Handels auch ein vergleichbares Wachstum des E-Commerce-Anteils einsetzen würde. Von der Kombination aus einem bewiesenen Geschäftsmodell und geringem Wettbewerb versprachen sich die Samwers, diese Märkte früh zu besetzen. Dass dieses Vorhaben aufgehen könnte, hatte Zalandos Bigfoot-Pendant bereits bewiesen.

Rocket-Prämisse[168]	Betrachtungsgröße	Lateinamerika	Südostasien	Indien	Russland
Große Märkte	Einwohner (in Mio.)	446	559	1.241	142
Makroökonomisches Wachstum	jährliche Wachstumsrate BIP 2010–15E	3,9 %	4,6 %	7,0 %	3,9 %
Wachstum beim Handel	jährliche Wachstumsrate 2010–15E	6,3 %	8,9 %	8,9 %	8,2 %
E-Commerce-Wachstum	jährliche Wachstumsrate 2010–15E	24,3 %	24,3 %	123,6 %	31,5 %

Mit Lateinamerika, Südostasien, Indien und Russland hatten Oliver Samwer und seine Brüder gleich vier Internet-Entwicklungsregionen der BRICS-Staaten identifiziert, zu denen sich mit der Zeit der afrikanische Kontinent, einzelne Nischenländer wie Pakistan, Kasachstan oder die Vereinigten Arabischen Emirate sowie etablierte Regionen wie Australien oder die USA gesellten. Für Investoren hatte es bis dahin keinen sicher planbaren Zugang zu diesen Regionen gegeben, weshalb viele potente Geldgeber womöglich ein Interesse an einer Samwer-Beteiligung hegen würden. Keine falsche Annahme, wie sich zeigen sollte. Rocket würde fortan Vehikel für diese Art der Investitionen bieten und zunächst mehrere Märkte antesten und die vielversprechenden anschließend »samwermäßig« ausbauen – wenn nötig inklusive all jener kulturellen Anpassungsprozesse und operativen Stolpersteine des Tagesgeschäfts. Die Samwers betraten praktisch Neuland: Unternehmen, die ein vergleichbares Vorgehen in derart institutionalisierter Form wagten, ließen sich an einer Hand abzählen.

»Diese Länder sind für den Onlinehandel besonders interessant. Zum einen ist der Handel ohnehin der größte Sektor in jeder Volkswirtschaft und diese Trillionen von Offline-Dollar verlagern sich gerade sukzessive ins In-

ternet. Und in diesen Wachstumsmärkten gibt es noch gar nicht diese weit entwickelte Einzelhandels-Infrastruktur wie bei uns. Deswegen gibt es auch größere Möglichkeiten online: Je weniger Läden es gibt, desto schneller entwickelt sich der E-Commerce. Das sieht man zum Beispiel in China: Dort ist der Anteil des Onlinehandels höher als in den USA. Und in Kolumbien, Brasilien, Russland oder Vietnam gibt es in der Fläche noch weniger Läden. Deshalb wachsen wir in diesen Ländern noch schneller als in Europa.«

Oliver Samwer über Rockets neuen internationalen Fokus[169]

Wenn man so will, begann Rocket damit, sich selbst zu kopieren. Selbst wenn alle ausgewählten Märkte funktionierten, boten sich dennoch Potenziale, das bestehende Kerngeschäft in diese Regionen zu tragen. Den Samwers war inzwischen bewusst, was sich mit einer internationalen Skalierung verband und welche Ablaufschritte in welcher Phase an Bedeutung gewinnen würden. Inhaltlich zählten vor allem IT und Online-Marketing zu den großen Stärken des Inkubators, der darüber hinaus über ein umfangreiches Netzwerk zu Kapital verfügte. Inhaltlich setzte Rocket vor allem auf E-Commerce-Modelle – eine ironische Kehrtwende, denn Oliver Samwer hatte diese Sparte speziell zu Zeiten des EFF noch kategorisch abgelehnt. Lange hatte ihn eine ausgemachte Abneigung gegen E-Commerce als Geschäftsmodell begleitet, weil er sich daran gestört hatte, dass E-Commerce-Ansätze für gewöhnlich nur geringe Margen sowie überschaubare Multiples im Falle eines Verkaufs boten. Aus seinen Erfahrungen mit dem von Alexander Samwer verantworteten Zalando hatte sich der ehrgeizige Unternehmer aber inzwischen eine andere Meinung gebildet.

So viel zur Theorie, doch wie verändert sich das Leben dreier Männer, die fortan noch mehr Menschen auf noch mehr Kontinenten steuern mussten? Im Falle von Oliver Samwer wurde es wohl deutlich einsamer. Der für seine langen Tage und unmenschliche Arbeitskraft bekannte Unternehmer wurde zu einem Weltenbummler, der zwischen den Kontinenten reiste und sein gesamtes Imperium per Telefon steuerte. Ein Mann auf Reisen, der nicht selten stundenlange Flüge in Kauf nahm, um Teams vor Ort einzupeitschen. Und obwohl er es nie zugeben würde, war der nach außen so bescheiden wirkende Oliver Samwer ungemein scharf auf den Status als

HON Circle Member, die höchste Klasse des Miles-and-More-Programms der Lufthansa. Oliver Samwers Büro waren eben all die Flughäfen und Taxis dieser Welt. Doch während er in der Öffentlichkeit und vor seinen Gründerscharen gern so tat, als würde er sparsam leben und auf teure Statussymbole nichts geben, war an seinem Lebensstil in Wirklichkeit nichts bescheiden. Immer der Beste zu sein, das Beste zu besitzen und zur exklusiven Elite zu gehören, ist ein zentraler Wert Oliver Samwers. Ein Lebensstil, der aber auch seinen Preis hatte, denn er wirkte mit der Zeit äußerlich zusehends fahrig, übermüdet und blass-wächsern.

Dem in Wirklichkeit ungemein risikoaversen Samwer wird bis heute eine ausgeprägte Angst vor dem Tod und vor Krankheiten nachgesagt. Auch wenn er stets viel Sport getrieben hat und auf seine Ernährung achtete, sollten die starken Belastungen des Berufsalltags auch bei ihm Spuren hinterlassen. Dennoch grassieren Dutzende Geschichten über einen Oliver Samwer, der etwa nach Japan reist und noch am selben Tag einen Flieger nach Brasilien besteigt, um sich dort gerade noch auf den Beinen zu halten und eine sechsstündige Sales-Einführung zu geben. Ehrfürchtige Gruselgeschichten wie diese raunen sich aktuelle und ehemalige Rocket-Mitstreiter immer wieder zu. Vor allem veränderte sich aber das Beziehungsgefüge rund um die Samwers. Während Alexander Samwer sich zusehends aus Rockets Geschäft zurückzog und einzelne Gründungen betreute, zeigte sich Rockets Führung vom neuen Kurs zusehends genervt.

Die Separatistengruppe Project A

Rockets Neuausrichtung bedeutete mithin nicht nur eine massive Umstellung der Prozesse sowie einen gestiegenen Kapitalbedarf – sie hatte auf der Personalseite auch einen hohen Preis: Mit Florian Heinemann, Christian Weiß und Uwe Horstmann entschlossen sich gleich drei von Rocket Internets Geschäftsführern, die neue Stoßrichtung der Samwers nicht mehr zu unterstützen. Das Trio hatte dem Inkubator zum Teil seit Beginn geholfen, seine Internetprojekte auf den Weg zu bringen, und zählte zu den wesentlichen Wissensträgern des Unternehmens. Doch für Oliver Samwers neuesten Plan, die Welt mit Abbildern von Rockets Erfolgsgründungen zu überfluten, waren Heinemann, Weiß und Horstmann nicht mehr die Richtigen. Nachdem andere Kernakteure wie Christian Vollmann, Lukas Brosseder und

David Khalil bereits nach der Gründung von Edarling aus dem engen Kreis der Samwers getreten waren, wollten auch sie wieder kleinere Gründungen anschieben, anstatt in industrieller Weise immer dieselben Geschäftsmodelle in Auslandsmärkte zu exportieren. Oliver Samwers Wegbegleiter waren das Exportgründen nach Schema F leid. Der inhaltlichen Unzufriedenheit schlossen sich darüber hinaus ausgeprägte finanzielle Unstimmigkeiten an, nachdem sich einige finanzielle Gesichtspunkte nicht so entwickelt hatten, wie Oliver Samwer dies mit seinem Führungsstab besprochen hatte. Das Fass zum Überlaufen brachte der mittlere Samwer, als er einen seiner in China aktiven Gründer zu Rockets Geschäftsführerriege aus jahrelang befreundeten Experten hinzufügen wollte und damit klarmachte, dass er für andere nicht zu kontrollieren war und auf lange gewachsene Beziehungen keine Rücksicht nahm.

Schließlich fiel im Jahr 2011 die Entscheidung, dass es bei Rocket Internet keine weitere Zukunft für Heinemann, Weiß und Horstmann geben würde. Gemeinsam mit Thies Sander, dem Geschäftsführer des Samwer'schen Preisvergleichs TopTarif, fiel die Entscheidung, einen eigenen Inkubator zu gründen. Das notwendige Kapital dafür sollte durch den Handelskonzern Otto beigesteuert werden, und wollten Rockets Separatisten möglichst viele Rocket-Kräfte für ihre Sache gewinnen, musste es schnell gehen. Anfang 2012 setzte daher ein Wandel ein, der für Rocket Internet zum massivsten Mitarbeiterwechsel seiner Geschichte werden sollte – ein erdrutschartiger Management-Abgang nahm seinen Lauf, der in der Schaffung des neuen Inkubators »Project A Ventures« mündete.

Für die Samwer-Brüder begann das Jahr 2012 entsprechend verheerend: Mit Heinemann, Weiß und Horstmann waren nicht nur drei enge Vertraute und lange Wegbegleiter abgewandert, sondern gleichzeitig einige der relevantesten Wissensträger. Lange hatten die drei Geschäftsführer durch ihre Arbeit dazu beigetragen, den Wissenstransfer innerhalb von Rocket Internet zu gewährleisten und gleichzeitig die Scherben hinter den Samwers aufgekehrt, wenn diese die ungeschriebenen Gesetze der Branche mitunter recht skrupellos ignorierten. Nun verließen auch die längsten Getreuen der drei Brüder das Unternehmen und nahmen bei ihrem Weggang umfangreiches Wissen, viele Kontakte und zahlreiche Mitarbeiter mit sich. Insgesamt rund zehn Prozent seines Personals büßte Rocket Internet für die hausinterne Ausgründung ein. Es bedurfte keiner Hellseherei zu erahnen, wie es um die Stimmung bei Rocket bestellt war. Als wäre der fachliche Verlust nicht schlimm genug, machten Berichte über die cholerische und mitunter tyrannische Art der Samwers die Runde. Zu sehr hatte vor allem Oliver Samwer Deals auf seinen eigenen Vorteil optimiert und dabei mit seiner aufbrausenden, manipulativen Art gleich mehrere Kernakteure verprellt.

Öffentlich quittierte er den Weggang von Heinemann und Co. durch Abwiegelungen und Schweigen, innerlich kochte er jedoch vor Wut und fühlte sich verraten. Auch die Quasiverwandtschaft von Florian Heinemann, der eine Cousine der Samwers geheiratet hatte, konnte nichts daran ändern, dass Oliver Samwer mit dem Führungsquartett brach. In der Wahrnehmung des erfolgshungrigen Unternehmers kam es einem Verrat gleich, dass jene Angestellten, die er reich gemacht und weitergebildet hatte, ihm nun den Rücken kehrten. Vor allem schickte Project A sich mit 50 Millionen Euro der Otto-Gruppe an, zu einem direkten Kontrahenten von Rocket Internet zu werden. Das Familienunternehmen aus Hamburg hatte mit Mirapodo erfolglos einen direkten Wettbewerber von Zalando gestellt und galt hinter vorgehaltener Hand als frustriert und genervt von der Aggressivität der Samwers. Nun finanzierte Otto die Dissidenten des Samwer'schen Vorzeigeprojekts mit durchaus attraktiven Konditionen und erhielt Zugriff auf eine an Rocket orientierte Prozess- und Systembasis, die es erlaubte, Gründungen mit hohem Tempo schnell und effektiv wachsen zu lassen.

Rocket wird vom Mittelständler zum Konzern

Rocket Internet hatte damit einen herben Rückschlag durch das Abwandern seiner unterschiedlichen Experten zu verdauen. Zwar waren nach der umfangreichen Management-Erosion noch viele talentierte Mitarbeiter verblieben, die nun mehr Verantwortung übernahmen, doch auf dem Sprung zu einem weltweit agierenden Großunternehmen riss der Weggang gleich mehrerer Integrationsfiguren ein breites Loch in den Planungsablauf der Samwers. Bis dato hatten sie die Geschicke ihrer Gründungsmaschinerie auf wenige Expertenschultern verteilt. Nun standen sie vor der Herausforderung, ihre Organisation so umbauen zu müssen, dass ihre ambitionierten Expansionspläne umgesetzt und gleichzeitig ein erneutes Ausbluten verhindert werden konnte. In dieser Form war der bisherige Firmenaufbau des Brutkastens nicht mehr praktizierbar – es musste umgedacht werden.

Rocket stellt seine Struktur vollständig um

Eine der zentralen Figuren in Rockets neuem Firmenaufbau sollte Alexander Kudlich werden, ein ruhiger und gefasster Manager, der von 2005 bis 2008 Assistent des Vorstandsvorsitzenden der Axel Springer AG war und anschließend unterschiedliche Führungspositionen beim Berliner Affiliate-Marketing-Netzwerk Zanox durchlaufen hatte. Bekannt geworden war Kudlich mit Oliver Samwer zur Hochphase des European Founders Funds, während deren Axel Springer gleich mehrere Samwer-Beteiligungen für ein Investment inspiziert hatte. Auf der Suche nach einer neuen Herausforderung sprach Kudlich Oliver Samwer an und führte auch mit den Rocket-Geschäftsführern Florian Heinemann und Christian Weiß intensive Gespräche.

Im Mai 2011, noch ehe klar war, dass eine ganze Reihe von relevanten Rocket-Mitarbeitern das Unternehmen verlassen würde, unterschrieb Alexander Kudlich einen Vertrag, der ihn ab dem 1. September 2011 zu einem Geschäftsführer machen und ihm die Verantwortung für das Thema Venture Development, also die Betreuung und Weiterentwicklung neuer Gründungen, übertragen sollte. Doch kaum dass der 31-Jährige seine neue Position angetreten hatte, gingen mit Florian Heinemann, Christian Weiß und Uwe Horstmann gleich drei von vier Geschäftsführern – ganz zu schweigen von den zahlreichen Experten des Unternehmens, die sie begleiteten. Einzig der treue Samwer-Gefolgsmann Arnt Jeschke war Rocket Internet als Geschäftsführer erhalten geblieben.

Gemeinsam mit den Samwers stand Alexander Kudlich vor der Herausforderung, den kaum viereinhalb Jahre alten Inkubator zu einem weltweit operierenden Konzern umbauen zu müssen, wobei nahezu alle ehemals verteilten Funktionen nun auf dem neuen Rocket-Geschäftsführer lasteten. Es galt, eine starke zweite Ebene aufzubauen und die bis dato kleine Organisation breiter aufzustellen. Vor allem befand sich der Berliner Brutkasten an einem wichtigen Wendepunkt: Nach den Erfahrungen mit Groupon und Zalando endete 2011 für Rocket Internet jene Phase, in welcher der Inkubator sich darauf beschränkte, unterschiedliche Geschäftsmodelle in einem Spiel aus Versuch und Irrtum auf deutsch-europäischer Ebene umzusetzen. Bis zu diesem Zeitpunkt hatte sich der gesamte Führungsstab fortlaufend bei einzelnen nationalen Themen eingebracht und eine je eigene Expertise beigesteuert. Rocket war ein Mittelständler mit unterschiedlichen Geschäftsfeldern und verteiltem Wissen. Nun war dieser Mittelständler im Begriff, einen weitreichenden Wandel zu einem global operierenden Konzern mit E-Commerce-Modellen als Schwerpunkt zu vollziehen.

Unter der organisatorischen Leitung von Alexander Kudlich musste eine Organisationsstruktur gefunden werden, die das schnelle, systematische und parallele Ausrollen von mehreren Gründungsvorhaben über mehrere Kontinente hinweg ermöglichte. Gleichzeitig musste dieser Umbau einen intensiven Wissenstransfer erlauben, ohne dass Rocket Internet personal- und expertiseseitig ausbluten würde. Denn allzu oft hatten die Samwers beobachten können, wie ihre Experten in unterschiedlichen Gründungen aufgingen und Rocket Internet mitsamt ihrem Wissen und ihren Kontakten verließen. Für ihre Gründungen war es einfach und bequem, auf diese Ressourcen zurückzugreifen und sie mit der Zeit abzuwerben. Und bei einem Rocket Internet, das fortan global agieren und wesentlich größer skalierte Unternehmen anschieben wollte, hätte diese Praktik umso weitreichendere Ausmaße angenommen. An der Schwelle zu einem Konzern mit internationalen Dimensionen stellte sich also die Frage, wie dieses Szenario zu verhindern sei und gleichzeitig ein effektiver Unternehmensaufbau aussehen könnte, bei dem auch die notwendige Beschleunigung gewahrt blieb.

> *»Wir gehen in ein Land immer mit Touristen-Visa. [...] Google geht mit Business-Visa. Aber ein Business-Visum zu erhalten kann drei Monate dauern. Ich erinnere mich noch, als eine Art Polizei unsere Büros besucht hat und wir alle zu Hause gearbeitet haben an diesem Tag. Alles war leer, nur Einheimische waren da. [...] Ich denke, man muss einfach ultra pragmatisch sein. Und keine Zeit darauf verwenden, was wäre wenn usw. Die Leute denken allgemein zu viel darüber nach, was das Problem ist, worin die Herausforderung besteht. Wirklich, für eine Internationalisierung ist es in jedem Land dasselbe. Nur bei China würde ich sagen, dass ich fernbleibe.«*

Oliver Samwer über den Pragmatismus
seiner weltweiten Internationalisierung[170]

In jeder der von den Samwers bearbeiteten Nationen eigene Experten zu finden, war ein ebenso unrealistisches Szenario wie die Erstellung einer Dokumentationsstruktur zur Verteilung von Know-how und Kontakten für sämtliche Gründungen. Die Samwers entschieden sich daher für einen Mittelweg, indem sie in Berlin eine Zentrale schufen, die sich darauf konzentrierte, zentrale Funktionen des Gründungsprozesses umzusetzen und diese anschließend weltweit auszuteilen. In dieser Zeit reisten die Experten des Inkubators zu den einzelnen Lokationen und leiteten die Gründerteams vor Ort temporär. Wie schon Jamba und Groupon begann auch Rocket damit, eine zentrale Internationalisierungsstrategie zu entwickeln. Mit Blaupausen für jedes seiner Gründungsvorhaben klonte der Berliner Inkubator quasi seine eigene Arbeit. Rocket wurde zu einem zentralisierten Konzern, der von Berlin aus seine Wertschöpfung entfaltete und zur Not zeitweise lokale Dienstleistungen wie die Unterstützung bei Bewerbungsgesprächen oder das Bereitstellen von IT-Strukturen übernehmen konnte. Anstatt wie bisher alle seine Experten zur Unterstützung in eine einzelne Gründung zu schicken, etablierten die Samwers eine Art Experten-Eingreiftruppe, mit der die Erfahrungen des Inkubators über zahlreiche Gründungen verteilt wurden. Damit Rockets Experten-Kapital aber nicht in einzelnen lokalen Start-ups verschwand, definierten die Samwers als eiserne Regel, dass es ohne Einigung keinem Venture erlaubt war, Mitarbeiter von einer anderen Rocket-Gründung oder dem Inkubator selbst abzuwerben.

In seinem zentralisierten Aufbau fand Rocket Internet ein Konstrukt, in dem dieselben Fachexperten mitunter 80 Webseiten-Launches in Reihe begleiteten und die auf diese Weise gewonnenen Einsichten und Erfahrungen bei Rocket selbst einbrachten. Anhand von großen E-Mail-Verteilern wurden unternehmensübergreifend Lerneffekte und Wissen geteilt, schließlich hatte der kommunikative Austausch stets eine wichtige Rolle im Universum der Samwers gespielt – speziell Oliver Samwer war dafür bekannt, Probleme gerne einmal mithilfe von spontanen Telefonkonferenzen zu lösen – Zalandos »War Rooms« ließen grüßen. Einen wichtigen Wendepunkt dieses Konstrukts bildete deshalb auch die Einrichtung von kleineren Rocket-Auslandsbüros. Neben seiner Berliner Zentrale mit rund 300 Mitarbeitern und einem 150 Mann starken Programmierzentrum in Portugal begann Rocket größere Standortableger in Brasilien, Indien, Südostasien und Afrika zu etablieren, in denen jeweils zwischen 20 und 80 Mitarbeiter die regionalen Belange des Inkubators betreuten. An Standorten wie Holland, Italien, Großbritannien oder Russland schufen Alexander Kudlich und sein Team derweil kleinere Ableger mit fünf bis zehn Angestellten.

Jedes von Rockets Auslandsbüros wurde generalistisch aufgebaut und deckte unterschiedliche Arbeitsbereiche wie Online-Marketing, Business-Development oder IT zugleich ab, sodass die größeren Auslandsableger in der Lage waren, eigenständig neue Webseiten und Unternehmen zu starten. Mit Brückenköpfen in den jeweiligen Zielorten war es den Samwers möglich, vor Ort eigenes unternehmerisches Talent aufzutun, während die anfallenden Expertenthemen aus Berlin gesteuert und deren Umsetzung mit Dokumentationen definiert wurden. So entstand von Berlin aus etwa das von allen Rocket-Gründungen verwendete Shopsystem »Alice und Bob«, mit dem ein Onlineshop rasant aufgebaut werden konnte. Es wurde um Anleitungen zu Themen wie die Verwaltung von Kundenbeziehungen (CRM), Datenbanklösungen oder Social-Media-Marketing ergänzt.

In Ergänzung zu seinen eigenen Regionalbüros etablierte Rocket Internet für jedes Start-up (beispielsweise die ausländischen Zalando-Ableger) ein Hauptquartier in der wirtschaftlich bedeutsamsten Stadt der Region. In diesen Verbundzentralen wurden die wesentlichen Prozessabläufe der Start-ups umgesetzt, während kleinere Büros in den jeweiligen Aktivmärkten kundennahe Vorgänge wie den Vertrieb oder den Kundendienst abbildeten. So steuerte der Inkubator seine Aktivitäten im Mittleren Osten etwa von Kairo aus, während Singapur zur zentralen Anlaufstelle für Südostasien wurde. Die Mischung aus breit aufgestellter Zentrale und mehreren Satelliten erforderte derweil eine Recruiting-Maschinerie, die in der Lage war, schnell und ohne großen Aufwand unterschiedliche Positionen auf nahezu jedem Kontinent des Erdballs zu besetzen.

Das Herzstück dieser Architektur bildete das Personalwesen der Samwers. Die Geschwindigkeit, mit der Rocket es damit vermochte, neue Mitarbeiter zu verpflichten, sucht seinesgleichen. In kaum zwei Jahren wuchs der Inkubator auf über 1.000 Angestellte und zählte in seinen weltweiten Firmengründungen über 25.000 Mitarbeiter. Neben der Verpflichtung neuer Talente wurden Rockets Rekrutierungsmaßnahmen ausgeweitet und ein Trainee-Programm gestartet, mit dem Rocket sich seinen Nachwuchs für schwer zu besetzende Positionen selbst heranzog. Zentral beim schnellen Aufbau der gesamten Infrastruktur des nun weltweit agierenden Inkubators wurden sogenannte GVD-Manager, Angestellte des Mitarbeiterprogramms Global Venture Development (GVD). Diese jungen Absolventen reisten für ein Jahr um den Globus, um circa vier unterschiedliche Rocket-Start-ups mit Projektarbeit zu

Rocket Internets neuer Firmenaufbau

Zentrale
Berlin, Deutschland
≈ 300 Mitarbeiter

Technologie-Center
Porto, Portugal
≈ 150 Mitarbeiter

Größere Regionalbüros

Brasilien
Sao Paulo
≈ 80 Mitarbeiter

Indien
Gurgaon
≈ 40 Mitarbeiter

Südostasien
Jakarta, Indonesien
≈ 40 Mitarbeiter

Afrika
Lagos, Nigeria
≈ 40 Mitarbeiter

Kleinere Regionalbüros (je ca. 5 – 10 Mitarbeiter)

Nordamerika

USA
New York

USA
San Francisco

Deutschland
München

Benelux
Amsterdam

Frankreich
Paris

Europa

Großbritannien
London

Italien
Mailand

Polen
Warschau

Russland
Moskau

Skandinavien
Stockholm

Argentinien
Buenos Aires

Chile
Santiago

Kolumbien
Bogotá

Südamerika

Mexiko
Mexiko-Stadt

Peru
Lima

Venezuela
Caracas

Asien

Südkorea
Seoul

Philippinen
Makati

VAE
Dubai

Hongkong
Kowloon

Ägypten
Kairo

Marokko
Casablanca

Südafrika
Kapstadt

Afrika

unterstützen. Rocket verstand es, seinen Mitarbeitern den Anstrich von Gründertum und Entrepreneurship zu verleihen, obwohl sich das Berliner Unternehmen zu einem Konzern gewandelt hatte, der sich auf die Suche nach Managern für seine unterschiedlichen ausländischen Geschäftsbereiche machte. Dennoch traf Rocket jenen Zeitgeist, der ehrgeizige Wirtschaftsabsolventen erfasst hatte, die andernfalls zu einer Unternehmensberatung oder Investmentbank gegangen wären, sich aber eigentlich für eine eigenverantwortliche Rolle interessierten.

»Bis heute hat Rocket meines Wissens eigentlich keine eigenen Mitarbeiter in Südostasien und im Mittleren Osten stationiert. Alle Mitarbeiter sind bei den Unternehmen direkt angestellt, es wurde aber stets versucht, Ressourcen möglichst zu teilen, wobei Büros mit günstigen Mieten gesucht und Economy Class geflogen wurde. Es ging also um die Verbindung aus Wissenstransfer und Kostenersparnis. Rocket-Mitarbeiter flogen ein und coachten die Teams vor Ort mit dem Wissen, das global eingesammelt wurde. Der Rest war harte Arbeit: Wenn ein Launch anstand, wurde in den Auslandsdivisionen schon mal gerne bis morgens um 4.00 Uhr gearbeitet. Viele arbeiteten auch sonntags und das Wachstum war enorm.«

Ein ehemaliger Mitarbeiter aus Rockets internationalem Führungsstab

In diesem neu geschaffenen Konstrukt kam Alexander Kudlich die Aufgabe zu, den Aufbau neuer Gründungen der Rocket-Zentrale zu betreuen und das Bestandsgeschäft im Nicht-E-Commerce-Bereich zu managen. Während sich Marc und Oliver Samwer arbeitsteilig um Rockets E-Commerce-Belange kümmerten – Oliver Samwer erarbeitete die Finanzierungen, Marc Samwer betreute das Recruiting – und Alexander Samwer seine Aufmerksamkeit auf Zalando und den Möbel-Onlineshop Home24 richtete, oblag es Kudlich, Rockets Innenleben zu führen. Ab dem April 2012 unterstützte ihn dabei der ehemalige Google-Manager Johannes Bruder, der als Co-Geschäftsführer die Bereiche Produkt und CRM (Kundenpflege) übernahm. Auf internationalem Parkett kam derweil den beiden ehemaligen Groupon-Managern Mads Faurholt-Jorgensen und Raphael Strauch eine wichtige Rolle zu. Sie wurden damit beauftragt, als Global Partner von Rocket Internet den internationalen Ausbau der Samwer-Gründungen vor Ort zu koordinieren. Insbesondere die Verpflichtung von Faurholt-Jorgensen soll den Ausschlag gegeben haben,

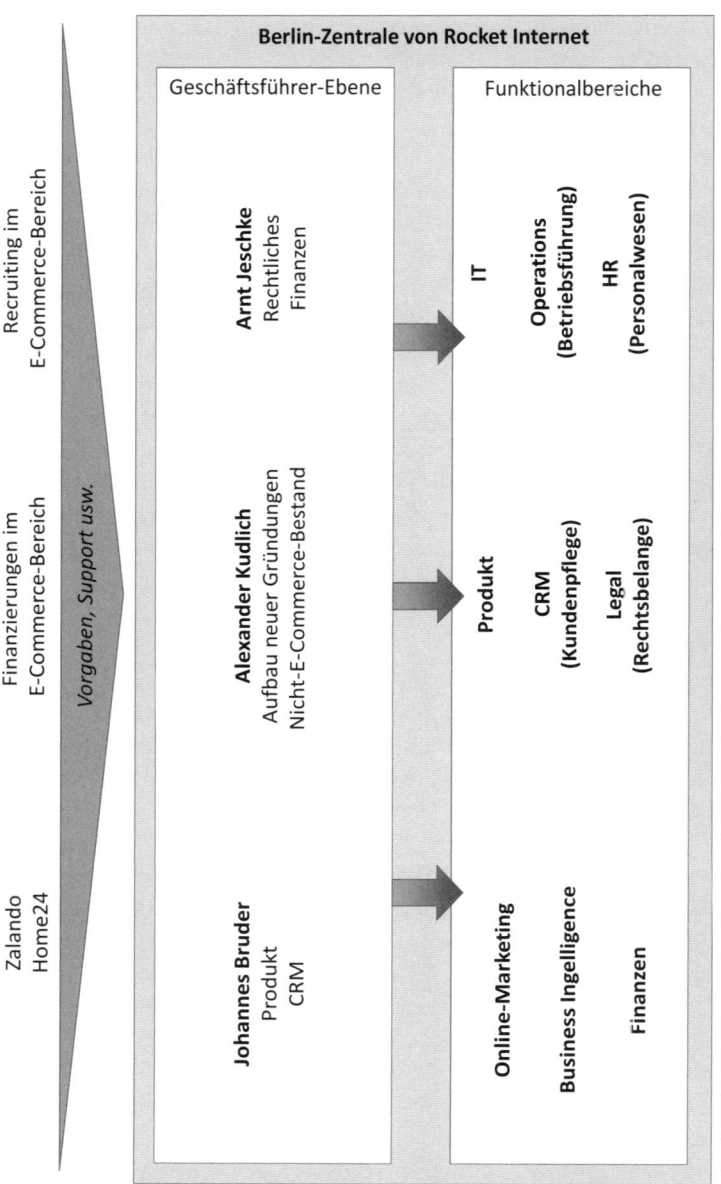

dass sich Rockets ehemalige Führungsriege zu Project A Ventures verabschiedet hatte. Denn die Verpflichtung des Skandinaviers hatte ihnen deutlich gemacht, dass Oliver Samwer bei der Besetzung seiner Posten durchaus eine gewisse Unberechenbarkeit an den Tag legte. Doch die Rocket-Zugehörigkeit von Mads Faurholt-Jorgensen und Raphael Strauch sollte ebenso von überschaubarer Dauer sein wie jene von Jan Wilmking, einem Berater, der zwischenzeitig Rockets Geschäftsführerriege verstärkte.

Die Samwers hatten aus ihren Fehlern der Vergangenheit gelernt und die Geschäftsführung von Rocket Internet dieses Mal losgelöst von Funktionen aufgebaut und unter ihren vier Unternehmenslenkern eine zweite Ebene aus Experten geschaffen. Unter dem Geschäftsführungslevel fanden sich mit den Themen Online-Marketing, Business Intelligence, Finanzen, Produkt, CRM, Legal, IT, Operations und HR insgesamt neun unterschiedliche Funktionsbereiche, die mit mehreren Experten bestückt waren, die Rockets unterschiedliche Gründungen für ihren Bereich schulten und mit Systemlösungen versorgten. Mit einer zentralisierten Struktur aus lenkenden Geschäftsführern und inhaltlich arbeitenden Funktionsexperten hatten die Samwers ein skalierbares Konstrukt geschaffen. Es war eine Lehre aus dem Project-A-Abgang, dass nicht das gesamte Expertenwissen des Inkubators auf wenige Schultern an der Spitze verteilt wurde. Stattdessen war Rocket Internet von einem Internetmischunternehmen zu einem Konzern mit Funktionalabteilungen gereift.

Zwischen Chaos und Geschwindigkeit

Mit der Umstellung auf das parallele Ausrollen von Geschäftsmodellen wurden für jede weltweite Neugründung vier Faktoren zentral: das Auffinden einer guten Geschäftsidee, der Erhalt einer Finanzierung, die Zusammenstellung eines schlagkräftigen Teams und die operative Umsetzung nach einem von Rocket vorgegebenen Standardmuster. Die Identifikation der jeweiligen Geschäftsidee ergab sich zunächst aus dem Zusammenspiel von Oliver Samwer, Alexander Kudlich und Rockets Ideen-Scout Mathias Müller, ehe sich Oliver Samwer an das Einsammeln von Kapital machte. Mit seiner weltweiten Prägung bewegten sich die Finanzierungsrunden des Inkubators zumeist nicht mehr unter fünf bis zehn Millionen Euro. Auch personalseitig setzten die Samwers nicht mehr auf junge Unternehmerpersönlichkeiten aus dem

Rockets Vorgehen bei der internationalen Inkubation:

EXIT

Identifikation attraktiver Geschäftsmodelle
- Geschäftsmodell-Identifikation durch Scouts
- Märkte von +$1Mrd.
- Umsatzpotenzial von +$100 Mio.

Firmenaufbau und Teambuilding
- Aufsetzen bewiesener Geschäftsmodelle
- Recruiting von Absolventen und ehemaligen Beratern

Operative Unterstützung
- Systemlösungen von Rocket
- Informationstechnologie
- Online-Marketing-Support
- Analyse und Optimierung
- Support-Dienstleistungen

Business-Monitoring und Optimierung
- Informationssysteme
- fortschreitendes Tracking zentraler Indikatoren

Pre-Seed-Phase

Seed-Phase

Early-Stage-Phase

Later-Stage-Phase

Universitätsumfeld der WHU, sondern vor allem auf ehemalige Unternehmensberater, Eliteabsolventen oder Banker, um einen hohen Umsetzungsstandard bei ihren Auslandsgründungen zu gewährleisten.

Das Rekrutieren eines Gründerteams oblag anschließend Alexander Kudlich, der mithilfe von Rockets breit aufgestellter Personalabteilung und den jeweiligen Regionalbüros des Inkubators die notwendigen Bedürfnisfaktoren definierte und binnen kürzester Zeit ein neues Gründerteam vor Ort zusammenstellte. War erst einmal ein regionales Gründerteam gefunden, setzte ein Standardprozedere ein. Rocket versah seine Verantwortlichen mit einer Organisationsskizze, die vorgab, welche Stellen mit welchem Personenprofil zu besetzen waren. Auf Basis seiner neun Funktionsbereiche steuerte es dann kostenpflichtige Expertenberatungen und Programmlösungen bei, mit denen sich der Firmenaufbau der jeweiligen Gründung massiv beschleunigen ließ.

Nach diesem Muster dauerte es durchschnittlich circa zwölf Wochen, um ein komplett neues Geschäftsmodell zu starten, gerade einmal vier Wochen, wenn die Idee für den Samwer-Inkubator bereits bekannt war. Legten es die Samwers darauf an, war es zur Not auch möglich, binnen zwei Wochen in mehreren Ländern gleichzeitig mit einer neuen Gründung zu starten. Rocket hatte ein durchorganisiertes Vorgehen zum systematischen Gründen neuer Unternehmen entwickelt, das auf dem Zusammenspiel von Geschäftsführertätigkeiten und unterschiedlichen Funktionalbereichen in der Zentrale des Firmenbrüters basierte. Dafür waren zementierte Prozesse entworfen und es entstand ein Diktat aus Performance und Geschwindigkeit, das für individuelle Abweichungen keinen Platz mehr ließ. Nicht selten arbeiteten Rockets Mitarbeiter 14 oder 15 Stunden am Tag, in den Auslandsdivisionen des Firmenbrüters gab es derweil praktisch überhaupt keine Limitierung der Arbeitszeit. Ein typischer Rocket-Mitarbeiter hatte immer an die Performance zu denken, menschliche Bedürfnisse standen nicht im Vordergrund. Auf Basis herausfordernder und kurz getakteter Ziele galt es, wie ein Roboter zu funktionieren, ein stressresistenter Soldat ohne Namen und Gesicht, der Aufträge erhielt und Rapport leisten musste. Wurde von diesen vorgegebenen Prozessen abgewichen, fielen die Reaktionen aggressiv aus. Rocket hatte die »Insecure Overachiever« aus der Beratungswelt für sich entdeckt und konnte Widerworte nicht gebrauchen.

»Die Atmosphäre in Rockets Portfoliounternehmen ist in Ordnung, man hat junge Leute, die viel arbeiten, und es herrscht Start-up-Atmosphäre vor. Im Rocket-Büro ist dies hingegen anders. Dort ist es ruhiger und man erwartet, dass 150 Prozent gegeben werden. Als karriereorientierter Workaholic ist man bei Rocket sehr gut aufgehoben. Es wird in kurzer Zeit viel Tiefenwissen vermittelt und es kommt zu einer entsprechenden Gehirnwäsche mit viel Druck. Als Mensch hat man aber keinen Stellenwert, man ist nur eine Nummer und hat nach den zwei Gesichtspunkten Performance und Geschwindigkeit zu funktionieren. Das macht sich auch in der Kommunikation bemerkbar. Regelmäßig gab es All-Hands-Meetings, in denen aber nur Belangloses erzählt wurde. Das eigene Team wurde ja nicht einmal über die Schließung des kompletten Türkei-Standorts informiert, selbst Monate danach nicht. Auch über ausgeschiedene Mitarbeiter wurde kein Wort verloren, während man neue Leute stets vorstellte.
Nachdem zunehmend mehr Mitarbeiter frustriert waren, änderte sich diese Haltung – gerade auch unter Alexander Kudlich und Johannes Bruder. Besonders Johannes Bruder ist im Unternehmen sehr beliebt, weil er den Druck der Samwers abfängt und positiver kommuniziert. Es wurde begonnen, transparenter zu kommunizieren, und man gab sein Bestes, sich zu verändern. Aber nicht immer ist dies möglich. Und über Abgänge wird bis heute nicht gesprochen.«

Zwei ehemalige Mitarbeiter über die Atmosphäre bei Rocket Internet

Nicht immer traf dieses Vorgehen in seiner praktischen Umsetzung auf entsprechende Gegenliebe, etwa als im August 2012 eine Angestellte der philippinischen Dependance verlauten ließ, die Entscheidungen des Inkubators würden »im Hitler-Stil« vonstatten gehen.[171] Besonders jene Mitarbeiter, die mit der Zeit Oliver Samwers rigiden Führungsstil adaptierten, unterdessen aber vergleichbare operative und intellektuelle Fähigkeiten vermissen ließen, sorgten immer wieder für Befremdung – speziell in den Auslandsmärkten des Unternehmens. Rockets Vorgehen hatte in der Vergangenheit in Deutschland ebenfalls für Diskussionen und personelle Abgänge gesorgt – insbesondere zur Hochphase von Groupon. Denn auch wenn Rocket Internet einen systematischen Aufbau vorwies und einer opportunistischen Strategie folgte, sah die tägliche Umsetzung oft chaotisch und improvisiert aus. Aus der Sicht eines Mitarbeiters fiel es oft schwer, ein System hinter dem rasanten

Aufbau unterschiedlicher Gründungen auszumachen. Wer als Bereichsexperte für den Internetinkubator tätig war, erhielt nicht selten Ansagen mit kurzer Vorlaufzeit. Es hieß dann: »In fünf Tagen fliegst du nach Singapur.« In seinen Auslandsmärkten erinnerten Rockets Aktivitäten deshalb an eine Start-up-Gründung aus der Garage, bei der an allen Ecken improvisiert wurde.

>*Das Krasse an Oliver Samwers Führungsstil ist, dass er andere dazu bewegt, latent sadistische Tendenzen zu entdecken und mit der Zeit immer mehr auszuleben. Menschen, die anfangs noch freundlich und normal mit anderen umgingen, beginnen unter seiner Führung damit, andere zu quälen und zu schikanieren. Sie nehmen Olis aggressiv-unsoziale Art an und lassen sich berauschen von der Macht, die er ihnen über andere vermittelt. Das ist ein wenig wie in Diktaturen, bei denen man sich als neutraler Beobachter hinterher immer fragt, wie es geschehen konnte, dass so viele Menschen dieser offensichtlich destruktiven Propaganda folgten.*

Wenn man einmal ein Samwer-Start-up etwas länger erlebt hat, weiß man, wie so etwas passiert. Manche Menschen sind einfach in der Lage, das negative und machtgeile Verhalten anderer anzuregen und die Wichtigkeit von Integrität und Anstand vergessen zu machen. Oliver Samwer ist so ein Mensch. Er vermag es, aus Leuten ein Maximum an Leistung und eben diese Skrupellosigkeit herauszukitzeln, indem er sie massiv unter Druck setzt, eng führt und unerreichbare Ziele setzt. Dabei gerät das Verhalten der Samwer-Manager aber oft zu einer Farce, fehlen ihnen doch das Standing, die Intelligenz und der Charme von Oliver Samwer, was ihr aggressives Verhalten noch verwunderlicher und unangebrachter erscheinen lässt. Ein großer Teil des negativen Rufes der Samwers gründet sich wohl auf das Verhalten dieser machtkorrumpierten Samwer-Gefolgsleute.«

Ein ehemaliges Management-Mitglied
über die Führungskräfte der Samwers

Vor allem war das internationale Wachstum von Rocket derart rasant, dass ausländische Gründungen teilweise bereits zum Start auf 100 Mitarbeiter blickten, für die es oftmals aber keinen Platz gab. Angestellte waren gezwungen, sich den Platz für ihr Arbeitsgerät zu erkämpfen, saßen meist zu mehreren an einem Tisch und oft blieb nicht einmal Platz für eine Computermaus. Nach dem inoffiziellen Motto »first come, first chair« etablierte sich schnell ein Wettrennen um Bürostühle – wer zu spät kam, lief Gefahr, keinen Sitzplatz zu bekommen. Wie bei dem bekannten Kinderspiel »Reise nach Jerusalem« standen in Rockets Auslandsabteilungen immer weniger Stühle zur Verfügung. Allerdings nicht, weil die Summe der Stühle reduziert, sondern stetig die Anzahl der Mitarbeiter erhöht wurde.

Die Samwers selbst waren in diesem weltweit verteilten Konstrukt für normale Mitarbeiter in der Regel nicht wahrnehmbar. Das Brüdertrio, allen voran Oliver Samwer, verkehrte zumeist nur mit den Führungskräften und managte seine Unternehmen über kurze E-Mail-Weisungen und Telefonkonferenzen im Ad-hoc-Format. Gab es bei irgendeiner Gründung ein Problem, wurde durch Samwer eine Telefonkonferenz einberufen. Wenngleich der inzwischen 40-Jährige nur selten in Berlin anzutreffen war, blieb seine Präsenz als Lenker von Rocket Internet dennoch spürbar. Rocket veränderte zwar sowohl seinen Aufbau als auch seine inhaltliche Arbeitsweise, an Oliver Samwers Rolle als Tonangeber sollte sich dennoch nichts ändern. Er bestimmte über die Geschicke des Unternehmens und ließ es sich selbst bei Details nicht nehmen, Anweisungen zu erteilen. Schließlich war er es, der nicht nur die operative Exzellenz von Rocket Internet begründete, sondern ebenfalls deren Kapitalisierung besorgte.

Rund um die Uhr auf der Jagd nach Investorengeldern

Organisatorisch bündelten die Samwers ihre Auslandsaktivitäten anhand von unterschiedlichen Holdinggesellschaften, unter denen gleich mehrere Start-ups angesiedelt waren und die sich entweder nach inhaltlichen oder regionalen Unterscheidungsmerkmalen aufgliederten. Der von den Samwers seit Langem eingesetzte Anwalt Sascha Leske sollte so zur wichtigen Person dieses Aufbaus werden und für seine kompetenten Dienste – die Stunde beim jungen Anwalt, der schon bald seine gesamte Zeit für Rocket verwendete, konnte gerne einmal 450 Euro verschlingen – jährlich Kosten im mittleren siebenstelligen Bereich verursachen. Kompetenz war bei den Verantwortlichen aber auch dringend nötig, denn außer Oliver Samwer und Arnt Jeschke durchschaute kaum noch jemand das Dickicht aus Gesellschaften wie »International Rocket«, »Rocket Asia«, »Emerging Markets Asia eCommerce« oder »Rocket Russia II«. Mit ihren Trust-Strukturen sicherten die Samwers eine gewisse Diskretion, wodurch sie Angestellte auch leicht gegeneinander ausspielen konnten. Vor allem war den Investoren der Samwers aber gemein, dass sie gerne in Geschäftsmodelle und weniger in einzelne Firmen investierten und auch sonst aufwendige Verträge eher scheuten. Erstmalig setzten die Samwers deshalb ebenfalls auf eine bei Investoren beliebte Luxemburger Gesellschaft. Denn Investoren sollten sie zuhauf benötigen, schließlich gehörte es zu ihrem Vorgehen, ihr persönliches finanzielles Risiko möglichst gering zu halten, indem sie externe Geldgeber auftaten, die ihre Gründungen auf Basis von hohen Bewertungen mit ausreichend Kapital versorgten. Derweil konzentrierte sich das Brüdergespann auf das, was es am besten konnte: Unternehmen schnell groß aufzublasen und im Wert zu steigern.

Und nicht nur die zahlreichen Rocket-Gründungen wollten finanziert werden, auch der Samwer-Inkubator selbst bedurfte mit zunehmender Größe immer weiterer Zuwendungen. Mit der Entscheidung, fortan ein globales Netzwerk aus Unternehmensgründungen nach existierenden Blaupausen voranzubringen, stieg Rockets Kapitalbedarf noch einmal rasant an. Kostenfaktoren wie das Anmieten ausländischer Büros, die Anstellung zahlreicher neuer Mitarbeiter, der Aufbau neuer Gründungen und die verbundenen Organisationsfaktoren ließen Rockets Infrastruktur deutlich teurer werden. Im Januar 2013 blickte das Unternehmen auf einen weltweiten Mitarbeiterstamm von über 1.000 Personen sowie rund 25.000 Angestellten in seinen Portfoliounternehmen und war neben seiner Zentrale in Berlin und einem 150 Mann starken Technologiezentrum in Portugal in 27 Nationen mit Regionalbüros vertreten. Rocket brachte es auf einen Gesamtumsatz von jährlich 2,5 Milliarden Dollar, während gleichzeitig der einstige Kostenrahmen von jährlich rund sieben bis acht Millionen Euro derartig angestiegen war. Die Samwers mussten monatlich rund 60 Millionen Euro Kapital auftun, wollten sie Rocket und sein Portfolio vollständig finanziert wissen. Praktisch rund um die Uhr war Oliver Samwer gezwungen, Gelder einzuwerben.

Dazu wurde der verkaufsstarke mittlere Samwer-Bruder weltweit bei unterschiedlichen Vertretern der Wirtschaftsprominenz vorstellig. Milliardäre, Unternehmerfamilien, Ölscheichs und Stahlmagnate – global dürfte es praktisch keinen Schwerreichen geben, bei dem der Rocket-Gründer nicht nach einem Investment fragte. Systematisch graste er unterschiedliche Geldgeber ab und gewann nicht nur zahlreiche von ihnen als wirtschaftliche Unterstützer, sondern konnte ebenso einige der erfolgreichsten Investmentfonds der westlichen Welt für seine Sache gewinnen. Vor allem besann er sich nicht nur darauf, neue Finanziers einzuwerben, sondern auch seine bestehenden Wirtschaftspartnerschaften zu festigen, allen voran das Engagement von Investment AB Kinnevik – jenem potenten Geldgeber, der bereits 2009 angefangen hatte, den Berliner Inkubator und seine international ausgerichteten Gründungen zu finanzieren. Kinnevik sollte zum Hauptgeldgeber des Samwer'schen Eroberungsplans werden.

Kinnevik investiert über eine Milliarde Euro in Rocket Internet

Mit Investment AB Kinnevik gewannen die Samwers ihren bedeutendsten Geldgeber. Die Beteiligungsgesellschaft aus Schweden wurde bereits 1936 von Robert von Horn, Wilhelm Klingspor und Hugo Stenbeck gegründet und ist mittlerweile als eine der größten Investmentfirmen Europas börsennotiert. Zu seiner Entstehung hatte Kinnevik sich mit Investments im Bereich von Unternehmen zur Kultivierung von Land und Wäldern sowie im Industriesektor einen Namen gemacht. In den 1980er-Jahren stieß die Investmentgesellschaft mit Sitz in Stockholm den Großteil ihrer Industrie-Beteiligungen ab und konzentrierte sich früh auf Beteiligungen im Medien- und Telekommunikationsbereich, zu denen etwa die erste schwedische Mobilfunkfirma Televerket oder der heute als Tele2 AB bekannte Festnetzanbieter zählten. Mit Beginn des neuen Jahrtausends hatte Kinnevik sich zusehends von seiner bis dato charakteristischen Rolle als Inkubator neuer Geschäftszweige entfernt und sich stattdessen darauf konzentriert, bei seinen Beteiligungen kontrollierende Anteilspakete im Digital- und Medienbereich zu erwerben. Zum Ende der 2000er-Jahre rückte nun auch Rocket in den Fokus des schwedischen Beteiligungshauses, das gedachte, sich zunächst über verhältnismäßig kleine Probiermengen bei den Samwers zu beteiligen. Ein paar Jahre später sollten sich rund 51 Prozent von Kinneviks Bruttojahresergebnis aus dem vor allem von Rocket-Beteiligungen getragenen Onlinebereich speisen.

Den Beginn dieser für die Samwers äußerst lukrativen Zusammenarbeit machte die Bekanntschaft von Oliver Samwer und Cristina Stenbeck, Kinneviks Chairwoman, auf einer Hochzeit. Der Charme des Unternehmers bescherte Rocket Ende 2009 ein erstes Investment über zwei Millionen Euro in das europaweit agierende Vergleichsportal R2 International. Mit R2 International visierten die Samwers eine Expansion ihres ersten Rocket-Unternehmens TopTarif an, das in unterschiedlichen europäischen Nationen an den

Start ging, bis auf in der Türkei allerdings kläglich scheiterte. Aufwendig hatten die Samwers angeblich Mitarbeiter damit beauftragt, Wissen aus TopTarif herauszutragen, um mit R2 ein paneuropäisches Netzwerk aufzubauen, an dem sie die TopTarif-Gründer nicht beteiligten und sich stattdessen selbst einen Großteil der Anteile sicherten. Selbst zu einer unerlaubten Übertragung des Programmcodes soll es gekommen sein, was sich aber ebenso wenig nachweisen lässt wie der Erfolg der europaweit angelegten Kopie. Die Kinnevik-Partnerschaft der Samwers startete also unmittelbar mit einem Fehlschlag.

Dennoch sollte dieses Kapitel nicht wirklich eine Rolle spielen. Bereits zum Ende des Jahres 2009 hatte der schwedische Geldgeber eine Finanzierung über 35 Millionen Euro für Rocket selbst zugesagt, nachdem CityDeal und der Verkauf an Groupon einen Samwer-Glücksgriff bedeutet hatten. Kinnevik hatte Blut geleckt und sah in den Samwers die Leistungsträger einer neuen Generation von Internetwachstumsunternehmen. Im Laufe des Jahres 2010 steuerte der skandinavische Geldgeber über 80 Millionen Euro für den Ausbau der Geschäfte von Rocket Internet bei und konzentrierte sich darauf, nicht nur die Ausgründungen des Berliner Inkubators zu finanzieren, sondern sich auch an Rocket selbst zu beteiligen.[172] Das war eine Besonderheit, die seit United Internet kein Geldgeber der Samwers realisiert hatte. Kinnevik als Besitzer von letztlich rund einem Viertel des Inkubators aber bot es eine attraktive wirtschaftliche Perspektive sowie eine gewisse Sicherheit, nicht von den Samwers übertölpelt zu werden. Rocket Internet fand in Kinnevik einen finanziell gut ausgestatteten Partner, der nicht von kurzfristigem Erfolg getrieben war. Nachdem es Holtzbrinck Ventures als Fonds aufgrund seiner Statuten nicht möglich war, in einen Inkubator zu investieren, stellte das Beteiligungshaus einen idealen Partner mit noch größerer Kapitaldecke dar.

Ein Blick in die Wirtschaftsberichte von Kinnevik verdeutlicht daher, wie sich die Schweden von vergleichsweise kleinen Testfinanzierungen zu umfangreichen Investments steigerten:[173] Binnen vier Jahren brachte es Kinnevik für Rocket Internet und dessen Portfoliounternehmen auf ein Gesamtfinanzierungsvolumen von über 1,3 Milliarden Euro. Je länger die Zusammenarbeit zwischen dem schwedischen Investor und dem deutschen Inkubator andauerte, desto umfangreicher wurden die Finanzierungsvolumen, mit denen die Samwers arbeiten konnten. Eine wahre Wachstumsexplosion setzte in den

Jahren 2011 und 2012 ein. Mit rund 300 Millionen Euro hatte Kinnevik 2011 seine Rocket-Zuwendungen im Vergleich zum Vorjahr nahezu vervierfacht. Und dies durchaus mit positivem Ergebnis: Bei einem geschätzten Zeitwert von über 630 Millionen Euro blickte Kinnevik hinterher auf nahezu doppelt so hohe Werte in seinen Büchern. Und dieser Trend sollte anhalten, besonders das Folgejahr 2012 bescherte einen wahren Finanzierungsschwall durch die Schweden. Nach gut 80 Millionen 2010 und rund 300 Millionen 2011 investierte Kinnevik noch einmal circa 770 Millionen Euro über das gesamte Jahr 2012. Allein im ersten Quartal 2012 floss mit rund 300 Millionen Euro so viel Geld wie im gesamten Jahr zuvor. Demgegenüber wirkten die 2013 investierten gut 230 Millionen Euro schon beinahe etwas normaler.

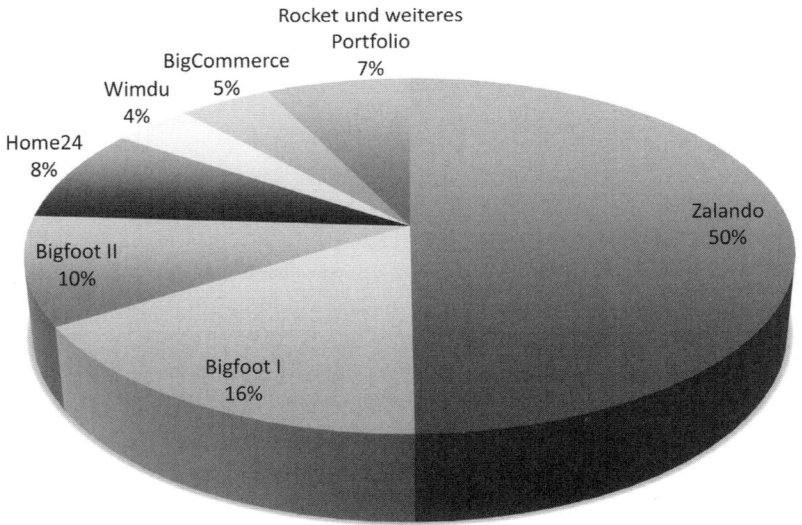

Übersicht zur Verteilung von Kinneviks Rocket-Investments (Stand: Q1 2013)

Wie sich zeigen sollte, bildeten vor allem das Samwer'sche Schuh- und Modeimperium rund um Zalando und dessen internationale Pendants einen der Schwerpunkte von Kinneviks Bemühen. Insgesamt 50 Prozent aller Kinnevik-Gelder flossen in Zalando, weitere 16 Prozent wurden für Bigfoot I eingesetzt, die Dachgesellschaft der Zalando-Ableger Dafiti (Brasilien),

Lamoda (Russland), Jabong (Indien) und Namshi (Mittlerer Osten). Komplettiert wurde diese Konzentration durch Bigfoot II, das The Iconic (Australien), Zalora (Südostasien), Teile von Zando (Südafrika) sowie die nigerianische Amazon-Zalando-Mischung Jumia umfasste und zehn Prozent aller Kinnevik-Gelder erhielt. Zumindest für Zalando ging diese Rechnung auch bestens auf: Zum ersten Quartal 2013 waren Kinneviks Anteile an Zalando 76,09 Prozent mehr wert, als das Unternehmen an Geld investiert hatte. Bei Bigfoot I war die Bewertung zwar bloß um 3,26 Prozent höher und bei Bigfoot II sogar um 21,61 Prozent niedriger, doch sollten sich Zalandos internationale Ableger ähnlich gut entwickeln wie das deutsche Vorbild, bestanden auch hier vielversprechende Aussichten.

Mit der Zeit sollte sich eine gewisse Abhängigkeit zwischen beiden Unternehmen einstellen. Rocket bekam durch den schwedischen Geldgeber den Großteil seiner Kosten gedeckt, während dieser zur Erschließung des Onlinesegments nahezu ausschließlich auf den Inkubator aus Berlin setzte. Und Oliver Samwer forderte für diesen Dienst umfangreiche Summen. Seine Beteiligung an Zalando kostete Kinnevik über die Jahre mehr als eine halbe Milliarde Euro und auch Bigfoot I und II wurden mit dreistelligen Millionenbeträgen versehen. Innerhalb von dreieinhalb Jahren hatte er es vermocht, ein Finanzierungsvolumen durch Investment AB Kinnevik zu erheben, das bis heute weltweit einzigartig für einen Inkubator ist. Mit über einer Milliarde Euro konnte das Brüdertrio seine Gründungsvorhaben mit derart viel Kapital versehen, dass praktisch kein anderer europäischer Internet-Akteur mit ihnen würde mithalten können. Rocket bot sich nun die Möglichkeit, seine Gründungen dank umfangreicher Finanzausstattung schnell skalieren zu lassen und dabei wenn nötig nicht nur umfangreiche Marketingmittel aufzuwenden, sondern auch seine eigene Infrastruktur auszubauen. Vor allem war es den Samwers so aber immer wieder möglich, ihre Anteile zu hohen Bewertungen an die Schweden zu veräußern und Millionen zu verdienen. Allein ein Anteilskauf bei Zalando bescherte Oliver Samwer und seinen Brüdern rund 500 Millionen Euro und würden Auslandsableger wie Dafiti oder Lamoda schließlich nachziehen, winkten weitere Zahlungen. Auf der anderen Seite waren die Ausgaben der Samwers aber derartig angestiegen, dass Rocket ohne ausgedehnte Finanzierung kaum mehr funktionsfähig gewesen wäre. Zahlreiche weitere Geldgeber folgten so dem Ruf von Oliver Samwer, der es verstand, die weltweite Wirtschaftsprominenz bei sich zu versammeln.

Rockets weitere neue Wirtschaftspartnerschaften

Wollten die Samwers ernsthaft und nachhaltig ihre bereits praktizierten Erfolgsmodelle in Entwicklungsregionen rund um den Globus aufbauen, würden aber selbst Kinneviks Kapitalmengen nicht genügen. Speziell der E-Commerce-Fokus brachte es mit sich, dass viel Geld für die Vorfinanzierung von Waren, teures Marketing sowie hohe Anlaufkosten gebunden wurde. Nicht nur dass Rockets eigene Kosten explodierten, die ausgewählten Geschäftsmodelle blickten ebenfalls auf einen hohen Kapitalbedarf, insbesondere, da viele der neu anvisierten Gebiete umfangreiche Investitionen in grundlegende Strukturen erforderlich machten. Oliver Samwer war dazu gezwungen, permanent neues Geld einzutreiben. Von wohlhabenden Milliardären über Banken und Investoren bis hin zu Großunternehmen klapperte er potenzielle Rocket-Unterstützer ab. Ihnen verkaufte er hochtrabende Visionen unternehmerischer Mammuterfolge: Zalando sollte größer als H&M und Zara werden, sein Möbelshop Home24 sollte Ikea in die Knie zwingen und Samwer-Klone des US-Riesen Amazon sollten das von Jeff Bezos gegründete Vorbild und die amerikanische Kette Walmart alt aussehen lassen.[174] Kein Ziel schien zu groß für die Samwers, dabei schrieben ihre gewaltigen Gründungsvorhaben bis dato praktisch allesamt rote Zahlen.

»Wie schafft es Oliver Samwer, so viele weltweit bekannte Investoren für seine Zwecke zu begeistern? Ich glaube, es ist vor allem seine Unternehmerpassion in Verbindung mit einer exzellenten Umsetzung des Geschäfts. Seine Begeisterung für Märkte und Unternehmen ist ansteckend. Er kriegt diese super Finanzierung hin, weil er daran glaubt und es auch umsetzt. Immer wieder haben die Samwers als Unternehmer gezeigt, dass eine Geschäftsidee ohne Verwirklichung nichts wert ist und dass sie in der Lage sind, solch eine Umsetzung besser als alle anderen zu gewährleisten. In den Bereichen Marketing, Skalierung und Internationalisierung sind sie echte Innovationsgenies.
Daraus erklären sich auch die gigantischen Bewertungen ihrer Unternehmen. Diese sind weniger von einem wissenschaftlichen Ansatz gestützt, sondern Resultat von Marktumfeld und Umsatzwachstum der einzelnen Samwer-Gründungen. Bei Zalando werden zum Beispiel Retourenquoten, Gewinnmargen, Auslandsexpansion und Marktanteilsgewinne aussagekräftige Argumente für Analysten bieten. Letztendlich wird die Gewinnentwick-

lung bei Unternehmen wie Zalando – ganz ähnlich wie bei Amazon – aber erst weit in der Zukunft finanziellen Sinn ergeben.«

Marco Rodzynek, Investment-Banker und
Internet-Experte von Noah Advisors

Dennoch hatten die Samwers angesichts vor Zalandos Erfolg und der um sich greifenden Ahnungslosigkeit, auf welche Art sich Wachstumsmärkte wie Asien erschließen lassen würden, eine interessante Strategie zu bieten. Oliver Samwer verkaufte seine E-Commerce-Vision wie warme Semmeln: Auf der Unternehmerkonferenz seiner Heimatuniversität gab er 2013 an, allein 2012 die Summe von 750 Millionen Dollar eingeworben zu haben. Über das Jahr 2013 gelang es ihm sogar, zahlreiche Investoren zu einer Investitionssumme von unglaublichen 2 Milliarden Dollar zu bewegen, die zu rund einem Viertel in Rocket Internet und sonst in den zahlreichen Rocket-Start-ups landeten[175]. Allein die südostasiatische Zalando-Kopie Zalora bezifferte er mit einem Wert von über 100 Millionen Euro, bevor das Unternehmen auch nur gestartet war. Die Dimensionen des Rädelsführers waren schlichtweg aus den Fugen geraten. Selbst zur Hochphase der New Economy hatte es kein Internetunternehmen vermocht, derartige Kapitalmengen zu akquirieren und bis heute konnte weltweit kein Inkubator in vergleichbare Dimensionen vorstoßen.

Welche Schwergewichte der Investorenszene die Samwers dabei für ihre Zwecke an Land zogen, sollte erst mit der Zeit deutlich werden[176]. So bezahlte etwa das Mobilfunkunternehmen Millicom, an dem auch Kinnevik beteiligt ist, über 340 Millionen Dollar. Im August 2012 war der Luxemburger Konzern bei Rockets Dachgesellschaften in Südamerika und Afrika eingestiegen, die zu diesem Zeitpunkt insgesamt acht Unternehmen mit einem geschätzten Umsatz von 35 Millionen Euro kontrollierten. Es gelang Oliver Samwer, mit einer Bewertung des Konglomerats von 680 Millionen Euro fast das Zwanzigfache dieser Einnahmen herauszuholen, und ganz Samwer-like räumte er bis 2016 auch die Option ein, beide Gesellschaften komplett zu übernehmen – bis dahin aber ohne jegliche Mitspracherechte. Die Samwers blieben am Steuer und konnten dank neuem Geld frei schalten und walten.

Eine vergleichbare Summe steuerte auch der russisch-amerikanische Industrielle Len Blavatnik bei, dessen Industriegruppe Access Industries bis zu 300

Millionen Dollar für Rocket bereitstellte. Blavatnik, der im März 2013 mit einem geschätzten Privatvermögen von 16 Milliarden Dollar den 44. Platz der Forbes-Liste der reichsten Menschen der Welt belegte[177] und sein Geld mit Investitionsgeschäften gemacht hatte, fiel im Samwer-Universum unter die Kategorie der sogenannten »High-net-worth Individuals«, Privatpersonen mit großem Vermögen. Zunächst hatte Blavatnik über vergleichsweise kleine Probiermengen Investments mit den Sawmers ausgelotet und in das Online-Pinnbrett Pinspire und den Möbel-Shoppingclub Westwing investiert, ehe er sich im März 2012 mit sieben Prozent an Glossybox beteiligte – dann wurde aufgedreht.

»My name is Oliver Samwer, my two brothers and I are serial entrepreneurs and we run the largest internet venture building group in the world and founded over 100 successful Internet companies employing over 27,000 people across 43 countries over the last 12 years.

We were also early investors in Ebay, Facebook, LinkedIn and many other successful Internet ventures. I was honored with the Young Global Leader designation at the World Economic Forum in Davos and Forbes has recently recognized me and my brothers among the top 12 global entrepreneurs to watch: http://www.forbes.com/forbes/2012/0326/billionaires-12-world-future-upcomers-ones-to-watch.html.

In January, I will attend the World Economic Forum 2013 in Davos and I was wondering if you'll be there as well by any chance. In that case, I would like to kindly request a personal meeting with you as there are a number of partnership opportunities which I believe would be of great interest to you.

In recent years, my brothers and I have already partnered with leading entrepreneurial families and individuals such as Lakshmi Mittal of ArcelorMittal, François-Henri Pinault of PPR or Len Blavatnik of Access Industries that invested alongside leading professional investors such as J. P. Morgan, Digital Sky Technologies and Summit Partners in aggregate more than $1.8B over the last four years into our fast-growing companies, achieving great returns.

Since I have heard about you and your great achievements as an entrepreneur, I would be delighted to get to know you personally and I believe there could be very interesting joint opportunities making a meeting very worthwhile for you. I believe you will find that we are a group of creative and very

successful young entrepreneurs eager to leave our footprint globally and I am
sure we will have some highly promising opportunities to discuss in emerging
markets and beyond.«

Eine von Oliver Samwer legendären E-Mails für die Investorenansprache

Und der russischstämmige Unternehmer blieb bekanntlich nicht das einzige
High-net-worth Individual. Bei seinen Fundraising-Touren gelang es Oliver
Samwer, bereits für Zalandos Ableger weitere namhafte Vertreter des weltweiten Wirtschaftsadels für seine Zwecke zu gewinnen, darunter VIPs der
Finanzwelt wie die Stahlmagnaten Lakshmi Mittal und Victor Pinchuk, der
französische Manager François-Henri Pinault oder der kolumbianische Finanzmanager und Biermagnat Alejandro Santo Domingo. Selbst das Geld so
kontroverser Geldgeber wie dem Clan des ehemaligen italienischen Minister-
präsidenten Silvio Berlusconi nahmen die Samwers gerne an.[178] Ihnen boten
sie außer dem Charme ihres smarten Bruders eine breite Auswahl von Gründungen, mit denen sich das unternehmerische Risiko streuen ließ, sodass jeder Geldgeber sich bequem an eine größere Zusammenarbeit tasten konnte.

Doch nicht nur einzelne Superreiche, die vom Internet womöglich überschaubar viel verstanden, landeten im Netz der Samwers. Auch institutionel-
le Geldgeber mit langjähriger Erfahrung im Geschäft und exzellentem Ruf
folgten dem »most aggressive guy on the Internet«. Digital Sky Technologies
(DST), die internationale Investmentfirma rund um den russischen Internetunternehmer Yuri Milner unterstützte Rocket Internet etwa mit 315 Millionen
Dollar. Das auf Spätphasen-Investments spezialisierte Schwergewicht war
aus der Mail.ru-Gruppe hervorgegangen, die einige der größten russischen
Websites betreibt und hatte mit bekannten Beteiligungen für Furore gesorgt.
Besonders Zalando hatte es DST angetan und das Unternehmen blieb nicht
der einzige Venture Capitalist, der Rocket potent finanzierte. Mit Summit
Partners, das es bis 2013 inklusive Optionen auf ein Investment von 140 Millionen Dollar brachte, und New Enterprise Associates (NEA), das sich mit 30
Millionen Dollar an Rockets Aktivitäten beteiligte, vermochten die Samwers
zwei der namhaftesten Technologieinvestoren der USA zu überzeugen. Nach
dem langjährigen deutschen Partner Holtzbrinck Ventures, der über die Jahre
ebenfalls rund 120 Millionen Euro beigesteuert hatte, fand das Who-is-Who
der transatlantischen Investorenszene zu den Samwers.

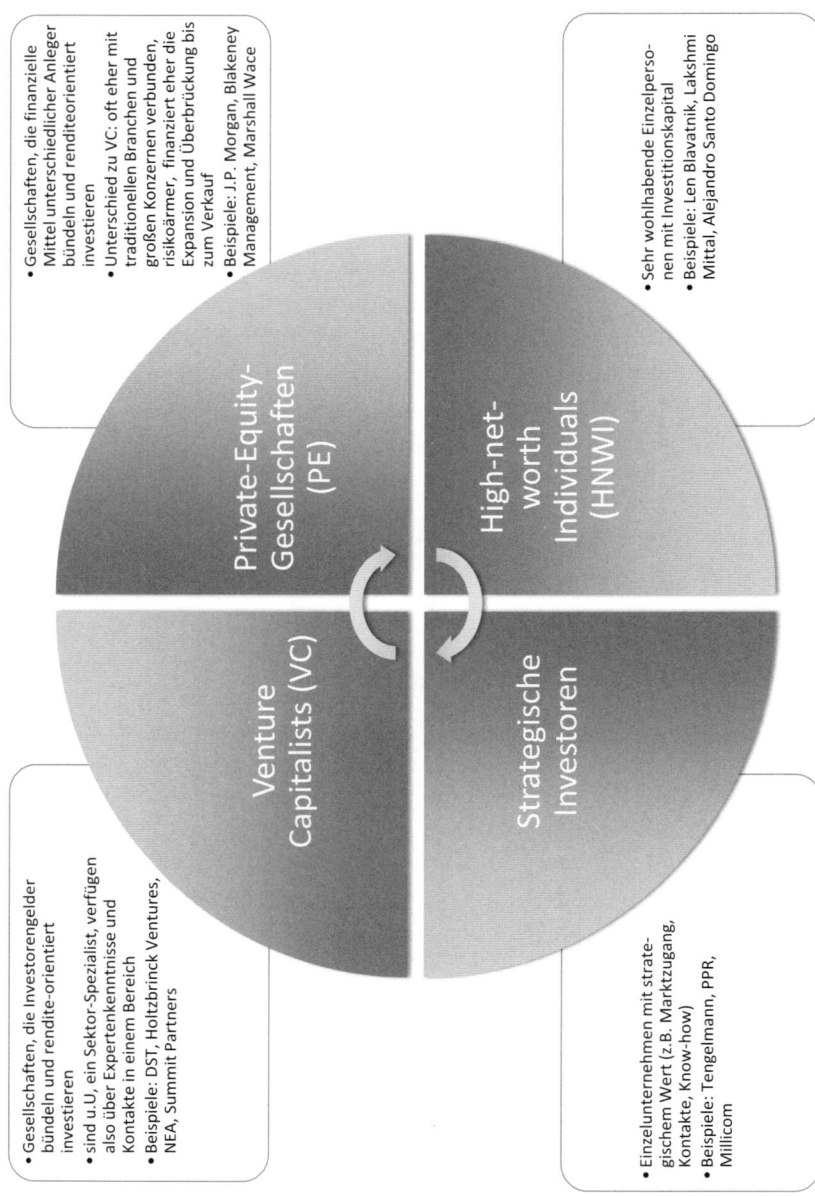

- Gesellschaften, die finanzielle Mittel unterschiedlicher Anleger bündeln und renditeorientiert investieren
- Unterschied zu VC: oft eher mit traditionellen Branchen und großen Konzernen verbunden, risikoärmer, finanziert eher die Expansion und Überbrückung bis zum Verkauf
- Beispiele: J.P. Morgan, Blakeney Management, Marshall Wace

Private-Equity-Gesellschaften (PE)

- Sehr wohlhabende Einzelpersonen mit Investitionskapital
- Beispiele: Len Blavatnik, Lakshmi Mittal, Alejandro Santo Domingo

High-net-worth Individuals (HNWI)

- Gesellschaften, die Investorengelder bündeln und rendite-orientiert investieren
- sind u.U, ein Sektor-Spezialist, verfügen also über Expertenkenntnisse und Kontakte in einem Bereich
- Beispiele: DST, Holtzbrinck Ventures, NEA, Summit Partners

Venture Capitalists (VC)

- Einzelunternehmen mit strategischem Wert (z.B. Marktzugang, Kontakte, Know-how)
- Beispiele: Tengelmann, PPR, Millicom

Strategische Investoren

Und auch sonst bauten diese ein komplexes, strategisches Gefüge unterschiedlicher Investorentypen, insbesondere aus dem Private-Equity-Bereich. Ebenso wie Venture Capitalists bündelten Private-Equity-Gesellschaften die Finanzmittel unterschiedlicher Anleger (etwa von Banken oder Versicherungen) und investierten diese. Private-Equity-Gesellschaften unterschieden sich jedoch häufig durch ihre Nähe zu eher traditionellen Branchen und risikoärmeren Investments, indem sie die Expansion und Überbrückung eines Unternehmens bis zum Verkauf finanzierten. Selbst eher risikoaverse Investoren konnten die Samwers also mit ihrer Megavision vom weltweiten E-Commerce-Imperium überzeugen und blickten mit der Investmentbank J. P. Morgan, dem in Afrika und dem Mittleren Osten aktiven Blakeney Management und dem europäischen Hedgefonds Marshall Wace gleich auf drei Private-Equity-Gesellschaften als Teilhaber. Insbesondere J. P. Morgan hatte es verstanden, bis zum Herbst 2012 zahlreiche Samwer-Investments über rund 150 Millionen Dollar bekannt zu geben. Für Aufmerksamkeit war im Samwer-Universum somit gesorgt, weshalb selbst Einzelhandelsunternehmen wie Tengelmann oder François-Henri Pinaults auf Luxusgüter spezialisierte Holding Pinault-Printemps-Redoute (PPR) ihr Engagement bis 2013 auf 50 und 25 Millionen Euro ausbauten.[179]

In Summe hatte Oliver Samwer für Rocket Internet neben seinem Hauptinvestor Kinnevik einen Verbund aus unterschiedlichen Geldgebertypen versammelt, die von wohlhabenden Einzelpersonen, Sektor-Spezialisten wie Millicom, DST, Summit Partners oder NEA über Private-Equity-Gesellschaften wie J. P. Morgan, Blakeney Management oder Marshall Wace bis hin zu strategischen Investoren wie Tengelmann reichten. Die Samwers hatten ein ganzes Bouquet unterschiedlicher Investoren gewonnen, die neben ihrem Geld vor allem auch Ansehen, Kontakte und Wissen beisteuerten.

Rockets neue Säulen für das internationale Parkett

Es veränderte sich also alles bei den Samwers. Fortan hieß es nicht mehr sequenziell, sondern simultan – nicht mehr regional, sondern global. Die Klone der Samwers wurden nun nicht mehr mit ein paar Hunderttausend Euro kleinerer Investoren und etwas gutem Willen der Samwers abgespeist, sondern erhielten zweistellige Millionenbeträge von internationalen Finanzschwergewichten, die sie im Kampf um Marktanteile in Entwicklungsländern rüsten sollten. Und da nicht mehr neue Geschäftideen durch Ausprobieren in alte Märkte, sondern bereits ausgetestete Ideen in neue Märkte gebracht werden sollten, war klar: Eine neue Themenauswahl musste her.

E-Commerce und Nicht-E-Commerce werden unterschieden

Mit der Verbindung aus einem durchstrukturierten Firmenaufbau, einer umfangreichen Kapitaldecke und einem weltweiten Netzwerk aus Rocket-Büros und Mitarbeitern vor Ort, war endlich jene Infrastruktur geschaffen, mit der die Samwers ihren Plan eines weltweiten Aufbaus von Unternehmen in die Tat umsetzen konnten. Fortan war es möglich, global in industriellem Ablauf nach vorliegenden Blaupausen Unternehmen aufzubauen. Basierend auf der anfänglichen Identifikation der vermeintlich besten Internetmodelle der Vergangenheit, konzentrierten sich die Samwers auf zwei große Themenbereiche, denen sie je vier spezifizierte Säulen unterordneten. Den ersten dieser Themenblöcke bildeten »Nicht-E-Commerce-Gründungen«, Unternehmen, deren Geschäftsmodell nicht darauf basierte, als Onlinehändler Waren zu vertreiben. Mit der Zeit sollte dieser Bereich noch eine weitere Ausdifferenzierung erfahren. Mit dem weltweiten Ausbau von Rocket Internet zählten die Samwers hierzu allerdings zunächst:

> **Abonnement-Modelle** wie die Partnervermittlung Edarling, der Boxenversender Glossybox oder das Rezepte-Abo Hellofresh,

> **Marktplätze**, darunter mit Kaymu und Azmalo Ebay-Klone in Nigeria und Pakistan, die Taxi-App Easy Taxi als brasilianischer Klon des britischen Vorbilds Hailo, Kleinanzeigenportale in Nigeria oder Myanmar sowie die Privatzimmervermittlung Wimdu,

> **Payment-Anbieter**, bei denen sich Rocket mit dem Bezahldienstleister Paymill, dem Kreditmarktplatz Lendico und dem Kartenlesegeräteanbieter Payleven gleich an drei Sparten versuchte, und

> **Aggregatoren**, die online Angebote sammelten und durch Provsionen verdienten, wie etwa die Lieferdienstvermittler Foodpanda und Hellofood, die indische Gutscheinseite Cuponation oder der Idealo-Klon und Preisvergleich Pricepanda.

In den Augen von Rockets Führungsriege bedeuteten diese vier Nicht-E-Commerce-Säulen solide Geschäftsmodelle, die es jährlich auf einen mittleren zweistelligen Millionenumsatz bringen konnten und im Falle älterer Gründungen wie Edarling, Wimdu oder Glossybox selbstständig arbeiteten und deshalb nur wenig Aufmerksamkeit vom Berliner Inkubator banden. Und gerade weil diese auf virtuelle Güter konzentrierten Unternehmensmodelle keine aufwendige Handhabung realer Produkte erforderten, war eine schnelle Expansion leichter möglich. In seinem Nicht-E-Commerce-Segment versammelte Rocket also ganz unterschiedliche Geschäftsmodelle, die je nach Prägung eine hohe Wahrscheinlichkeit aufwiesen, mittelgroß zu werden und profitabel zu arbeiten, wohl aber meist keine Zalando-Dimensionen erreichen würden. Die Entstehung von Unternehmen mit einem Wert von einer Milliarde Euro oder mehr antizipierte Rocket eher in seiner zweiten Säule, den »E-Commerce-Geschäftsmodellen«. Dort setzte der Firmenbrutkasten auf vier Themen, von denen er sich ein massives Wachstum versprach und zum Teil bereits selbst begleitet hatte. Zu den vier Säulen dieses zweiten Bereichs zählten die Sparten:

➤ **Fashion**, eine Sparte, in der Rocket in Europa mit Zalando bereits erfolgreich einen umsatzstarken Anbieter etabliert hatte und diesen nun in mehreren Märkten replizierte, etwa durch Dafiti in Brasilien, Lamoda in Russland oder Zalora in Südostasien;

➤ **Möbel**, die Rocket durch seinen Firmenverbund aus Home24 und Mobly in Europa und Lateinamerika bediente, mit Mebelrama in Russland etablierte und mit seinem Shoppingclub Westwing um den Accessoire-Bereich ergänzte;

➤ **General Merchandise** im Stile von Amazon, wozu mit Lazada (Südostasien), Linio (Lateinamerika) und Jumia (Afrika) gleich drei Unternehmen gestartet wurden, und

➤ **Büroartikel**, die die Samwers mit Office Fab in Südostasien und mit OfficeYes in Indien zu erschließen begannen.

	E-Commerce				Nicht-E-Commerce			
	Fashion	Möbel	General Merchandise	Büroartikel	Payment	Marktplatz	Abonnement	Aggregator
Afrika	zando ²¹DIAMONDS		JUMIA			kaymu vamido	GLOSSYBOX	hellofood Wimdu
Gemeinschaft Unabhängiger Staaten	lamoda ²¹DIAMONDS	mebel rama WESTWING		OfficeYes	PAYMILL			foodpanda Wimdu
Indien	JABONG	FAB FURNISH						foodpanda Wimdu
Mittlerer Osten	NAMSHI							Wimdu
Südostasien	ZALORA		Lazada	Office Fab		Azmalo²⁴ EASY TAXI Motors	GLOSSYBOX	foodpanda Wimdu
Australien	THE ICONIC		zanui				GLOSSYBOX	Wimdu
Europa	zalando ²¹DIAMONDS	home24 WESTWING DALANI			payleven PAYMILL BILLPAY	Autoda	eDarling GLOSSYBOX	foodpanda Wimdu immob
Lateinamerika	dafiti ²¹DIAMONDS kanui	mobly WESTWING	LINIO		payleven	Alro EASY TAXI	eDarling GLOSSYBOX	hellofood Wimdu
USA	²¹DIAMONDS						GLOSSYBOX	Wimdu DropGifts

Sehr selektiv hatten die Samwers mit Rockets Führungsriege dieses Themenquartett recherchiert und dabei auf eine Verbindung aus hohen Margen, steigender Nachfrage und potenziell großem Markt gesetzt. Während die Nicht-E-Commcerce-Gründungen des Inkubators eine gewisse Individualität aufwiesen und deshalb entsprechende Anpassungsleistungen erforderten, konnte Rocket bei seinen E-Commerce-Start-ups dank Zalando auf eine breite Wissensbasis zurückgreifen und sein Vorgehen einheitlich gestalten. Hatten die Samwers E-Commerce lange Zeit gehasst, war es nun zu ihrer Königsdisziplin geworden: Das Trio war im Begriff, zu so etwas wie den Aldi-Brüdern des Onlinehandels zu werden und stand an der Spitze einer Umwälzung, die das gesamte Handelssegment erfassen würde.

E-Commerce-Säule II: Möbel mit Home24

Rockets erste E-Commerce-Säule war mit Zalando bereits sehr detailliert umgesetzt worden und entsprechend weit fortgeschritten. Die Samwer'schen Möbelambitionen nahmen derweil ihren Ursprung in der Führungsriege von Rocket selbst. Philipp Kreibohm und Felix Jahn, die den Inkubator von Anfang an begleitet und bis dato zahlreiche Gründungen in kurzen Abständen an unterschiedlicher Stelle unterstützt hatten, verließ 2009 die Lust, weiterhin Teil des fließbandartigen Gründungsprozesses zu sein. Beide Unternehmer verband der Drang, fortan nicht mehr alle paar Monate eine neue Gründung aus der Taufe zu heben, sondern stattdessen selbst ein längerfristiges Unternehmerprojekt zu bearbeiten. In Abstimmung mit den Samwers recherchierten die beiden Rocket-Geschäftsführer daher zum Beginn des Jahres 2009 unterschiedliche Themenkomplexe und hielten nach E-Commerce-Modellen Ausschau, nachdem sich bereits abzeichnete, dass Zalando das beste Geschäft für den Berliner Inkubator bot. Nach einem halben Jahr Recherche fand die Geschäftsfindungsphase des Duos schließlich im Juni 2009 mit der Gründung von »FP Commerce« sein Ende.

Kreibohm und Jahn hatten sich dazu entschlossen, ihr Glück mit dem Verkauf von Möbeln zu versuchen, und damit ungeahnt eine weitere Säule der Samwer'schen E-Commerce-Bemühungen begründet. Zwar gestaltete sich die Abwicklung der sperrigen Wohngüter deutlich komplexer als die Schuh- und Kleidungsversendungen von Zalando. Doch der Markt für Möbel war riesig und die beiden Rocket-Macher sahen zunächst ohnehin eine Experimentierphase vor, in der sie keine eigene Logistik aufbauen würden. Unterstützt wurden sie dabei von Alexander Samwer, der neben Zalando fortan auch Rockets Möbelsparte hauptverantwortlich betreute. An nur einem Tag gründeten Felix Jahn und Philipp Kreibohm ihr Unternehmen und griffen für einen ersten Arbeitstitel zunächst schlicht auf den ersten Buchstaben ihrer Vornamen zurück. FP Commerce sollte nicht eine zentrale Marke werden, sondern wie Zalando testete das Unternehmen mit kleinen Nischenshops wie Möbel-Profi, Pendelleuchte24.de oder Kirschkernkissen.de das Kaufinteresse der Deutschen aus. Der Geschäftsansatz von FP Commerce konzentrierte sich darauf, möglichst feinteilige Verkaufsversuche zu unternehmen, die sich nicht allein auf Möbel selbst konzentrierten, sondern vor allem auch auf Wohnaccessoires und spezialisierte Unterbereiche. Diese Fachsortimente versprachen detaillierte Einsichten zur Nachfrage und waren derart spezialisiert, dass der geringe Konkurrenzdruck die Marketingkosten niedrig hielt.

Seine Ware verschickte der Onlineshop nicht selbst, sondern er kaufte von Lieferanten ein, die diese dann direkt an den Endkunden und nicht zu FP Commerce lieferten – ein Abwicklungsverfahren, das auch als »Dropshipping« oder »Streckengeschäft« bezeichnet wird und die Endkosten niedrig hält, gleichzeitig aber auch die Qualitätskontrolle massiv erschwert. In den USA blickte FP Commerce mit Hayneedle und CSN Stores auf ganz vergleichbare Geschäftsansätze, wobei die Samwers Letzteres brisanterweise mit dem EFF selbst finanziert hatten. Im Jahr 2002 hatte das Unternehmen aus Boston damit begonnen, Möbel über das Internet zu verkaufen und blickte 2009 auf einen Verbund aus rund 200 Nischenshops, mit denen es 3 Millionen Kunden bediente und 251 Millionen Dollar Umsatz einfuhr. Die Samwers hatten ihre beiden Rocket-Macher also in ein großes Segment geschickt, das durch seine Nischenhaftigkeit Potenzial versprach.

Nachdem FP Commerce seinen Nischenansatz rund zwei Jahre mit monatlich sechsstelligen Umsätzen erprobt hatte, wurde schnell klar, dass das junge Unternehmen eine ähnlich starke Marke wie Zalando brauchen würde, wollte es seine Besucher leichter in Kunden und seine Kunden leichter in Wiederkäufer verwandeln. Vor allem hatte sich gezeigt, dass der Dropshipping-Ansatz durch die Abwicklerkosten nicht margenträchtig war und nur wenig Transparenz in der Lieferkette bot. Zur Mitte des Jahres 2011 sattelte FP Commerce also unter der Anleitung von Alexander Samwer zu einem vollwertigen Onlineshop um und wickelte alle seine Dienstleistungen selbstständig ab. Unter dem Namen »Möbel-Profi« entstand eine zentrierte Onlinemarke, die sich zunächst im Sinne von Rockets erster Phase allein auf den deutschen Markt konzentrieren sollte. Die unterschiedlichen Nischenshops wurden abgestellt, ein eigenes Lager, eine intern gesteuerte Logistik und ein hausinterner Einkauf eingerichtet. Das erste Möbel-Profi-Lager errichteten Kreibohm und Jahn in Münster, was sich schnell als strategischer Fehler herausstellte, fehlte es doch aufgrund der geografischen Distanz am notwendigen Einblick in das Tagesgeschehen. Es folgten ein Lager und ein Paketdienstlager bei Berlin sowie ein weiteres Lager bei Leverkusen, ehe begonnen wurde, erstmalig in der Firmengeschichte echte Einkäufer einzustellen.

»Das Verhalten von Felix Jahn ist erratisch und rücksichtslos. Oft feuert er unkontrolliert irgendwelche Mitarbeiter und tritt dabei auf wie ein Siebenjähriger mit zu viel Geld im Spielzeugladen. Er lässt keine Gelegenheit aus, mit seinem Wohlstand zu prahlen und ist einer dieser typischen Samwer-Schergen, die durch ihre Selbstüberschätzung und ihren herablassenden Befehlston auffallen, ohne ihre Abteilungsleiter aber nichts gebacken bekämen. Einmal hat er zwei Leute gefeuert, es ihnen aber nicht gesagt, weshalb sie noch drei oder vier Tage weiterarbeiteten, ohne bei Home24 angestellt zu sein, bis Arbeitskollegen sie dann doch mal auf den Missstand hinwiesen. Philipp Kreibohm ist derweil klasse. Er ist der erwachsenere und entspanntere von beiden. An ihm ist es oft gewesen, herumzulaufen und die Feuer zu löschen, die Felix Jahn durch seine Beleidigungen gelegt hat. Trotzdem kann man nicht mit Philipp reden, weil von ihm schlichtweg keine Antworten kommen. Er versteckt sich gerne hinter Durchhalteparolen und hüllt sich sonst in Schweigen.
Die Stimmung war dementsprechend super beschissen, auch weil Philipp Kreibohm gerne mal Anekdoten von Groupon erzählt hat, wo Oliver Samwer im Glaskasten saß und die Leute aufgeschrieben hat, die vor 1.00 Uhr nachts das Büro verlassen haben. Philipp meinte, das sei cool, seine Mitarbeiter fanden das aber nicht so lustig. Vor allem war Home24 an vielen Stellen ein struktur- und prozessloses Schleiferunternehmen. Es gab gar keine Organisation und weil man nie Standardprozesse aufgesetzt hat, entstanden immer wieder dieselben Fuck-ups. Alles in allem war die Arbeit bei Home24 also eher abenteuerlich.«

Ein ehemaliger Mitarbeiter über die Führung
von FP Commerce (später Home24)

Im sonst von Copycats geprägten Kosmos der Samwers bildete sich mit Möbel-Profi eine Eigengründung heraus, die keinen ausgetretenen Pfaden folgte, sondern ein Geschäftsmodell mit ganz eigener Prägung begründete. Mit dem Wandel zu einem vollwertigen Onlineshop für Möbel verband sich allerdings auch die Auseinandersetzung mit unterschiedlichen Markteigenheiten. Neben den logistischen Herausforderungen des Versands gestaltete sich insbesondere der Einkauf als ein dickes Brett, während die Möbelbranche ohnehin kaum bekannte Marken kannte und verhältnismäßig umkämpft war, was das Geschäft härter und die Margen kleiner machte. Doch nachdem der Samwer'sche Möbel-Shop die groben Mechaniken erst einmal durchblickt hatte, lief das Geschäft kalkulierbar und solide. Wie auch bei Zalando sollten sich die Samwers dabei weitestgehend im Hintergrund halten – der Stratege Alexander Samwer setzte auf einen nachhaltigen Aufbau, bei dem er sein Team gewähren ließ.

Bei der Konzentration auf einen zentralen Markenshop sollte es dennoch nicht bleiben. Nachdem Groupon und Zalando bei den Samwers ein fundiertes Verständnis von den Prozessen einer zentralisierten Internationalisierung geschaffen hatten und Rocket Internet mittlerweile auf ein breites internationales Kontaktnetzwerk blickte, stand für Möbel-Profi zum Beginn des Jahres 2012 ein erneutes Rebranding an, mit dem nun international gearbeitet werden sollte: »Home24« begann außer Deutschland auch Frankreich, Österreich und Holland zu erschließen, da sich diese Märkte in ihrer Ausprägung sehr ähnlich gestalteten. Parallel zu dieser internationalen Ausrollarbeit begann Home24 eine Werbeoffensive, bei der ein Spot mit Schauspieler Oliver Korittke das Problem klassischer Möbelhäuser thematisierte: Dass diese sich häufig »am Arsch der Welt« befänden – Zalando ließ grüßen. Home24 schickte sich an, zu großen Möbelhäusern wie Ikea, der Krieger- (Höffner, Möbel Walther, Möbel Kraft) oder der Lutz-Gruppe (XXXLutz, Mann Mobilia, Neubert, Domäne) in Konkurrenz zu treten, und sah seinen wesentlichen Vorteil darin, als Internetanbieter nicht in gleicher Weise standortgebunden und damit für den Kunden unmittelbarer verfügbar zu sein.

Das Samwer-Unternehmen musste selbst einen jungen Markt erschaffen und positionierte sich als Massenanbieter, der über einen Marktplatz auch externen Möbelversendern und Wettbewerbern erlaubte, unter Ableistung einer Gebühr Home24 als Plattform für ihren Abverkauf zu nutzen. Zwischenzeitlich erwirtschaftete Home24 bis zu 30 Prozent seines Umsatzes, indem es auf diese Weise seinen Konkurrenten eine Verkaufsplattform bot. Nachdem die Systeme der Berliner aber ein völliges Chaos bei Umsatzbuchung und Logistik produzierten, musste das ganze Konstrukt offline genommen und neu aufgesetzt werden, ehe ein medialer Shitstorm auf das Unternehmen niederprasselte, weil Kundendaten verloren gegangen waren. Der drei Jahre alte Möbelshop war zum Opfer seines eigenen Wachstums geworden und konzentrierte sich in der Folge vor allem auf die Steigerung seiner Qualität.

»Das Wachstum von Home24 trug massiv die Handschrift der Samwers, obwohl man keinen der Brüder jemals in den Büros sah. Die typische Rocket-Mentalität, nach der alles immer ganz schnell gehen musste, führte insbesondere beim Marktplatzprojekt des Unternehmens zu massiven Problemen. Man war der Meinung, Zalando würde die Logistiksoftware beisteuern und die Struktur des Marktplatzes könne von Amazon kopiert werden. Dabei hatte man keine Idee, wie man das machen will, und auch gar keine Struktur, um das abzubilden. Die Strategie war rein reaktiv und opportunistisch. Die Entwicklungsabteilung hatte zwei Wochen Zeit, den kompletten Amazon Marketplace nachzubauen. Es gab kein Controlling und keine Budgets. Durch diesen Anfang war das gesamte Unterfangen quasi bereits eine Totgeburt.

Philipp Kreibohm und Felix Jahn waren schlichtweg beratungsresistent, dass sich ein Projekt nicht doppelt so schnell durchführen ließ, bloß weil man doppelt so viele Techies darauf setzte. Beide waren in einem Rausch gefangen, bei dem sie immer mehr Produkte auf der Plattform haben wollten. Theoretisch war das sogar sinnvoll, weil das Umsatzwachstum beeindruckend war und sich analog zur Produktbreite entwickelte. In der Praxis war man aber sehr schnell bei 120.000 Produkten, die tausenderweise aus Verbindungsrohren oder Dübelstücken bestanden. Die Sortimentspflege war schlichtweg zu unkontrolliert und es ging nur darum, massiv schnell Inventar aufzunehmen. Es ist halt nicht so einfach, über mehrere Händler verteilt die Lieferzeiten abzufragen, die Schnittstellen anzuschließen usw.«

Ein ehemaliger Mitarbeiter über das Vorgehen von Home24

Das Wachstum von Home24 sollte sich trotz aller Komplexität nicht nur auf Europa beschränken: Unter der Marke »Mobly« etablierten Philipp Kreibohm und Felix Jahn im Juli 2012 einen eigenen Ableger, der zunächst in Brasilien startete und perspektivisch den gesamten lateinamerikanischen Markt für Home24 erschließen sollte. Als große, gut wachsende Volkswirtschaft mit steigender Nachfrage nach Internetangeboten bot Brasilien attraktive Wachstumspotenziale, insbesondere weil Rocket Internet mit seinen anderen Geschäftsmodellen in Lateinamerika bereits gute Erfahrungen gemacht hatte. Nachdem die Samwers einmal ein Vorgehen für sich entdeckt hatten, mussten auch andere folgen und so stürzte sich Home24 auf einen Markt, der das Konzept Ikea nicht kannte und einen weniger harten Wettbewerb aufwies. Mit den ehemaligen Beratern Victor Noda und Marcelo Marques sowie dem Harvard-Absolventen Mario Fernandes als Mitgründer etablierte das 500 Mann starke Unternehmen seine Brasilienmarke und sah perspektivisch vor, sechs weitere Märkte in Lateinamerika zu erschließen. Neben Mobly und Home24 etablierten die Samwers mit Mebelrama auch einen Möbelshop in Russland, der allerdings gänzlich unabhängig von diesem Geflecht entstand. Gerne optimierten die Samwers Gründungsvorhaben zu ihrem eigenen Zweck und ließen ihre ursprünglichen Gründerteams außer Acht, Mobly sollte dabei allerdings kein Glück bescheren: Im Juli 2013, knapp ein halbes Jahr nach einer Zehn-Millionen-Dollar-Finanzierung, wickelte Rocket das Unternehmen ab.

Der einst als Nischenshop FP Commerce gestartete Möbelanbieter war hingegen zu einem international agierenden Massenanbieter geworden, der standortübergreifend auf einen Katalog von über 87.000 Produkten und gut 550 Marken blickte. Nachdem Zalando in ähnlicher Manier bereits aufgezeigt hatte, welche Maßnahmen sich im komplexen E-Commerce-Geschäft wann bezahlt machten, begann auch Home24 auf hochwertige Privatmarken zu setzen, die dem Unternehmen eine höhere Marge bescherten. Gleichzeitig visierte es eine Ausweitung in neue Kategorien wie Küchen und Accessoires an, um seinen Produktkatalog noch breiter aufzustellen. Auch an der Finanzierungsfront orientierte sich der Möbelverbund am bekannten Schuhshop, indem er sich große Kapitalmengen sicherte. Den Beginn eines mittleren Finanzierungsmarathons machte mit Holtzbrinck einer der Haus-und-Hof-Investoren der Samwers. Gemeinsam mit Reinhold Zimmermann, der von 1971 bis 2008 die Geschicke des deutschen Fleisch- und Wurstwarenherstellers Zimbo geleitet hatte und den Samwers als Geldgeber ohne Kenntnis der Materie gerade recht kam, sicherte sich der Geldgeber in einer Reihe von Finanzierungen Anteile an Home24. Durch seine aufwendigen Abwicklungsprozesse bedurfte der junge Möbelshop einer umfangreichen Kapitalausstattung, um schnell genug wachsen zu können, weshalb auch der zweite Investorenliebling der Samwers zum Investorenkreis hinzustieß. Zwischen Oktober 2011 und Mai 2012 steuerte Kinnevik die stolze Summe von rund 95 Millionen Euro bei. Vervollständigt wurde die Investorenriege schließlich durch die amerikanische Investmentbank J. P. Morgan, die im November 2012 zehn Millionen Euro für die Geschicke von Home24 beisteuerte und noch einmal so viel investieren konnte. Ihren lateinamerikanischen Ableger Mobly ließen Philipp Kreibohm und Felix Jahn derweil separat über eine eigene Gesellschaft finanzieren und gewannen dafür mit der Cisneros-Gruppe einen der relevantesten lateinamerikanischen Medienkonzerne für ihre Zwecke. Geld und mediale Reichweite trafen auf jungen Möbelshop.

In Summe brachte es Home24 so auf eine Finanzierung von deutlich über 100 Millionen Euro, mit der es seinen Ausbau in Europa und Lateinamerika voranbringen konnte. Im Gegenzug versprachen die Samwers ihren Investoren vollmundig Erfolge: Zu einem »Category Killer« des Möbelsegments solle der junge Möbelshop werden und niemand Geringerem als Ikea den Rang ablaufen.[180] Mit insgesamt 400 Millionen Euro bewerteten Alexander Samwer und seine Brüder ihren bipolaren Möbelshop, und Home24 blieb nicht ihr einziger Ansatz, in diesem Segment auf Kundenfang zu gehen. Etwa zeitgleich zur Entstehung von FP Commerce investierte das Brüdertrio mit Rocket Internet in Fashion4Home, einen Onlineshop für Designer-Möbel, der sich im Gegensatz zum Massenanbieter Home24 eher auf hochwertigere Waren spezialisierte. Ein wirkliches Fokusprojekt sollte Fashion4Home für die Samwers allerdings nicht werden. Im Juli 2009, ziemlich genau drei Jahre nach ihrem Einstieg, verkauften sie ihre Anteile wieder.

Mehr Aufmerksamkeit genoss bei den drei Brüdern aus Köln hingegen Westwing, ein Shoppingclub für Möbel und Wohnaccessoires, der im Mai 2011 von Holtzbrinck Ventures gegründet worden war. Nach seinem Investment steuerte Rocket dem Münchner Unternehmen seinen auf Designartikel konzentrierten Shoppingclub Bamarang bei, der die US-Webseite Fab.com kopierte, angesichts der besseren Entwicklung von Westwing aber schon bald eingestellt wurde. Letztendlich hatte bei Oliver Samwer erneut der Pragmatismus gesiegt: Das dem US-Unternehmen One Kings Lane nachempfundene Westwing hatte rund 82 Millionen Dollar aufgenommen und brachte es im Mai 2013 in zwölf Märkten auf acht Millionen Mitglieder und einen hochgerechneten Umsatz von rund 135 Millionen Euro. Westwing hatte es damit vermocht, binnen kurzer Zeit zu Home24 aufzuschließen, das es im gleichen Zeitraum auf einen hochgerechneten Umsatz von circa 170 Millionen Euro gebracht haben dürfte.[181] Es verwunderte deshalb auch nicht, dass Rocket in Ergänzung zu Westwing und Home24 mit dem indischen Anbieter FabFurnish und dem australischen Zanui in gleich zwei Wachstumsmärkten auch noch eine Art Mischform beider Unternehmen etablierte.

E-Commerce-Säule III: General Merchandise mit Lazada & Co.

Für viele Beobachter der Samwers, insbesondere für die deutsche Presse, war die dritte Säule der Samwer'schen E-Commerce-Aktivitäten eine echte Überraschung. In seiner viel zitierten Blitzkrieg-E-Mail hatte Oliver Samwer bereits zu Papier gebracht, dass es für ihn nur drei E-Commerce-Bereiche gebe, in denen ein Milliardengeschäft entstehen könne: Fashion, Möbel und Gemischtwaren, wie Amazon sie vertrieb. Und nachdem sie mit Zalando und dessen internationalen Pendants bereits umfangreich das Fashion-Segment erschlossen und mit Home24 einen breit aufgestellten Möbelanbieter an den Start gebracht hatten, fehlte den Samwers nun nur noch ein Geschäftsmodell im eigenen Portfolio: Amazon. »Die Samwers klonen Amazon« war der gleichermaßen überraschte wie ehrfürchtige Tenor in Deutschlands Medienlandschaft, als Oliver Samwer im Februar 2012 mit seinem verwegenen Vorhaben Ernst machte und den dritten großen E-Commerce-Pfeiler seiner Kalkulation umsetzte.

Unter dem Namen »Lazada« hatte Rocket Internet in Südostasien eine ganz eigene Version des bekannten Onlineshops gestartet und vertrieb Produkte der Kategorie »General Merchandise« – Gemischtwaren, allen voran Elektronik. Aus gleich mehreren Perspektiven verbanden sich mit dem Einstieg mögliche First-Mover-Vorteile, weshalb die Samwers auf gleich fünf Märkte setzten, um einen lokalen Platzhirsch zu etablieren. Sein Hauptquartier errichtete Lazada in Singapur und war darüber hinaus mit unabhängig operierenden Länderbüros in Indonesien, Vietnam, den Philippinen, Thailand und Malaysia aktiv. Perspektivisch sollten mit Singapur, Brunei, Kambodscha und Myanmar sogar noch vier weitere, ähnlich exotische Regionen folgen. Die von den Samwers anvisierten Märkte blickten nicht nur auf hohe Bevölkerungszahlen und eine zunehmende Internetdurchdringung, sondern insbesondere die Verbreitung mobiler Endgeräte mit Internetanbindung weckte die Hoffnung auf hohe Umsätze.[182] Oliver Samwer wollte für jenen Moment gewappnet sein, da die südostasiatische Internetwirtschaft ihr weiteres Wachstum entfaltete und zusehends weitere Unternehmen auf die Region aufmerksam wurden. Knapp ein Jahr nach seiner Gründung hatte Lazada 910 Mitarbeiter und bot seinen monatlich gut 13 Millionen Besuchern ein Portfolio von durchschnittlich 10.000 Produkten pro Land an. Die Samwers ließen ihr Zalando-Standardvorgehen abspulen und setzten auf immer breiter werdende Sortimente, immer voller werdende Warenkörbe und immer höhere Margen.

Lazada sollte nicht der einzige Versuch der Samwers bleiben, mit dem Amazon-Modell Kasse zu machen. Praktisch zeitgleich zur Gründung von Lazada gingen mit Linio ein entsprechender Ableger in Lateinamerika und mit Jumia ein Anbieter in Afrika online. Während Linio auf Kolumbien, Venezuela, Peru und Mexiko setzte, war Jumia in Nigeria beheimatet und verschickte auch nach Südafrika, Kenia, Ägypten und Marokko. Mit dem bloßen Kopieren des Amazon-Modells war es aber zumeist nicht getan, zumal sich die unterschiedlichen Regionen für die Samwers ganz unterschiedlich gestalteten. Während etwa das Unternehmen in Lateinamerika bei seiner Bevölkerungsanzahl halb so groß aufgestellt war wie das von Lazada angesteuerte Südostasien, bot es dennoch eine doppelt so hohe Internetpenetration sowie einen mit 1,75 Billionen Dollar nahezu sieben Mal so großen Einzelhandelsmarkt. Afrika schien den Samwers angesichts der Zusammenlegung einiger Unternehmen die meisten Schwierigkeiten zu bereiten, doch überhaupt hatten allen drei Regionen eine teils unterentwickelte Infrastruktur gemein. Insbesondere die »letzte Meile« bei der Auslieferung mussten die Samwers oft sogar in Eigenregie umsetzen lassen, sodass es nicht überraschte, dass Lazada, Linio und Jumia durchweg rote Zahlen schrieben. Für die Samwers zählten diese Anlaufverluste zu den notwendigen Übeln, wenn man einen Entwicklungsmarkt erobern wollte.

	Lazada (Südostasien)	Linio (Lateinamerika)	Jumia (Afrika)
Gründer	Maximilian Bittner Stein Jakob Oeie Pierre Poignant Tim Rath Johnny Wong	Carlos Alcantara Cristian Cortes Fernando D'Alessio Andreas Mjelde Vagn Salazar Alejandro Vera	Raphael Afaedor Peter Allerstorfer Jeremy Hodara Tunde Kehinde Manuel Koser Sacha Poignnonec
Märkte	Indonesien Malaysia Philippinen Thailand Vietnam	Kolumbien Mexiko Peru Venezuela	Ägypten (Versand) Kenya Marokko (Versand) Nigeria Südafrika
Bevölkerung	532 Mio.	218 Mio.	ca. 350 Mio.
Einzelhandelsmarkt	264 Mrd. $	1,75 Bln. $	ca. 200 Mrd. $
Internetpenetration	26,1 % gewichteter Durchschnitt	ca. 40 %	ca. 26 %
Einzelhandel online	1,5 Mrd. $ (ohne Vietnam)	<3 Mrd. $	N/A
Prozentanteil online am gesamten Einzelhandel	0,6 % (ohne Vietnam)	<2 %	N/A
Inventar der Samwer-Gründung (Stand: 01/2013)	>50.000 Bestandseinheiten	>90.000 Bestandseinheiten	>12.000 Bestandseinheiten
geschätzter Bruttoumsatz Q4 2012	ca. 12,4 Mio. €	ca. 8,8 Mio. €	ca. 1,9 Mio. €

Quelle: Interne Investorenpräsentationen zu den einzelnen Amazon-Klonen aus dem Januar 2013

Amazon selbst war in den neuen Samwer-Märkten bisher nicht aktiv. Deshalb war es das Ziel der Samwers, einer Erschließung durch die existierenden großen Wettbewerber zuvorzukommen. Dabei hatten sich Oliver Samwer und seine Brüder mit Amazon ein echtes Schwergewicht zum Vorbild genommen. Das Unternehmen mit Sitz in Seattle war 1995 durch den Computerwissenschaftler Jeff Bezos zunächst als Onlinebuchladen gegründet worden und expandierte mit der Zeit in zahlreiche weitere Segmente, die Amazon heute zu einer der weltweit größten E-Commerce-Seiten machen. Im Mai 2013 blickte Amazon auf einen Börsenwert von 122,55 Milliarden Dollar und beschäftigte über das Jahr 2012 circa 88.400 Mitarbeiter. Seinen für diesen Zeitraum erwirtschafteten Nettoumsatz von gut 61 Milliarden Dollar hatte der E-Commerce-Riese vorwiegend in sehr gut industrialisierten Ländern aufgebracht. Zwar lieferte das Unternehmen aus über 69 Logistikzentren in die ganze Welt, mit Webseiten in den USA, Kanada, Deutschland, Frankreich,

Großbritannien, Italien, Spanien, Japan, China und Brasilien konzentrierte es sich aber insbesondere auf die westliche Welt.

Doch wenngleich Amazon erfolgreich vorgelebt hatte, in welche Dimensionen sich der Online-Vertrieb von Gemischtwaren bringen ließ, hatten sich die Samwers dennoch beileibe keinen Selbstläufer ausgesucht: Der Wettbewerb war global sehr ausgeprägt und wollten sie mit ihrem ambitionierten Plan Erfolg haben, galt es, eine schnelle lokale Durchdringung zu erreichen. Kundenbekanntheit, Händlerkontakte, Personalstrukturen und die Schaffung von Infrastruktur waren ebenso unumgänglich wie strategische Geschäftspartnerschaften. Mit zunehmender Größe und Komplexität stieg das Risiko von Sicherheitslücken und Systemausfällen und durch ihre Tätigkeit über mehrere Nationen hinweg konnten sogar Wechselkurse zu einem relevanten Finanzaspekt für die Samwers werden. Ein unternehmerisches Risiko herrschte beim zu verkaufenden Inventar ohnehin, zumal sich das Zusammenspiel aus Händlerbeziehungen, der variierenden Kundennachfrage, Planungszyklen und rückständiger Infrastruktur sehr komplex gestaltete. Jene internen wie externen Stellschrauben konnten empfindliche Fluktuationen in den Entwicklungsraten bedeuten.

Insbesondere die hohe Saisonalität des Geschäfts brachte es mit sich, dass ein fundiertes und datengetriebenes Verständnis der Nachfrageentwicklung unumgänglich war – ein dankbares Szenario für den Datenfetischisten Oliver Samwer. Amazon hatte über die Jahre im Weihnachtsgeschäft gut 35 Prozent seines Jahresumsatzes verdient, was bedeutete, dass Fehlplanungen, falsche Einkaufsschwerpunkte, erhöhte Versandkosten durch aufgeteilte Lieferungen, Webseitenüberlastungen oder eine mangelnde Personalaufstockung schnell zum Genickbrecher werden konnten. Und als wäre dies alles noch nicht genug, erschwerten auch lokale ökonomische und politische Regulationen, arbeitsrechtliche Belange, Produkteinschränkungen und die allgemeine Internationalisierung das Geschäft.

Mit anderen Worten: Die Samwers hatten sich ein wachstumsstarkes, aber komplexes Handelsmodell ausgesucht und waren im Begriff, unter hohem Risiko in potenzielle Wachstumsmärkte zu investieren. Wie die anderen E-Commerce-Bestrebungen der Samwers, sollte die General-Merchandise-Sparte umfangreiche Kosten für ihren Aufbau verschlingen und wie üblich sollten dafür vor allem externe Geldgeber ihre Brieftaschen öffnen. Über ein komplexes Firmenkonstrukt rund um die Dachgesellschaft »Big Commerce« bündelten die Samwers ihre Amazon-Klone[183] und den Löwenteil zu dessen Finanzierung steuerte wie so oft der Samwer'sche Hauptgeldgeber Investment AB Kinnevik bei.[184] Die schwedische Gesellschaft beteiligte sich mit knapp 50 Millionen Euro, während Rocket Internet selbst 4 Millionen Euro beisteuerte und sich geschickt einen Großteil der Anteile sicherte. Dem folgte mit 30 Millionen Euro Summit Partners, das zeitgleich mit der Investmentbank J. P. Morgan und Holtzbrinck investiert hatte. Mit Tengelmann, der britischen Gesellschaft Aismare und dem europäischen Hedgefonds Marshall Wace beteiligten sich darüber hinaus gleich drei Geldgeber mit je 10 Millionen Euro, sodass Big Commerce es bis 2013 auf ein Gesamtfinanzierungsvolumen von bis zu 140,8 Millionen Euro brachte. Nicht minder stolz waren auch die Bewertungen, die die Samwers dafür aufriefen. Zum Beginn des Jahres 2013 blickte Lazada auf eine Bewertung von 225 Millionen Euro, gefolgt von Linio mit 150 Millionen. Und damit nicht genug, finanzierten die Samwers ihre Amazon-Klone auch direkt sowie über ein verworrenes Firmennetzwerk[185], wobei allein Lazada mit über 100 Millionen Dollar die wohl höchste Finanzierung im E-Commerce-Segment Südostasiens erhielt. Die Samwers waren mit rasantem Tempo ins Rollen gekommen und bauten Unternehmen beinahe ebenso schnell auf wie sie Superfinanzierungen einfuhren.

E-Commerce-Säule IV: Büroartikel mit Office Fab & Co.

Mit Büroartikeln setzte Rocket Internet bei seiner vierten und letzten E-Commerce-Säule nach Mode, Möbeln und General Merchandise erstmals auf eine Produktkategorie, die sich eher an Geschäftskunden denn Privatnutzer wendete. Während Rocket mit Mode und Möbeln bereits auf einen längeren Erfahrungsschatz blickte, bildeten Büroartikel (ähnlich wie das General-Merchandise-Vorhaben) ein unbekanntes Terrain. Nachdem Rockets Analyse der zehn attraktivsten Geschäftsmodelle aber auch den Verkauf von Büroartikeln zutage förderte, machten sich die Samwers mit ihrem Berliner Brutkasten dennoch daran, in Indien sowie vier südostasiatischen Märkten eigene Onlineshops zu entwickeln. Erneut rekrutierte sich auch in Sachen Büroartikel das Vergleichsmuster aus den USA: Als Vorbild ihrer Gründungsvorhaben im Segment für Bürobedarf diente Alexander, Marc und Oliver Samwer ein amerikanisches Unternehmen, das bereits seit 1986 aktiv war. Das in der Nähe von

Boston ansässige »Staples« wurde von Tom Stemberg und Leo Kahn gegründet, nachdem Mitgründer Stemberg am Wochenende des 4. Juli das Farbband seines Druckers gerissen war und er vergebens ein geöffnetes Ladengeschäft gesucht hatte.

Am 1. Mai 1986 eröffnete das mittlerweile börsennotierte Unternehmen den ersten Abholgroßmarkt für Büroartikel weltweit und rund 26 Jahre später war aus dem einzelnen Ladengeschäft eine global agierende Handelskette geworden, die es auf 2.215 Filialen und Kunden in 27 Ländern auf fünf Kontinenten brachte. Mit einem Jahresumsatz von 24,4 Milliarden Dollar[186] war Staples zu einem echten Einzelhandelsschwergewicht geworden und hatte bewiesen, dass sein Geschäftsmodell, das klassische Großmarktkonzept mit großer Produktpalette, langen Öffnungszeiten und niedrigen Preisen auf Bürobedarf zu übertragen, funktionierte. Bereits drei Jahre nach seiner Gründung war Staples an die Börse gegangen und hatte seitdem einen umfangreichen Internationalisierungskurs angetreten. Die Online-Präsenz, mit der Staples 2012 über zehn Milliarden Dollar erwirtschaftete, entstand 1998 – ein Jahr vor der ersten Samwer-Gründung Alando.

Bisher hatten die Samwers bei ihren E-Commerce-Vorhaben stets darauf gesetzt, einen großen Produktkatalog zu etablieren und Produktkategorien mit hohen Margen zu vertreiben. Eine Verbindung, die im Bürobedarfsegment ebenfalls zu einem Umsatztreiber werden konnte, zumal Staples zum Zeitpunkt der großen Samwer-Offensive damit beschäftigt war, seine Ladenketten zu reduzieren und unterschiedliche Einsparpotenziale zu erschließen. Das in der Neuordnung befindliche Vorbild würde in den Samwer-Entwicklungsregionen so bald wohl kein Konkurrent werden. Und so starteten die Samwers im April 2012 mit OfficeYes einen eigenen Anbieter in Indien, ehe in den beiden Folgemonaten unter dem Namen OfficeFab ein Ableger in Südostasien folgte. Binnen eines Jahres stellten Oliver Samwer und seine Brüder über 200 Mitarbeiter ein, die sich der ausgeprägten Offline-Komponente des Geschäfts annehmen und einen typischen Großhändler etablieren sollten. Schließlich ging das Trio für Indien und Südostasien von einer Marktgröße von 40 Milliarden Dollar für Büroartikel aus – in den USA kalkulierten sie derweil mit 450 bis 500 Milliarden.[187]

	Indien	Indonesien	Malaysia	Philippinen	Vietnam
Marke	OfficeYes	OfficeFab	OfficeFab	OfficeFab	OfficeFab
Bevölkerung	1,2 Mrd.	250 Mio.	29 Mio.	93 Mio.	90 Mio.
Einzelhandelsmarkt	450 Mrd. $	134 Mrd. $	35 Mrd. $	18 Mrd. $	30 Mrd. $
Internetpenetration	10,2 %	23 %	55 %	33 %	35 %
Einzelhandel online	0,4 Mrd. $	1 Mrd. $	0,3 Mrd. $	0,06 Mrd. $	N/A
Prozentanteil online am gesamten Einzelhandel	0,1 %	0,7 %	0,8 %	0,3 %	N/A
Launch	April 2012	Juli 2012	Juni 2012	Juli 2012	Juli 2012
Sitz	Neu Delhi	Jakarta	Kuala Lumpur	Manila	Ho-Chi-Minh-Stadt

Quelle: Interne Investorenpräsentation von Rocket Internet zu OfficeFab, OfficeYes, Lazada und Jabong aus dem Januar 2013

Wie auch bei den Amazon-Kopien der Samwers sollte ein mehrköpfiges Team aus ehemaligen Beratern und Eliteabsolventen das Geschäft für die Samwers erschließen, mangelte es doch nicht an Wettbewerb. Neben lokalen Anbietern standen auf globaler Ebene Unternehmen wie Eurooffice, Office Direct oder Viking Direct in Konkurrenz zu Rocket. Staples hatte den indischen Subkontinent 2007 durch ein Joint Venture mit Pantaloon Retail, einer indischen Einzelhandelskette, erschlossen und machte es damit notwendig, dass die Samwers gleich zu Beginn mehr Märkte adressierten. Vor allem hatten sie massiven Nachholbedarf: Zwar blickten OfficeYes und OfficeFab auf ein recht breites Sortiment von gut 6.000 Produkten in über 18 Kategorien, doch mit seinen rund 7.000 Besuchern pro Tag brachte es der Verbund auf einen kleinen Monatsumsatz, der im Dezember 2012 bei gerade einmal 225.000 Euro lag. Summierte man die Umsätze beider Büroartikelanbieter von Juni bis Dezember 2012 auf, entsprach dies knapp drei Tausendstel dessen, was Staples im gesamten Jahr 2012 erwirtschaftet hatte.

Rockets Büroartikelsparte war im frühen Wachstum begriffen, blickte aber auf einen großen Markt, der noch mit dem Zalando-Standardvorgehen erschlossen werden sollte. Nichtsdestotrotz gingen die Samwers bei ihren internationalen Kopiervorgängen auch weiterhin stark zahlengetrieben vor und entschlossen sich schließlich, das sich deutlich schlechter entwickelnde OfficeFab zugunsten ihrer indischen Ambitionen mit OfficeYes einzustellen. Bei einem Oliver Samwer sollten im Zweifelsfall nur die besten Performer aller platzierten Wetten Bestand haben. Damit verdeutlichte er auch, dass seine ambitionierten Wachstumspläne wenn nötig ein jähes Ende haben konnten, wenn der notwendige Fortschritt ausblieb. Ähnlich wie er bei seinen afrikanischen Amazon-Klonen unterschiedliche Zusammenschlüsse vornahm, machte er auch an der Büroartikelfront klar, dass nur wenig Spielraum für Experimente blieb. OfficeFab war dieser konsequenten Fokussierung zum Opfer gefallen, nun musste OfficeYes zeigen, ob Staples wirklich ein attraktives Geschäftsfeld für den Samwer-Inkubator bereithielt.

9. Wohin geht die Reise für Rocket Internet und die Samwers?

Es war ein Wahnsinnsritt, den die Samwers mit ihrer Entscheidung lostraten, fortan als globale Seriengründer agieren zu wollen. Binnen zwei Jahren hatten sie in einigen der exotischsten Regionen dieses Planeten Büros mit Hunderten von Mitarbeitern etabliert, Rocket zu einem Konzern mit über 25.000 Mitarbeitern ausgebaut und in über 50 Ländern fließbandartig Webseiten aus dem Boden gestampft. Rocket war in Rekordzeit zu einem Gründungsriesen gewachsen, der in einer solchen Geschwindigkeit und Konsequenz weltweite Entwicklungsmärkte erschloss, dass einem der Atem stockte. Allein die Recruiting-Maschinerie, mit der Oliver Samwer Dutzende von Managern aus Eliteuniversitäten und Beratungsunternehmen warb und Tausende von Angestellten einstellen ließ, suchte seinesgleichen, von seinem Talent an der Investorenfront ganz zu schweigen. Wie kein Zweiter verstand er es, Superreiche und professionelle Investoren zu überzeugen und ihnen zu Millionenbewertungen riesige Geldbeträge »abzuluchsen«.

> »Wir werden 95 Prozent unserer Firmen erfolgreich verkaufen oder an die Börse bringen. Das geht so: Wenn ein Geschäftsmodell schlecht läuft, dann schauen wir uns rechtzeitig nach anderen Geschäftsmodellen oder nach einem anderen Fokus für das Unternehmen um. Dieses Prinzip funktioniert aber nur, wenn wir bei den Start-ups früh genug dabei sind. So früh, dass wir mit am Geschäftsmodell feilen können.«

Oliver Samwer im Jahr 2007 über Rockets Vorgehen[188]

Während er und seine Brüder den Löwenanteil der Dutzenden E-Commerce- und Nicht-E-Commerce-Gründungen besaßen, zahlten einige der bekanntesten Geldgeber und Unternehmer dieses Planeten die Rechnung. Die Samwers gaben den Ton an und viele der bestausgebildeten Jungmanager dieser Generation peitschten ihre aberwitzigen Visionen durch. Die Risikoaversion der Anwaltskinder hatte Früchte getragen und Alexander, Marc und Oliver Samwer ins Zentrum eines florierenden Internetkonzerns befördert, der im Wesentlichen vom unbedingten Siegeswillen und der Umsetzungspower der drei Brüder lebte. Zwar wäre ohne Oliver Samwer aus Marc Samwer wohl ein guter Anwalt und aus Alexander Samwer ein gut verdienender DAX-Manager geworden, doch im Trio war das Gespann kaum zu schlagen. Alexander Samwer lieferte die strategische Finesse sowie den systematischen Unterbau, Marc Samwer peitschte an der Marketing-Front ein und Oliver Samwer vereinte mit seinem Erfolgshunger, seiner Aggressivität und Rücksichtslosigkeit beide Dimensionen zu explosionsartigem Wachstum.

Unter der Ägide Oliver Samwers sollte jedes gestartete Unternehmen auf ein durchorganisiertes Geflecht aus herumreisenden Experten, zentral vermittelten Programmierlösungen und detailliert aufbereiteten Performancedaten zurückgreifen und dabei gegenüber seiner Konkurrenz weder Respekt noch die Bereitschaft zum Ausruhen zeigen. Die Samwer-Maxime kannte nur eine Marschrichtung: nach vorn und das stets mit hohem Tempo. Selbst für eine Wiederbelebung ihrer Investitionsaktivitäten unter dem Dach des European Founders Funds sollte dabei noch Zeit bleiben. Beinahe sieben Jahre nach der Gründung des EFF firmierten die Samwers im März 2013 ihre damals mit dem Geld von United Internet finanzierte Beteiligungsgesellschaft zum Investmentfonds »Global Founders Capital« um und begannen mit 150 Millionen Euro auf Investitionsjagd zu gehen. Das Geld dazu hatten sie selbst sowie unterschiedliche Investoren bereitgestellt, und mit dem zuvor beim Lieferdienstvermittler Delivery Hero wirkenden Fabian Siegel war schnell ein Hauptverantwortlicher gefunden, der die Strategie der Samwers umsetzen sollte.

Zu unterschiedlichen Phasen und in variierender Höhe sollte Global Founders Capital in Internetunternehmen rund um den Globus investieren, wobei Rockets Personal vor Ort eine wichtige Quelle für die Erschließung attraktiver Modelle bildete. Im Gegensatz zum eher opportunistischen Vorgehen des EFF würden die Samwers diesmal mit einer Systematik agieren, die auf die Entwicklung von Rocket Internet einzahlte und damit eine feine strategische Orchestrierung zwischen Fonds und Inkubator sicherstellte. Es galt wie so oft: Hatte Oliver Samwer erst einmal ein gewinnbringendes Vorgehen erfolgreich erprobt, würde er es bis ins Letzte ausreizen: Entweder gründeten er und seine Brüder in exotischen Regionen selbst oder sie beteiligten sich über ihren neuen Investmentarm.

Ein Imperium auf Pump?

Ob Oliver Samwers neues Vorgehen in Anbetracht von Rockets Wachstumsexplosion aber dauerhaft gut gehen wird, steht wohl aber auf einem anderen Blatt. Trotz aller Superlative bleibt ein großes Fragezeichen hinter dem langfristigen Erfolg der Samwers. Längst haben sie es zu großem Wohlstand gebracht und ein Privatvermögen angehäuft, das sich wohl merklich über der Milliardengrenze bewegen dürfte. Nur überschaubar viele Wegbegleiter sind mit ihnen reich geworden und während ihre Leistungsfähigkeit ebenso außer Frage steht wie die Qualität ihrer durchorganisierten Struktur, ist ihre Milliardenwette mit Rocket Internet beileibe noch nicht gewonnen. Doch ist das noch wichtig? Denn so oder so: Die Samwers haben immer gewonnen. Beim Aufbau ihrer Start-ups und den damit verbundenen Megafinanzierungen cashten sie in regelmäßigen Abständen aus und verdienten alleine bei einem Verkauf von Zalando-Anteilen unglaubliche 500 Millionen Euro. In einem Gefüge, in dem sie die Regeln diktierten, aber auch einen Großteil der Wertschöpfung beisteuerten, konnten sie nicht verlieren.

Für die dabei entstandenen Unternehmen und ihre beteiligten Finanziers bleibt die Frage nach Erfolg oder Misserfolg derweil offen. Sie finanzieren die Vorhaben der Samwers und bis heute schreiben die meisten Start-ups des komplexen internationalen Firmengeflechts tiefrote Zahlen. Oliver Samwer wischt diesen Umstand gerne mit dem Hinweis beiseite, dass die Unternehmen der Samwers ihr Geld lieber in Wachstum investieren, anstatt es auszuschütten. Eine plausible Argumentation, die den charmanten Nebeneffekt hat, dass den Samwers auf Jahre das mögliche Nicht-Funktionieren ihrer Ideen nicht nachgewiesen werden kann – entweder geht der Plan auf und Zalando & Co. schreiben schwarze Zahlen oder das Unterfangen fährt gegen die Wand und alle hochtrabenden Pläne platzen wie eine Seifenblase.[189]

In anschaulichen Metaphern, mit denen sich Oliver Samwer gerne als Macher à la Bob, der Baumeister, oder sparsam-charmant wie William Wallace aus *Braveheart* verkauft, wirken die Pläne der Samwers schlicht logisch und naheliegend. Nach all seinen gelegenheitsgetriebenen Erfolgen platzierte das Trio schließlich eine ambitionierte Wette: Laut Oliver Samwer wächst der globale E-Commerce noch 20 Jahre lang und geht es nach ihm und seinen Brüdern, nimmt Rocket die Poleposition im Rennen um weltweite E-Commerce-Umsätze ein. Derzeit mag der Internethandel hierzulande einen Marktanteil von vielleicht zehn Prozent einnehmen und bestehende Einzelhändler nicht auf den Plan rufen, weil viele den Brandbeschleuniger Onlinehandel noch immer als temporäre Erscheinung fehldeuten.[190] Doch kippt der Trend zugunsten der Onliner, sind »Oli« und seine Brüder als Erste da. Und das nicht nur in Deutschland und Europa, sondern auch in den bevölkerungsreichsten Regionen der Welt, China vielleicht einmal ausgenommen. Man möchte ihm seine überkandidelten Visionen einfach glauben – ganz Internetpate eben. Dass er dabei die massiven Aufwände bei der Entwicklung von Infrastrukturen herunterspielt und gerne mal die tatsächliche Marktlage zu seinen Gunsten verdreht, macht seine unkonventionell direkte Art oft fast vergessen.

»Wenn wir jetzt nur noch alle gestarteten Unternehmen möglichst schnell in die Gewinnzone führen würden, wären wir durchfinanziert. Dann bräuchten wir kein frisches Geld mehr. Aber das wäre völlig falsch. Ein Börsengang ist bei sehr vielen unserer Unternehmen das Ziel. In 40 Jahren soll im Wikipedia-Eintrag über uns zu lesen sein, dass niemand weltweit so viele Internet-Unternehmen so systematisch gebaut hat wie wir.«

Oliver Samwer über die Ambitionen
seiner weltweiten Gründungsvorhaben[191]

Dabei blieb doch auch Rocket Internet beileibe nicht von Pleiten verschont. Als Pinspire, eine Kopie des bekannten Onlinepinnbretts Pinterest, nicht wirklich abheben wollte, gaben die Samwers das Unterfangen ebenso auf wie den Design-Shoppingclub Bamarang, der zugunsten des ungleich besser wachsenden Möbelanbieters Westwing eingestellt wurde. Seinen Gründungen MyBrands, Ecareer und DealStreet drehte Oliver Samwer gleich mit einem Schlag den Saft ab, nachdem sich auch dort das Geschäft nicht wie gewünscht entwickeln wollte. Während MyBrands an Zalando verramscht wurde, schlitterten die anderen beiden Gründungen in die Insolvenz. Insbesondere zur Entstehung von Rocket Internet produzierten die Samwers haufenweise Fehlschläge, darunter etwa der Twitter-Klon Frazr, die Reiseseite Dreambookers, der Beautyshop BeautyDeal, die Dokumentenplattform Doktus oder die Domainseite Inpado.

Lehrgeld der Anfangszeit, mag mancher denken. Doch selbst bei Rockets späteren Erfolgen wie Groupon oder Wimdu mussten die Samwers über Massenentlassungen knallhart durchgreifen, um ihre Gründungen auf Kurs zu halten. Dass die weltweiten Expansionspläne an mancher Stelle auch nach hinten losgehen konnten, bewiesen die drei Macher derweil durch ihre Zusammenlegungen auf dem afrikanischen Kontinent oder als sie im Sommer 2012 kurzerhand Rockets gesamten Türkei-Standort mit 400 Mitarbeitern dichtmachten, weil die Zahlen dort keine ausreichende Perspektive boten. Konsequenz – eine dieser Samwer-Stärken. Vor allem sollte sich bei all diesen Veränderungen das Gesicht von Rocket Internet selbst wandeln. War das alte Rocket noch ein wenig ein hippes Gefüge aus Unternehmerpersönlichkeiten, die etwas bewegen wollten, folgte mit Groupon und dem schnellen Skalieren ein Bruch, der den Fokus auf Fließbandarbeiten und Angestellte aus Business-Schools und Beratungshäusern legte.

Rockets Entwicklungsphasen

Q2 2007 – Q3 2008
Erste Experimentierphase parallel zum EFF

Q3 2008 – Q1 2011
Sequenziell: 1 Geschäftsmodell, 1 Region

Q1 2011 – Q4 2011
Testphase: Geschäftsmodelle von Beginn an international aufstellen

Q4 2011 – Q4 2012
Parallel: in Sparten mehrere Geschäftsmodelle global

Q4 2012 – Q2 2013
Stärkung der Gründungen

Q2 2013 – Q4 2013
Fokus: neue Gründungen, Infrastruktur stärken, Optimierung des Portfolios

Mit Groupons Gier nach Wachstum kamen andere Typen und Rocket stand vor der Notwendigkeit, seine eigenen Strukturen neu aufzustellen und sich zu konsolidieren. Schließlich hinterließ ein weltweiter Wachstumskurs auch bei einem Oliver Samwer Spuren, insbesondere wenn damit zwischenzeitlich Rockets gesamte Führungsriege verloren ging. Spätestens in dem Moment sollte sie wieder aufkommen, die bei vielen Externen gehegte Sorge: Waren die Samwers dabei, Kartenhäuser zu errichten, die in sich zusammenfallen würden, sobald der gigantische Fluss an Investitionsgeldern nachließe? Oder fußten die so schnell zusammengezimmerten Gründungen der Samwers doch auf soliden operativen Fundamenten? Letztlich geht es um die Frage, ob die Kernstärke der Samwers – in unvergleichlicher Geschwindigkeit globale Unternehmen aufzubauen – Abstriche bei der Nachhaltigkeit der jeweiligen Unternehmen bedeutet.

Eine entsprechende Einschätzung ließ sich damals an Alando aufgrund der kurzen Verweildauer der Samwers noch nicht ablesen. Die Geschicke von Jamba und Groupon schlugen dagegen sehr zuungunsten der Samwers aus. Das marketinggetriebene Intensivwachstum aus der Feder von Oliver und Marc Samwer wusste nicht in gleicher Weise zu überzeugen wie die strategischere Planung von Alexander Samwer mit Zalando. Wann immer Oliver Samwer ans Steuer kam – und der Alpha scheint einen Sitz in der zweiten Reihe ohnehin nie zu akzeptieren –, musste alles ganz schnell gehen und groß werden. War der grundlegende Stellhebel des Geschäfts gefunden, wurde das Gaspedal bis zum Anschlag durchgedrückt und dieselbe Vorgehensweise, die er in einzelnen Unternehmen selbst oder mittelbar umsetzte, exerzierte er auch für Rocket Internet durch. Letztlich wird wohl nur die Zeit zeigen können, ob der Mut der Samwers belohnt wird und inwieweit Alexander Samwers werteorientiertes Denken auf das Gesamtkonstrukt abgefärbt hat. Die Chancen, dass den Samwers auch auf internationaler Bühne Erfolg beschieden ist, sind allerdings sehr gut, vereinen sie doch eine hohe Umsetzungsgeschwindigkeit und -qualität mit viel Geld.

Ein Ausblick: Was war und was vielleicht noch kommt

Rückblickend waren es immer wieder unterschiedliche Phasen des beruflichen Schaffens, die die Samwers meist gelegenheitsgetrieben durchschritten. Und jede dieser doch recht unterschiedlichen Episoden hatte eine ganz eigene Wirkung auf die drei Brüder aus dem Kölner Villenviertel. Da wäre zunächst Alando, jener Einstieg in das Unternehmerleben, bei dem Alexander, Oliver und Marc Samwer mit dem Idealismus junger Absolventen auszogen, um das beste Geschäftsmodell des Silicon Valley nachzubauen. Eine Gründung unter Freunden und Verwandten, die eine tolle Zeit haben und dabei ganz nebenbei die Welt etwas besser und ihre Brieftaschen etwas dicker machen wollten. Und das in einer Ära, als das deutsche Internetgeschäft noch in den Kinderschuhen steckte und kurz vor einem Goldrausch stand, an dem die Samwers keinen unwesentlichen Anteil haben sollten. Selbst ihr Vorbild Ebay wussten sie mit ihrer Arbeit zu überzeugen und verkauften aus Risikoaversion ein Unternehmen, das sie einige Jahre später durch ihre gute Arbeit praktisch zu Milliardären hätte machen können. So hatte sie der rasante Firmenverkauf von Alando zu erfolgreichen Unternehmern gemacht – zu Kopisten, immer auf der Spur dessen, was als Nächstes kommen würde. Für den Moment waren die einst von vielen WHUlern wohl belächelten Unternehmer zu Vorbildern geworden, die viele von Oliver Samwers Kommilitonen dazu brachten, keine Beraterkarriere einzuschlagen.

Mit der Gründung von Jamba verband sich für die Samwers derweil etwas ganz anderes, nämlich die Frage, ob es dem Gespann erneut gelingen würde, eine Gründung zum Erfolg zu führen oder ob der Verkauf von Alando ein One-Hit-Wonder bleiben würde. Die »Popstars der New Economy« wollten ihrem prestigeträchtigen Image gerecht werden. Doch nachdem der notwendige technische Wandel ausblieb, war Jamba ein Stück weit seiner Existenzberechtigung beraubt. Dabei war die Gründung eines Mobilfunkunternehmens doch das scheinbar Schlauste, was ein junger Unternehmer auf dem Tiefpunkt der Internetkrise tun konnte. In einer Phase, die von den Nachwehen der geplatzten Dotcom-Spekulationsblase geprägt war, hatten es die Samwers vermocht, potente Partner von ihrer Geschäftsidee zu überzeugen und wähnten sich im Begriff, erneut einen aufkommenden Markt als Pioniere zu bearbeiten. Was sich jedoch einstellte, war das zweijährige Ringen um ein tragbares Geschäft, bei dem die Samwers womöglich ihre letzte verbliebene Jugendlichkeit verloren.

Der Hype und die Verehrung waren vorbei, nun standen harte Zahlen auf dem Plan. Die Samwers wurden endgültig erwachsen und legten jegliche Scheu ab. Aus den bewunderten Rittern des Internets waren längst gnadenlose Selbstoptimierer geworden, nur hatte es bis dahin kaum ein Außenstehender gemerkt. Den mit Jambas Abo-Modell verbundenen wirtschaftlichen Erfolg bezahlten sie daher mit dem Verlust des Ansehens, das sie bis dahin genossen hatten. Mit Methoden, die sich vielfach an den Grenzen der Zumutbarkeit (vielleicht sogar Legalität) bewegten, machten die Samwers zwar Millionen, setzten sich aber zusehends gesellschaftlicher Ablehnung aus. In diesem Zusammenhang wurde nämlich schnell übersehen, dass Jamba zu einem Innovator der Branche geworden war. Dem Erfolg stand mithin eine ausgeprägte moralische Ächtung gegenüber, die auch dann nicht weichen wollte, als die Samwers Jamba gewinnträchtig verkauften. Die Publicity-Freunde aus Köln bekamen immer mehr die Kehrseite der Öffentlichkeit zu spüren und entwickelten eine ausgeprägte Scheu, die sie seit dieser Zeit an den Tag legen sollten. Obwohl sie durchaus eitel waren, was ihren Ruf in der Öffentlichkeit anging, interessierten sie dennoch wirtschaftliche Fakten mehr als Anerkennung.

In vielerlei Hinsicht bildete Jamba die Grundlage all dessen, was folgen sollte. Insofern machte das Unternehmen einen gehörigen Schritt bei der Selbstfindung der Samwers aus. Die Brüder hatten für sich ein System gefunden, das wirtschaftlichen Erfolg bescherte und ihren Idealen entsprach, aber in der westlichen Welt gesellschaftlich nicht anerkannt war. Sie entwickelten sich zu einem Unternehmertyp chinesischer Prägung:[192] So wie es für chinesische Unternehmer nach der konfuzianischen Lehre keineswegs verwerflich ist, sich am geistigen Eigentum anderer zu bedienen (schließlich dient ein solcher Ideenklau letztlich der Gesellschaft), sahen auch Oliver Samwer und seine Brüder die eigentliche Gründerleistung vielmehr in der praktischen Umsetzung. Und diese wollten sie ebenfalls chinesisch realisiert wissen. Es musste ein riesiges Wachstum in Gang gesetzt werden, ein Prozess, bei dem der Unternehmer seine Mitarbeiter knechtet, als wären sie Maschinen, er selbst diese Anstrengungen aber genauso von sich verlangt. Speziell Oliver Samwer beherrschte es bestens, kaufmännische Fairness und Ethik auch schon einmal zu ignorieren, wenn der wirtschaftliche Nutzen dies rechtfertigte. Er pflegte sein Gegenüber so lange zu hofieren, wie es nützlich war, und er ließ ihn fallen, nachdem er und seine Brüder dessen Wissen und Leistungsfähigkeit ausgeweidet hatten.

Neben dieser Selbstfindung bescherte Jamba den drei Samwer-Brüdern wichtige Lerneffekte zum Geschäftsaufbau in sich entwickelnden Märkten und lehrte sie den Umgang mit großen Partnern. Außerdem etablierten die Samwers durch das Unternehmen ein umfangreiches Personennetzwerk, von dem sie auf Jahre zehrten und das sich als Wissenskatalysator für die gesamte deutsche Internetbranche herausstellte. Dieses Personennetzwerk sollte die Grundlage für die Entstehung von Rocket Internet bilden. Zuvor stand aber die Gründung des European Founders Funds im Vordergrund – ein nur konsequentes Unterfangen, immerhin ließen sich mit dem Investieren in Dutzende Geschäftsideen die Nachahmertätigkeiten der Kölner auf ein höheres Level heben. Mit dem Wechsel vom Gründer zum Investor konnten die Samwers ihr weit reichendes Kontaktnetzwerk ausspielen und mit dem Geld von United Internet an einigen der erfolgreichsten deutschen Internetunternehmen teilhaben.

Insbesondere der Schritt in die USA beförderte dann aber gleich mehrere zentrale Einsichten, die das Schicksal des EFF letztlich mit besiegelten. Es hatte sich den Samwers offenbart, dass der US-Markt nach wie vor deutlich weiter entwickelt war und durch seine Größe mehr Geld anzog und höhere Exits ermöglichte. Der European Founders Fund eröffnete also eine gänzlich neue Perspektive und ließ sie umfangreiche Erfahrungen im Beteiligungsgeschäft sammeln, die wichtige operative Grundlagen für den späteren Aufbau von Rocket Internet legten. Gleichzeitig hatten sie sich in den USA ein heterogenes Beteiligungsnetzwerk mit durchwachsener Qualität aufgebaut. In dieser Phase haben sie eigentlich bewiesen, dass sie weniger ein Gespür für die wirklich großen Ideen hatten, sondern vielmehr Meister der Umsetzung waren, sobald sie ein attraktives Modell durch Austesten gefunden hatten. Die Samwers waren anderen erfolgreichen Investoren hinterhergerannt und spätestens das Ende des European Founders Funds durch die einsetzende Wirtschaftskrise 2009 machte klar, dass Oliver Samwer und seine Brüder selbst ans Steuer gehörten.

So legte der EFF also den Grundstein für die Inkubationsbestrebungen der Samwers mit ihrem Firmenbrutkasten Rocket Internet. Von Gründern waren sie zu Unternehmern herangereift, die zwischenzeitlich zu Investoren wurden, um mit ihrem Inkubator schließlich eine Art Hybridform beider Traditionen zu entwickeln. Bis heute ist Rocket Internet eine Art Summum Opus der Samwers, jenes Meisterwerk, in das alle ihre Erfahrungen eingeflossen sind und das in ihrem gesamten Schaffen die größte wirtschaftliche Bedeutung hat. Ursprünglich als Seitenprojekt ihrer Investmentaktivitäten gestartet, entwickelte sich das Experiment zu einer der relevantesten Einrichtungen der deutschen Internetwirtschaft und etablierte ein weltweites Netzwerk aus Mitarbeitern, Unternehmen und Geldgebern. Und auch bei Rocket Internet lernten die erfolgshungrigen Seriengründer schnell dazu. Den ersten erfolglosen Gehversuchen folgte schnell eine Professionalisierung zum fließbandartigen und durchorganisierten Gründen von Firmen. Die Partnervermittlung Edarling und die Karriereplattform Ecareer waren die ersten Früchte dieser Weiterentwicklung, ehe Groupon und Zalando den durchschlagenden Erfolg brachten und das heutige Gesicht von Rocket Internet und den Samwers prägten.

Obwohl sie mit Jamba bereits ein Unternehmen erfolgreich internationalisiert hatten, bot Groupon den Samwers noch einmal deutlicher eine Perspektive, wie sie eine Sales-Organisaion aufbauten und mit ihren Internetmodellen selbst entlegene Regionen der Erde in kurzer Zeit erschließen konnten. Das Wachstum des Chicagoer Unternehmens entwickelte sich rasant, auch weil das Couponing-Geschäft geradezu prädestiniert für die Einpeitschermentalität von Marc und Oliver Samwer war. Wie schon bei Jamba arbeiteten die beiden ältesten Samwers mit einem brutalen Mix aus Marketing und Vertrieb, um das Geschäft voranzutreiben. Mit jedem Markt, den Groupon erschloss, wuchs auch das Kontakt- und Wissensnetzwerk der Samwers, die sich auf diese Weise Brückenköpfe für ihre Entwicklung mit Rocket Internet etablierten. Gleichzeitig offenbarte dieses Wachstum aber auch eine Schwäche des Brüdertrios, die den Weg ihrer Entwicklung kennzeichnet: Die Problematik der oft als »Samwer-Schergen« bezeichneten Verantwortungsträger.

Insbesondere Oliver Samwer verstand es wie kein Zweiter, seine leitenden Angestellten dazu zu bringen, das zu tun, was er befahl, und sie dazu zu verleiten, auch Moral und Anstand über Bord zu werfen. Cholerische Anfälle und stündlich abzugebende Rapporte gehörten zu den Werkzeugen, mit denen er sein Gefolge unter Druck setzte. Es sollte selten lange dauern, bis die Erfüllungsgehilfen selbst zu gnadenlosen Einpeitschern wurden, die andere schikanierten. Gleichzeitig brachten sie selbst aber zumeist nicht das Fähigkeitenprofil ihres Meisters mit. Oliver Samwer verstand es auf merkwürdige Weise, sein Umfeld zu faszinieren. Selbst gestandene Manager wollten ihm gefallen und sahen deshalb über seine aggressive, Grenzen überschreitende Art hinweg. Immerhin verlangte er von anderen auch nichts, was er nicht selbst zu leisten bereit war. Seine auf Rücksichtslosigkeit getrimmten Platzhalter wussten derweil meist nicht mit diesen Fähigkeiten aufzuwarten, weshalb das negative Image der Samwers wohl zum großen Teil auch auf sie zurückzuführen ist.

Darüber hinaus positionierten sich die Samwers mit ihrer Tätigkeit bei Groupon noch einmal umfangreicher, als sie es zu Zeiten des EFF bereits getan hatten, auf dem Radar amerikanischer Geldgeber und Unternehmer. Die Aggressivität ihres Vorgehens verschaffte den Brüdern im Silicon Valley einen schillernden Ruf, der auf Furcht, Abscheu und Faszination gründete. Im Zentrum ihres Engagements bei Groupon sollte aber auch ein anderer, deutlich banalerer Aspekt stehen: Der Verkauf des Unternehmens brachte ihnen ungeheuer viel Geld ein.

Sehr viel Geld verschaffte ihnen auch Zalando, wenngleich das von Alexander Samwer betreute Unternehmen wohl nicht hätte unterschiedlicher sein können. Im Gegenzug zu Groupon war Zalando ein wirklich gründergeführtes Unternehmen und wuchs zwar ähnlich schnell, blickte dabei aber auf einen nachhaltigeren Aufbau. Mustergültig hatte Zalandos Führung unter Anleitung des jüngsten Samwers das Unternehmen aufgebaut und den Verdienst dabei durch fein abgestimmte Weiterentwicklungen in Kombination mit potentem Marketing gesteigert. Es wird den Samwers also durchaus gerecht, wenn man sie angesichts der Schaffung von Zalando als so etwas wie die Aldi-Brüder der Online-Generation bezeichnet. Nur eine Handvoll Unternehmen hatte weltweit die Möglichkeiten des Webs so gezielt genutzt, um den Handel derartig neu zu erfinden. Erstmals hatten sie nachhaltig ein Geschäftsfeld zu ungeahnter Größe aufgebaut und dabei eine gesamte Branche umgekrempelt. Zalando lieferte ihnen das fehlende Puzzleteil, um das E-Commerce-Segment als jenes Betätigungsfeld für sich zu entdecken, in dem sie ihre Wachstumsmaschine weltweit gewinnbringend zum Einsatz bringen konnten. Mit Groupon und Zalando als Erfolgsgeschichten im Rücken, wandelte sich Rocket Internet zu einem weltweit agierenden Firmenverbund, der sich auf das Kopieren und Ausrollen erfolgreicher Geschäftsmodelle spezialisierte. Eine nahezu philosophische Kehrtwende vom rein deutschen Inkubator mit Trial-and-Error-Ansatz zur Firmenschmiede, die selbst vor exotischen Internet-Entwicklungsregionen nicht Halt machte und den Samwers Investorengelder in Milliardenhöhe bescherte.

Die Zahlen sprechen daher an dieser Stelle wohl für sich: Rocket war ein Firmenverbund geworden, der in kaum zwei Jahren weit mehr als 25.000

Arbeitsplätze schuf, deutlich über zwei Milliarden Euro an Investorengeldern akquirierte sowie ganz nebenbei das Konzept der Firmeninkubation in Deutschland etablierte und zu einem weltweit beachteten Phänomen machte. Die Arbeit der Samwers in den letzten 15 Jahren hat die deutsche wie auch die internationale Internetwirtschaft damit geprägt, wie nur wenige Unternehmer es vermochten. Das Brüdertrio aus Köln hat ein Imperium zur Gründung von Internetunternehmen geschaffen, das in seiner Geschwindigkeit, Größe und Konsequenz bis heute einzigartig geblieben ist. Kaum ein anderer Unternehmer hat es verstanden, der Branche derart seinen Stempel aufzudrücken, wie es insbesondere Oliver Samwer getan hat. In der Sprache der anglophilen Internetszene ist Rocket damit bereits jetzt praktisch »too big to fail« – zu groß, um ein Fehlschlag zu werden.

Trotzdem drängt sich die Frage auf, ob das Firmenimperium der Samwers nachhaltig funktionieren kann oder lediglich Momentum kreiert und heiße Luft produziert. Inwieweit der gewagte Plan hinter Rocket Internet aufgehen wird, hängt von einer Reihe von Faktoren ab, die wohl ähnlich zahlreich wie die vielen kleinen Erfolgsgeheimnisse der Samwers sind. Die Frage nach Erfolg oder Misserfolg der Samwers lässt sich daher nicht in einem Satz, geschweige denn abschließend beantworten. Bei der Einschätzung von Nachhaltigkeit und Erfolgswahrscheinlichkeit hilft wohl aber zumindest ein Blick auf die Dimensionen, in die die Samwers vorgestoßen sind: Als relevantester Inkubator der Welt hat Rocket den kritischsten Punkt seines operativen Schaffens eigentlich bereits hinter sich und blickt auf einen breiten Erfahrungsschatz. Die Prozessmodelle, komplexe datengetriebene Analysemethoden und unterschiedliche Eigenentwicklungen geben dem Unternehmen zusammen mit seinen Wirtschaftspartnerschaften eine gewisse Sicherheit in der sonst so schnelllebigen Internetbranche. Wenn eine solche Struktur, die auch noch ein hohes Entwicklungstempo aufrechterhalten konnte, nicht genügt, was dann?

Ob all dies ausreicht, werden in Zukunft wohl auch die Anleger an der Börse beantworten, nachdem sich zur Mitte des Jahres 2014 manifestierte, dass die Samwers ihren Inkubator an die Börse bringen werden. Kein ganz verwunderlicher Plan, bietet dieser Schritt Oliver Samwer und seinen Brüdern doch die Möglichkeit, noch einmal frisches Kapital und eine klare Grundlage zur Bewertung von Rocket Internet zu erhalten[193], was insbesondere aus Sicht der Samwer-Investoren von Interesse sein dürfte. Und die Dimensionen dieses

Schrittes könnten erneut umfangreich ausfallen: Allein 2014 zahlten sich die Samwers über eine sogenannte Vorabausschüttung knapp 287 Millionen Euro aus und ließen ihren Investoren derweil direkte Anteile an Rocket-Töchtern zukommen.[194] Schon in den Vorjahren hatte Rockets Investorenschaft kräftig Kasse gemacht und 470 Millionen Euro im Jahr 2012 sowie 80,6 Millionen im Jahr darauf eingefahren.[195] Rocket Internet bildet für die Samwers also schon in der Gegenwart eine »Cash-Cow« und gelingt es tatsächlich, eine kolportierte Bewertung des Unternehmens zwischen 3 und 7 Milliarden auf dem Frankfurter Parkett zu realisieren[196], ändert sich daran wohl auch nicht viel, wenngleich bereits laut wurde, dass Rocket sein an der Börse erlöstes Kapital dann in seine Gründungen stecken wolle.[197] Zumal Zalando ebenfalls in den Vorbereitungen für einen Börsengang steckt und womöglich weitere Rocket-Gründungen wie der Rezeptdienst HelloFresh oder der Wohnaccessoire-Shop Westwing Börsenpläne hegen[198], hält bei den Samwers folglich weiterhin ein gewohnt hohes Tempo Einzug. Vor allem übernahm Oliver Samwer als Vorstandsvorsitzender und CEO des mittlerweile als Aktiengesellschaft firmierenden Inkubators erstmals selbst formal die Verantwortung und gewann nicht nur Peter Kimpel, einen Investmentbanker, den er bereits aus Alando-Zeiten kennt, für sein Unterfangen, sondern auch das Hamburger Bankhaus Berenberg sowie die Investmentbanken J. P. Morgan und Morgan Stanley. Dennoch bleibt bei einem Börsengang ein Risiko bestehen, ist doch unklar, ob die verschachtelte Struktur von Rockets Firmenapparat bei den Anlegern gut ankommt, ganz zu schweigen davon, dass die mit einem Börsengang geforderte Transparenz für Rocket Internet ungewohnt sein dürfte.

Doch egal wie das Börsenszenario und die weitere Zukunft von Rocket Internet auch ausfallen: Die Samwers haben ohnehin bereits gewonnen. Immer wieder machten sie im großen Stil Kasse und ließen andere das Risiko für ihr Schaffen tragen. Verlieren können eigentlich nur noch ihre Teilhaber und die Branche als Ganzes. Denn sollte ihr Plan wider Erwarten nicht aufgehen, dürften die Konsequenzen für die deutsche Internetwirtschaft verheerend sein. Bis heute bildet die Arbeit der Samwers den mit Abstand bedeutendsten Pfeiler der europäischen Internetbranche, die im weltweiten Vergleich an vielen Stellen hinterherhinkt. Letztlich ist es jene skurrile Mischung aus menschlicher Grobschlächtigkeit und inhaltlicher Genialität, mit der die Samwers eben jenen Kraftakt zustande gebracht haben. Der unbedingte Wille zu gewinnen und niemals klein beizugeben, egal wie verrückt oder unmoralisch die eigenen Ambitionen auch sein mögen, macht das dreiköpfige Gespann zum Besten, was die deutsche Internetbranche zu bieten hat. Wenn hohe Intelligenz, operative Exzellenz und einige andere Unternehmerqualitäten auf eine pragmatische und schnelle Umsetzung treffen, entsteht das, was die Samwers seit ihrem Beginn mit Alando ausgezeichnet hat: Skalierung.

Dass sie mit ihrem Vorgehen wohl keinen Preis für gutes Karma mehr gewinnen werden, scheint ebenso eindeutig wie ihr wirtschaftlicher Erfolg. Geht ihr ambitioniertes Unterfangen allerdings auf, haben sie den weltweiten Internetmarkt wie niemand anderes vorangebracht und außer sich auch viele andere reich gemacht. Sie selbst zumindest haben es bereits zu Wohlstand gebracht. Manchmal scheint es nahezu, als würde *Die Superreichen*, jene Anleitung von Chrystia Freeland zum Aufstieg in die globale Geldelite, unter den Kopfkissen des Brüdergespanns liegen. Auch sie zählen mittlerweile zu jenen Plutokraten, die vergleichsweise provinziell starteten und als Außenseiter eine Sichtweise darauf entwickelten, wie das Wirtschaftssystem Internet funktioniert, um es dann zu ihren Gunsten zu verändern. Immer wieder haben sie es vermocht, die unterschiedlichen Krisen und Umbrüche der Branche für sich auszunutzen und sind mit ihrer von Oliver Samwer geführten Globalisierung schließlich endgültig zu Eroberern der Netzwelt geworden. Eroberer, die den Wandel der Zeit für sich ausnutzen und momentan alles richtig machen, um in der Parallelwelt der Plutokraten ihren Platz zu finden. Und vielleicht setzt sich ja auch der »most aggressive guy on the internet« irgendwann zur Ruhe und spendet einen Teil seiner Internetmilliarden wohltätigen Zwecken, die später den angeschlagenen Ruf des Gespanns womöglich vergessen machen. Wer weiß, vielleicht sogar schon eher, als es die Samwers vermuten lassen. Doch kann ein Samwer wirklich jemals aufhören ...?

Über den Autor

Joel Kaczmarek ist Herausgeber von *Gründerszene*, Deutschlands Leitmedium zum Thema Digitalwirtschaft. In vier Jahren als Chefredakteur half er, das Online-Magazin aufzubauen und produktseitig weiterzuentwickeln, woraus schließlich der Vertical Media Verlag hervorgegangen ist, den Kaczmarek mitgründete und der im Juni 2014 vom Axel Springer Verlag übernommen wurde.

Derzeit widmet sich Joel Kaczmarek als Mitgründer von Sessionbird einem Technologieunternehmen, das die sichere und benutzerfreundliche Durchführung von Online-Meetings aus dem Browser heraus ermöglicht. Wenn Sie Joel Kaczmareks neue Gründung Sessionbird einmal ausprobieren möchten, nutzen Sie einfach folgenden Gutscheincode unter www.sessionbird.com, um 20 Prozent Rabatt in den ersten drei Monaten zu erhalten: SAMWERBUCH

Anhänge

Anhang 1: Personenverzeichnis

Anhang 1a: Kernakteure

Begemann, Jens	Produktchef von Jamba, der unter anderem die Gaminginhalte und die Abrechnungssoftware des Unternehmens verantwortete und schließlich in die Geschäftsführung aufstieg; gründete anschließend das Spieleunternehmen Wooga.
Berger-de León, Markus	Betriebsleiter bei Jamba, der schließlich in die Geschäftsführung aufstieg und später als Geschäftsführer bei den (teils ehemaligen) Samwer-Beteiligungen StudiVZ und MyHammer wirkte.
Biedka, Frank	Technikleiter bei Jamba, der schließlich als Technikexperte die Samwer-Gründungen MyVideo, Edarling und Zalando als Geschäftsführer begleitete und auch bei Rocket Internet als Geschäftsführer wirkte.
Bleckwenn, Arne	WHU-Absolvent, der zunächst als Praktikant bei Jambas Datingableger iLove tätig war und schließlich mit den Samwers die Privatzimmervermittlung Wimdu gründete.
Brosseder, Lukas	Investment-Manager beim European Founders Fund, anschließend einer der ersten Mitarbeiter bei Rocket Internet und schließlich Mitgründer der Partnervermittlung Edarling.
Bruder, Johannes	Google-Manager, der 2012 zu einem weiteren Geschäftsführer von Rocket Internet wurde und dort vor allem die Bereiche Produkt und Kundenpflege verantwortete.
Dreiling, Hinrich	WHU-Absolvent, der zunächst als Praktikant bei Jambas Datingableger iLove tätig war und schließlich mit den Samwers die Privatzimmervermittlung Wimdu gründete.
Dörner, Karel	Studienfreund von Oliver Samwer, der mit den Samwers gemeinsam Alando gründete und anschließend Unternehmensberater in München wurde.
Faurholt-Jorgensen, Mads	Berater, der zunächst Groupon Japan verantwortete, um schließlich dessen Asien-Geschäft zu betreuen und anschließend als Global Partner von Rocket Internet den internationalen Ausbau der Samwer-Gründungen zu koordinieren; gründete schließlich mit Raphael Strauch selbst den Inkubator Nova Founders.

Finger, Max	Studienfreund von Oliver Samwer, Mitbegründer von Alando und Jamba und auch der Trauzeuge des mittleren Samwer-Bruders.
Glänzer, Stefan	Gründer der deutschen Auktionsplattform Ricardo, die zu den ernsthaftesten Konkurrenten von Alando zählte; später relevanter deutscher Business Angel.
Glasner, Daniel	Einer von vier deutschen Geschäftsführern von Groupon, für das die Samwers den internationalen Aufbau verantworteten.
Gentz, Robert	WHU-Absolvent, der mit den Samwers Zalando gründete und zu einem ihrer größten Erfolge ausbaute.
Heinemann, Florian	Bekannter deutscher Online-Marketing-Experte, der mit Oliver Samwer die WHU besuchte, nach dem erfolgreichen Verkauf seines Buch-Marktplatzes JustBooks die Samwers bei Jambas Online-Marketing beriet und schließlich zum langjährigen Geschäftsführer von Rocket Internet avancierte. Schließlich gründete er mit Christian Weiß, Uwe Horstmann und Thies Sander selbst den Inkubator Project A Ventures.
Hoffmann, Dirk	Geschäftsführer bei Jamba.
Horstmann, Uwe	WHU-Absolvent, der 2009 zum Geschäftsführer von Rocket Internet wurde, nachdem er zuvor bereits als Venture Partner und Interimsmanager beim Berliner Inkubator tätig war; gründete schließlich mit Florian Heinemann, Christian Weiß und Thies Sander selbst den Inkubator Project A Ventures.
Jahn, Felix	WHU-Absolvent, der 2007 zu der ersten Geschäftsführern von Rocket Internet zählte und schließlich mit Philipp Kreibohm und den Samwers den Möbelshop Home24 gründete.
Jeschke, Arnt	Schulfreund, enger Vertrauter und Vorbild von Oliver Samwer. Genau wie Jeschke absolvierte Samwer ebenfalls eine Banklehre. Jeschke verantwortete beim European Founders Fund und allen folgenden Etappen der Samwers die Finanzen.
Khalil, David	Investment-Manager beim European Founders Fund, anschließend früher Mitarbeiter bei Rocket Internet und schließlich Mitgründer der Partnervermittlung Edarling.
Kreibohm, Philipp	Mitgründer des 2000 gestarteten Telefonanwendungsunternehmens Mundwerk, wurde 2007 einer der ersten Geschäftsführer von Rocket Internet und gründete schließlich mit Felix Jahn und den Samwers den Möbelshop Home24.
Kudlich, Alexander	Seit 2011 einer der weiteren Geschäftsführer von Rocket Internet, der das durch zahlreiche Abgänge entstandene Verantwortungsvakuum ausfüllen musste und mittlerweile den Aufbau neuer Gründungen und das Bestandsgeschäft im Nicht-E-Commerce-Bereich verantwortet.
Lange, Ronny	Mitgründer der gescheiterten Samwer-Gründung BeautyDeal sowie von CityDeal, das die Samwers schließlich an Groupon veräußerten. Dort verantwortete er dann das Online-Marketing.
Magin, Philipp	Einer von vier deutschen Geschäftsführern von Groupon, für das die Samwers den internationalen Aufbau verantworteten.
Ott, Martin	Marketingverantwortlicher bei Jamba, der sich vor allem um die Werbeschaltungen des Unternehmens kümmerte und später in die Geschäftsführung aufstieg. Schließlich übernahm er Managementrollen bei Moneybookers und Facebook.

Rheinboldt, Jörg	Mitgründer der Kölner Onlineagentur Denkwerk, bei der Oliver Samwer ein Praxissemester absolvierte; gründete dann mit den Samwers sowie Karel Dörner und Max Finger Alando.
Sander, Thies	WHU-Absolvent, der 2008 zum Geschäftsführer des Samwer'schen Vergleichsportals TopTarif wurde. Schließlich gründete er mit Florian Heinemann, Christian Weiß und Uwe Horstmann den Inkubator Project A Ventures.
Schmidt, Sebastian	Einer von vier deutschen Geschäftsführern von Groupon, für das die Samwers den internationalen Aufbau verantworteten.
Schneider, David	WHU-Absolvent, der mit den Samwers Zalando gründete und zu einem ihrer größten Erfolgen ausbaute.
Schröppe, Thorsten	Einer von vier deutschen Geschäftsführern von Groupon, für das die Samwers den internationalen Aufbau verantworteten.
Strauch, Raphael	Investmentbanker, der zunächst als Geschäftsführer bei Groupon wirkte, um anschließend als Global Partner von Rocket Internet den internationalen Ausbau der Samwer-Gründungen zu koordinieren; gründete schließlich mit Mads Faurholt-Jorgensen selbst den Inkubator Nova Founders.
Siegel, Fabian	CTO beim Bezahldienstleister ClickandBuy, ehe er zum Geschäftsführer des Lieferdienstvermittlers Delivery Hero wurde. Er übernahm die Investmentaktivitäten des neu aufgelegten Samwer-Fonds Global Founders Capital.
Stenbeck, Cristina	Chairwoman der schwedischen Beteiligungsgesellschaft Investment AB Kinnevik, die Rocket Internet mit Unsummen von Investmentgeldern ausstattete und sich auch am Inkubator selbst beteiligte.
Vollmann, Christian	So etwas wie der Zögling von Oliver Samwer, begann zunächst als Praktikant bei Alando und stieß dann zu Jamba-Zeiten wieder zu den Samwers, wo er die Datingbörse iLove verantwortete; gründete anschließend mit den Samwers die Videoplattform MyVideo sowie nach dessen Verkauf die Partnervermittlung Edarling.
Weber, Martin	Geschäftsführer bei Holtzbrinck Ventures, einem verlagsnahen Investor, den eine lange Zusammenarbeit mit den Samwers verbindet.
Weiß, Christian	Mitgründer des 2000 gestarteten Telefonanwendungsunternehmens Mundwerk, das ihn auf das Radar der Samwers brachte, die ihn schon zu Jamba-Zeiten für das US-Geschäft des Klingeltonanbieters wollten, was Weiß aber zugunsten einer Leitungsfunktion beim Ticketing der Fußballweltmeisterschaft 2006 absagte. Er stieß schließlich 2007 als einer der ersten Geschäftsführer von Rocket Internet zu den Samwers – eine Aufgabe, die er zwischenzeitlich für die Gründung seines Gaming-Unternehmens Gimigames unterbrach. Schließlich gründete er mit Florian Heinemann, Uwe Horstmann und Thies Sander selbst den Inkubator Project A Ventures.

Anhang 1b: Relevante Randfiguren

Abercron, Charles von	Mitgründer des Beauty-Aboversenders Glossybox.
Afaedor, Raphael	Mitgründer von Rocket Internets afrikanischem Amazon-Klon Jumia.
Alcantara, Carlos	Mitgründer von Rocket Internets lateinamerikanischem Amazon-Klon Linio.
Allerstorfer, Peter	Mitgründer von Rocket Internets afrikanischem Amazon-Klon Jumia.
Andersen, Anne Smedegaard	Mitgründerin von Rocket Internets Büroartikelshops OfficeFab und OfficeYes.
Bemmann, Dennis	Mitgründer von StudiVZ, in das die Samwers investierten.
Bittner, Maximilian	Mitgründer von Rocket Internets südostasiatischem Amazon-Klon Lazada.
Blavatnik, Leonard	Russisch-amerikanischer Industrieller, der mit seiner Industriegruppe Access Industries Investitionen bis zu 300 Millionen Dollar für Rocket Internet bereitstellte.
Bohg, Ingo	Mitgründer von TopTarif.
Bohg, Thorsten	Studienfreund von Oliver Samwer, der später mit Rocket Internet und seinem Bruder Ingo Bohg TopTarif gründete.
Bonow, Tilo	Presse-Chef bei Jamba, gründete anschließend seine eigene PR-Agentur Piabo, die mit den Samwers auch oft zusammenarbeitete.
Brandenburg, Ole	Zunächst Praktikant bei Alando und schließlich Mitgründer bei Jamba, das er aber bereits nach einem Jahr wieder verließ.
Bronner, Oliver	Gründer des Groupon-Klons Reduti, den Oliver Samwer aufkaufen wollte, schließlich aber an DailyDeal verlor.
Bude, Tabi	Führungsperson bei Jambas Datingableger iLove, das er aber bereits früh verließ, weil er nicht mit der Art von Oliver Samwer klarkam.
Cortes, Cristian	Mitgründer von Rocket Internets lateinamerikanischem Amazon-Klon Linio.
D'Alessio, Fernando	Mitgründer von Rocket Internets lateinamerikanischem Amazon-Klon Linio.
Dames, Filip	WHU-Absolvent, der 2009 zu Zalando stieß und dort vor allem die Zalando Lounge sowie das Produktmanagement und das Business-Development verantwortete.
Dariani, Ehssan	Mitgründer von StudiVZ, in das die Samwers investierten.
Englert, Marcus	ProSiebenSat.1-Vorstand, der zu Oliver Samwers Freundeskreis zählte und die Übernahme der deutschen Videoplattform MyVideo und des sozialen Netzwerks Lokalisten einleitete, an denen die Samwers beteiligt waren.
Fernandes, Mario	Mitgründer des lateinamerikanischen Möbel-Onlineshops Mobly.
Gadowski, Lukasz	Bekannter deutscher Business Angel, der StudiVZ als Gründungsinvestor mit aufbaute und häufig Berührungspunkte mit den Samwers hatte, etwa weil sie gemeinsam investierten, vor allem aber auch, weil er mit Team Europe einen der relevanten deutschen Inkubatoren gründete.
Gomez, Javier	Mitgründer von Rocket Internets Büroartikelshops OfficeFab und OfficeYes.
Haub, Karl Erivan	Geschäftsführer und persönlich haftender Gesellschafter der Tengelmann-Gruppe, der mit seinem Familienunternehmen umfangreiche Geldmittel in Rockets Portfoliounternehmen steckte.

Hodara, Jeremy	Mitgründer von Rocket Internets afrikanischem Amazon-Klon Jumia.
Hung, Charlie	Mitgründer von Rocket Internets Büroartikelshops OfficeFab und OfficeYes.
Karouzos, Panagiotis	Mitgründer von Rocket Internets Büroartikelshops OfficeFab und OfficeYes.
Kehinde, Tunde	Mitgründer von Rocket Internets afrikanischem Amazon-Klon Jumia.
Kim, Steven	Mitgründer von Rocket Internets Büroartikelshops OfficeFab und OfficeYes.
Koser, Manuel	Mitgründer von Rocket Internets afrikanischem Amazon-Klon Jumia.
Li, Adrian	Mitgründer von Rocket Internets Büroartikelshops OfficeFab und OfficeYes.
Lubinski, Thorsten	Technikleiter bei Jambas Datingableger iLove, der später mit den Samwers den Spieleanbieter Plinga gründete.
Jost, Sebastian	Mitgründer der gescheiterten Samwer-Gründung BeautyDeal sowie von CityDeal, das die Samwers schließlich – ohne ihn – an Groupon veräußerten.
Marques, Marcelo	Mitgründer des lateinamerikanischen Möbel-Onlineshops Mobly.
Milner, Yuri	Russischer Internetunternehmer, der mit seiner internationalen Investmentfirma Digital Sky Technologies (DST) etwa 315 Millionen Dollar in Rocket Internet investierte.
Mittal, Lakshmi	Indischer Stahlmagnat, der umfangreiche Geldmittel in Rockets Portfoliounternehmen steckte
Mjelde, Andreas	Mitgründer von Rocket Internets lateinamerikanischem Amazon-Klon Linio.
Möser, Philipp	Mitarbeiter bei Jamba, der 2007 zum Produktchef von Rocket Internet wurde und anschließend mit Jens Begemann das erfolgreiche Spieleunternehmen Wooga gründete.
Moser, Oliver	Mitgründer des Beauty-Boxen-Versenders Glossybox.
Müller, Matthias	Ehemaliger Holtzbrinck-Manager, der seit 2011 den Ideenfindungsprozess bei Rocket Internet verantwortet.
Nambiar, Siddharth	Mitgründer von Rocket Internets Büroartikelshops OfficeFab und OfficeYes.
Noda, Victor	Mitgründer des lateinamerikanischen Möbel-Onlineshops Mobly.
Oeie, Stein Jakob	Mitgründer von Rocket Internets südostasiatischem Amazon-Klon Lazada.
Pinault, François-Henri	Französischer Manager, der umfangreiche Geldmittel in Rockets Portfoliounternehmen steckte.
Pinchuk, Victor	Ukrainischer Stahlmagnat, der umfangreiche Geldmittel in Rockets Portfoliounternehmen steckte.
Poensgen, Alan	Mitgründer von Rocket Internets Büroartikelshops OfficeFab und OfficeYes.
Poignant, Pierre	Mitgründer von Rocket Internets südostasiatischem Amazon-Klon Lazada.
Poignonnec, Sacha	Mitgründer von Rocket Internets afrikanischem Amazon-Klon Jumia.
Rath, Tim	Mitgründer von Rocket Internets südostasiatischem Amazon-Klon Lazada.
Ritter, Rubin	Unternehmensberater, der 2010 als weiterer Geschäftsführer zu Zalando stieß und das Business-Development des Unternehmens verantwortete.
Salazar, Vagn	Mitgründer von Rocket Internets lateinamerikanischem Amazon-Klon Linio.

Santo Domingo, Alejandro	Kolumbianischer Finanzmanager und Biermagnat, der umfangreiche Geldmittel in Rockets brasilianischen Zalando-Ableger Dafiti steckte.
Schmidt-Holtz, Janna	Mitgründerin des Beauty-Boxen-Versenders Glossybox.
Schrezenmeier, Michael	WHUler, der für den Personalausbau beim European Founders Fund angedacht war, den Oliver Samwer aber bereits nach zwei Monaten vergraulte.
Schwarzmeier, Albert	Mitgründer der gescheiterten Samwer-Gründung BeautyDeal sowie von CityDeal, das die Samwers schließlich – ohne ihn – an Groupon veräußerten.
Sivdas, Arvind	Mitgründer von Rocket Internets Büroartikelshops OfficeFab und OfficeYes.
Skoblo, Benjamin	Gründer des Groupon-Klons Reduti, den Oliver Samwer aufkaufen wollte, schließlich aber an DailyDeal verlor.
Skoblo, Samuel	Gründer des Groupon-Klons Reduti, den Oliver Samwer aufkaufen wollte, schließlich aber an DailyDeal verlor.
Spiegelberg, Veit	Zunächst Praktikant bei Alando und schließlich Marketing-Manager bei Jamba, das er aber nach einem Jahr wieder verließ.
Vera, Alejandro	Mitgründer von Rocket Internets lateinamerikanischem Amazon-Klon Linio.
Waesche, Niko	Business Angel, der Alando finanzierte und sehr aktiv unterstützte.
Wilmking, Jan	Berater, der 2013 als weiterer Geschäftsführer zu Rocket Internet stieß.
Wittekind, Brigitte	Mitgründerin des Beauty-Boxen-Versenders Glossybox.
Woischnik, Nikolas	Gründer des Groupon-Klons Reduti, den Oliver Samwer aufkaufen wollte, schließlich aber an DailyDeal verlor.
Wong, Johnny	Mitgründer von Rocket Internets südostasiatischem Amazon-Klon Lazada.

Anhang 2: Glossar

Accelerator – Aus dem Englischsprachigen übersetzt, bedeutet Accelerator so viel wie »Beschleuniger« und bezeichnet Einrichtungen, die Start-ups während eines zuvor festgelegten Zeitraums unterstützen und somit die Unternehmensentwicklung beschleunigen können. Ein Accelerator unterstützt junge Unternehmen dabei durch die Vermittlung von eigenem oder fremdem Kapital, stellt Büroräume zur Verfügung, teilt sein Netzwerk und vermittelt Wissen. In der Regel sind Acceleratoren an größere Firmenverbünde angedockt, um diesen durch ihre Teilhabe an innovativen Geschäftsideen entsprechende Impulse und Einsichten für das Tagesgeschäft zu geben.

Burn Rate – Die Burn Rate, wortwörtlich übersetzt »Verbrennungsrate«, gibt die Geschwindigkeit an, mit der ein Unternehmen (bei konstant bleibendem Geldfluss und ohne zusätzlichen finanziellen Zuschuss) seine finanziellen Mittel aufbraucht. Eine niedrige Burn Rate deutet deshalb auf künftige Liquiditätsprobleme hin. Je höher die Burn Rate, umso stabiler die Unternehmenssituation.

Business Intelligence – Business Intelligence ist die Sammlung, Auswertung und Darstellung von allen Geschäftsdaten, die in einem Unternehmen vorhanden sind. Die Erkenntnisse aus der systematischen Analyse dieser Geschäftsdaten sollen das Unternehmen bei auf die Unternehmensziele ausgerichteten strategischen und operativen Entscheidungen unterstützen.

Carried Interest – Beim Carried Interest, oft kurz Carry genannt, handelt es sich um eine Gewinnbeteiligung für den Betreiber eines Fonds. Ein Fondsbetreiber erhält von unterschiedlichen Geldgebern Kapital überantwortet, das er über einen festgelegten Zeitraum durch geschicktes Investieren vermehren und anschließend mit einer entsprechenden Rendite wieder ausschütten soll. Gelingt es einem Fondsbetreiber beispielsweise, seinen Fonds über 100 Millionen Euro zu verdoppeln, stehen ihm bei einem Carried Interest von 20 Prozent dementsprechend 20 Millionen Euro (20 Prozent der 100 Millionen Euro Gewinn) zu.

Churn Rate – Die Churn Rate, zu Deutsch Abwanderungsquote, gibt an, wie viele Kunden oder Nutzer über einen bestimmten Zeitraum einen Onlinedienst nicht weiter nutzen, und teilt diese durch die Anzahl der Gesamtkunden.

Damit vermittelt die Churn Rate letztlich einen Eindruck der Wachstumsentwicklung und wie lang die durchschnittliche Teilnahme am entsprechenden
Dienst ausfällt, also indirekt wie es um die Kundenzufriedenheit bestellt ist.

Cliff – Ein Cliff ist ein gesellschaftsrechtliches Mittel, mit dem die Gesellschafter eines Unternehmens die Anteile eines Teilhabers, der deutlich früher
ausscheidet als anvisiert, zurückerhalten können. Ähnlich dem Vesting, bei
dem ein relevanter Mitarbeiter in Abhängigkeit von der Dauer seiner Beschäftigung Anteilsrechte am Unternehmen zugesagt bekommt, bietet auch das
Cliff Investoren, die vor allem in das Team investieren, die Sicherheit, dass
ein Gründer nicht nur für kurze Zeit für die Gesellschaft tätig ist, seine Anteile anschließend aber dennoch behalten darf. Üblicherweise erhält ein Gründer ein Cliff von sechs bis zwölf Monaten sowie ein Vesting von drei bis vier
Jahren. Das bedeutet, dass er seine Anteile komplett abtreten muss, wenn er
das Unternehmen in der ersten Periode verlässt und anteilig zu seiner Bleibedauer, wenn er innerhalb der zweiten Periode ausscheidet.

Company-Building – Mit Company-Building ist nicht etwa ein Firmengebäude
gemeint, sondern es handelt sich dabei um eine Bezeichnung für eine Unternehmensgründung, bei der ein Investor aktiv an der Entstehung des Unternehmens beteiligt ist. Ähnlich dem Konzept der Firmeninkubation geht es
auch beim Company-Building darum, dass das entsprechende Unternehmen
Unterstützung in Form von Kapital, Coaching, Mentoring, Networking und Infrastrukturmitteln erhält, um schneller wachsen zu können. Der Unterschied
zwischen einem Inkubator und einem Company-Builder liegt allerdings darin, dass bei einem Company-Builder die Geschäftsidee vom Investor kommt
und das Gründerteam als Umsetzer dementsprechend geringer beteiligt wird.

Copycat – Als Copycat wird in der Internetbranche ein junges Unternehmen
bezeichnet, das seine Geschäftsidee von einem anderen, bereits etablierten
Unternehmen abgeschaut hat und dieses anschließend akribisch kopiert. Im
Falle der Samwers galten etwa Edarling als Copycat von Eharmony oder Alando als Copycat von Ebay. Die Entscheidung, ab wann ein Start-up wirklich als
Kopie einer anderen Gründung gelten darf, ist allerdings oft unscharf.

Customer Acquisition Costs – oft auch als CAC abgekürzt, ist ein Fachbegriff
für die Kosten, die einem jungen Unternehmen entstehen, wenn es einen
Kunden durch Marketingmittel einkauft. Typischerweise erfolgt der Einkauf

von Nutzern etwa anhand von Werbemaßnahmen bei Google, Facebook oder mittels Banneranzeigen, wobei die Customer Acquisition Costs dann eine quantitative Messgröße für deren wirtschaftliche Attraktivität bieten.

Customer Lifetime Value – oft auch als CLV abgekürzt, ist ein Fachbegriff für den wirtschaftlichen Wert, den ein Kunde einem Unternehmen über die Dauer seiner Mitgliedschaft beschert. Je höher der Customer Lifetime Value, desto mehr verdient ein Unternehmen an seinen Kunden. Um die Effizienz eines Geschäftsmodells zu beurteilen, wird der Customer Lifetime Value deshalb oft ins Verhältnis zu den Customer Acquisition Costs gesetzt, also den Kosten, die ein Kunde im Einkauf bedeutet.

Customer Relationship Management – kurz CRM und zu Deutsch als Kundenpflege bezeichnet, meint Unternehmensprozesse, die auf die Gestaltung der unterschiedlichen Kundenbeziehungen ausgerichtet sind. Dies können je nach Ausprägung Dokumentationen, die Verwaltung von Adressen und Datensätzen, Beziehungsmanagement und einige andere Prozesse sein. Das Customer Relationship Management weist daher eine gewisse Nähe zum Marketingbereich auf, da es zumeist darum geht, das Kaufverhalten der eigenen Kunden besser zu verstehen und diese durch eine Steigerung der Kundenzufriedenheit längerfristig zu binden bzw. von Interessenten überhaupt erst in Kunden zu überführen.

Dotcom – abgeleitet aus der Internet-Domain ».com«, bezeichnet insbesondere Unternehmen, die Dienstleistungen oder Produkte über das Internet anbieten.

Dotcom-Blase – ist der umgangssprachliche Begriff für eine im Frühjahr 2000 geplatzte Spekulationsblase, die vor allem Dotcom-Unternehmen der New Economy betraf. Nachdem die Deutsche Börse mit dem Neuen Markt ein eigenes Segment für Technologieunternehmen geschaffen hatte, war ein Hype um das Segment entstanden, der zu überhöhten Bewertungen und oft minderwertigen Gründungen führte und sich deshalb in einem Zusammenbruch entlud, als die ersten dieser Gründungen hinter den hohen Erwartungen zurückblieben.

Early Stage – ist eine Bezeichnung für frühe Unternehmensphasen und besitzt insbesondere im Umfeld der Finanzierung von Geschäftsideen Relevanz.

Ein Investor etwa, der ein Start-up in der Early-Stage-Phase finanziert, erhält oftmals eine größere Beteiligung (zumal angesichts der kurzen Entwicklungszeit der Firmenwert meist noch gering ausfällt), muss diese höhere Gewinnchance aber auch einem höheren Risiko des Scheiterns gegenüberstellen.

Earn out – ist ein gesellschaftsrechtliches Mittel, um den Gründern eines Unternehmens auch nach dessen Verkauf einen Anreiz zum Bleiben zu bieten, indem für den Verbleib und das Erreichen bestimmter Ziele zusätzliche Zahlungen in Aussicht gestellt werden. Mitunter wird dem Gründerteam zunächst auch nur ein Teil seines Verkaufserlöses ausbezahlt und der Rest erst nachdem eine gewisse Periode der Zusammenarbeit erfüllt wurde.

Exit – bezeichnet den Ausstieg eines oder mehrerer Gesellschafter, das heißt die Veräußerung ihrer Beteiligung an einem Unternehmen. Umgangssprachlich wird als Exit in der Internetbranche gemeinhin der Verkauf eines Unternehmens, also das Ende einer aktiven Beteiligung als Gesellschafter bezeichnet. Ein Exit kann vorliegen, wenn ein Unternehmen an einen Käufer veräußert (Trade Sale) oder ein Börsengang vollzogen wird, bei dem die bestehenden Gesellschafter ihre Anteile anschließend veräußern können. Streng genommen kann auch eine Pleite oder ein Rückkauf der Anteile durch das Management als Exit für die betroffenen Gesellschafter verstanden werden. Für gewöhnlich bezieht sich der Begriff aber auf den positiven Ausgang eines unternehmerischen Engagements, also einen Verkauf.

Firesale – als solches wird ein Unternehmensverkauf bezeichnet, der aufgrund negativer Entwicklungen oder einer allgemein schlechten Unternehmenslage zustande kommt und entsprechend geringe Gewinne generiert.

First-Mover-Vorteil – jener strategische Vorteil, der sich einem Akteur eröffnet, weil er als Erster einen Markt mit einem bestimmten Geschäftsmodell angeht. Als Erster am Markt kann er etwa die strategische Entwicklung des Segments beeinflussen, sein Wachstum schneller befördern oder wichtige Partnerschaften schließen. Für den »Second Mover« bestehen diese Vorteile in der Regel entsprechend nicht oder nur vermindert.

Fundraising – der Prozess des Aufsetzens eines Investmentfonds. Ein Fondsbetreiber sammelt dazu Gelder unterschiedlicher Geldgeber ein, die er anschließend investiert und mit dem erzielten Gewinn oder Verlust an seine

Geldgeber wieder ausschüttet. Im alltäglichen Sprachgebrauch wird aber auch das Einwerben einer Unternehmensfinanzierung gerne als Fundraising bezeichnet.

General Partner (GP) – ist die Bezeichnung für den Betreiber eines Fonds, denjenigen also, dem es zufällt, die Gelder der beteiligten Investoren (analog als Limited Partner (LP) bezeichnet) einzutreiben und anschließend zu investieren.

Geschäftsmodell – beschreibt, wie ein Unternehmen mit seiner Geschäftsidee Geld verdienen will und bietet damit einen Ansatz, die Kernaspekte des Unternehmens zu verstehen und weiterzuentwickeln. Im Gegensatz zur Geschäftsidee, die beschreibt, was ein Unternehmen inhaltlich macht, geht es beim Geschäftsmodell gezielt um den Vorgang der Monetarisierung dieser, wenngleich sich eine allgemein akzeptierte Definition des Begriffes nicht wirklich etablieren konnte.

Group Buying – ist ein Begriff, der im Internetbereich vor allem durch das Rabattportal Groupon große Verbreitung erfuhr, und beschreibt ein Geschäftsmodell, bei dem Nutzer hohe Rabatte bei Händlern erhalten, indem eine große Nachfrage gebündelt wird, etwa über eine (Online-)Plattform. Dadurch, dass in einer möglichst großen Gruppe eingekauft wird, werden also Rabatte möglich, die einem einzelnen Kunden sonst verwehrt blieben.

Hurdle Rate – ist ein Begriff aus dem Umfeld von Investmentfonds und meint eine Mindestverzinsung, die ein Fondsbetreiber erzielen muss, ehe er für sich selbst eine Gewinnbeteiligung abschöpfen darf. Damit soll den Investoren, die ihr Geld in einen Fonds investieren, die Sicherheit gegeben werden, dass der Fondsbetreiber keine riskanten Anlagen tätigt.

Inkubator – eine unternehmerische Einrichtung, die Geschäftsideen finanziert und durch operative Unterstützung aufzubauen hilft. Ähnlich dem medizinischen Bereich, wo der Inkubator eine Versorgungseinrichtung für Früh- und Neugeborene meint, schützt der Inkubator im Wirtschaftsbereich also »junges Leben«: Er hilft durch die Bereitstellung von Büroräumen und Geldmitteln, Unterstützung im Personalwesen, Coaching und Mentoring, die Vermittlung von Kontakten sowie den Zugriff auf unterschiedliche Dienstleistungen und Entwicklungssysteme beim Aufbau des Unternehmens. Ein

Inkubator bietet also eine Art Full-Service-Infrastruktur und übernimmt nicht selten nahezu alle wichtigen Schritte des Gründungsprozesses.

Later Stage – ist eine Bezeichnung für späte Unternehmensphasen und besitzt insbesondere im Umfeld der Finanzierung von Geschäftideen Relevanz. Ein Investor etwa, der ein Start-up in der Later Stage finanziert, wird oftmals eine höhere Bewertung zahlen müssen (zumal angesichts der längeren Bestandszeit schon eine Wertentwicklung stattgefunden hat), verfügt gleichzeitig aber über höhere Erfolgschancen bei seinem Investment, weil das Geschäftsmodell bereits gefunden und ein gewisser Firmenaufbau etabliert ist.

Limited Partner (LP) – bezeichnet Geldgeber, die Kapital in einen Fonds investieren, sodass dieser die so erhaltenen Gelder investieren und idealerweise vermehren kann, um sie dann nach einem vorher definierten Zeitraum wieder an die Limited Partner auszuschütten.

Lizenzierung – ein Geschäftsansatz, bei dem einer Partei das Recht eingeräumt wird, über einen bestimmten Zeitraum und unter bestimmten Auflagen gewisse Rechte wahrzunehmen und Dinge umzusetzen. Im Falle der Samwers arbeitete etwa Jamba viel mit Lizenzierungen, indem es von Komponisten, Agenturen und Musiklabels das Recht eingeräumt bekam, Musikstücke zu Klingeltönen umzuwandeln und kostenpflichtig zu vertreiben.

Local Commerce – ist ein Geschäftsansatz, der stationäre Einzelhändler mit entsprechender Kundschaft zusammenbringt, wobei in der Internetbranche üblicherweise Internetdienstleistungen angesprochen sind, die über unterschiedliche Onlinefunktionen für eine entsprechende Vernetzung sorgen. Aus technischer Sicht steht dies oft in Zusammenhang mit Location Based Services (LBS), positionsabhängigen Daten auf Basis standortbestimmender Technologien wie GPS, mit denen sich die Grenzen zwischen lokalem Geschäft und Onlinehandel aufweichen lassen. Im Falle der Samwers agierte Groupon im Bereich des Local Commerce, indem es Einzelhändlern über Gruppenrabatte zu neuen Kunden verhalf.

Make-or-Buy-Entscheidung – Überlegt ein Akteur, ein Unternehmen zu kaufen, steht er unter Umständen vor einer Make-or-Buy-Entscheidung. Er muss sich überlegen, ob er das entsprechende Kaufobjekt lieber selbst entwickelt (Make) oder durch den Kauf (Buy) direkt Zugriff auf eine entsprechende Struktur erhält. Es kann für einen Käufer unter Umständen günstiger sein, wenn er sich die für den Aufbau anfallenden Aufwände und Kosten spart und auf eine bereits existierende Infrastruktur zurückgreift. Die Samwers haben deshalb oft Geschäftsmodelle mit bestehendem Vorbild nachgebaut, um andere Akteure über eine Make-or-Buy-Entscheidung zu einer Übernahme zu bewegen.

Media-for-Equity-Deal – eine Investorenbeteiligung, bei der Anteile nicht nur gegen Geld, sondern vor allem auch gegen mediale Reichweite ausgegeben werden. So kann sich etwa ein Fernsehsender durch die Bereitstellung von Werbezeiten oder ein Verlag durch die Vergabe von Werbeflächen an einem Unternehmen beteiligen.

Monetarisierung – das Vorgehen, mit dem ein Internetseitenbetreiber Kapital aus seinen Kunden gewinnt. Ein Betreiber, der sich über unterschiedliche Marketingmaßnahmen Besucher auf sein Angebot holt, muss also überlegen, wie er diese zu Kunden umwandelt, indem er ihnen Geld für bestimmte Leistungen abverlangt. Eine Monetarisierung kann etwa anhand von Werbemaßnahmen, Verkäufen oder Lizenzeinnahmen erfolgen.

Multi-Channel – meint ein Geschäftsvorgehen, bei dem ein Webseitenbetreiber auf eine Mischung aus Online-Präsenz und stationärem Geschäft setzt. Vertreibt ein Onlineshop seine Waren etwa über das Internet und eröffnet anschließend zusätzlich ein oder mehrere Ladengeschäfte, verfolgt er eine Multi-Channel-Strategie.

Multiple – der Faktor, um den ein getätigtes Investment vermehrt wurde. Investiert ein Geldgeber etwa 100.000 Euro in ein Start-up und erhält eine Million nach seinem Verkauf zurück, hat er einen Multiple von zehn erzielt. Je nach Betrachtung kann sich der Multiple aber auf unterschiedliche Komponenten eines Deals beziehen. So sind beim »Gross Multiple« etwa bestimmte Ausgaben noch nicht berücksichtigt.

Online-Marketing – bezeichnet alle Marketingmaßnahmen, die sich in Onlinemedien abspielen. Darunter fallen typischerweise das Buchen von Anzeigen neben Suchmaschinenergebnissen (SEM), das Schalten von Bannern (Display Advertising), die Provisionierung von vermittelten Kunden (Affiliate-Marketing), Aktivitäten in sozialen Medien (Social-Media-Marketing) oder das Schalten von Anzeigen in Netzwerken wie Facebook oder YouTube.

Optionen – Mit einer Option wird das Recht eingeräumt, Unternehmensanteile zu einem späteren Zeitpunkt zu einem vereinbarten Preis zu kaufen oder zu verkaufen. So kann etwa ein Investor Anteile an einem Unternehmen kaufen und sich die Option sichern, zu einem späteren Zeitpunkt weitere Anteile zu kaufen, wobei es allein seine Entscheidung ist, ob er diese Option dann wahrnehmen möchte.

Performance-Marketing – ist ein Oberbegriff für all jene Online-Marketing-maßnahmen, deren Performance sich anhand von Nutzerreaktionen unmittelbar messen lässt. Im Gegensatz zu oft eher auf Branding abzielenden Maßnahmen wie etwa TV-Werbung erlaubt Performance-Marketing also eine unmittelbare Messung des Werbeerfolgs und hilft damit, Streuverluste zu reduzieren und zu kalkulieren, welche Mehreinnahmen den anfallenden Marketingausgaben gegenüberstehen.

Pivot – In der Kriegsführung bezeichnet der Begriff Pivot ursprünglich den Teil eines Artilleriegestells, mit dem das Geschütz seitlich gedreht werden kann. Im Wirtschaftsumfeld wird Pivot analog verwendet und meint jenen Moment, in dem ein Verantwortlicher die Ausrichtung seines Geschäftsmodells verändern muss, weil es bisher nicht ausreichend Umsätze abwirft. Ein Gründer, der »pivottet«, dreht also den Ansatz seines Geschäfts, was deshalb auch gerne als »Turnaround« bezeichnet wird.

Proof of Concept – Von einem Proof of Concept wird in der Internetbranche in der Regel gesprochen, wenn ein Geschäftsmodell bereits an anderer Stelle sein Funktionieren bewiesen hat. Da auf diese Weise das wirtschaftliche Risiko sinkt, interessieren sich speziell deutsche Investoren häufig für Geschäftsmodelle mit einem Proof of Concept.

Rollout – das »Ausrollen«, also die Verbreitung eines Geschäftsmodells. Wenn die Samwers etwa den Rollout ihres Zalando-Modells vornehmen, meint dies, dass sie internationale Ableger des Geschäfts etablieren. Im Bereich der Programmierung kann der Begriff auch die Bereitstellung zusätzlicher neuer Features meinen, die zu einem bestimmten Zeitpunkt implementiert werden.

Run Rate – Mit der Run Rate gibt ein Unternehmen seinen Umsatz als Jahresergebnis auf Basis der Hochrechnung unterschiedlicher Zwischenergebnisse an. Hat ein Unternehmen als Zwischenergebnis für das erste Quartal beispielsweise 500.000 Euro Umsatz eingefahren, entspricht dieser einer Run Rate von zwei Millionen Euro (vier Mal das Quartalsergebnis ergibt das Jahresergebnis).

Skalieren – meint den Vorgang, ein Unternehmen als Ganzes oder Teile davon zum Wachsen zu bringen. Betriebswirtschaftlich beschreibt Skalieren damit also die Expansionsfähigkeit eines Geschäftsmodells.

Start-up – eine Bezeichnung für ein junges Unternehmen, dessen Gründung noch nicht lange zurückliegt und das in seiner Ausprägung deshalb meist noch etwas kleiner und unstrukturierter ist.

Stratege/strategischer Investor – ein Geldgeber, der zusätzlich zu seinem finanziellen Investment auch eine strategische Bedeutung mit sich bringt, weil er im entsprechenden Segment bereits etabliert ist und damit Markteinfluss mitbringen kann.

Suchmaschinenmarketing (SEM) – unter diesem Begriff werden sämtliche Werbemaßnahmen zur Gewinnung von Besuchern über Suchmaschinen (zum Beispiel Google, Bing) zusammengefasst. Das Suchmaschinenmarketing umfasst die Suchmaschinenwerbung (kurz SEA) sowie die Suchmaschinenoptimierung.

Suchmaschinenoptimierung (SEO) – Als Teilgebiet des Suchmaschinenmarketings bezeichnet Suchmaschinenoptimierung, oder kurz SEO, alle Maßnahmen, die dazu dienen, dass eine Internetseite in den organischen Suchergebnissen von Suchmaschinen (zum Beispiel Google, Bing) möglichst auf höheren Plätzen erscheint, da sich damit die Chance auf einen höheren Kundenzufluss verbindet. Neben Optimierungen auf der eigenen Seite (Onpage-SEO anhand von Inhalteoptimierungen) können auch Maßnahmen außerhalb des eigenen Einflussbereichs angestoßen werden (Offpage-SEO, was vor allem den Erhalt von Verlinkungen meint).

Suchmaschinenwerbung (SEA vom englischen Search Engine Advertising) – jene Marketingmaßnahmen, die darauf abzielen, Werbeanzeigen neben den organischen Suchmaschinenergebnissen zu buchen. Ein Unternehmen, das wie Zalando Schuhe über das Internet verkauft, kann so etwa auf Schlagwörter wie »Herrenschuhe Leder 42« bieten, um seine Anzeige neben entsprechenden Suchanfragen zu platzieren und so Kunden zu gewinnen.

Sweet Spot – Investoren investieren üblicherweise mit einem bestimmten Fokus, der sich an Faktoren wie der Branche (zum Beispiel E-Commerce), der Phase (zum Beispiel Frühphaseninvestments), dem Geschäftsmodell (zum Beispiel Werbemodelle), der Investmenthöhe oder einigen anderen orientieren kann. Als Sweet Spot wird jenes präferierte Wunschszenario aus diesen Faktoren beschrieben, das ein bestimmter Investor für sich auserkoren hat.

Teambuilding – der Prozess zur Zusammenstellung eines Gründerteams sowie das Rekrutieren von Mitarbeitern allgemein. Bei operativ aktiven Investoren wie Inkubatoren oder Company-Buildern kann das Teambuilding eine Dienstleistung zur Unterstützung junger Gründungen sein.

Trade Sale – Bei einem Trade Sale kauft ein Geldgeber ein Unternehmen oder Teile desselben, indem er Anteile der entsprechenden Gesellschaft gegen Zahlung einer Unternehmensbewertung übernimmt. Ein Trade Sale ist damit also eine Form des Exits und ermöglicht den beteiligten Gründern, Mitarbeitern und Investoren, ihre Anteile am gemeinsamen Unterfangen zu veräußern und sich neuen Dingen zuzuwenden, sofern ein Verbleib der Gründer nicht Bestandteil der Transaktion ist.

Traffic – Mit dem Begriff wird in der Internetbranche der Besucherfluss einer Webseite bezeichnet. Dieser kann anhand von unterschiedlichen Messgrößen wie der Anzahl der Besucher, der Seitenaufrufe oder der Besuche gemessen werden. Der gemessene Traffic einer Webseite ist relevant für Faktoren wie das Marketing (Wo werden zu welchem Preis Besucher eingekauft?), die Vermarktung (Wie viel ist eine Anzeige auf einer Seite wert?) oder die allgemeine Betrachtung des Geschäftsmodells (Werden ausreichend Besucher in Kunden konvertiert?).

Unique Visitors – oder manchmal auch Unique User, sind eine Messgröße zur Betrachtung des Besucherflusses einer Webseite. Als Unique Visitor wird eine Person bezeichnet, die ein Webangebot besucht. Besucht diese Person eine Webseite zwei Mal, handelt es sich dabei immer noch um einen Unique Visitor, der aber zwei Visits (Webseitenbesuche) beschert hat.

Verwässern – Im Internetbereich bezieht sich der Begriff Verwässern auf den Kontext der Unternehmensbeteiligung. Verfügt ein Akteur über einen bestimmten Prozentsatz an Anteilen eines Unternehmens und gibt dann Teile dessen an einen anderen Akteur ab, hat er seine Anteile verwässert. Besitzt beispielsweise ein vierköpfiges Gründerteam je 25 Prozent der Anteile seiner Gründung und beteiligt dann einen Investor mit 20 Prozent, muss jeder Gründer ein Fünftel seiner Anteile abtreten und hat damit um 20 Prozent verwässert. Da das Unternehmen mit dem Einstieg eines Investors idealerweise an Wert gewinnt, hat jeder Gründer zwar relativ Anteile eingebüßt, gewinnt aber absolut gesehen dazu, da er anschließend an einem höheren Gesamtwert partizipiert.

Vesting – ein gesellschaftsrechtliches Mittel, um sich über einen längeren Zeitraum hinweg die Tätigkeit relevanter Mitarbeiter zu sichern, indem diesen in Abhängigkeit von der Dauer ihrer Beschäftigung Anteilsrechte am Unternehmen zugesagt werden. Da Investoren vor allem auch in das Team investieren, soll mit einem Vesting sichergestellt werden, dass ein Gründer nicht nur für kurze Zeit für die Gesellschaft tätig ist, seine Anteile anschließend aber dennoch behalten darf. Bei einem Vesting erhält ein Gründer Anteile entsprechend seiner Verweildauer: Je länger die Person für das Unternehmen tätig ist, desto mehr der zugesagten Anteile werden »gutgeschrieben« (gevestete Anteile), während die noch nicht erhaltenen Anteile von der Gesellschaft zurückgekauft werden können, wenn die Zusammenarbeit vorzeitig beendet wird. Im Gegensatz zum Cliff, bei dem alle Anteile abgetreten werden müssen, wenn ein bestimmter Mindestverbleib nicht erfüllt ist, werden beim Vesting also Anteile zeitorientiert gutgeschrieben. Üblicherweise erhält ein Gründer ein Cliff von sechs bis zwölf Monaten sowie ein Vesting von drei bis vier Jahren. Das bedeutet, dass er seine Anteile komplett abtreten muss, wenn er das Unternehmen in der ersten Periode verlässt und anteilig zu seiner Bleibedauer, wenn er innerhalb der zweiten Periode ausscheidet.

Anhang 3: Quellenverzeichnis

Bertram, Jürgen (2009): *Die China-Falle: Abgezockt im Reich der Mitte*, Frankfurt am Main: Fischer e-books.

Cohen, Adam (2004): *»Mein eBay« – Geschichte und Geschichten vom Marktplatz der Welt*. Berlin: Schwarzerfreitag.

Finger, Max; Samwer, Oliver (1998): *America's Most Successful Startups: Lessons for Entrepreneurs*, Wiesbaden: Gabler Verlag.

Freeland, Chrystia (2013): *Die Superreichen. Aufstieg und Herrschaft einer neuen globalen Geldelite*, Frankfurt am Main: Westend Verlag.

Gladwell, Malcolm (2000): *Der Tipping Point. Wie kleine Dinge Großes bewirken können*, Berlin: Berlin Verlag.

Jaffé, Renata (2004): *Online Shopping*, München: GRIN Verlag GmbH.

Kasel, Theodora: *Aus Wasmer wurde Samwer*, in: Jahrbuch der Heimatgemeinschaft Eckernförde e. V. Jahrgang 47/1989: 50 ff.

Lammer, Thomas; Stroborn, Karsten (2005): Internet-Zahlungssysteme in Deutschland und Österreich: ein Überblick, in: *Handbuch E-Money, E-Payment & M-Payment*, Hrsg.: Lammer, Thomas, Heidelberg: Physica-Verlag.

Linde, Frank; Stock, Wolfgang G. (2011): *Informationsmarkt: Informationen im I-Commerce anbieten und nachfragen*, München: Oldenbourg Wissenschaftsverlag.

Livingston, Jessica (2008): *Founders at Work: Stories of Startups' Early Days*, Berkeley: Apress.

Meinhardt, Yves (2002): *Veränderung von Geschäftsmodellen in dynamischen Industrien. Fallstudien aus der Biotech-/Pharmaindustrie und bei Business-to-Consumer-Portalen (Schriften zum europäischen Management)*, Wiesbaden: Deutscher Universitäts-Verlag.

Möllenberg, Antje (2003): *Internet-Auktionen im Marketing aus der Konsumentenperspektive*, Braunschweig: Eigenverlag.

Oelke, Torsten (2009): *Stars des Internets: Erfolgreiche Web-Unternehmer und ihre Geschichte*, München: Redline Verlag.

Pütz, Uwe (2003): *Die neuen Macher*, Baden-Baden: Humboldt.

Rouach, Daniel; Louzoun, Steeve; Deneux, François (2010): *Incubators of the world, best practises from top leaders: USA, Israël, France, Switzerland, China and Japan*, Paris: Pearson.

Seeger, Heike (1997): *Ex-Post-Bewertung der Technologie- und Gründerzentren durch die erfolgreich ausgezogenen Unternehmen und Analyse der einzel- und regionalwirtschaftlichen Effekte*, Münster: Lit Verlag.

Seidel, Hagen (2013): *Schrei vor Glück – Zalando oder shoppen gehen war gestern*, Zürich: Orell Füssli.

Hsieh, Tony (2011): *Delivering Happiness: A Path to Profits, Passion, and Purpose*, New York: Business Plus.

Sine, Wesley D.; David, Robert J. (2010): *Institutions and Entrepreneurship*, Bingley, Großbritannien: Emerald.

Zapkau, Florian; Schwickert, Axel C. (2006): *E-Payment-Systeme – Funktionsweise, Marktüberblick, Bewertung*, in: Arbeitspapiere WI, Nr. 4/2006. Hrsg.: Professor BWL – Wirtschaftsinformatik, Justus-Liebig-Universität Gießen.

Anhang 4: Überblick über die Personen des Netzwerks der ersten Samwer-Gründungen

Person	Frühe Rolle bei den Samwers	Spätere Funktionen
Jens Begemann	CPO Jamba CCO Jamba	Gründer Wooga
Markus Berger-de León	COO Jamba CEO Jamba	CEO StudiVZ CEO MyHammer Gründer Roombeats
Frank Biedka	CTO Jamba Vice President Jamba	Geschäftsführer MyVideo Geschäftsführer Edarling Geschäftsführer Zalando Geschäftsführer Rocket Internet
Arne Bleckwenn	Praktikant iLove	Gründer Wimdu
Thorsten Bohg	Geschäftsführer iLove	Gründer TopTarif Geschäftsführer BCMG Media
Tilo Bonow	Pressesprecher Jamba	Gründer Piabo
Ole Brandenburg	Praktikant Alando Mitgründer Jamba	Gründer Pageflakes Gründer StepMap
Karel Dörner	Mitgründer Alando	Geschäftsführer Aventeon Principal McKinsey
Hinrich Dreiling	Praktikant iLove	Gründer Wimdu
Florian Heinemann	Marketingberater Jamba	Gründer Rocket Internet Gründer Project A Ventures
Thorsten Lubinski	CTO iLove	Geschäftsführer Plinga
Philipp Möser	Praktikant Jamba	Produktchef Rocket Internet Gründer Wooga
Max Moldenhauer	Praktikant Alando	Gründer Linklift Gründer Online Adv. Solutions
Martin Ott	COO Jamba Mitgründer iLove	CEO Money Bookers Geschäftsführer NE Facebook
Jörg Rheinboldt	Mitgründer Alando	Geschäftsführer Ebay Mitgründer Smava Mitgründer Betterplace Gründer M10
Chris Schagen	Ausbau Jamba USA Prokurist Jamba	Geschäftsführer Linklift
Gerald Schönbucher	Praktikant Jamba	Gründer Hitflip, Hitmeister
Veit Spiegelberg	Praktikant Alando Marketing-Manager Jamba	Gründer Eastside-Media Mitgründer StepMap

Oliver Thiel	VP Marketing & Sales Jamba	Geschäftsführer Guerilla Mobile Geschäftsführer Datedicted
Christian Vollmann	Praktikant Alando Gründer iLove	CEO MyVideo CEO Edarling
Christian Weiss	designiert für den Aufbau Jamba USA	Gründer Rocket Internet Gründer Gimigames Gründer Project A Ventures

Anhang 5: Alphabetische Liste aller bekannten Investments der Samwers (Stand 08/2014)

	Unternehmen	Entität	Einstiegs-monat	Einstiegsjahr	Unternehmensart	Herkunftsland
1	AdRocket	EFF	5	2009	Targeting-Netzwerk für E-Mails	USA
2	AdScale	EFF	9	2007	Echtzeitmarktplatz für Onlinewerbung	Deutschland
3	Adtraffic	EFF	5	2008	Performance-Marketing-Agentur	Deutschland
4	Andasa (ehemals Adicash)	EFF	4	2008	Cash-Back-Bonusprogramm	Deutschland
5	Anschlusstor	EFF	11	2008	Vermarkter	Deutschland
6	Anshe Chung Studios	EFF	2	2007	Virtuelle Welt	China
7	Antikörper-Online	EFF	2	2007	Plattform für Forschungsantikörper	Deutschland
8	Artaxo	EFF	unbekannt	2007*	Agentur für Online-Marketing	Deutschland
9	Arztplatz	EFF	5	2007	Marktplatz für Ärzte	Deutschland
10	Bazaarvoice	EFF	1	2008	Anbieter für Bewertungen	USA
11	Become	EFF	7	2008	Vergleichs-Shopping-portal	USA
12	Bigpoint	EFF	7	2006	Browsergames-Entwickler	Deutschland
13	Borro	EFF	10	2008	Kreditplattform	Großbritannien
14	Buddy Media	EFF	4	2008	Entwickler von Social Networking-Apps	USA

15	BuyVip	EFF	7	2007	Shoppingclub	Spanien
16	CareerConcept	EFF	4	2007	Bildungsfonds	Deutschland
17	Cember.net	EFF	9	2007	Business-Netzwerk	Türkei
18	Check24	EFF	4	2008	Online-Versicherungs-vergleich	Deutschland
19	Clariness	EFF	10	2007	Healthcare-Unterneh-men	Schweiz
20	Cleverbridge	EFF	unbekannt	unbekannt	E-Commerce-Plattform für digitale Produkte	Deutschland
21	Cowatec	EFF	6	2007	Biogasunternehmen	Deutschland
22	CSN Stores	EFF	unbekannt	2008	E-Commerce-Verbund	USA
23	DaWanda	EFF	3	2008	Marktplatz für Kreatives	Deutschland
24	Deutsche Start-ups	EFF	6	2007	Start-up-Blog	Deutschland
25	Dizzywood	EFF	8	2008	Entwickler von virtuel-len Welten	USA
26	Erdbeerlounge	EFF	10	2007	Frauenmagazin	Deutschland
27	Erento	EFF	1	2007	Marktplatz für Mietobjekte	Deutschland
28	Esanum	EFF	6	2007	Ärzteplattform zum fachlichen Austausch	Deutschland
29	Eventbrite	EFF	6	2008	Ticketing-Service	USA
30	Facebook	Samwers direkt	1	2008	Social Network	USA
31	FamilyOne	EFF	2	2007	Familienmagazin	Deutschland
32	FoodArena.ch	EFF	11	2007	Lieferdienstvermittler	Schweiz
33	Frazr	EFF	8	2007	Twitter-Klon	Deutschland
34	Freightquote	EFF	unbekannt	2007*	Speditionsdienstleister	USA
35	Gamebookers/ Moneybookers	Samwers direkt	3	2000	Wettplattform/ Spieleplattform	Deutschland
36	GameGoods	EFF	2	2007	Virtuelle Währungen für Onlinespiele	Deutschland
37	GetAbstract	EFF	unbekannt	2008	Plattform für Buchzu-sammenfassungen	Schweiz
38	Girl meets Dress	GFC	3	2013	Abendkleidervermie-tung	Großbritannien
39	Goodgame Studios	EFF	5	2011	Onlinespiele-Entwickler	Deutschland
40	Highwinds	EFF	9	2008	IP Services & Content Distribution Provider	USA

41	Hitflip	EFF	7	2006	Tauschmarktplatz	Deutschland
42	Homeaway	EFF	1	2007	Marktplatz für Ferienwohnungen	USA
43	Imagekind	EFF	2	2007	Marktplatz für Künstler-Bilder	USA
44	Ingenieurplatz	EFF	9	2007	Marktplatz für Ingenieure	Deutschland
45	Inpado	EFF	4	2007	Domain-Marktplatz	Deutschland
46	Internations	EFF	7	2007	Community für Auslandsarbeiter	Deutschland
47	InternetStores	EFF	7	2008	E-Commerce-Verbund	Deutschland
48	Inventux	EFF	unbekannt	2008	Dünnschichtsolarzel-len-Hersteller	Deutschland
49	Iovation	EFF	3	2008	Online-Sicherheitsfirma	USA
50	Iron Planet	EFF	unbekannt	2007*	Marktplatz für ge-brauchte Maschinen	USA
51	Iwoca	GFC	1	2014	Kreditplattform	Großbritannien
52	Jimdo	EFF	10	2007	Homepage-Baukasten	Deutschland
53	Jobs.ch	EFF	8	2007	Jobportal	Schweiz
54	KissNoFrog	EFF	8	2008	Speed-Dating-Dienst	Deutschland
55	Kontoblick	EFF	6	2008	Online-Finanzverwal-tung	Deutschland
56	Kreditech	GFC	4	2013	Scoring-Plattform	Deutschland
57	Leadpoint	EFF	10	2006	Marktplatz für Lead-Generation	USA
58	LeadX	EFF	unbekannt	2008	Targetingdienst mittels Datenaggregation	Großbritannien
59	Learnship	EFF	12	2007	Online-Sprachschule	Deutschland
60	Lingoda	GFC	6	2013	Online-Sprachlernschule	Deutschland
61	LinkedIn	EFF	1	2007	Business-Netzwerk	USA
62	Lokalisten	EFF	9	2005	Social Network	Deutschland
63	Med1	EFF	unbekannt	2007*	Gesundheitsportal	Deutschland
64	MediaMath	EFF	8	2009	Digital-Media-Buying-Plattform	USA
65	MeinAuto.de	EFF	7	2007	Plattform für Neuwagenkauf	Deutschland
66	MFG.com	EFF	2	2007	Marktplatz für das pro-duzierende Gewerbe	USA
67	Mimeo	EFF	unbekannt	2008*	Online-Druckerei	USA

68	MobileObjects	EFF	3	2007	Internetbasierte Fahr-zeugkommunikation	Deutschland
69	Modix	EFF	2	2007	Internet-Softwarelösun-gen für Autohäuser	Deutschland
70	Motor-Talk	EFF	7	2007	Auto-Community	Deutschland
71	Mydays	EFF	3	2007	Erlebnisanbieter	Deutschland
72	MyHammer	EFF	8	2008	Marktplatz für Handwerker	Deutschland
73	Myobis	EFF	6	2011	Online-Buchungssystem	Deutschland
74	MyPhotobook	EFF	7*	2006*	Online-Fotobuchdienst	Deutschland
75	MyVideo	Samwers direkt	4	2006	Videoplattform	Deutschland
76	Nasza-klasa	EFF	1	2007	Social Network	Polen
77	Netmoms	EFF	4	2007	Mütterportal	Deutschland
78	Netviewer	EFF	10	2008	Anbieter von Webkonferenzlösungen	Deutschland
79	Nirvanix	EFF	4	2008	Storage-Delivery-Network-Plattform	USA
80	Nugg.ad	EFF	7	2008	Anbieter für Behavioral Targeting	Deutschland
81	Oanda	EFF	9	2007	Finanzdienstleister	Kanada
82	OVC On-line Video Communications	EFF	12	2008	Anbieter eines Online-Video-Tools	Deutschland
83	Performance Media	EFF	9	2007	Online-Mediaagentur	Deutschland
84	Platinnetz	EFF	8	2007	Community für Best-Ager	Deutschland
85	Playa Games	EFF	11	2009	Browsergames-Ent-wickler	Deutschland
86	Q-Cells	Samwers direkt	unbekannt	unbekannt	Solarunternehmen	Deutschland
87	ReachLocal	EFF	9	2007	Suchmaschinen-marketing-Anbieter	USA
88	ReputationDe-fender	EFF	9	2008	Reputation-Manage-ment	USA
89	Silverpop	EFF	12	2008	E-Mail-Marketing-Provider	USA
90	Skyscanner	EFF	unbekannt	2008	Flugsuchmaschine	Großbritannien
91	SolarWorld	Samwers direkt	unbekannt	unbekannt	Solarunternehmen	Deutschland

92	Sport1	EFF	9	2007	Sportportal	Deutschland
93	SSP-Technologies	k.A.	unbekannt	unbekannt	Solarunternehmen	Deutschland
94	StudiVZ	Samwers direkt	4	2006	Social Network	Deutschland
95	Susi Partners	Alex Samwer	unbekannt	unbekannt	Investmentberatung für Energie	Schweiz
96	Teqport	EFF	1	2008	Marktplatz für ITK-Über- und Restbestände	Deutschland
97	Tradoria	EFF	4	2008	E-Commerce-Marktplatz	Deutschland
98	Traveloca	GFC	6	2013	Reisecommunity	Indonesien
99	TravelTrex	EFF	8	2008	Direktvertrieb von Reisen	Deutschland
100	Tremor Media	EFF	6	2008	Online-Video-Adverti-sing-Netzwerk	USA
101	TripIt	EFF	4	2008	Online-Reiseplaner	USA
102	Trivago	EFF	10	2007	Hotelsuche	Deutschland
103	Trusted Shops	EFF	5	2008	Gütesiegel für Onlineshops	Deutschland
104	Tutoria	EFF	11	2007	Nachhilfeplattform	Deutschland
105	Ulmon	GFC	3	2014	Reise-App	Österreich
106	Viagogo	EFF	8	2007	Online-Ticketbörse	Großbritannien
107	VideDressing	GFC	8	2013	Modemarktplatz	Frankreich
108	Viversum	EFF	5	2007	Interaktive Lebensbera-tungsplattform	Deutschland
109	Voopter	GFC	8	2013	Preisvergleich	Lateinamerika
110	Webnews	EFF	2	2007	Social News Community	Deutschland
111	Xactly	EFF	unbekannt	2008	Sales-Performance-Management	USA
112	Xchar	EFF	4	2007	Gamer-Community	Deutschland
113	Yemeksepeti	EFF	5	2008	Lieferdienstvermittler	Türkei
114	Zynga	EFF	unbekannt	2007	Social-Games-Entwickler	USA

*geschätztes Datum; EFF = European Founders Fund; GFC = Global Founders Capital (neue Marke nach der Wiederbelebung des EFF)

Anhang 6: Alphabetische Liste aller bekannten Gründungen und Beteiligungen von Rocket Internet (Stand 08/2014)

	Unternehmen	Vorbild	Einstieg	Unternehmensart	Herkunftsland
1	21Diamonds	Gemvara	7 | 2011	Onlineshop für Schmuck	Deutschland
2	7Trends	ASOS	9 | 2008	Onlineshop für Fashion	Deutschland
3	Ads.com.mm	Craigslist	7 | 2012	Kleinanzeigen (Anzeigen)	Myanmar
4	Airizu	Airbnb	5 | 2011	Privatzimmervermittlung	China
5	Airu	Etsy	7 | 2011	Marktplatz für Selbstgemachtes	Mittel- und Südamerika
6	AutoDa	–	4 | 2011	Online-Autohaus	Deutschland
7	Azmalo.pk	Ebay	7 | 2012	Online-Auktionshaus	Pakistan
8	Bamarang	Fab	1 | 2012	Design-Shoppingclub	Deutschland
9	BeautyDeal	Douglas	11 | 2008	Onlineshop für Kosmetik	Deutschland
10	Betreut.de	Care.com	10 | 2007	Pflegedienstvermittler	Deutschland
11	BillPay	Bill Me Later	11 | 2009	Bezahlplattform	Deutschland
12	Carmudi	AutoScout24	10 | 2013	Kleinanzeigen (Fahrzeuge)	Afrika, Lateinamerika, Mittlerer Osten, Südostasien
13	CityDeal	Groupon	12 | 2009	Group-Buying-Plattform	Deutschland
14	Clickbus	DeinBus, Check-MyBus u. a.	8 | 2013	Metasuche für Busfahrten	Deutschland
15	Cuponation	MyVoucherCodes, RetailMeNot	12 | 2012	Gutscheinseite	Brasilien, Europa, Indien
16	Dafiti	Zappos	1 | 2011	Onlineshop für Fashion	Brasilien
17	Dalani (Westwing-Marke)	One Kings Lane	2011	Shoppingclub für Wohn-Accessoires	Australien, Brasilien, Europa, Indien
18	Daraz.pk	Zappos	8 | 2012	Onlineshop für Fashion	Pakistan
19	DealStreet	Swoopo	4 | 2009	Live-Shopping-Anbieter	Deutschland
20	Doktus	Scripd	8 | 2007	Dokumentenplattform	Deutschland
21	Dreambookers	Voyage Privé	6 | 2008	Shoppingclub für Reisen	Deutschland
22	DropGifts	Wrapp	1 | 2012	Geschenkgutschein-Dienst	Deutschland
23	Easy Taxi	Hailo	9 | 2012	Taxiruf-App	Afrika, Asien, Lateinamerika, Mittlerer Osten, USA

24	Ecareer	Experteer	1 | 2009	Jobbörse	Deutschland
25	Edarling	Eharmony	11 | 2008	Online-Partnervermittlung	Deutschland
26	Eleseri	Etsy	k. A.	Marktplatz für Selbstgemachtes	Türkei
27	Enamora	Figleaves	12 | 2008	Onl neshop für Unterwäsche	Deutschland
28	Evimister	nach Vorbild von Home24	k. A.	Onlineshop für Möbel	Türkei
29	Experto	Suite1O1	7 | 2007	Ratgeberplattform	Deutschland
30	Fab Furnish	nach Vorbild von Home24	3 | 2012	Onlineshop für Möbel	Indien
31	Fashion4Home	MyFab	7 | 2009	Onlineshop für Designer-Möbel	Deutschland
32	Foodalia	Just-Eat	12 | 2012	Liefer dienstvermittler	Polen
33	Foodnation	Just-Eat	6 | 2012	Lieferdienstvermittler	Russland
34	Foodpanda	Just-Eat	6 | 2012	Lieferdienstvermittler	Südostasien
35	Glossybox	Birchbox	2 | 2011	Abo-Commerce für Kosmetikproben	Deutschland
36	Goodbeans (Panfu)	Club Penguin	12 | 2007	Virtuelle Welt für Kinder	Deutschland
37	GratisPay	Offerpal, Super Rewards	k. A.	Plattform zur Generierung von Zusatzumsatz	Deutschland
38	HelloFood	Just-Eat	6 | 2012	Abo-Commerce zu Rezepten samt Zutaten	Afrika, Asien, Europa, Lateinamerika, Mittlerer Osten
39	HelloFresh	Middagsfrid	11 | 2011	Abo-Commerce zu Rezepten samt Zutaten	Deutschland
40	Helpling	Homejoy	3 | 2014	Putzkräftevermittlung	Deutschland
41	Home24 (FP Commerce)	CSN Stores, Hayneedle	6 | 2009	Onlineshop für Möbel	Deutschland
42	House.com.mm	ImmobilienScout24	k. A.	Kleinanzeigen (Immobilien)	Myanmar
43	Hungry Panda	Just-Eat	6 | 2012	Lieferdienstvermittler	Asien
44	Immobilo	–	6 | 2008	Immobiliensuchmaschine	Deutschland
45	Jabong	Zappos	2011	Onlineshop für Fashion	Indien
46	Jovago	Trivago	8 | 2013	Hotelbuchungsplattform	Nigeria
47	Jumia	Amazon	5 | 2012	Online-Versandhaus	Afrika
48	Kanui	Amazon	7 | 2011	Online-Versandhaus	Brasilien
49	Kasuwa	Amazon	5 | 2012	Online-Versandhaus	Nigeria

50	Kaymu	Ebay	12 | 2012	Online-Auktionshaus	Afrika, Mittlerer Osten, Südostasien
51	Klickbus	DeinBus, Check-MyBus u. a.	2 | 2014	Metasuche für Busfahrten	Lateinamerika
52	Kolibrishop	–	2009	Onlineshop für Fashion	Deutschland
53	LadenZeile	Like.com	1 | 2009	Metasuche für Shoppingangebote	Deutschland
54	Lamoda	Zappos	1 | 2011	Onlineshop für Fashion	Russland
55	Lamudi	Immobilien-Scout24	10 | 2013	Kleinanzeigen (Immobilien)	Afrika, Lateinamerika, Mittlerer Osten, Südostasien
56	Lazada	Amazon	2 | 2012	Online-Versandhaus	Südostasien
57	Lendico	Lending Club, Prosper, Zopa	10 | 2013	Kreditplattform	Europa
58	Limango	Vente Privée	10 | 2007	Shoppingclub	Deutschland
59	Linio	Amazon	2 | 2012	Online-Versandhaus	Südamerika
60	Locondo	Zappos	12 | 2010	Onlineshop für Fashion	Japan
61	Mebelrama	nach Vorbild von Home24	1 | 2012	Onlineshop für Möbel	Russland
62	Mizado	Amazon	3 | 2012	Online-Versandhaus	Mittlerer Osten
63	Mobly	nach Vorbild von Home24	7 | 2012	Onlineshop für Möbel	Mittel- und Südamerika
64	Motors.com.mm	AutoScout24	7 | 2012	Kleinanzeigen (Autoportal)	Myanmar
65	MyBrands	Dress-for-Less	4 | 2009	Online-Designer-Outlet	Deutschland
66	Namshi	Zappos	11 | 2011	Onlineshop für Fashion	Mittlerer Osten
67	Netzoptiker	Glasses Direct	11 | 2007	Online-Optiker	Deutschland
68	Office Fab	Staples	4 | 2012	Onlineshop für Bürobedarf	Südostasien
69	OfficeYes	Staples	4 | 2012	Onlineshop für Bürobedarf	Indien
70	Payleven	Square	1 | 2012	Anbieter für Mobile Payment	Deutschland
71	Paymill	Stripe	8 | 2012	Online-Bezahldienstleister	Deutschland
72	Pidiendo	Just-Eat	k. A.	Lieferdienstvermittler	Lateinamerika
73	Pinspire	Pinterest	11 | 2011	Online-Pinbrett	Deutschland
74	Plinga	Zynga	6 | 2009	Social-Games-Entwickler	Deutschland
75	Pricepanda	Idealo	4 | 2012	Preissuchmaschine	Südostasien
76	Printvenue	Vistaprint	7 | 2012	Onlineshop für Büro-Druckbedarf	Indien

77	R2 International	Check24	k. A.	Online-Preisvergleich	Europa
78	Sabunta	Fab	5 | 2012	Design-Shoppingclub	Nigeria
79	Sabunta	Fab	5 | 2012	Design-Shoppingclub	Nigeria
80	Sexpartnerclub	–	6 | 2007	Casual-Dating-Portal	Deutschland
81	SpaceWays	MakeSpace	7 | 2014	Selfstorage-Service	Großbritannien
82	Shop.com.mm	Amazon	7 | 2012	Online-Versandhaus	Myanmar
83	Sporena	-	10 | 2011	Onlineshop für Sportartikel	Türkei
84	The Iconic	Zappos	8 | 2011	Onlineshop für Fashion	Australien
85	Toptarif	Check24	7 | 2007	Online-Preisvergleich	Deutschland
86	Tricae	MyToys	7 | 2011	Onlineshop für Kindermode	Brasilien
87	Tucany	Vente Privée	2012	Design-Shopping-Community	Mittel- und Südamerika
88	Tuningsuche	–	8 | 2007	Social Network für Auto-Tuner	Deutschland
89	Vamido	Immobilien-Scout24	k. A.	Kleinanzeigen (Immobilien)	Nigeria
90	Westwing	One Kings Lane	9 | 2011	Shoppingclub für Wohn-Accessoires	Deutschland
91	Wimdu	Airbnb	2 | 2011	Privatzimmervermittlung	Deutschland
92	Work.com.mm	Monster.de	7 | 2012	Kleinanzeigen (Jobportal)	Myanmar
93	Wunderkarten.de	–	6 | 2008	Online-Fotodienst (Karten, Fotobücher usw.)	Deutschland
94	YepDoc	ZocDoc	5 | 2012	Online-Terminbuchung für Ärzte	Brasilien
95	Zalando	Zappos	6 | 2008	Onlineshop für Fashion	Deutschland
96	Zalora	Zappos	1 | 2011	Onlineshop für Fashion	Südostasien
97	Zando	Zappos	1 | 2012	Onlineshop für Fashion	Südafrika
98	Zanui	nach Vorbild von Home24	7 | 2011	Onlineshop für Möbel	Australien
99	Zencap	Lending Club, Prosper, Zopa	3 | 2014	Kreditplattform für Mittelständler	Deutschland
100	Zidaya	Zappos	9 | 2011	Onlineshop für Fashion	Türkei
101	Zocprint	Vistaprint	1 | 2012	Onlineshop für Bürodruckbedarf	Brasilien

Anhang 7: Alphabetische Liste aller bekannten Samwer-Exits (Stand 08/2014)

	Unternehmen	Eigner	Exitart	Ausstieg	Käufer	Wert
1	Fashion4Home	Rocket	Anteilsverkauf der Samwers	7 | 2012	Acton, Holtz-brinck Ventures	unbekannt
2	Experto	Rocket	Asset Deal	4 | 2011	VNR Verlag für die Deutsche Wirtschaft AG	unbekannt
3	Bazaarvoice	EFF	Börsengang	2 | 2012	k. A.	683 Mio. $**
4	Facebook	Samwers	Börsengang	2 | 2011	k. A.	104 Mrd. $
5	Homeaway	EFF	Börsengang	6 | 2011	k. A.	2 Mrd. $**
6	LinkedIn	EFF	Börsengang	5 | 2011	k. A.	4,25 Mrd. $**
7	ReachLocal	EFF	Börsengang	5 | 2010	k. A.	378 Mio. $**
8	Zynga	EFF	Börsengang	12 | 2011	k. A.	7 Mrd. $**
9	MyHammer	EFF	Börsennotiert	k. A.	k. A.	k. A.
10	AdScale	EFF	Exit	12 | 2012	Ströer	unbekannt
11	Alando	Samwers	Exit	6 | 1999	Ebay	61,2 Mio. $
12	Betreut.de	Rocket	Exit	7 | 2012	Care.com	unbekannt
13	BillPay	Rocket	Exit	10 | 2013	Wonga	unbekannt
14	Buddy Media	EFF	Exit	6 | 2012	Salesforce	689 Mio. $
15	BuyVip	EFF	Exit	10 | 2010	Amazon	70 Mio. €
16	Cember.net	EFF	Exit	1 | 2008	Xing	4,36 Mio. €
17	CityDeal	Rocket	Exit	5 | 2010	Groupon	125,4 Mio. €
18	Dizzywood	EFF	Exit	12 | 2010	SecretBuilders	unbekannt
19	Erdbeerlounge	EFF	Exit	9 | 2010	Michael Schwetje	350.000 €
20	Erento	EFF	Exit	6 | 2011	VM Digital	5 Mio. €*
21	FoodArena.ch	EFF	Exit	12 | 2011	Delivery Hero	siebenstellig
22	Gamebookers/ Moneybookers	Samwers	Exit	3 | 2007	Investcorp Technology Partners	105 Mio. €
23	Imagekind	EFF	Exit	7 | 2008	Cafépress	5 Mio. €*
24	Jamba	Samwers	Exit	5 | 2004	VeriSign	273 Mio. $
25	Jobs.ch	EFF	Exit	9 | 2012	Tamedia, Ringier	ca. 323 Mio. €
26	LadenZeile	Rocket	Exit	12 | 2011	Axel Springer Verlag	40 Mio. €

27	Learnship	EFF	Exit	10 | 2010	Bertelsmann	unbekannt
28	Limango	Rocket	Exit	1 | 2009	Otto	12 Mio. €*
29	Lokalisten	EFF	Exit	5 | 2008	ProSiebenSat.1	25 Mio. €*
30	Modix	EFF	Exit	7 | 2003	Manheim	15–20 Mio. €*
31	MyPhotobook	EFF	Exit	5 | 2008	Holtzbrinck Networks	30 Mio. €*
32	MyVideo	Samwers	Exit	9 | 2007	ProSiebenSat.1	27 Mio. €*
33	Nasza-klasa	EFF	Exit	6 | 2008	Forticom	90 Mio. $
34	Netviewer	EFF	Exit	12 | 2010	Citrix Systems	180 Mio. €*
35	Nugg.ad	EFF	Exit	8 | 2010	Deutsche Post	unbekannt
36	Platinnetz	EFF	Exit	1 | 2013	Feierabend.de	unbekannt
37	StudiVZ	Samwers	Exit	1 | 2007	Holtzbrinck Digital	85 Mio. €
38	Tradoria	EFF	Exit	7 | 2011	Rakuten	unbekannt
39	TripIt	EFF	Exit	1 | 2011	Concur	120 Mio. $
40	Trivago	EFF	Exit	12 | 2012	Expedia	477 Mio. €
41	Tutoria	EFF	Exit	8 | 2010	Holtzbrinck Digital	siebenstellig*
42	Viversum	EFF	Exit	11 | 2010	Questico	unbekannt
43	Webnews	EFF	Exit und Fusion mit Lokalisten	9 | 2009	ProSiebenSat.1	unbekannt
44	GratisPay	Rocket	Firesale	2 | 2010	SponsorPay	unbekannt
45	Locondo	Rocket	Firesale	k. A.	k. A.	unbekannt
46	Sport1	EFF	Fusion	4 | 2010	Sport1 (ehemals DSF)	unbekannt
47	TopTarif	Rocket	Teilexit der Samwers	12 | 2007	Holtzbrinck Networks	40 Mio. €
			Exit	07 | 2014	Verifox	unbekannt
48	Bigpoint	EFF	Teilexit der Samwers	6 | 2008	GMT, NBC Universal	70 Mio. €
49	InternetStores	EFF	Teilexit der Samwers	3 | 2012	EQT	30 Mio. €
50	Netmoms	EFF	Teilexit der Samwers	7 | 2009	Stephan Schubert	unbekannt
51	Zalando	Rocket	Teilexit der Samwers	–	–	>500 Mio. €

*Schätzung; **Wert des Unternehmens zum Börsengang

Anhang 8: Alphabetische Liste aller bekannten Samwer-Pleiten (Stand 08/2014)

	Unternehmen	Halter der Anteile	Vorgang
1	Foodalia	Rocket	Eingestellt, in Foodpanda aufgegangen
2	Foodnation	Rocket	Eingestellt, in Foodpanda aufgegangen
3	Hungry Panda	Rocket	Eingestellt, in Foodpanda aufgegangen
4	Pidiendo	Rocket	Eingestellt, in Foodpanda aufgegangen
5	Kasuwa	Rocket	Eingestellt, in Jumia aufgegangen
6	Mizado	Rocket	Eingestellt, in Jumia aufgegangen
7	Sabunta	Rocket	Eingestellt, in Jumia aufgegangen
8	Azmalo.pk	Rocket	Eingestellt, in Kaymu aufgegangen
9	Vamido	Rocket	Eingestellt, in Lamudi aufgegangen
10	R2 International	Rocket	Einzelne Ableger offline
11	CareerConcept	EFF	Investment rückabgewickelt
12	Doktus	Rocket	Nicht mehr aktiv geführt
13	Pinspire	Rocket	Nicht mehr aktiv geführt
14	AdRocket	EFF	Offline
15	Arztplatz	EFF	Offline
16	Bamarang	Rocket	Offline
17	BeautyDeal	Rocket	Offline
18	Cowatec	EFF	Offline
19	DealStreet	Rocket	Offline
20	Dreambookers	Rocket	Offline
21	DropGifts	Rocket	Offline
22	Ecareer	Rocket	Offline
23	Eleseri	Rocket	Offline
24	Evimister	Rocket	Offline
25	Frazr	EFF	Offline
26	GameGoods	EFF	Offline
27	Ingenieurplatz	EFF	Offline
28	Mebelrama	Rocket	Offline
29	Office Fab	Rocket	Offline

30	Sabunta	Rocket	Offline
31	Shop.com.mm	Rocket	Offline
32	Sporena	Rocket	Offline
33	Tucany	Rocket	Offline
34	YepDoc	Rocket	Offline
35	Zidaya	Rocket	Offline
36	Inpado	EFF	Offline, Marke verkauft
37	Adtraffic	EFF	Rückverkauf an Gründer
38	Kontoblick	EFF	Rückverkauf an Gründer
39	Tuningsuche	Rocket	Rückverkauf an Gründer
40	Xchar	EFF	Rückverkauf an Gründer
41	Kolibrishop	Rocket	Rückverkauf an Gründer
42	MyBrands	Rocket	Zusammenlegung
43	7Trends	Rocket	Zusammenlegung, Teilexit der Samwers
44	Enamora	Rocket	Zusammenlegung, Teilexit der Samwers

Anhang 9: Oliver Samwers kontroverse Blitzkrieg-E-Mail

[Name], [Name] and the other founders globally in furniture, i need to know from you, when it is time to do the same in furniture, that means when it is time to take 100% of the market, full scale investment attack etc – as see below.

there are only 3 areas in ecommerce to build billion dollar business: amazon, zappos and furniture. the only thing is that the time for the blitzkrieg must be chosen wisely, so each country tells me with blood when it is time. i am ready – anytime!

Team in India, Turkey, Australia, South Africa, South East Asia,

I want you to change strategy and become the fastes, most aggressive and most succcessful company we ever built. You both face the same situation of coming late into market but sitting in the most interesting markets of the world and therefore I want you both to follow the same strategy. And do not tell me that you are following the strategy already, today from india to turkey, you have implemented 20% of this. Now it is time to either decide we will die to win or to give up.

So here is the important stuff for our strategy

Must:

1. We must be number one latest in the last month of next season. Full month, not a discount sales month.

Why ? Because only number one can raise unbelievable money at unbelievable valuations. I cannot raise money for number 2 etc and I have seen it how easy it is for me in Brazil and how difficult in Russia, because our team fucked up.

So to be clear, I will provide you with the money for the most aggressive plan of history. You must provide a plan and assume the following:

1. You achieve number 1. And you must achieve number in the categories that your competitors are active. So if your comeptitors are only in shoes, you must be number one in shoes. And then have clothes etc on top. But it will not that by not being number one in shoes you make up by selling in clothes. Leader in EVERY country that you have.

2. You must be in 2 seasons from now have at least 50% marketshare of the total online market in all your categories. A scenario where you have 35%, next 25%, next 20% will not give you the valuation that we need. we need an amazon valuation: seen as the 80% leader in the market.

3. You must assume that your competitors will raise huge amounts of money and will have revenues of 3x compared to this season.

4. i want all competitors with forecasts in your plan, so that it is clear what our position is.

5. i only care for net revenues, after returns and number of orders to prove that you are number one and have the required market share. no other currency. pls provide a business plan for 2012, not longer, not less.

6. in the last season month you need to be 100% bigger than biggest competitor in net revnues and order (both metrics)

7. assume that your competition will do crazy things: tv, groupons, selling below cogs, ... you must assume eveything in your plan so that there are no surprises. i do not accept surprises. i want this planned confirmed by all three of you: you must sign it with your blood.

What you need and do not have (this is not criticism, this is oberservation):

1. You have not enough top buyers: you need to be number one in shoes, apparel, sports, jewelerey, whatever category makes sense. we can only get to 80% marketshare if we beat our competitors by aggressiveneess in each category, it must be a blitz-krieg-invasion. i think you should have 25 top buyers, top in each category, start looking now. you must OWN each category. australia mistake, not enough focus on shoes, instead apparel

and so they are losing out in shoes. the strategy is: own every country and if you have to sacrifice, focus on shoes as priority. best is if you can master all.

2. you need more top people. more mckinseys, goldman. find young talent, aggressive talent, smart detailed.

3. you need to ask much more brazil, russia and germany for their lessons, mistakes, improvements. russia did not do reports like germany and so they screwed up.

4. spend your money wisely. grow buying now, but it makes no sense to have 200 logistics people for 10 orders a day. so grow early, but wiseley.

5. control marketing, the key is in measurement. there is tons of lessons in russia mistakes and brazil there.

6. 2 of you should come some time for 2 days over one weekday and one weekend day to germany to get complete download.

7. find a top cto wizzard, build up a 30 people it team of top talent. amazon is it company, zalando 30% of value in it. it is always bottleneck.

Summary: i give you all the money to win, i give all the trust, but you come back with unmatched success. If i see that you are wasting my money, that you are not german detail oriented, that you are not fast, that you are not aggressive, that you are not data driven, that you are not doing logistics well, upload inventory fast, buying wrong inventory, then i get angry and do like in russia, where no people leading the company now and i lost a ton of money and the founders lost 50 % of their equity and no salary for 6 months. we are in the same boat, everyone has to do his mission.

We are coming late, so we need to be the most aggressive, so aggressive that every competitor is surprised because he cannot imagine that we are SOO aggressive. to give you an example in brazil in groupon my competitor did 3m a month and had 80 sales people. i assumed in 4 months he would go to 300 salespeople and 6m so i told the team to have 500 salespeople in 4 months and 10m monthly revenues. we won. yes, there was some collateral damaage (it could have been done cheaper wiht more time), but i won and this it was matters so i could raise money and optimise all the missing parts.

Provide a plan over this weekend that includes all your recommendations, thinking because i can give you the money, the knowhow, the strategy, but i will only do a plan that you 100% believe in and that is signed with blood. this is not olis plan, this must be your plan, our plan.

Never forget there are only 2 big areas in ecommerce: amazon and zappos. this is the last chance in your life! the chance for another billion dollar ecommerce company will never come again. This is over, after amazon there came only zappos, so we cannot lose this, because your grand children will ask why you why you did not become it.

Surprise me with your aggressiveness, but smart and thought through aggressiveness – learn from the russian and japanese mistakes and the german and brazilian successes !

This is our last chance in ecommerce to build an Amazon company. After us, you can build an online games company, but no more in ecommerce. this is the LAST frontier in your life for ecommerce and I want you to rule this frontier. not 20 %, not 30 %, but 80 % marketshare which is still possible in your countries.

I am the most aggressive guy on internet on the planet. I will die to win and i expect the same from you! =

Anhang 10: Übersicht über alle Zalando-Beteiligungsvorgänge bis 2013

Datum	Vorgang	Geldgeber/Beteiligte
(1) 25.06.2008	Finanzierung (1)	Rocket Internet
(2) 09.11.2008	Finanzierung (2)	Holtzbrinck Ventures, Florian Seubert (CFO Zooplus)
(3) 10.12.2008	Finanzierung (3)	Rocket Internet, Holtzbrinck Ventures, Florian Seubert
(4) 12.05.2009	Finanzierung (4)	Rocket Internet, Holtzbrinck Ventures, Florian Seubert
(5) 31.07.2009	Finanzierung (5)	Rocket Internet, Holtzbrinck Ventures
(6) 10.09.2009	Finanzierung (6)	Rocket Internet, Holtzbrinck Ventures
(7) 16.10.2009	Finanzierung (7)	Rocket Internet, Holtzbrinck Ventures
(8) 17.11.2009	Mitarbeiterbeteiligung	Josef Biller (COO)
(9) 02.12.2009	Finanzierung (8)	Rocket Internet, Holtzbrinck Ventures
(10) 23.12.2009	Finanzierung (9)	Rocket Internet, Holtzbrinck Ventures
(11) 07.01.2010	Finanzierung (10)	Rocket Internet, Tengelmann
(12) 14.04.2010	Finanzierung (11)	Rocket Internet, Tengelmann
(13) 23.07.2010	Mitarbeiterbeteiligung	Frank Biedka (Geschäftsführer)
(14) 29.07.2010	Verkauf	Rocket verkauft Anteile an Holtzbrinck
(15) 12.08.2010	Finanzierung (12)	Tengelmann
(16) 23.08.2010	Finanzierung (13)	Tengelmann, Kinnevik
(17) 24.11.2010	Finanzierung (14)	Tengelmann, Kinnevik
(18) 14.01.2011	Finanzierung (15)	Tengelmann, Kinnevik
(19) 17.07.2011	Verkauf	Gentz, Schneider und Biller verkaufen Anteile an Kinnevik
(20) 22.11.2011	Finanzierung (16)	Rocket, Holtzbrinck, Tengelmann, Kinnevik
(21) 01.02.2012	Mitarbeiterbeteiligung	Frank Biedka (Geschäftsführer)
(22) 01.02.2012	Finanzierung (17)	DST
(23) 20.04.2012	Finanzierung (18)	Tengelmann, Kinnevik, DST
(24) 26.07.2012	Verkauf	Gentz und Schneider verkaufen Anteile an Kinnevik
(25) 08.10.2012	Finanzierung (19)	Rocket, Tengelmann, Kinnevik, J. P. Morgan, Aguila Limited
(26) 18.10.2012	Verkauf	Frank Biedka verkauft Anteile an Kinnevik
(27) 23.11.2012	Verkauf	Rocket, Holtzbrinck, Tengelmann, Gentz, Schneider, Biller und Biedka verkaufen Anteile an Kinnevik
(28) 11.12.2012	Finanzierung (20)	Rocket Internet, Holtzbrinck, Tengelmann, Kinnevik

(29) 30.07.2013	Finanzierung (21)	Rocket Internet, Holtzbrinck, Tengelmann, Kinnevik Mitarbeiterbeteiligung: Filip Dames (Business Development)
(30) 09.08.2013	Verkauf	Rocket, Holtzbrinck, Tengelmann, Gentz, Schneider, Biller, Biedka und Dames verkaufen Anteile an Kinnevik
(31) 12.08.2013	Finanzierung (22)	Rocket, Holtzbrinck, Tengelmann, Kinnevik
(32) 21.08.2013	Übertragung, Verkauf	Rocket überträgt Anteile an den EFF und verkauft Anteile an Kinnevik und Access Industries
(33) 25.09.2013	Verkauf	Anders Holch Povlsen kauft Anteile von Rocket, Holtzbrinck, Tengelmann, dem EFF, Gentz, Schneider, Biller, Biedka und Dames
(34) 07.10.2013	Finanzierung (23)	Rocket, Holtzbrinck, Tengelmann, Kinnevik, Ontario Teachers' Pension Plan
(35) 28.10.2013	Finanzierung (24)	Putnam
(36) 31.10.2013	Finanzierung (25)	Anders Holch Povlsen, Ontario Teachers' Pension Plan
(37) 14.11.2013	Finanzierung (26)	Rocket, Holtzbrinck, Tengelmann, Kinnevik, Anders Holch Povlsen

Nach Abschluss aller Transaktionen sah Zalandos Gesellschafterliste 2013 wie folgt aus:

• Investment AB Kinnevik: 37 %
• European Founders Fund: 18 %
• Anders Holch Povlsen: 10 %
• DST Global: 9 %
• Holtzbrinck Ventures: 8 %
• Tengelmann Ventures: 6 %
• Weitere: 12 %
(Quelle Handelsregister)

Anhang 11: Übersicht über Zalandos Eigenmarken

Zalando-Eigenmarke	Produkteigenschaften
Anna Field	Günstige, klassische Kleidungsmarke für Frauen
Even & Odd	Junge Frauenmarke für Schuhe, Accessoires und Kleidung
Fullstop.	Stylische Kleidungsmarke für Kinder
Mai Più Senza	Glamouröse Marke für Frauenschuhe
Magnificent	Frauenmarke für Kleidung in Übergröße
Mint & Berry	Frische und junge Modemarke für Frauen
Pier One	Klassische Marke für Kleidung und Schuhe
Stups	Stylische Schuhmarke für Kinder
Taupage	Schuhmarke für Frauen in zeitlosem französischem Stil
Twintip	Kleidungsmarke für Strand- und Schneesport
Your Turn	Stylische Herrenmarke für Kleidung
Zign	Klassische Marke für Schuhe und Accessoires

Anhang 12: Finanzpartnerschaften von Rocket Internet

Anhang 12a: Auszugsweiser Überblick über Rocket Internets private Geldgeber (»High-net-worth Individuals«)

Geldgeber	Hintergrund	Investitionen (Auswahl)
Berlusconi-Clan	Familie des ehemaligen italienischen Ministerpräsidenten und Unternehmers Silvio Berlusconi	Payleven: sechsstelliger Dollar-Betrag
Lakshmi Mittal	Indischer Stahlmagnat	Bigfoot I: 5.000.000 € Gesamt: 10.000.000 $*
François-Henri Pinault	Milliardärssohn und CEO von PPR	Bigfoot I: 10.000.000 € Gesamt: 25.000.000 $*
Victor Pinchuk	Ukrainischer Stahlunternehmer und Mäzen	Bigfoot I: 15.000.000 €
Maurice Salem	Betreiber eines Hedgefonds, einer der reichsten Jungunternehmer Großbritanniens	Bigfoot I: 5.000.000 €

Alejandro Santo Domingo	Kolumbianischer Finanzmanager und Biermagnat	Dafiti: 25.000.000 € Zalando: 25.000.000 € Gesamt: 70.000.000 $*
Kurt-Rudolf Schwarz	Erbe der deutschen Pharmadynastie Schwarz	Bigfoot I: 10.000.000 €
Ruben Vardanian	Russischer Investmentbanker armenischer Herkunft	Bigfoot I: 10.000.000 € Bigfoot II: 2.500.000 € Optionen: 2.500.000 € (Bigfoot II)

Quelle: Interne Investorenunterlagen; Stand: Januar 2013. *Gesamtsumme berücksichtigt auch zum Erhebungszeitraum nicht gezogene Investitionsoptionen

Anhang 12b: Überblick über Rocket Internets institutionelle Geldgeber

Geldgeber	Beschreibung	Investmentsumme
Kinnevik	Schwedische Beteiligungsgesellschaft	ca. 1,2 Mrd. €
Millicom	Mobilfunkfirma in Mittel- und Südamerika, Afrika und Asien	340.000.000 $
Digital Sky Technologies (DST)	Internationale Investmentfirma von Yuri Milner, die aus der Mail.ru-Gruppe hervorging und sich auf den Internetsektor konzentriert	315.000.000 $
Access Industries	Industriegruppe des russisch-amerikanischen Industriellen Len Blavatnik	300.000.000 $*
J. P. Morgan	US-amerikanische Investmentbank	150.000.000 $*
Summit Partners	Potenter US-Investor mit Fokus auf die Bereiche Wachstumsfinanzierung und Kreditinvestition	140.000.000 $*
Holtzbrinck Ventures	Early-Stage-Investor, der aus der Verlagsgruppe Georg von Holtzbrinck hervorging	120.000.000 $*
Blakeney Management	Institutioneller Investor in Afrika und dem Mittleren Osten	>70.000.000 $*
Tengelmann	Auf den Einzelhandel spezialisiertes Familienunternehmen (u. a. Kaisers, Obi, Kik)	50.000.000 $
Marshall Wace	Europäischer Hedgefonds	45.000.000 $*
New Enterprise Associates (NEA)	Potenter US-amerikanischer Venture-Capitalist	30.000.000 $

Quelle: Interne Investorenunterlagen; Stand: Januar 2013. *Gesamtsumme berücksichtigt auch zum Erhebungszeitraum nicht gezogene Investitionsoptionen

Anhang 12c: Finanzierungsübersicht: Kinnevik-Investitionen in Rocket

Zeitraum	Investment in Schwedischen Kronen	Investment in Euro
Q4 2009	20.281.670 SEK*	2.000.000 €
Total 2009	**20.281.670 SEK***	**2.000.000 €**
Q1 2010	360.638.795 SEK*	37.000.000 €
Q2 2010	47.602.916 SEK*	5.000.000 €
Q3 2010	91.483.823 SEK*	10.000.000 €
Q4 2010	280.299.637 SEK*	31.231.133 €*
Total 2010	**747.000.000 SEK**	**83.231.133 €***
Q1 2011	351.000.000 SEK	39.342.289 €*
Q2 2011	16.000.000 SEK	1.747.649 €*
Q3 2011	1.262.000.000 SEK	136.497.689 €*
Q4 2011	1.044.000.000 SEK	116.938.666 €*
Total 2011	**2.673.000.000 SEK**	**299.403.309 €***
Q1 2012	2.679.000.000 SEK	302.258.742 €*
Q2 2012	1.123.000.000 SEK	128.258.060 €*
Q3 2012	351.000.000 SEK	41.664.339 €*
Q4 2012	2.474.000.000 SEK	287.679.463 €*
Total 2012	**6.627.000.000 SEK**	**770.594.907 €***
Q1 2013	352.000.000 SEK	42.217.127 €*
Q2 2013	902.000.000 SEK	102.689.968 €*
Q3 2013	557.000.000 SEK	64.104.657 €*
Q4 2013	189.000.000 SEK	21.347.182 €*
Total 2013	**2.000.000.000 SEK**	**230.358.934 €***
Gesamtsumme	12.067.281.670 SEK*	1.385.588.283 €*

Quelle: Jahres- und Quartalsberichte von Investment AB Kinnevik; * In die jeweils andere Währung umgerechnete Werte gemäß Umrechnungskurs des letzten Tages des jeweils betroffenen Quartals, Kursschwankungen und abgerundete Werte möglich.

Anhang 12d: Rocket-Beteiligungen von Kinnevik

Unternehmen	Anteil von Kinnevik (direkt | indirekt)	Investionsvolumen durch Kinnevik	Gesamtwert	Differenz Wert zu Investment
Zalando	35% (26% | 9%)	4.685.000.000 SEK ca. 561.895.574 €	8.250.000.000 SEK ca. 989.463.924 €	+76,09%
Bigfoot I	38% (29% | 9%)	1.536.000.000 SEK ca. 184.220.192 €	1.586.000.000 SEK ca. 190.216.944 €	+3,26%
Bigfoot II	42% (31% | 10%)	930.000.000 SEK ca. 111.539.570 €	729.000.000 SEK ca. 87.432.630 €	−21,61%
Home24	36% (24% | 12%)	791.000.000 SEK ca. 94.868.602 €	765.000.000 SEK ca. 91.750.291 €	−3,29%
Wimdu	41% (29% | 12%)	361.000.000 SEK ca. 43.296.543 €	370.000.000 SEK ca. 44.375.958 €	+2,49%
BigCommerce	29% (15% | 14%)	427.000.000 SEK ca. 51.212.254 €	440.000.000 SEK ca. 52.771.409 €	+3,04%
Rocket und Portfolio	gemischt	666.000.000 SEK ca. 79.876.724 €	1.040.000.000 SEK ca. 124.732.422 €	+56,16%

Quelle: Jahres- und Quartalsberichte von Investment AB Kinnevik; Stand: erstes Quartal 2013. Die Euro-Werte wurden zur Vereinheitlichung anhand des Wechselkurses des letzten Kurstages des ersten Quartals 2013 errechnet und gerundet. Kinnevik tätigte seine Investitionen in mehreren Schritten, denen je unterschiedliche Wechselkurse zugrunde lagen. Diese lassen sich jedoch nicht anhand von Kinneviks Unterlagen nachvollziehen. Kursschwankungen und abgerundete Werte möglich.

Anhang 13: Markbetrachtung zum Amazon-Klon Lazada

	Indonesien	Vietnam	Philippinen	Thailand	Malaysia	Gesamt
Bevölkerung	250 Mio.	90 Mio.	93 Mio.	70 Mio.	29 Mio.	532 Mio.
Einzelhan-delsmarkt	134 Mrd. $	30 Mrd. $	18 Mrd. $	47 Mrd. $	35 Mrd. $	264 Mrd. $
Internetpene-tration	23%	35%	33%	21%	55%	26,1% gewichteter Durchschnitt
Einzelhandel online	1 Mrd. $	N/A	0,06 Mrd. $	0,1 Mrd. $	0,3 Mrd. $	1,5 Mrd. $

Prozentanteil Online am gesamten Einzelhandel	0,7 %	N/A	0,3 %	0,2 %	0,8 %	0,6 %
Launch von Lazada	19. März 2012	28. März 2012	30. März 2012	03. April 2012	27. März 2012	/
Mitarbeiter	210	230	160	180	130	910
Sitz	Jakarta	Ho-Chi-Minh-Stadt	Manila	Bangkok	Kuala Lumpur	/

Quelle: Interne Investorenpräsentation von Rocket Internet zu Lazada aus dem Januar 2013.

Anhang 14: Finanzierungsübersicht zum Big-Commerce-Verbund

Anhang 14a: Holding-Konstrukt hinter Big Commerce

Holding	Inhalte	Bewertung* (Stand: 01/2013)
Big Commerce	90 % von Lazada (Südostasien) 90 % von Linio (Lateinamerika) 36 % der Middle East eCom Holding	**190 Mio. €** 225 **Mio. €** 150 **Mio. €** 90 **Mio. €**
Africa eCommerce Holding	vermutlich wesentliche Teile von Jumia ggf. Teile von Zando (Zalando-Modell in Südafrika)	**197,5 Mio. €** k. A. k.A
Africa Internet Holding	51,47 % der Africa eCommerce Holding vermutlich seit 2013 Teile von HelloFood (Lieferdienstvermittler in Afrika) vermutlich seit 2013 Teile von Vamido (Ebay-Modell in Nigeria)	k. A. **197,5 Mio. €** k. A. k. A.
Bigfoot II	 90 % von Zalora (Zalando-Modell in Südostasien) 29 % der Africa eCommerce Holding zwischenzeitlich Teile von The Iconic (Zalando-Modell in Australien) zwischenzeitlich Teile von Zando (Zalando-Modell in Südafrika)	**270 Mio. €** 350 **Mio. €** **197,5 Mio. €** k. A. k. A.

Quelle: Interne Investorenunterlagen von Rocket Internet mit Stand vom Januar 2013; *Bewertung bezieht sich auf die gesamte Gesellschaft.

Anhang 14b: Geldgeberübersicht von Big Commerce

Geldgeber	Investmentsumme	Prozentanteil*
Rocket Internet	**4.000.000 € gesamt**	57,95 %
Investment AB Kinnevik	33.200.000 € investiert 16.600.000 € Option **49.800.000 € gesamt**	15,71 %
Holtzbrinck Ventures	7.000.000 € investiert 3.500.000 € Option **10.500.000 € gesamt**	2,2 %
Summit Partners	20.000.000 € investiert 10.000.000 € Option **30.000.000 € gesamt**	9,49 %
J. P. Morgan	11.000.000 € investiert 5.500.000 € Option **16.500.000 € gesamt**	5,17 %
Tengelmann	5.000.000 € investiert 5.000.000 € Option **10.000.000 € gesamt**	3,16 %
Aismare	5.000.000 € investiert 5.000.000 € Option **10.000.000 € gesamt**	3,16 %
Marshall Wace	5.000.000 € investiert 5.000.000 € Option **10.000.000 € gesamt**	3,16 %
	Investitionen: 90.200.000 Optionen: 50.600.000 Gesamt: 140.800.000	**100,00 %**

Quelle: Interne Investorenunterlagen von Rocket Internet mit Stand vom Januar 2013; *ausstehende Optionen bereits berücksichtigt.

Anhang 15: Übersicht über die Beteiligungsvorgänge in Rockets internationalem Portfolio (Auszug)

	Bigfoot I	Bigfoot II	Big Commerce	Home24	OfficeFab	Gesamt
Holdings	90 % Dafiti (Latam) 90 % Jabong (Indien) 90 % Lamoda (RUS) 40 % Middle East eCom Holding	90 % Zalora (SOA) 29 % Africa eCom Holding	90 % Lazada (SOA) 90 % Linio (Latam) 36 % Middle East eCom Holding	Home24 (Europa) Mobly (Latam)	OfficeFab	/
Bewertung	837,5 Mio. €	270 Mio. €	190 Mio. €	400 Mio. €	30 Mio. €	1,7275 Mrd. €
Kinnevik	100 Mio. € Investment	40,6 Mio. € Investment 20,3 Mio. € Option	33,2 Mio. € Investment 16,6 Mio. € Option	22,5 Mio. € Investment	/	196,3 Mio. € Investment 36,9 Mio. € Option
Summit Partners	60 Mio. € Investment	20 Mio. € Investment 10 Mio. € Option	20 Mio. € Investment 10 Mio. € Option	/	/	100 Mio. € Investment 20 Mio. € Option
J. P. Morgan	37 Mio. € Investment	11 Mio. € Investment 5,5 Mio. € Option	11 Mio. € Investment 5,5 Mio. € Option	10 Mio. € Investment 10 Mio. € Option	/	69 Mio. € Investment 21 Mio. € Option
Marshall Wace	25 Mio. € Investment	5 Mio. € Investment 5 Mio. € Option	5 Mio. € Investment 5 Mio. € Option	/	/	35 Mio. € Investment 10 Mio. € Option
Aismare	10 Mio. € Investment	5 Mio. € Investment 5 Mio. € Option	5 Mio. € Investment 5 Mio. € Option	/	/	20 Mio. € Investment 10 Mio. € Option
Ruben Vardanian	10 Mio. € Investment	2,5 Mio. € Investment 2,5 Mio. € Option	/	/	/	12,5 Mio. € Investment 2,5 Mio. € Option
Trident	5 Mio. € Investment	/	/	/	/	5 Mio. € Investment
Lakshmi Mittal	5 Mio. € Investment	/	/	/	/	5 Mio. € Investment
Victor Pinchuk	15 Mio. € Investment	/	/	/	/	15 Mio. € Investment
François-Henri Pinault	10 Mio. € Investment	/	/	/	/	10 Mio. € Investment

Kurt-Rudolf Schwarz	10 Mio. € Investment	/	/	/	/	10 Mio. € Investment
Familie Jahr	10 Mio. € Investment	/	/	/	/	10 Mio. € Investment
NEA	/	/	4.166.667 € Investment (Lazada direkt)	/	5 Mio. € Investment 5 Mio. € Option	9.166.667 € Investment 5 Mio. € Option
Holtzbrinck Ventures	/	/	7 Mio. € Investment 3,5 Mio. € Option	/	/	7 Mio. € Investment 3,5 Mio. € Option
Alejandro Santo Domingo	25 Mio. € Investment (Dafiti direkt)	/	/	/	/	25 Mio. € Investment
Tengelmann	/	10 Mio. € Investment 10 Mio. € Option	5 Mio. € Investment 5 Mio. € Option	/	/	15 Mio. € Investment 15 Mio. € Option
Gesamt	297 Mio. € Investment (+25 Mio. € Dafiti)	94,1 Mio. € Investment 58,3 Mio. € Option	86,2 Mio. € Invest 50,6 Mio. € Option (+4.166.667 € Lazada)	23,5 Mio. € Investment 10 Mio. € Option	5 Mio. € Investment 5 Mio. € Option	534.966.667 € Investment 123,9 Mio. € Option

Quelle: Interne Investorenunterlagen von Rocket Internet mit Stand vom Januar 2013. Die Übersicht beinhaltet wohl nicht die vollständigen Finanzierungen der einzelnen Unternehmensverbünde, sondern nur einen Ausschnitt, womöglich sogar nur die Posten einer einzelnen Finanzierungsreihe. Darüber hinaus variierte Rocket Internet über die Zeit die Zuordnung seiner Holding-Gesellschaften (insbesondere nach dem Zusammenlegen unterschiedlicher Gründungen) und verschob einzelne Unternehmen innerhalb der Gesellschaftskonstrukte, sodass eine exakte Abbildung der Finanzierungsvorgänge nur schwer möglich ist.

DANKSAGUNG

Mein größter Dank gilt meiner Familie, allen voran meiner Frau Mareike, die mir bei allen Unwägbarkeiten, die einem beim Verfassen eines solchen Buches und auf dem Weg dahin begegnen können, immer treu zur Seite stand. Nicht ohne Grund ist ihr dieses Buch gewidmet: Danke, Mareike – einfach für alles.

Auch meinen Eltern, die immer noch nicht so ganz verstehen, mit was für Dingen ich meinen Lebensunterhalt bestreite, möchte ich natürlich danken. Sie haben immer darauf vertraut, dass ich meinen Weg schon finden werde, auch wenn er manchmal etwas verschlungen erscheinen mochte. Danke für all den Rückhalt und die Unterstützung.

Natürlich darf bei einer Danksagung zu einem Buch wie diesem das Team von *Gründerszene* nicht fehlen, mit dem das Arbeiten immer Spaß gemacht und das sich immer flexibel und verständnisvoll gezeigt hat. Danke für Eure Unterstützung und die Geduld mit mir. Auch wenn wir vielleicht nicht immer einer Meinung waren, machte insbesondere Mark Hoffmann dieses Buch möglich. Deshalb gilt ihm besonderer Dank.

Wenn von *Gründerszene* die Rede ist, darf auch Team Europe nicht fehlen. Insbesondere Kolja Hebenstreit, der mich erst auf die Idee zu diesem Buch gebracht hat, möchte ich danken, genauso wie Lukasz Gadowski. Hättet Ihr beide nicht vor gut fünf Jahren auf die durchaus verrückte Idee vertraut, dass wir ein tolles Online-Magazin bauen können, wären mir so manche spannende Erfahrung und wohl auch viele tolle Kontakte verwehrt geblieben. Danke für Eure Verrücktheit und den steten Rückhalt über all die Jahre. Und dass Ihr Euch inhaltlich nie eingemischt habt, obwohl der Reiz bestimmt immer wieder groß war.

Natürlich gibt es noch viele Unterstützer dieses Buches, denen ich gerne danken würde, die aber zum Schutz ihrer Identität unerwähnt bleiben müssen. Danke an all Euch mutige Unternehmer, Samwer-Weggefährten und Internetverrückten, dass Ihr Eure Geschichten mit mir geteilt und mir vertraut habt. Es war eine spaßige Abenteuerreise mit Euch. Ich weiß, dass Euch so manche meiner Fragen von der Arbeit abgehalten hat und in der Beantwortung nicht immer ganz leicht fiel.

Auch wenn ich wahrscheinlich trotzdem viele treue Unterstützer vergessen habe, sei ein paar Einzelnen noch einmal explizit gedankt. Sie haben mich durch ihr Wissen und ihre Anregungen unterstützt. Danke an Michael Urban, der mir über die Jahre ein guter Freund geworden ist und mir immer wieder Feedback, Beistand und so manchen guten Rat hat zukommen lassen. Bleib wie Du bist. Schön, dass wir uns durch die *Gründerszene* kennengelernt haben. Danke an Ahmet Emre Acar für viele gute Gespräche, Deine Freundschaft und den Blick über den Tellerrand. Mit wenigen macht es so viel Spaß, japanisch zu essen wie mit Dir, und es wird Zeit, dass auch Du endlich Teil eines Buches wirst. Ganz besonderen Dank an Jonathan Rudow, der mir immer zugehört und mit seinem neutralen Blick zur Seite gestanden hat. Du bist für mich ein moralischer Kompass und ich bin froh, Dich zu meinen Freunden zählen zu dürfen.

Last, but not least, gilt mein Dank auch Rebekka Göpfert, die mich als Buchagentin bestens beraten und das Vertreiben eines Buches ungemein vereinfacht hat, sowie Georg Hodolitsch für die verlagsseitige Betreuung. Danke, dass Ihr an dieses Projekt geglaubt habt.

Okay, etwas sehr Bedeutendes fehlt doch noch: Natürlich auch Dank an all Euch treue *Gründerszene*-Leser, dafür dass Ihr uns über die Jahre die Treue gehalten habt. Gründet weiter fleißig Unternehmen und teilt Eure Geschichten mit uns. Und vergesst nie die Freude, die es macht, wenn man etwas Neues schafft, das hoffentlich vielen Menschen hilft.

Euer Joel

Anmerkungen

1 Vgl. http://www.ingenieur.de/Arbeit-Beruf/Gruenderlounge/Existenzgruendung/Schleimige-Aliens-unter-Hammer

2 Vgl. http://www.focus.de/finanzen/news/unternehmen/tid-27774/wirtschaft-die-fabelhaften-samwer-boys_aid_640222.html

3 Vgl. http://www.gruenderszene.de/allgemein/oliver-samwer-idealab-2013

4 Vgl. ebd.

5 Vgl. Kasel 1989: 50 ff.

6 Vgl. Oelke 2009: 15, Pütz 2003: 43.

7 Vgl. http://www.ingenieur.de/Arbeit-Beruf/Gruenderlounge/Existenzgruendung/Schleimige-Aliens-unter-Hammer, http://www.focus.de/finanzen/news/unternehmen/tid-27774/wirtschaft-die-fabelhaften-samwer-boys_aid_640222.html

8 Vgl. ebd.

9 Vgl. Pütz 2003: 43.

10 http://techcrunch.com/2011/12/22/in-confidential-email-samwer-describes-online-furniture-strategy-as-a-blitzkrieg/, für die vollständige E-Mail siehe Anhang 9.

11 Vgl. http://www.focus.de/finanzen/news/unternehmen/tid-27774/wirtschaft-die-fabelhaften-samwer-boys_aid_640222.html

12 Vgl. http://jetzt.sueddeutsche.de/texte/anzeigen/210272/Young-German-Startups

13 Vgl. http://www.focus.de/finanzen/news/unternehmen/tid-27774/wirtschaft-die-fabelhaften-samwer-boys_aid_640222.html

14 Vgl. http://www.elternwissen.com/erziehung-entwicklung/geschwister-erziehen/art/tipp/geschwister-erziehen-besonderheiten-der-geschwisterposition.html

15 Vgl. http://www.t-online.de/eltern/erziehung/id_17823498/geschwister-was-die-geschwisterposition-aussagt.html

16 Übersetzt aus Vorträgen auf der WHU-Veranstaltung IdeaLab! 2012 und 2013, zitiert nach http://www.gruenderszene.de/news/idealab-samwer-hinrichs-burbridge-glaenzer, http://www.deutsche-startups.de/2013/10/14/dirt-oliver-samwer/ und http://www.gruenderszene.de/allgemein/oliver-samwer-idealab-2013

17 Vgl. http://www.ingenieur.de/Arbeit-Beruf/Gruenderlounge/Existenzgruendung/Schleimige-Aliens-unter-Hammer

18 Vgl. ebd.

19 Vgl. ebd.

20 Vgl. ebd.

21 http://www.focus.de/finanzen/news/unternehmen/tid-27774/wirtschaft-die-fabelhaften-samwer-boys_aid_640222.html

22 Vgl. http://www.zeit.de/1999/43/199943.c-alando_.xml

23 Vgl. Pütz 2003: 17 f.

24 Vgl. http://www.ingenieur.de/Arbeit-Beruf/Gruenderlounge/Existenzgruendung/Schleimige-Aliens-unter-Hammer

25 Finger, Samwer 1998: 38.

26 Ebd.: 18.

27 Ebd.: 31.

28 Ebd.: 77.

29 Ebd.: 37.

30 Vgl. Cohen 2004: 29.

31 Vgl. ebd.: 94 f.

32 Vgl. ebd.: 31.

33 Vgl. ebd.: 52.

34 Vgl. ebd.: 34.

35 Vgl. http://presse.ebay.de/milestones

36 Vgl. http://news.cnet.com/eBay-roars-in-to-public-trading/2100-1001_3-215908.html

37 Vgl. Oelke 2009: 15 f.

38 http://web.archive.org/web/20071019052439/http://www.morgenwelt.de/wissenschaft/9907-alando.htm

39 Vgl. Pütz 2003: 45, Oelke 2009: 20.

40 http://www.harvardbusinessmanager.de/heft/artikel/a-865375.html

41 Siehe http://www.harvardbusinessmanager.de/heft/artikel/a-865375.html

42 Quelle siehe ebd.

43 Cohen 2004: 66 f.

44 Ebd.: 20.

45 http://www.stern.de/digital/online/zehn-jahre-ebay-deutschland-wir-haben-einen-nerv-getroffen-660274.html

46 Die Schutzgemeinschaft für allgemeine Kreditsicherung – kurz Schufa – ist eine privatwirtschaftliche deutsche Einrichtung für Wirtschaftsauskünfte, zu deren Aktionären vor allem Kreditinstitute, Handelsunternehmen und Dienstleister zählen, um sich auf Basis der Daten des Unternehmens vor Kreditausfällen zu schützen.

47 Oelke 2009: 67.

48 Ebd.: 66 f.

49 http://www.heise.de/newsticker/meldung/Quotenossi-als-Auktionsphantom-20582.html

50 Möllenberg 2003: 162; Linde, Stock 2011: 355.

51 Möllenberg 2003: 162.

52 Vgl. ebd. 2003: 167.

53 Vgl. »QXL und Ricardo wollen fusionieren«, in: Handelsblatt, 17.05.2000: 15, zitiert nach Möllenberg 2003: 161.

54 Vgl. Cohen 2004: 56, 143.

55 Vgl. ebd.: 55.

56 Vgl. ebd.: 54–56.

57 Ebd.: 56.

58 Vgl. ebd.: 56 f., 65, 68.

59 http://www.stern.de/digital/online/2-zehn-jahre-ebay-deutschland-wir-haben-einen-nerv-getroffen-660274.html

60 http://www.zeit.de/1999/43/199943.c-alando_.xml

61 http://www.gruenderszene.de/news/ideal-ab-samwer-hinrichs-burbridge-glaenzer

62 Vgl. Cohen 2004: 198.

63 Vgl. ebd.: 58 f., 199.

64 Vgl. Oelke 2009: 20.

65 Am 16. April 1999 hatte Ebay laut seinen Börsenunterlagen ein Follow-on-Offering durchgeführt, bei dem der Preis pro Anteil bei 170 Dollar lag.

66 http://www.stern.de/digital/online/zehn-jahre-ebay-deutschland-wir-haben-einen-nerv-getroffen-660274.html sowie http://www.stern.de/digital/online/2-zehn-jahre-ebay-deutschland-wir-haben-einen-nerv-getroffen-660274.html

67 Vgl. Ebay-Quartalsbericht vom 15. Mai 2000, Seite 32.

68 Vgl. Cohen 2004: 190-196

69 Vgl. ebd.: 192, 195

70 http://www.stern.de/digital/online/2-zehn-jahre-ebay-deutschland-wir-haben-einen-nerv-getroffen-660274.html

71 http://www.nexttext.de/startup/samwer.html

72 Vgl. Cohen 2004: 200.

73 http://www.spiegel.de/wirtschaft/interview-mit-jamba-chef-sweetie-ist-unser-harry-potter-a-344531.html

74 Vgl. http://www.manager-magazin.de/finanzen/artikel/a-31521.html

75 Vgl. http://www.theregister.co.uk/2000/12/21/qxl_shares_going_going_gone/

76 ebd., http://www.theregister.co.uk/2004/11/29/qxl_sells_itself/

77 http://www.reuters.com/article/2007/12/18/us-tradus-naspers-idUSL1836387920071218

78 http://www.turi2.de/2007/09/14/wir_konnen_nicht_programmieren~2977104/

79 http://www.faz.net/aktuell/wirtschaft/netzwirtschaft/internet-geniestreich-marke-samwer-zweiter-teil-1159809.html

80 http://www.zeit.de/1999/43/199943.c-alando_.xml

81 http://www.berliner-zeitung.de/archiv/wie-die-sechs-jungmanager-des-internet-auktionshauses--alando--zu-medienstars-wurden-die-gruenderstory-wollen-alle,10810590,9693554.html

82 http://www.sueddeutsche.de/wirtschaft/von-ebay-reich-gemacht-millionaer-mit-gespuer-fuer-die-marktluecke-1.904325

83 Pütz 2003: 49.

84 http://www.nexttext.de/startup/samwer.html

85 Siehe ebd.: 55, 60.

86 http://www.onetoone.de/Mobilfunkportal-Jamba-zaehlt-300-000-User-415.html

87 Ebd.

88 Vgl. http://www.heise.de/tp/artikel/8/8986/1.html

89 http://www.nexttext.de/startup/samwer.html

90 http://www.morgenpost.de/printarchiv/wirtschaft/article502030/Im-Aufsichtsrat-von-Jamba-tummeln-sich-Spitzenmanager.html

91 Siehe Pütz, 2003: 58 f.

92 Siehe dazu Zapkau, Schwickert, 2006: 153 und Lammer, Stroborn, 2005: 69.

93 Siehe dazu Pütz, 2003: 55 f.

94 http://www.nexttext.de/startup/samwer.html

95 Ebd.: 58 f.

96 http://www.spiegel.de/wirtschaft/interview-mit-jamba-chef-sweetie-ist-unser-harry-potter-a-344531.html

97 Pütz 2003: 61

98 Insbesondere das Spreeblick-Blog dokumentierte Jambas Vorgehen und die dort zu findenden Missstände, etwa hier: http://www.spreeblick.com/2004/12/12/jamba-kurs/

99 SSL steht für Secure Sockets Layer und ist ein Netzwerkprotokoll zur sicheren Übertragung von Daten.

100 http://www.jamba.de/corp/pressemitteilungen/detailansicht/article/verisign-uebernimmt-jamba/

101 http://www.faz.net/frankfurter-allgemeine-zeitung/verisign-kauft-deutsches-handy-portal-jamba-1158369.html

102 http://www.faz.net/frankfurter-allgemeine-zeitung/verisign-kauft-deutsches-handy-portal-jamba-1158369.html

103 Siehe http://www.rcrwireless.com/article/20040823/sub/teliasonera-sells-zed-to-wisdom-ent/

104 Für einen Überblick des Personennetzwerks der ersten Samwer-Gründungen siehe Anhang 4.

105 Siehe dazu http://www.digitalfernsehen.de/Musiksender-Ojom-TV-stellt-Sendebetrieben.92585.0.html

106 http://www.tagesspiegel.de/wirtschaft/150-millionen-euro-fuer-den-nachwuchs/728762.html

107 http://www.deutsche-startups.de/2007/06/27/united-internet-ist-ein-per-

fekter-partner-oliver-samwer-vom-europe-
an-founders-fund-im-interview/

108 http://www.foerderland.de/419+M5373f-
350b7e.0.html

109 http://www.dgap.de/dgap/News/corporate/
united-internet-und-samwerbrueder-in-
vestieren-kuenftig-gemeinsam/?compa-
nyID=199&newsID=104388

110 http://www.dgap.de/dgap/News/?newsTy-
pe=&companyID=199&newsID=66619

111 Siehe: http://www.deutsche-startups.
de/2007/06/25/european-foun-
ders-fund-und-united-internet-verbuen-
den-sich/

112 http://www.deutsche-startups.
de/2007/10/04/wir-haben-keinen-exit-
druck-marc-samwer-vom-european-foun-
ders-fund-im-interview/

113 Siehe dazu auch http://www.manager-ma-
gazin.de/unternehmen/it/0,2828,745788,00.
html

114 http://www.turi2.de/2007/09/14/wir_kon-
nen_nicht_programmieren~2977104/

115 Siehe dazu auch http://www.fuer-gruender.
de/wissen/unternehmen-gruenden/unter-
nehmensstart/standort/gruenderzentrum/

116 Siehe dazu Sine, David, 2010: 130 ff. sowie
Rouach, Louzoun, Deneux, 2010: 13.

117 Vgl. Rouach, Louzoun, Deneux, 2010: 18,
26 ff.

118 Vgl. ebd.: 131 f.

119 Siehe dazu Rouach, Louzoun, Deneux,
2010: 13.

120 Siehe dazu Seeger, 1997: 5.

121 http://www.handelsblatt.com/unternehmen/
it-medien/internet-unternehmer-samwer-
auf-die-umsetzung-einer-idee-kommt-es-
an/8509300-3.html

122 http://venturevillage.eu/ceo-berlin-im-a-
bob-the-builder-oliver-samwer

123 http://www.forbes.com/forbes/2010/0830/
entrepreneurs-groupon-facebook-twit-
ter-next-web-phenom.html

124 http://www.forbes.com/sites/nathanvar-
di/2012/11/09/the-groupon-disgrace-the-
shares-fall-by-another-20/

125 http://www.theverge.
com/2013/3/13/4079280/greed-is-groupon-
can-anyone-save-the-company-from-itself

126 http://pando.com/2012/04/03/as-wall-
street-points-fingers-at-groupon-three-fin-
gers-point-back/

127 Siehe auch einen anschaulichen Artikel im
Business Insider zu Groupons Entstehung in
den USA: http://www.businessinsider.com/
inside-groupon-the-truth-about-the-wor-
lds-most-controversial-compa-
ny-2011-10?page=1

128 Vgl. http://www.lukaszgadowski.com/war-
um-ich-nicht-an-groupon-in-europa-glaube

129 http://www.sec.gov/Archives/edgar/
data/1490281/000104746911005613/
a2203913zs-1.htm

130 https://blog.groupon.com/cities/grou-
pon-europe/

131 Vgl. http://www.theverge.
com/2013/3/13/4079280/greed-is-groupon-
can-anyone-save-the-company-from-itself

132 Vgl. ebd.

133 Vgl. http://www.businessinsider.com/
inside-groupon-the-truth-about-the-
worlds-most-controversial-company-2011-
10?page=2

134 Vgl. http://www.theverge.
com/2013/3/13/4079280/greed-is-groupon-
can-anyone-save-the-company-from-itself

135 http://www.sec.gov/Archives/edgar/
data/1490281/000104746911005613/
a2203913zs-1.htm

136 Vgl. http://www.theverge.
com/2013/3/13/4079280/greed-is-groupon-
can-anyone-save-the-company-from-itself

137 Vgl. http://techcrunch.com/2009/07/22/
amazon-buys-zappos/

138 Seidel 2013: 33.

139 Vgl. http://www.welt.de/wirtschaft/webwelt/article112851544/Wir-machen-Verlust-bei-Amazon-war-das-auch-so.html

140 Vgl ebd.: 37.

141 »Sequoia Capital on startups and the economic downturn«, http://de.slideshare.net/eldon/sequoia-capital-on-startups-and-the-economic-downturn-presentation?type=powerpoint

142 Vgl. Seidel 2013: 72.

143 Aus einer Rede auf dem Tengelmann e-day am 08. März 2013, zitiert nach Seidel 2013: 72 f.

144 Vgl. auch ebd.: 45–48.

145 Vgl. http://www.wuv.de/marketing/preist-raeger_zalando_kaempft_mit_dem_geist_der_vergangenheit

146 Vgl. Seidel 2013: 55.

147 http://www.welt.de/wirtschaft/webwelt/article112851544/Wir-machen-Verlust-bei-Amazon-war-das-auch-so.html

148 Vgl. http://www.wiwo.de/unternehmen/handel/blitz-expansion-zalando-eine-nummer-zu-gross/7456822.html

149 Vgl. http://etailment.de/thema/marketing/zalando-marketingpreis-und-eingedampf-te-werbeausgaben-889

150 Siehe Seidel 2013: 84.

151 Für eine Übersicht aller Zalando-Beteiligungsvorgänge siehe Anhang 10.

152 http://www.welt.de/wirtschaft/webwelt/article112851544/Wir-machen-Verlust-bei-Amazon-war-das-auch-so.html

153 Vgl. http://media.ztat.net/media/presse/pressemeldungen/PM_Zalando_Expansion_Skandinavien.pdf

154 http://www.welt.de/wirtschaft/webwelt/article112851544/Wir-machen-Verlust-bei-Amazon-war-das-auch-so.html

155 Vgl. http://techcrunch.com/2011/12/22/in-confidential-email-samwer-describes-online-furniture-strategy-as-a-blitzkrieg/, für die vollständige E-Mail siehe Anhang 9.

156 http://allafrica.com/stories/201210300770.html

157 http://www.regiodata.eu/de/suedafri-ka-schwarze-mittelschicht-macht-das-rennen

158 http://www.internetworldstats.com/stats1.htm

159 Interne Investorendokumente aus dem Januar 2013

160 Aus einer Rede auf dem Tengelmann e-day am 08. März 2013, zitiert nach Seidel 2013: 95, 97.

161 Übersetzung eines Interviews mit Oliver Samwer auf der Noah-Konferenz 2013: http://www.youtube.com/watch?v=KMQr-5m7ENmQ&list=TLIkocxtPtfR_7scpiV_dWQ2YURlaFdOBH

162 Interne Investorenunterlagen von Rocket Internet

163 Für eine Übersicht aller Eigenmarken, die Zalando neben seiner »Zalando Collection« in seinem Unternehmen zLabels GmbH bündelte, siehe Anhang 11.

164 Vgl. http://www.handelsblatt.com/unternehmen/handel-dienstleister/online-strategie-diese-eigenmarken-stecken-hinter-zalando/7582236.html

165 Equity Research von Goldman Sachs zu Kinnevik Investment AB (B) (KINVb.ST): 9 f.

166 Ebd.: 6

167 http://www.handelsblatt.com/unternehmen/it-medien/internet-unternehmer-sam-wer-wir-sind-in-der-regel-die-nummer-eins/8509300.html

168 Interne Investorenpräsentation von Rocket Internet aus dem Januar 2013

169 http://www.handelsblatt.com/unternehmen/it-medien/internet-unternehmer-sam-wer-riesige-chancen-in-schwellenlaen-dern/8509300-2.html

170 Übersetzung eines Interviews mit Oliver Samwer auf der Noah-Konferenz 2013: http://www.youtube.com/watch?v=KMQr-

5m7ENmQ&list=TLIkocxtPtfR_7scpiV_
dWQ2YURlaFdOBH.

171 Der entsprechende Blog-Eintrag ist mittlerweile nicht mehr verfügbar, siehe dazu
http://etailment.de/thema/e-commerce/ro-
cket-internet-mitarbeiterin-klagt-ueber-hit-
ler-decision-auf-den-philippinen-696

172 Zu den Rocket-Beteiligungen von Investment AB Kinnevik siehe ausführlich
Anhang 12d).

173 Für eine ausführliche Betrachtung von
Kinneviks Investitionen in Rocket Internet
und sein Portfolio siehe Anhang 12c).

174 http://www.manager-magazin.de/unterneh-
men/it/a-895073.html

175 Vgl. http://www.deutsche-startups.
de/2014/01/13/oliver-samwer-2-milliar-
den-dollar/

176 Siehe http://www.manager-magazin.de/
unternehmen/it/0,2828,895073,00.html

177 Siehe: http://www.forbes.com/profile/
len-blavatnik/

178 Für einen detaillierteren Überblick
zu Rockets privaten Geldgebern siehe
Anhang 12a).

179 Für einen detaillierteren Überblick zu
Rockets institutionellen Geldgebern siehe
Anhang 12b).

180 Vgl. http://www.manager-magazin.de/
magazin/artikel/bigfoot-wie-die-brue-
der-samwer-investoren-fuer-globalen-feld-
zug-locken-a-896702-4.html

181 Interne tabellarische Aufstellung von Rocket
Internet zu Home24 und Mobly aus dem
Januar 2013, wo für den Mai 2012 ein
Umsatz von 14.183.687 Euro (Angabe ohne
Gewähr) verzeichnet ist.

182 Für eine detaillierte Markbetrachtung zu
Lazada siehe Anhang 13).

183 Für eine ausführliche Übersicht
des Big-Commerce-Verbunds siehe
Anhang 14a).

184 Für eine ausführliche Finanzierungs-
übersicht von Big Commerce siehe
Anhang 14b und 14c).

185 Für eine detailliertere Übersicht der
unterschiedlichen Beteiligungsvorgänge
in Rockets internationalem Portfolio siehe
Anhang 15.

186 Staples Jahresbericht 2012: 2.

187 Interne Investorenpräsentation von Rocket
Internet zu OfficeFab und OfficeYes.

188 http://www.faz.net/aktuell/wirtschaft/netz-
wirtschaft/oliver-samwer-im-interview-wir-
sind-nicht-in-einer-internet-blase-1407622.
html

189 Vgl. Seidel 2013: 92.

190 Vgl. http://www.faz.net/aktuell/wirtschaft/
netzwirtschaft/die-zalando-boys-ein-trio-
mischt-den-handel-auf-12711224-p2.html

191 http://www.focus.de/finanzen/boerse/akti-
en/tid-32624/wirtschaft-der-internet-fabri-
kant-seite-4-_aid_1057662.html

192 Zum chinesischen Unternehmerverständnis
siehe ausführlich Bertram 2009.

193 Vgl. http://www.gruenderszene.de/allge-
mein/rocket-internet-boerse

194 Vgl. http://www.wiwo.de/erfolg/gruender/
rocket-internet-samwer-brueder-ma-
chen-schon-vor-boersengang-kas-
se/10151074.html

195 Vgl. ebd.

196 Vgl. http://www.reuters.com/artic-
le/2014/06/24/rocketinternet-sharehol-
ders-idUSL6N0P523X20140624

197 Vgl. ebd.

198 Vgl. http://www.manager-magazin.de/un-
ternehmen/it/zalando-mutter-rocket-inter-
net-plant-weitere-boersengaenge-a-976097.
html

STICHWORTVERZEICHNIS